本书受

华东师范大学
2016年度校精品教材建设专项基金

资助

高等院校公共管理系列教材

Social Organizations and
Charitable Organizations Management

社会组织与慈善组织管理

周 俊　张 冉　宋锦洲 ◎ 编著

图书在版编目(CIP)数据

社会组织与慈善组织管理/周俊,张冉,宋锦洲编著.—北京:北京大学出版社,2017.9
(高等院校公共管理系列教材)
ISBN 978-7-301-28749-1

Ⅰ.①社… Ⅱ.①周… ②张… ③宋… Ⅲ.①社会组织管理—中国—高等学校—教材 ②慈善事业—组织机构—管理—中国—高等学校—教材 Ⅳ.①C916 ②D632.1

中国版本图书馆CIP数据核字(2017)第222175号

书　　　名	社会组织与慈善组织管理 SHEHUI ZUZHI YU CISHAN ZUZHI GUANLI
著作责任者	周　俊　张　冉　宋锦洲　编著
责 任 编 辑	尹　璐　朱梅全
标 准 书 号	ISBN 978-7-301-28749-1
出 版 发 行	北京大学出版社
地　　　址	北京市海淀区成府路205号　100871
网　　　址	http://www.pup.cn
电 子 信 箱	sdyy_2005@126.com
新 浪 微 博	@北京大学出版社
电　　　话	邮购部 62752015　发行部 62750672　编辑部 021-62071998
印 刷 者	三河市博文印刷有限公司
经 销 者	新华书店
	787毫米×1092毫米　16开本　24.75印张　472千字 2017年9月第1版　2022年3月第2次印刷
定　　　价	58.00元

未经许可,不得以任何方式复制或抄袭本书之部分或全部内容。
版权所有,侵权必究
举报电话:010-62752024　电子信箱:fd@pup.pku.edu.cn
图书如有印装质量问题,请与出版部联系,电话:010-62756370

序

2016年9月1日《慈善法》正式实施,这标志着我国慈善事业立法进入了一个新时期,也意味着社会组织和慈善组织发展将迈入一个新时代。

"社会组织"是一个相对较新的概念,我国民间结社的组织形式一直被称为"民间组织",直到2006年,民政部才开始使用"社会组织"一词。然而,经过十几年的发展,社会组织不但已经成为学术研究、政策文件中的高频词,而且也逐渐为社会公众所认识和接受。这一是因为作为第三部门中最重要的组织性力量,社会组织与每个人的生存和发展、与社会的稳定和和谐、与国家的前途和命运息息相关,可以说它是个人生活和经济社会中不可或缺的存在,人们已经很难想象一个没有社会组织的社会。二是因为国家近年来一直大力倡导社会组织发展,陆续出台了多项政策以规范管理、培育扶持社会组织,鼓励社会组织在公共服务供给、社会治理、慈善事业中发挥作用。党的十八大以来,各级党和政府更是积极采取措施,大力推动社会组织发展,并取得了显著成效。三是国际非政府组织和在华活动的国外非政府组织日益增多,它们对国际事务、主权国家内部事务的影响逐渐增强,对人们日常生活的影响也愈加明显,"全球结社革命"的效应在我国日益凸显。

然而,在社会组织广被接受的背后,社会中仍然存在着诸多对社会组织的不了解、误解,甚至诋毁。比如,有人指责开展营利性活动的社会组织,认为这违背了社会组织的本质属性;有人批评社会组织与政府关系密切,认为社会组织不应该用政府的钱;也有人质疑社会组织的宗旨和目标,认为它们可能是"披着羊皮的狼"——利用社会组织的名义从事为私人谋利的活动,等等。甚至部分社会组织从业人员也缺乏对社会组织的真正认识,不了解相关政策,不了解社会组织的治理原则,无法形成对社会组织的认同,更难以在社会组织中开展有效的治理。这些都是当前社会组织管理中面临的难题。

"慈善组织"虽然不是一个新概念,但作为一种法律形式,它在2016年的《慈善法》中才正式形成。《慈善法》规定,以慈善为目的的公益性社会组织可以申请认定为慈善组织,新设立的公益性社会组织也可以同时申请慈善组织身份。这即是说,社会组织和慈善组织间存在着"两位一体"的特殊关系,社会组织是基本组织形式,慈善组织是社会组织的一种身份属性。因此,慈善事业的发展依系于社会组织的整体繁荣。

《慈善法》所设定的慈善组织与社会组织的这种关系,能鼓励社会组织获取慈善组织身份,参与慈善事业发展,但也对许多人理解社会组织与慈善组织之间的关系带来了一定的困扰。

从总体上看,在新的历史时期,社会组织与慈善组织获得了前所未有的发展契机,但能否抓住这一契机,既有赖于它们能否依法依规实现有效的内、外部治理,也有赖于社会公众能否真正认识社会组织与慈善组织,为它们提供生存和发展的土壤。因此,不但社会组织和慈善组织需要自我完善,社会各届也需要共同努力。

周俊教授、张冉副教授和宋锦洲副教授长期从事非营利组织、社会组织研究,他们基于多年的研究积累以及对社会组织与慈善组织发展的现实关怀,合作撰写了这本《社会组织与慈善组织管理》,对社会组织与慈善组织的基本概念、主要理论、制度环境、监督管理和内部治理等进行了全面而系统的讨论。从谋篇布局和主要内容看,该书最大的特点是兼具理论性、政策性与实践性。一是理论性。该书对社会组织与慈善组织研究的文献资料掌握充分,如对基本概念的剖析、对制度环境的分析、对管理工具的应用等都建立在大量学术文献的基础上,有充分的理论前提。二是政策性。该书对社会组织和慈善组织的政策梳理非常清晰,对各监管部门的职责、组织治理各项要求的讨论都建立在政策规定的基础上。不但如此,该书对社会组织与慈善政策的历史演进、变革趋势也有较为详细的讨论,既勾勒了社会组织与慈善组织的制度环境和政策要求,又较好地体现了社会组织与慈善组织管理的时代性。三是实践性。该书对社会组织与慈善组织重要管理领域的操作性规程进行了梳理和介绍,从发起设立、登记注册到慈善组织身份的申请与认定,从免税资格申请到捐赠税前扣除,从党建模式到战略规划流程,都提出了基本的操作办法和实施流程,并且通过多个案例揭示了成功与失败的管理行为,对社会组织和慈善组织的从业者而言,这些都是非常有价值的实践指南。

总的来说,《社会组织与慈善组织管理》是一本紧扣前沿理论、深谙政策和实践的优秀著作。我向相关领域的研究者、学习者、管理者和从业者推荐此书,以其为参考,能够加深对社会组织与慈善组织的认识,有助于完善社会组织与慈善组织的治理。

我也期待作者能够在社会组织与慈善组织研究中取得更丰富的研究成果,为我国慈善事业和社会组织发展贡献更多的智识。

郁建兴
2017 年 8 月

目 录
Contents

第一章　社会组织与慈善组织概述 　001
　第一节　概念界定　001
　第二节　类型划分　008
　第三节　主要功能　012

第二章　社会组织与慈善组织理论 　020
　第一节　组织本质的视角　020
　第二节　组织生成与发展理论　025
　第三节　组织间关系的视角　032
　第四节　组织治理与运作的视角　042

第三章　社会组织与慈善组织的发展 　049
　第一节　封建社会时期的民间结社　049
　第二节　近代中国的民间组织和慈善组织　056
　第三节　新中国成立以来的民间组织、社会组织
　　　　　与慈善组织　062
　第四节　评述　075

第四章　社会组织与慈善组织政策 　080
　第一节　元政策　080
　第二节　登记管理政策　081
　第三节　事中、事后监管政策　086
　第四节　培育和扶持政策　091
　第五节　其他政策　097

第五章 社会组织与慈善组织的登记管理　　100
- 第一节　1998年《社会团体登记管理条例》颁布前的登记管理政策　　101
- 第二节　1998年《社会团体登记管理条例》颁布后的登记管理政策　　106
- 第三节　社会组织的登记注册　　114
- 第四节　慈善组织的登记和认定　　119
- 第五节　评述　　122

第六章 社会组织与慈善组织的事中、事后监管　　127
- 第一节　事中、事后监管政策的发展　　128
- 第二节　登记管理机关的监管　　132
- 第三节　业务主管单位的监管　　147
- 第四节　税务机关的监管　　153
- 第五节　枢纽型社会组织的管理　　159
- 第六节　评述　　164

第七章 社会组织与慈善组织党建　　170
- 第一节　党建发展历程　　170
- 第二节　党建的政策要求　　175
- 第三节　上海市和广州市的党建工作　　180
- 第四节　评述　　185

第八章 社会组织与慈善组织的法人治理结构　　191
- 第一节　法人治理结构概述　　192
- 第二节　社会团体法人治理结构　　199
- 第三节　社会服务机构法人治理结构　　202
- 第四节　基金会法人治理结构　　204
- 第五节　慈善组织法人治理结构　　207
- 第六节　评述　　209

第九章 社会组织与慈善组织的战略规划　　215
- 第一节　战略规划概述　　216
- 第二节　战略规划的设计　　224
- 第三节　战略规划的实施　　235
- 第四节　评述　　239

第十章　社会组织与慈善组织人力资源管理　243
　　第一节　人力资源管理概述　244
　　第二节　人力资源管理的构成体系　248
　　第三节　员工的从业动机与激励　267
　　第四节　志愿者管理　271
　　第五节　评述　277

第十一章　社会组织与慈善组织的财务管理　284
　　第一节　财务管理概述　284
　　第二节　预算管理　290
　　第三节　筹资管理　293
　　第四节　投资管理　303
　　第五节　财务报告与分析　307
　　第六节　财务审计　312
　　第七节　评述　315

第十二章　社会组织与慈善组织的绩效管理　320
　　第一节　绩效管理概述　320
　　第二节　绩效计划　325
　　第三节　绩效目标实施　329
　　第四节　绩效评估　334
　　第五节　评述　340

第十三章　社会组织与慈善组织的品牌管理　348
　　第一节　品牌管理概述　348
　　第二节　内部品牌管理　357
　　第三节　外部品牌管理　365
　　第四节　评述　370

参考文献　377

后记　386

第一章　社会组织与慈善组织概述

本章要点

1. 了解社会组织与慈善组织的基本概念和特征。
2. 掌握社会组织与慈善组织的类型划分。
3. 了解社会组织与非营利组织、非政府组织、第三部门等的概念异同。
4. 掌握社会组织与慈善组织的主要功能。

导语

社会组织是一个较新的概念,它最早出现在《中国共产党第十六届中央委员会第六次全体会议公报》(2006年10月11日)中。自此,"社会组织"取代"民间组织"正式成为社会团体、民办非企业单位(2016年《慈善法》出台后改称为"社会服务机构")和基金会三类非营利性法人的统称。慈善组织在我国有悠久的发展传统,但这一概念在法律上被正式确立却晚在2016年,这一年颁布的《慈善法》将慈善组织定义为"依法成立、符合本法规定,以面向社会开展慈善活动为宗旨的非营利性组织"。从定义上看,慈善组织与社会组织有极大的交叉,但又不完全相同。本章将对社会组织、慈善组织的概念进行界定,以明确两类组织的内涵和外延,比较它们的异同,理解它们与相关概念的关系。

第一节　概念界定

一、社会组织的概念界定

2006年10月,党的十六届六中全会通过的《中共中央关于构建社会主义和谐社会若干重大问题的决定》,不仅第一次正式提出"社会组织"的概念,而且肯定了其在社会管理、建立和谐社会中的积极作用,并提出要加强社会组织建设。其后,在2007年党的十七大报告中,社会组织被摆在了更加突出的位置,报告提出要"发挥社会组织在扩大群众参与、反映群众诉求方面的积极作用,增强社会自治功能"。2012年,党的十八大报告继续提出要"加快形成政社分开、权责明确、依法自治的现代社会组织体制","强化企事业单位、人民团体在社会管理和服务中的职责,引导社会组织有序发展"。自"社会组织"概念被提出以来,党在历次重要会议和报告中都论及社会组织发展,社会组织在经济社会发展中的重要性可见一斑。

（一）社会组织的内涵

对于社会组织的概念内涵,目前尚没有统一定义,不同学者对社会组织有着不同的界定。孙伟林认为,作为人类社会一种基本的组织制度形式,社会组织有广义和狭义之分。广义的社会组织是指人们为实现特定目标而建立的共同活动的群体,与政府组织、经济组织并列;狭义的社会组织仅指由自然人、法人和其他组织为满足社会需要或部分社会成员需要而建立的非营利组织,包括社会团体、基金会和民办非企业单位。[①] 王名认为,通常所说的社会组织,是指政府和企业之外,向社会某个领域提供社会服务,并具有公益性、非营利性、自治性、志愿性等特点的组织机构,分为广义和狭义两种,狭义的社会组织即在民政部登记注册的社会团体、基金会和民办非企业单位,广义的社会组织还包括社区基层组织和工商注册非营利组织两种。[②] 可见,虽然不同学者对社会组织的概念有着不同的理解,但是对社会组织本质的理解是一致的,即社会组织是公民自愿组成的,具有非营利性、非政府性、志愿性等特征的活跃在公民社会中的组织。

（二）社会组织的基本特征

从内涵上看,社会组织在本质上是一种非营利组织,因此应具有非营利组织的一般特征。美国约翰·霍普金斯大学公民社会研究中心的莱斯特·M.萨拉蒙(Lester M. Salamon)教授提出非营利组织具有五个特征:组织性、私有性、非营利性、自治性和自愿性。我国学者王绍光在《多元与统一》一书中提出了非营利组织的十大特征:非营利性、中立性、自主性、使命感、多样性、专业性、灵活性、开创性、参与性和低成本。王名认为,社会组织具有非营利性、非政府性、志愿公益性或互益性。本书采用莱斯特·M.萨拉蒙的观点,并对他提出的非营利组织的五大特征解释如下[③]:

(1) 组织性,即非营利组织都有一定的制度和结构;

(2) 私有性,即非营利组织都在制度上与国家相分离;

(3) 非营利性,即非营利组织都不向它们的经营者或"所有者"提供利润;

[①] 参见孙伟林主编:《社会组织管理》,中国社会出版社2009年版,第1页。
[②] 参见王名主编:《社会组织概论》,中国社会出版社2010年版,第8—10页。
[③] 参见〔美〕莱斯特·M.萨拉蒙等:《全球公民社会:非营利部门视界》,贾西津、魏玉等译,社会科学文献出版社2002年版,第4—5页。

(4) 自治性，即非营利组织基本上是独立处理各自的事务；

(5) 自愿性，即非营利组织的成员不是按法律要求而组成的，这些机构接受一定程度的时间和资金的自愿捐献。

需要指出的是，这些特征对于我国的社会组织并不具有完全的适用性。对于组织性，在我国，通常只有登记注册的社会组织才具有正规组织的特征；对于私有性，我国部分社会组织与国家关系紧密，并不真正独立于国家；对于自治性，我国大量社会组织长期受业务主管单位的管理，在重大事项上并不拥有自主权，等等。因此，当将这些特征应用于对我国社会组织的分析时，需要视具体组织类型甚至个体组织特性而有所区分。

(三) 与社会组织相关的概念

在"社会组织"概念被提出之前，我国普遍使用的是"民间组织"这一概念。"民间组织"的概念最早见于1998年民政部成立的民间组织管理局，2006年"社会组织"概念被提出后，"民间组织"基本不再为官方和学界使用。"民间组织"是一个颇具中国特色的概念，"民间"是与"官方"相对的一个词语，对其使用有着悠久的历史，反映了长期以来我国传统社会政治秩序中的"官"与"民"之间的角色关系。1998年，原设于民政部的社团和民办非企业单位管理司更名为民间组织管理局，"民间组织"一词开始在我国正式使用，指的是由公民自愿组成的从事非营利活动的社会组织，具有非政府性、非营利性、志愿性等特征。根据民间组织管理局起草并由国务院审定签发的文件与法规，民间组织主要包括社会团体、民办非企业单位和基金会三类组织。虽然在2006年，"社会组织"概念被提出，但社会组织的管理部门仍是民间组织管理局，直到2016年8月，在民政部召开的全国民政系统贯彻《关于改革社会组织管理制度促进社会组织健康有序发展的意见》视频会议上，民间组织管理局才正式更名为社会组织管理局，从而实现了管理部门名称和政策文件中名称的统一。

国际上与"社会组织"相关的概念有"非营利组织"(NPOs)、"非政府组织"(NGOs)、"第三部门组织"(Third Sector)和"公民社会组织"(CSOs)等。"社会组织"作为一个具有中国特色的概念，与这些概念非常相似，但又不完全等同。

"非营利组织"这一概念最早出现在《美国联邦国内税收法典》中，该法规定，非营利组织限制将盈余分配给组织的人员，如组织的成员、董事或是理事等。此外，日本对非营利组织的认定是不以营利为目的，并且其收入不得用于分发给成员的社会组织。这里的非营利不是指不得参与营利性的活动，而是其必须把各种收入用于公益事业。联合国则是根据组织资金来源来定义非营利组织的，即如果一个组织一半以上的收入不是来自于市场价格出售的商品和服务，而是来自其成员缴纳的会费和支持者的捐赠，即为非营利组织。

我国对"非营利组织"这一概念的使用,主要体现在财政部颁布的《民间非营利组织会计制度》(2004)中。依据该制度,民间非营利组织包括"依照国家法律、行政法规登记的社会团体、基金会、民办非企业单位和寺院、宫观、清真寺、教堂等",且应同时具备三个特征:"(1)该组织不以营利为目的和宗旨;(2)资源提供者向该组织投入资源并不得以取得经济回报为目的;(3)资源提供者不享有该组织的所有权。"①王名认为,非营利组织是指不以营利为目的,主要开展各种志愿性的公益或互益活动的非政府的社会组织②,强调的是组织所具有的利润不分配的特征,以此来与企业等营利性组织相区别。

"非政府组织"与非营利组织几乎等同,两者可以互换使用。所不同的是,两者所强调的组织属性不同。非营利组织强调该类组织与企业的差别,即市场非营利性;而非政府组织强调该类组织与政府的差别,即非政府的特性。

"非政府组织"最早在1945年联合国成立时提出,会上通过的《联合国宪章》第71条规定:"经济及社会理事会得采取适当方法,俾与各种非政府组织会商有关于本理事会职权范围内之事件。此项办法得与国际组织商定之,并于适当情形下,经与关系联合国会员国会商后,得与该国国内组织商定之。"自20世纪60年代后,联合国开始邀请非政府组织出席其会议与活动。萨拉蒙就认为,凡是具备组织性、民间性、非营利性、自治性、志愿性特点的组织,可被称为"非营利组织",若在此基础上,如果一个组织再具有非宗教性和非政治性的特征,那么该组织就是"非政府组织"。由此可以看到两者之间一个细微的差别,非营利组织较于非政府组织广泛,非政府组织定义则更加严格。我国学者王绍光认为,非政府组织还应当具备一个特征,即公益性,非政府组织关注的应该是与公共福利相关的问题,如性别平等、医疗卫生、环保等。

"第三部门"概念最早由美国学者莱维特(Theodore Levitt)于1973年提出,20世纪80年代以来,随着对公民社会理论的探讨而逐渐引人关注。莱维特认为,不能过于简单地将社会组织分为公共组织和私人组织,在公共组织和私人组织之间还存在着大量的其他组织,这类组织从事的是前两者做不好或者不愿做的事情,莱维特将这类组织统称"第三部门"。"第三部门"概念在美国被广泛使用,在其他国家也常被使用,有时也被称为"第三域""非营利部门",无论使用什么名称,都是强调在政府与私人企业之间存在一个不同的领域。

"公民社会组织"一词强调的是组织的社会基础。公民社会是以政府、市场、社会三个部分分立为基础的现代社会结构的组成部分之一,其中公民社会组织是以公民为主体,以公民自治、志愿参与、民主治理为特征的社会组织。萨拉蒙认为,

---

① 参见《民间非营利组织会计制度》第2条。
② 参见王名主编:《社会组织概论》,中国社会出版社2010年版,第10—11页。

"公民社会组织"这一概念较"非营利组织""非政府组织"更加确切,避免了使用否定定义,因此,越来越多的学者倾向于使用"公民社会组织"这一概念。

综上,"社会组织"与"非营利组织""非政府组织""第三部门"和"公民社会组织"等概念虽然存在概念上的差异,但它们所指的组织的性质是一致的,都具有组织性、非营利性、非政府性、自治性、志愿性的特征。所不同的是,这些名称的侧重点有些差异,"非营利组织"强调的是该类组织与企业的区别,突出不以营利为目的;"非政府组织"强调该类组织与政府的区别,不属于政府相关部门;"第三部门"强调该类组织的中介性,是介于政府与企业之间的组织;"公民社会组织"则强调组织的社会基础,突出以公民为主体,以公民自治、志愿参与、民主治理为核心取向。

二、慈善组织的概念界定

在《慈善法》通过之前,我国一直没有对"慈善组织"进行官方统一界定。在地方层面,虽然存在对慈善组织的立法,但是概念界定也各有不同。2010年5月1日实施的《江苏省慈善事业促进条例》第3条第2款规定:"本条例所称慈善组织,是指依法登记成立,以慈善为唯一宗旨的非营利性社会组织。"该定义主要是从慈善的宗旨和非营利性来界定慈善组织,且将慈善组织界定为社会组织。2011年10月1日起施行的《宁波市慈善事业促进条例》第10条规定:"本条例所称慈善组织,是指依法登记成立,以慈善为宗旨,依法开展募捐和慈善服务等活动的非营利性社会组织。"2011年11月1日起施行的《宁夏回族自治区慈善事业促进条例》第8条规定:"慈善组织是指具有独立法人资格,以慈善为宗旨的非营利性社会组织。"可以看到,虽然各地对"慈善组织"的概念界定有所不同,但都强调了两个方面:一是应以慈善为宗旨;二是应属于非营利性的社会组织。

2016年3月16日,第十二届全国人大第四次会议通过了《慈善法》,这是我国自2005年民政部提出慈善事业立法建议以来,历时近十一年出台的第一部关于慈善事业建设的基础性、综合性法律。《慈善法》第一次从法律层面明确了"慈善组织"的概念、范围以及慈善活动等,系统地规范了全社会的慈善行为,对我国慈善事业的发展具有重要的意义。以下对慈善组织的界定都以《慈善法》为依据。

(一)慈善组织的内涵

《慈善法》将慈善组织定义为"依法成立、符合本法规定,以面向社会开展慈善活动为宗旨的非营利性组织"[①]。慈善组织可以采取"基金会、社会团体、社会服务机构等组织形式"[②],且应符合以下条件:(1)以开展慈善活动为宗旨;(2)不以营利

---

① 参见《慈善法》第8条。
② 同上。

为目的;(3)有自己的名称和住所;(4)有组织章程;(5)有必要的财产;(6)有符合条件的组织结构和负责人;(7)法律、行政法规规定的其他条件。

因此,慈善组织并不是一类新的法人组织,而是社会组织依据宗旨和业务范围划分出的一种类型,是非营利组织的一种特殊形式,这种关系类似于行业协会商会是社会团体的一种类型。[①] 对慈善组织的内涵,我们可以从以下三个方面来加强理解:

第一,慈善组织是非营利组织的一种特殊组织形式。非营利组织是介于政府和营利性组织之间的,依靠会员缴纳的会费、民间捐款和政府的财政拨款等非营利性的收入,从事前两者无力、无法和无意作为的社会事业,从而实现服务社会公众、促进社会稳定与发展的社会公共部门。可以看到,慈善组织与非营利组织的概念最为接近,它属于非营利组织中从事社会公益慈善事业的那部分组织。但是,非营利组织并不都是慈善组织,其概念外延大于慈善组织,比如行业协会商会属于非营利组织,但它们不属于慈善组织。

第二,慈善组织的宗旨是面向社会开展慈善活动。慈善组织只有通过开展一定的慈善活动,才能够实现自身的价值。关于慈善活动,《慈善法》第3条作出了规定,不仅包括扶贫、济困、扶老等对弱势群体的"小慈善"活动,而且包括环保、卫生等公益性活动。因此,《慈善法》中对慈善活动的界定采用的是"大慈善"的概念,即将公益与传统的"小慈善"概念纳入同一概念范畴,赋予了慈善更为全面的定义。

第三,慈善组织必须依法成立。设立慈善组织,必须向相关民政部门进行申请登记,经相关部门受理同意后方可登记为慈善组织,并且应当根据法律法规,建立健全的内部治理结构,依法开展慈善活动。

(二)与慈善组织相关的概念

慈善组织常常与"公益性组织"(Philanthropy)、"志愿组织"(Voluntary Organization)、"免税组织"(Tax-exempt Organization)等相关联,因此,我们也需要理解这些概念的含义。

"公益性组织"是一个与"互益性组织"相对的概念,一般指那些非政府的,不将利润最大化为首要目标,而是以社会公益事业为主要追求目标的民间性、公益性、志愿性的社会组织。公益性组织的服务对象不是特定的受益者,而是社会的多数成员甚至全体成员,互益性组织则主要是为其成员提供服务。从这一意义来看,公益性组织与慈善组织的概念具有很大的相似性。

"志愿组织"的概念在英国、印度等国家较为流行。在英国,志愿组织是一个集

---

① 参见朱勤:《民政部社会组织管理局负责人就慈善组织登记、认定及管理等问题答记者问》,载《中国社会组织》2016年第18期,第8—9页。

体名词,指具有社会性目标而在会员中不进行利润分配的各种正式或非正式组织,慈善组织、社区组织等均可纳入志愿组织的范畴。在国内,对于志愿组织的概念说法不一。中国社会工作协会志愿者工作委员会在《中国社区志愿者注册管理办法》(2005)中对社区志愿者组织的定义为:"社区志愿者组织是社区志愿者的管理单位,负责建立健全社区志愿服务的规章制度,组织开展社区志愿者的服务活动,负责社区志愿者的招募、注册、培训、管理、考核、表彰以及宣传等相关事宜。"《广东省青年志愿服务条例》(1999)认为,青年志愿者组织"是指从事志愿服务的非营利的公益性组织,包括各级青年志愿者协会及其下属的青年志愿者服务站、青年志愿者服务队等"。通过以上与志愿组织相关的概念,我们可以将志愿组织定义为由志愿者自愿组成的、从事志愿服务的非营利性的公益性组织。

"免税组织"是指在税收制度上享受免税待遇的组织。美国是以税收法律体系管理非营利组织的典型国家,由联邦法律承认的免税非营利组织即为免税组织。对于获得免税资格的条件,主要依据的是《美国联邦国内税收法典》,其中第501条(C)款(3)项规定,为了宗教、慈善、科学事业、文学或教育目的,为公共安全进行的试验活动,为促进国内外业余体育项目,或为防止摧残儿童或动物而设立的组织享有免税资格。据相关数据,在所有免税组织中,数量最多的是符合以上条款的公益慈善性组织,包括教育、科学、医学、文化艺术机构和一些私立基金会等[①]。

"慈善组织"与上述各种概念都有相似之处,都强调组织的志愿性、公益性等特征,但又不完全相同。"公益性组织"是与"慈善组织"最为相似的一个概念,《慈善法》中对慈善活动的界定,除了对弱势群体的慈善活动,还包括科教文卫事业、环保等其他公益活动,这种"大慈善"的概念界定,扩展了慈善活动的范围,将"公益"与传统的"小慈善"共同纳入"慈善"的范畴。对于"志愿组织",在西方国家,它与非营利组织或非政府组织在内涵和外延上基本一致,不同的是,这一概念更加强调参与者的自愿性,通常与志愿者组织、志愿行为等概念联系起来,因此,它属于"公益性组织"的一种,概念外延大于"慈善组织"。"免税组织"强调社会组织的免税资格,在西方国家,慈善组织通常可以通过法律程序来获得免税地位,但是免税组织还包括其他可获得免税资格的组织。因此,"慈善组织"属于"免税组织"的一种类型。

---

① 参见黄晓勇主编:《中国民间组织报告(2009～2010)》,社会科学文献出版社 2009 年版,第 193—204 页。

第二节 类型划分

一、官方分类

(一) 社会组织的法定类型

我国目前虽然还没有明确的法律法规对社会组织的外延进行规定,但是依据国务院颁布的《社会团体登记管理条例》(1998)、《民办非企业单位登记管理暂行条例》(1998)和《基金会管理条例》(2004)(以下简称"三大条例"),以及各学者对社会组织的狭义界定,社会组织主要包括社会团体、民办非企业单位和基金会。"三大条例"中对三类社会组织的定义分别进行了规定。

所谓社会团体,是指"中国公民自愿组成,为实现会员共同意愿,按照其章程开展活动的非营利性社会组织"[①]。

所谓民办非企业单位,是指"企业事业单位、社会团体和其他社会力量以及公民个人利用非国有资产举办的,从事非营利性社会服务活动的社会组织"[②]。

所谓基金会,是指"利用自然人、法人或者其他组织捐赠的财产,以从事公益事业为目的,按照本条例的规定成立的非营利性法人"[③]。

关于社会团体的分类,1989年12月颁布的《民政部关于〈社会团体登记管理条例〉有关问题的通知》第1条规定,根据社会团体的性质和任务,将社会团体分为学术性社团、行业性社团、专业性社团和联合性社团四种。其中,学术性社团一般以学会、研究会命名,其又可以分为自然科学类、社会科学类以及自然科学与社会科学的交叉科学类;行业性社团一般以协会(包括工业协会、行业协会、商会等)来命名,这类社团主要是经济类社团,可分为农业类、工业类和商业类等;专业性社团一般以协会、基金会命名,这类社团一般是非经济类的,主要由专业人员组成或以专业技术、专门资金为从事某项事业而成立的团体;联合性社团一般以联合会、联谊会、促进会命名,这类社团主要是人群的联合体或学术性、行业性、专业性团体的联合体。

关于民办非企业单位,1999年12月发布的《民办非企业单位登记暂行办法》第2条规定,按照其依法承担民事责任方式的不同,可以分为三类:由个人出资且担任民办非企业单位负责人的,为民办非企业单位(个人);两人或两人以上合伙举办的,为民办非企业单位(合伙);两人或两人以上举办且具备法人条件的,为民办非

[①] 《社会团体登记管理条例》第2条。
[②] 《民办非企业单位登记管理暂行条例》第2条。
[③] 《基金会管理条例》第2条。

企业单位(法人)。此外,由企业事业单位、社会团体和其他社会力量举办的,或由上述组织与个人共同举办的,均属法人性质的民办非企业单位。民办非企业单位按照行政事业划分可分为十类(见表1-1)。2016年5月发布的《社会服务机构登记管理条例》(即《民办非企业单位登记管理暂行条例(修订草案征求意见稿)》)中,取消了个体型、合伙型,将社会服务机构统一为非营利性法人,统一了社会服务机构的组织类型。

表1-1 民办非企业单位的分类

行政事业	举 例
教育事业	民办幼儿园、小学、中学、学校、学院、大学,民办专修(进修)学院或学校,民办(补习)学校或中心等
卫生事业	民办门诊部(所)、医院,民办康复、保健、卫生、疗养院(所)等
文化事业	民办艺术表演团体、文化馆(活动中心)、图书馆(室)、博物馆(院)、美术馆、画院、名人纪念馆、收藏馆、艺术研究院(所)等
科技事业	民办科学研究院(所、中心),民办科技传播或普及中心,科技服务中心,技术评估所(中心)等
体育事业	民办体育俱乐部,民办体育场、馆、院、社、学校等
劳动事业	民办职业培训学校或中心,民办职业介绍所等
民政事业	民办福利院、敬老院、托儿所、老年公寓、民办婚姻介绍所、民办社区服务中心(站)等
社会中介服务业	民办评估咨询服务中心(所)、民办信息咨询调查中心(所)、民办人才交流中心等
法律服务业	各类法律服务中心(所)等
其他	其他民办事业

资料来源:根据民政部1999年12月颁布的《民办非企业单位登记暂行办法》(民政部令〔1999〕18号)第4条整理。

关于基金会的分类,2004年6月1日施行的《基金会管理条例》第3条规定,基金会分为面向公众募捐的基金会和不得面向公众募捐的基金会。另外,根据募捐地域范围的不同,基金会可分为全国性公募基金会和地方性公募基金会。

2006年,民政部参考国际通行统计分类体系并结合我国社会组织发展的特点,提出社会组织新的分类体系,并用于社会组织的年度检查工作。新的社会组织体系将社会组织分为经济类(工商服务业、农业及农村发展、职业及从业组织)、社会类(社会服务)、环境类(生态环境)、文化类(文化、体育、法律、宗教、科技与研究、教育、卫生)、国际类(国际及涉外组织)和其他6大类和14小类。

2015年9月,中共中央办公厅印发的《关于加强社会组织党的建设工作的意见(试行)》中,对社会组织进行了一次清晰的划分,主要包括社会团体、民办非企业单位、基金会、社会中介组织和城乡社区社会组织等。这次分类扩展了社会组织的外延,在三大传统类型之外,将社会中介组织和城乡社区社会组织也纳入社会组织的范畴。依据学者陈德权的观点,社会中介组织指的是在我国社会经济体制转轨和政府职能转变的过程中,独立成立或从政府中分化出来的,在政府、市场、公众之间发挥协调、服务等纽带中介职能,不以营利为目的的自治性非政府机构,具有中介性、非营利性、民间公众性等特征。① 对于城乡社区社会组织,在学者王名对社区基层组织的界定中,是指由城乡居民自发成立的,主要在社区范围内开展活动的各种基层社会组织。在城市社区,主要表现为社区居民基于共同的兴趣、爱好、价值观以及共同需要成立的"兴趣协会"等各种基层组织;在农村社区,主要表现为村镇范围内开展的互助性、兴趣性及公益性活动的各种基层组织。②

2016年《慈善法》出台之后,为更好地与其进行衔接,民政部拟对"三大条例"进行修订,在条例修订征求意见稿(《社会团体登记管理暂行条例(修订草案征求意见稿)》《社会服务机构登记管理条例》《基金会管理条例(修订草案征求意见稿)》)中对社会团体的定义与分类同之前的规定基本一致,但是,将"民办非企业单位"修改为"社会服务机构",并将社会服务机构定义为:"是指自然人、法人或者其他组织为了提供社会服务,主要利用非国有资产设立的非营利性法人"③;对基金会的定义也进行了调整,更加突出了基金会的慈善属性:"本条例所称基金会,是指利用自然人、法人或者其他组织捐赠的财产,以开展公益慈善活动为目的,按照本条例的规定成立的非营利性法人。"④

(二)慈善组织的形式

《慈善法》规定,慈善组织可以采取"基金会、社会团体、社会服务机构等组织形式"。依据此规定,第一,慈善组织主要采取基金会、社会团体和社会服务机构三种组织形式,但是由于基金会、社会团体、社会服务机构之间存在差异,在是否能被认定为慈善组织的问题上仍然存在区别。《慈善组织认定办法》(2016)对慈善组织所需具备的条件作出了明确规定,其基本原则是,符合条件的情况下,基金会、公益性社会团体、公益性社会服务机构可以被认定为慈善组织。

第二,人民团体、群众团体、事业单位以及其他从事非营利活动的组织没有被排除在可认定为慈善组织的组织范围之外。但是,《慈善组织认定办法》没有对这些组织作出规定,这即是说,这些组织目前尚不存在被认定为慈善组织的可行性。学界一般认为,以人道救援为使命的红十字会可以作为慈善组织的特殊情形,其他与政府有着直接或间接联系的人民团体、群众团体,不宜作为《慈善法》规范的对

---

① 参见陈德权主编:《社会中介组织管理概论》,东北大学出版社2014年版,第9—11页。
② 参见王名:《社会组织论纲》,社会科学文献出版社2013年版,第18页。
③ 《社会服务机构登记管理条例》第2条。
④ 《基金会管理条例(修订草案征求意见稿)》第2条。

象,而事业单位是否可以被认定为慈善组织,需根据事业单位的改革情况予以确定,在其改革未完成之前,同样不宜纳入《慈善法》所规范的范围。①

二、学界分类

随着对社会组织研究的深入,国内学者也从不同的角度对社会组织进行了分类。下面主要介绍四种较常被引用的分类方法。

第一种是王颖等人对社会团体的划分。根据组织的形成过程、领导层的产生、主要领导的身份和经费来源,将社会团体划分为官办型、半官办型和民办型三类。其中,官办型社团的主要领导人和工作人员为政府组织部门批准并任命的在编专职人员,经费由财政划拨或来源于非财政却带有法律效力的强制性会费,典型的官办型社团有妇联、工商联、共青团等;半官办型社团的主要领导人由政府职能部门或国有企业、事业单位和官办型社团的主要领导人兼任,经费从主管部门的财政和非财政经费中划拨或部门自筹;民办社团指的是那些与挂靠或主管部门无人员交叉、经费基本自理的社会团体。② 这种划分方式主要是从政府与社会团体的关系为出发点的,后来大多数学者依据这种思路也将社会组织划分为官办、半官办和民办社会组织三种。

第二种是俞可平的分类③。他从学术研究和行政管理两种角度提出了民间组织的分类方法。首先,从学术研究的角度来看,按照组织的本质特征,民间组织可以分为九类:行业组织、慈善性机构、学术团体、政治团体、社区组织、社会服务机构、公民互助组织、同人组织以及非营利性咨询服务组织。其次,从行政管理的角度,主要有三种标准下的划分:第一,按照组织的法律地位,将民间组织分为法人团体和非法人团体。法人团体具有独立的法人资格,其权利责任要大于非法人团体,当然对其审批、登记等管理也更加严格。相应地,政府对其财政的支持力度也更大。第二,按照组织的活动宗旨,将民间组织分为公益性团体和非公益性团体。第三,按照管理的需要,将民间组织分为群众团体或人民团体、自治团体、行业团体、学术团体、社区团体、社会团体、公益性基金会七个种类。

第三种是王名的分类④。他依照"组织构成和制度特征"将社会组织分为会员制组织和非会员制组织。会员制组织可分为公益性组织和互益性组织,进一步地,

---

① 参见詹成付:《关于慈善组织的几个问题——在全国民政系统慈善法培训班上的讲解》,载《中国社会组织》2016 年第 9 期,第 13—22 页。
② 参见王颖、折晓叶、孙炳耀:《社会中间层:改革与中国的社团组织》,中国发展出版社 1993 年版,第 70—77 页。
③ 参见俞可平:《中国公民社会:概念、分类与制度环境》,载《中国社会科学》2006 年第 1 期,第 109—122 页。
④ 参见王名主编:《社会组织概论》,中国社会出版社 2010 年版,第 19—21 页。

按照是否在民政部门登记注册,又将公益性组织划分为免登记公益性社会团体(人民团体)和一般公益性社会团体,将互益性组织划分为互益性社会团体和互益性经济团体。对于非会员制组织,按照组织的活动类型和功能,可将其分为基金型组织和实体型组织,进一步地,按照运作资金的类型和性质,可将基金型组织分为慈善募捐协会、公募基金会和非公募基金会;按照资金来源和管理体制,可将实体型组织分为民办非企业单位和事业单位。这种划分方式值得肯定的地方是,一是对会员制组织和非会员制组织、公益性组织和互益性组织的划分,有利于我们更好地理解社会组织的法人治理结构;二是将人民团体包含在免登记的社会团体范畴,对从整体上理解社会组织具有重要的意义。但是,这种划分方式也存在问题,一是将事业单位纳入社会组织的范畴。事业单位的确具有非营利性,但是事业单位需要接受党委和政府的领导,与政府有着密切的关系,或许在事业单位改革之后,部分社会组织将转变为社会组织,但在改革尚未完成之前,不宜将其纳入社会组织的范畴;二是划分仍以法定社会组织为对象,未将在工商登记注册的社会组织和未登记的草根社会组织包含在内。[1]

第四种是康晓光的分类[2]。他认为,"实际发挥作用的社团"应该包括四类。一是合法登记注册的社团,即在民政部门正式登记注册的社团;二是无法人地位的次级社团,即为了绕开《社会团体登记管理条例》的限制,挂靠在已经合法登记的社团之下,以无法人地位的次级社团的身份开展活动,作为交换,它们给挂靠单位上缴一定的"管理费";三是以企业法人身份注册的社团,即为减少来自外界的控制,采取商业注册的方式获得自己存在合法性的依据;四是不进行注册的"非法"社团,如各种各样的"沙龙""论坛""俱乐部"之类的活跃团体。

综上,不同学者从不同的角度对社会组织进行了划分。理解这些组织的类型划分,可以更好地帮助我们理解社会组织。

第三节 主 要 功 能

社会组织内部不同类型组织的功能存在较大差异,尤其是公益型组织和互益型组织,两者的功能差别明显,但是也有着一些共性的功能。慈善组织是部分社会组织所具有的第二重身份,因此,从一般意义上看,慈善组织的功能从属于社会组织功能,主要与公益型组织的功能相一致。

---

[1] 参见周俊:《社会组织管理》,中国人民大学出版社 2015 年版,第 15—16 页。
[2] 参见康晓光:《创造希望——中国青少年发展基金会研究》,漓江出版社、广西师范大学出版社 1997 年版,第 630—631 页。

一、社会组织的主要功能

（一）共性功能

1. 提供公共产品和服务

随着经济社会的发展，人们的物质生活水平不断提高，对各类公共产品和服务的需求也逐渐增多和复杂化。政府作为公共产品和服务的主要提供者，受制于财力、物力和人力等资源条件，难以满足日益增多的多样化需求。在这种情况下，社会组织与慈善组织日益参与到公共产品和服务的提供中，在教育、卫生、社会服务、文化、体育、生态环境等各个领域发挥重要作用，逐渐成为公共产品和服务的重要提供主体。比如在教育方面，"春蕾计划""希望工程"等社会组织实施的助学项目在资助贫困学生方面做出了显著贡献。截至 2014 年，"春蕾计划"实施 25 年中，共筹集社会爱心捐款 14.58 亿元，捐建春蕾学校 1154 所，资助春蕾儿童 251.7 万人次。[①] 又如在环保方面，环保类社会组织是推动我国环保事业发展的重要力量，它们不但通过组织各类环保公益活动宣传环保知识，提高公民的环保意识，而且积极进行社会监督，向污染违规企业提起公益诉讼、对国家的相关法律法规建言献策，以实现保护环境的目标。

2. 促进就业

一方面，社会组织与慈善组织直接吸纳就业人员，提供了大量就业岗位。根据《2015 年社会服务发展统计公报》，截至 2015 年底，全国共有社会组织 66.2 万个，比上年增长 9.2%；吸纳社会各类就业人员就业 734.8 万人，比上年增长 7.7%。[②] 另一方面，社会组织与慈善组织为失业人员提供就业培训、就业指导等服务，间接促进了失业人员的再就业。

3. 促进决策科学化和民主化

社会组织与慈善组织具有影响立法和公共政策制定的功能，部分组织有机会直接参与公共政策的制定过程，更多的组织作为特定群体或事业的代言人，利用关系网络、大众媒体等力量努力影响政策进程和结果。社会组织与慈善组织也是公共政策的重要监督者，它们通过提出批评和建议、开展政策评估等方式推进公共政策的改进与完善。社会组织与慈善组织参与政策过程有利于促进决策的科学化和民主化，因为它们贴近基层，比政府更了解基层群众的利益诉求，具有信息优势，而不同组织对决策的影响，既是决策民主的应有之义，也有利于促进决策过程中多方利益的均衡，从而实现决策的科学化。

---

① 资料来源：http://www.cctf.org.cn/news/info/2016/07/13/143.html，2017 年 1 月 5 日访问。
② 资料来源：http://www.mca.gov.cn/artide/si/tjgb/201607/20160700001136.shtml，2017 年 1 月 5 日访问。

4. 促进社会和谐

社会和谐就是社会中的人、事、物处于一种相对稳定均衡的状态,社会组织与慈善组织在促进社会和谐方面具有独特的功能。社会组织与慈善组织所开展的活动大多贴近公众的实际需求,它们或解决公众面临的实际问题,或提供公众需要的物品或服务,这有利于满足公众的社会和文化需求,丰富社会生活,促进社会和谐。另外,社会组织与慈善组织在化解社会冲突和矛盾、维护社会稳定方面具有重要作用。社会组织与慈善组活跃在生活中的各个领域,可以及时发现和处理社会中的各种问题,以避免形成更大的社会冲突。即使产生了较大的社会冲突,社会组织与慈善组织也可以发挥自身"来自于民""服务为民"的优势,发挥"润滑剂"的作用,从而有利于矛盾的解决。

(二)互益性组织的主要功能

社会组织中的互益性组织一般实行会员制,它们提供的产品或服务往往只能由组织的会员享用,如行业协会、学会、社交联谊组织、互助合作组织等都属于互益性组织。因此,互益性组织的功能主要是为成员提供服务。但是不同类型的互益性组织的功能也有所差异,如联谊会的宗旨主要是促进会员之间的交流与沟通;学术性社会组织主要是促进学术发展、普及知识和培养人才;行业协会商会的主要功能是实现会员交流、会员自律,处理会员间的冲突与矛盾,代表会员与政府、市场进行沟通和协作等。

(三)公益性组织的主要功能

公益性组织主要面向社会提供公共服务,其活动包括公益慈善、救灾救难、扶贫济困、环境保护、文化教育等。无论是在哪个领域开展活动的公益性组织,它们都旨在解决社会中出现的各种各样的问题,以及满足由此产生的各种公益性的社会需求。公益性社会组织的功能与慈善组织的功能基本一致,主要包括扶贫功能、特殊群体关怀、灾害救助功能、促进社会慈善参与、推动精神文明建设五个方面,具体内容在慈善组织功能中介绍。

二、慈善组织的主要功能

(一)扶贫济困

慈善组织具有资源动员广泛、扶贫方式多样、救助具有针对性等优势,是消除贫困的重要力量。我国一些著名的扶贫项目,如"爱心包裹""新长城自强项目""母亲水窖""光彩扶贫工程"等都是由基金会等慈善组织发起的,这些项目是我国扶贫事业的重要组成部分。慈善组织参与扶贫济困有许多方式,除直接捐赠物资外,还包括提供专业的扶贫培训,即帮助身在基层、心系扶贫的志愿者、村干部等爱心人士接受专业的扶贫培训,指导其根据法律法规,运用成熟的公益模式,因地制宜地开展扶贫工作;承接政府购买的扶贫项目,利用专业优势在贫困地区实施有针对性的扶贫项目;募集善款以资助扶贫组织或扶贫项目,等等。在互联网非常发达的今天,慈善组织越来越多地通过搭建网络平台,销售贫困群众生产制作的农产品、工艺品等,以发挥帮助贫困人口脱贫致富的作用,这也是扶贫形式的一种创新。

案例 1-1　爱德基金会的扶贫事业

　　爱德基金会作为一个拥有30多年扶贫历史和经验的民间公益组织,在1993年就提出西部扶贫与开发战略,翌年4月,在贵州启动了首个农村社区扶贫与综合发展项目,至今已在西部农村扶贫发展方面持续开展工作20多年,并取得了显著成效。例如,在中西部10多个省区开展了100多个为期3—5年的大型农村综合扶贫与发展项目,帮助农村社区建立200多个不同类型的农民自治组织,帮助贫困地区建立数百所村卫生室,为西部9个省份培训了1.6万名村医和6900多名乡级卫生人员;"重返校园项目"资助近12万名中学生回到课堂,"薪火工程"帮助近900名贫困大学生完成学业;"山区建校项目"帮助700多所农村中小学校重建校园;"孤儿助养项目"对1.3万名孤儿开展了助学工作,并开展了孤儿心理关怀工作。2016年3月以来,爱德基金会派出多支员工队伍分赴云南、贵州、河北、安徽等中西部贫困地区考察调研农村扶贫、孤儿助养、饮水安全、农村教育等情况,以期在原有的农村扶贫工作基础上,设计出更合适的项目开展精准扶贫工作。

　　资料来源:《同心合力精准扶贫》,http://www.amity.org.cn/index.php?m=Home&c=News&a=view&id=266,2017年1月5日访问。

(二)关爱弱势群体

　　关爱弱势群体,为他们提供服务是慈善组织最原始也是最重要的功能。所谓弱势群体,是指在社会生产生活中由于群体的力量、权力相对较弱,因而在获取社会财富时相对较为困难的社会群体,主要包括儿童、老年人、妇女、残疾人、下岗失业人员等。弱势群体通常处于较贫困或需要帮扶的状态。慈善组织中遵循"小慈善"思想而设立的组织基本上都以帮扶弱势群体为组织宗旨和目标,比如贫困儿童助学组织、老人关爱组织、助残组织等。这些组织或者直接为弱势群体提供技能培训、康复治疗、看护陪伴等服务,或者筹资以资助其他慈善组织或慈善项目,或者充当中介为弱势群体寻求资源,或者多种功能兼具。被"大慈善"概念包括进来的公益性组织(同样属于"大慈善"概念中的慈善组织)虽然大多并不直接为弱势群体提供专门的服务,但它们所从事的科学、教育、文化等公益性事业同样有助于弱势群体改善生活境遇、提升生存和生活能力,部分公益性组织同样直接为弱势群体提供服务,比如一些教育机构为部分残障人士提供教育服务。

案例 1-2　深圳壹基金公益基金会的海洋天堂计划

　　深圳壹基金公益基金会(简称"壹基金")的海洋天堂计划源自电影《海洋天堂》。从 2011 年至 2013 年,壹基金海洋天堂计划通过支持全国 161 家民间特殊儿童服务机构为 6085 名自闭症、脑瘫、罕见病患者提供康复医疗生活补助,为 26299 人次特殊儿童及家庭提供社会融合的机会,开展了 6 场以蓝色行动为代表的大型公众倡导活动,有效促进了我国社会对于残障人士的尊重与接纳。2014 年至 2016 年壹基金海洋天堂计划主要以公众及政策倡导为核心,改善公众长期存在的对特殊需要儿童及其家庭的歧视以及排斥的观念,营造包容与接纳的环境氛围,促进特殊需要儿童及其家庭享有有尊严、无障碍、有品质的社会生活。同时,为特殊儿童服务机构及家长组织提供资助和能力建设支持,帮助其更好地为特殊需要儿童服务。

　　资料来源:http://www.onefoundation.cn/haiyangtiantang/,2017 年 1 月 5 日访问。

(三)灾害救援

　　近年来,慈善组织在灾害救援中发挥了重要作用。许多慈善组织第一时间奔赴灾害现场参与救援行动,开展抢险救援、搬运和发放救灾物资、开展医疗工作、提供精神慰藉、维护现场秩序等。与此同时,慈善组织还积极动员社会资源,广泛募集善款。比如,2008 年汶川大地震、2010 年青海玉树地震之后,以中华慈善总会、中国红十字会为代表的慈善组织立即行动起来,它们在参与救灾的同时,通过网络、电视、报刊和广播等媒体向社会发布慈善捐赠倡议,动员社会各方面力量筹集资金和物资。在灾后重建中,慈善组织同样是不可缺少的力量,一些组织派人员长期驻扎重建地区,开展就业创业帮扶、心理咨询、义务支教、参与社区治理等服务。比如,壹基金在 2013 年雅安芦山地震灾区开展了"减灾示范校园"项目,以提高学校师生应对灾害的综合能力。

案例 1-3　"减灾示范校园"项目目标与活动

　　活动 1:教师减灾教育培训。教师是学校推动减灾教育的主力,教师对减灾教育不重视或经验不足是导致减灾教育质量不高的直接原因。项目计划利用三年时间对 100 所项目学校的校长进行减灾教育培训,并着重培训 100 名减灾骨干老师,这些老师随后对学校其他老师进行培训,以期总体提升学校减灾教育师资。

　　活动 2:儿童减灾小课堂。"减灾小课堂"是壹基金专门针对儿童设计的减灾小周期课程,主要开展减灾互动游戏和实地减灾小活动,激发儿童对于减灾活动的兴趣,培养儿童的风险识别意识和应急反应能力。同时,为儿童配发减灾教育笔记本和儿童应急包,帮助儿童应对生活中常见的安全风险。项目计划在100所学校的所有班级开展减灾小课堂,并为每位儿童提供减灾教育读本和儿童应急包。

活动3:校园应急逃生演练。应急逃生演练是学校每年的常规活动,也是应对灾害及突发情况的有效方式。但学校的逃生演练大多没有经过专业训练,在灾时或演练中容易出现意外事故。项目将开发校园应急逃生演练手册,并指导每一所学校开展应急逃生演练。

活动4:减灾教育主题活动周。项目学校自主开展减灾教育活动,在参与性、互动性和体验性较强的校园活动周,地震体验车将是主打活动。壹基金将同期开发采购流动式地震体验车开进校园,使每位儿童和教师都能亲身体验地震震感,了解应对方法,消除对灾害的恐惧,积极备灾防灾。

活动5:配备校园应急箱。总结国内外校园减灾的经验,并通过与学校校长的研讨交流,确定校园应急箱的物资配备,包括应急工具、急救物品、常用工具等不同类型物品20余件,放置在学校的校门口和主教学楼门口,便于学校师生使用应急。

活动6:推动成立在地减灾公益组织。校园减灾教育水平的提升,不是一蹴而就的,需要长期持续开展。为此,本项目推动成立一系列在地减灾公益组织,成为雅安本地校园减灾事业长期发展的推动力量。

资料来源:《壹基金减灾示范校园项目介绍》,http://www.iliuye.com/index.php/Wap/Index/article/id/70509,2017年3月15日访问。

(四)促进慈善事业发展

慈善组织是慈善事业的组成部分,它们自身的发展是慈善事业发展的风向标。不但如此,慈善组织在促进慈善事业发展中还有以下功能:第一,慈善组织通过举办各种慈善活动,提高公众对慈善事业的认识,促进更多的社会力量加入慈善事业,从而促进慈善事业的全面发展。第二,慈善组织以合法的形式向国家表达弱势群体的愿望,不断推进慈善方面的立法,从而为改善慈善事业的制度环境作贡献。第三,慈善组织通过开展各种形式的活动,密切了社会成员之间的联系,加强了社会成员之间的信任,在增强社会凝聚力的同时,培育了社会成员的互助意识和慈善精神,有利于慈善文化的形成。

(五)推动精神文明建设

文化建设是社会发展不可或缺的原动力。在全球化时代,文化作为一种"软实力",是国家综合实力的重要构成部分,文化建设对各国政府而言都是一项必不可少的任务。慈善组织在文化建设尤其是精神文明建设中发挥着积极作用。利他主义价值观是慈善组织的第一精神支柱,在利他主义价值观的驱动下,慈善组织通过向受助群体提供慈善服务,在互动互助的过程中感染受助群体,传递慈善组织的宗旨和文化,从而培育社会成员的关怀和责任意识、营造具有"人文关怀"的社会文化氛围。当前,慈善事业已经成为我国公民道德和责任教育的重要载体,慈善组织则在其中扮演着组织和实施者的角色。

本章小结

本章主要介绍了社会组织与慈善组织的概念、特征、分类和功能。"社会组织"概念于2006年提出,"慈善组织"概念在2016年的《慈善法》中得以界定。慈善组织不是一种独立的组织类型,而是部分社会组织的一种身份属性。社会组织与慈善组织具有非营利组织的一般特征,主要包括组织性、私有性、非营利性、自治性与志愿性五个特征。社会组织种类繁多,具有法人身份的社会组织包括社会团体、社会服务机构(民办非企业单位)和基金会,慈善组织可以采取社会团体、社会服务机构和基金会等形式。社会组织与慈善组织具有提供公共产品和服务、解决社会问题、进行公共政策倡导、促进社会和谐等作用。

思考题

1. 简述社会组织与慈善组织的概念及特征。
2. 简述社会组织与非营利组织、非政府组织、第三部门的区别。
3. 法定社会组织有哪几种类型?
4. 学界对社会组织的分类主要有哪几种观点?
5. 社会组织与慈善组织的作用有哪些?

拓展阅读书目

1. 周俊:《社会组织管理》,中国人民大学出版社2015年版。
2. 王名等:《社会组织与社会治理》,社会科学文献出版社2014年版。
3. 刘培峰:《非营利组织的几个相关概念的思考》,载《中国行政管理》2004年第10期。
4. 王名:《非营利组织的社会功能及其分类》,载《学术月刊》2006年第9期。
5. 谢遐龄:《非政府组织在中国——几个概念和发展前景》,载《吉林大学社会科学学报》2009年第3期。
6. 赵黎明、贺福安:《非政府组织在我国社会保障建设中的作用》,载《求索》

2010年第3期。

7. 李春霞:《新时期社会组织在民生建设中的作用研究》,载《齐鲁学刊》2012年第3期。

8. 周学锋、高猛:《社会组织促进就业的功能与制度路径》,载《中国行政管理》2012年第11期。

9. 张海军:《"社会组织"概念的提出及其重要意义》,载《社团管理研究》2012年第12期。

10. 孔祥利、邓国胜:《公益慈善组织参与扶贫:制度困境与发展建议——基于广东省的实证研究》,载《新视野》2013年第1期。

11. 范炜烽、王青平:《我国社会组织的分类及登记管理策略研究》,载《学术论坛》2015年第11期。

第二章　社会组织与慈善组织理论

本章要点

1. 了解社会组织与慈善组织的一般理论。
2. 掌握组织本质视角下的公民社会理论和结社自由理论。
3. 熟悉组织生成和发展视角下的政府失灵理论、契约失灵理论、第三方管理理论、志愿失灵理论以及治理和善治理论。
4. 理解组织间关系视角下的社会组织与政府关系的相关理论、政府与企业关系的相关理论以及三大部门间管理的理论。
5. 掌握组织治理和运作视角下的利益相关者理论、委托—代理理论、资源依赖理论。

导语

自20世纪70年代以来,西方学术界对社会组织的研究急剧增多。经过几十年的发展,社会组织研究领域中逐渐形成了一系列的理论。学习和掌握这些理论,对于加深对社会组织与慈善组织的理解、正确认识相关现象具有重要意义。本章分别从组织本质、组织生成和发展、组织间关系、组织治理和运作四个不同的视角,梳理、介绍社会组织与慈善组织的主要理论,具体涉及公民社会理论、契约失灵理论、第三方管理理论、志愿失灵理论、关系连续谱理论、联盟理论、资源依赖理论等多种理论形态。

第一节　组织本质的视角

一、公民社会理论

(一) 公民社会的内涵

"公民社会"一词译自英文概念"Civil Society"。这一概念在国内有三种译名,即"公民社会""市民社会"和"民间社会"。"公民社会"一词由于强调公民在社会政治生活中的参与地位以及对国家权力的监督与制约,在国内获得了更为普遍的认同。① 公民社会最早源于古希腊先哲亚里士多德(Aristotle)的《政治学》一书。在《政治学》中,亚里士多德论及"Politike Koinonia",即"城邦",认为它指的是"自由和平等的公民在一个合法界定的法律体系之下结成的伦理—政治共同体"②。启蒙运动时期,著名思想家洛克将公民社会理解为"政治社会",认为正是一个人人相亲的政治社会通过缔约的方式形成了政府,因此,在他的政治学说中,公民社会意指一种外在于国家的社会。此后,公民社会的概念经过多种演变和发展,具备了越来越丰富的内涵。

在当前,"公民社会"概念主要以两种形态出现:一是国家—社会二分意义上的公民社会。在这种二分意义上,公民社会是由除了国家之外的非政治性的社会组成的,是独立于国家之外但同样受制于法律的社会经济生活领域及与之相关联的一系列社会价值和原则③,它的构成主要包括各种非政府组织、志愿性社会团体、商业组织、利益集团以及公民自发组织的各种运动。二是国家—市场—社会三分意义上的公民社会。在三分意义上,公民社会是不同于国家和市场的、多元性的、相互交流的第三领域。在三分法中,国家和公民社会通过"政治社会"相连接,市场和公民社会通过"经济社会"相连接。

(二)公民社会理论的主要内容

公民社会理论有众多流派和代表性学者,重要流派包括自由主义的公民社会理论、国家主义的公民社会理论和西方马克思主义的公民社会理论等,重要代表性学者主要包括洛克(John Locke)、黑格尔(Hegel)、马克思(Karl Marx)、伯恩斯坦(Eduard Bernstein)、哈贝马斯(Jürgen Habermas)、柯恩(Jean L. Cohen)和阿拉托(Andrew Arato)等。不同理论流派和学者对公民社会的理解差异明显,但在公民社会的一些基本问题的理解上具有较多共性,下面从结构性要素、核心价值以及公民社会与国家、市场的关系三个方面介绍公民社会理论的主要内容。

1. 公民社会的结构性要素

公民社会由私人领域、志愿性社团、公共领域、社会运动等构成。④

(1)私人领域。在公民社会理论的二分法中,私人领域主要是指私人自主从事商品生产和交换的经济活动领域,市场机制和私有产权是构成这一私人领域的两大要素。在公民社会理论的三分法中,私人领域则主要是指个人私域,即个人的家

---

① 参见俞可平:《中国公民社会的兴起与治理的变迁》,载《中国社会科学季刊》1999年秋季号,第107页。
② Jean L. Cohen, Andrew Arato, Civil Society and Political Theory, Cambridge: The MIT Press, 1994: 84.
③ 参见何增科:《公民社会与民主治理》,中央编译出版社2007年版,第85页。
④ 参见何增科主编:《公民社会与第三部门》,社会科学文献出版社2000年版,第1—5页。

庭生活或私人生活领域,个人在这一领域享有充分的自主权和隐私权。

(2) 志愿性社团。志愿性社团是有着共同利益追求、彼此信任的公民自愿组成的非营利性社团。目前,许多当代公民社会理论研究者将志愿性社团看作公民社会的核心因素。

(3) 公共领域。公共领域主要是指独立自主的个体及由其所组成的自治社团组织进行自主交往和自由辩论的一种非官方的文化批判领域,是各种公众聚会场所的总称,公民在这一领域通过合理合法的交往互动,形成公共意志和公共观点,因此,这一领域也具有自由、理性、开放和批判的基本特征。

(4) 社会运动。当代西方左翼公民社会理论家强调,社会运动是一种以捍卫私人领域和公共领域自主发展的合法权利不受经济系统和国家侵犯为目标的单一主题的抗议运动,如女权运动、生态运动、民权运动等。

2. 公民社会的核心价值

西方公民社会理论的核心价值主要体现在以下五个方面:

(1) 人本主义,强调人性尊严、基本权利以及人性尊严和基本权利的平等性,认为国家和公民社会都应以保护和增进公民权利和利益为旨归。这是公民社会的理论基石。

(2) 多元主义,强调个人生活方式、思想文化、社会组织的多元化,提倡宽容、妥协、互惠与合作精神。

(3) 公开性和开放性,即公共生活领域的公开性和开放性。

(4) 参与性,倡导公民个人或公民社会组织以多种方式积极参与社会公共生活。

(5) 法治,强调要从法律上划定国家权力和国家行动的边界,反对国家对公民社会内部事务的干涉。

3. 公民社会与国家、市场的关系

公民社会与国家、市场的关系是公民社会理论研究的一项重要内容。

建立在国家—社会二分法基础上的公民社会观认为,公民社会是一种与政治社会(国家)平行但外在于政治社会(国家)的范畴。黑格尔是西方社会历史上将政治国家与公民社会进行明确区分的理论先驱。马克思高度肯定了黑格尔将公民社会与政治国家相分离的政治意义,但他纠正了黑格尔的"公民社会是从属于国家的"的观点,他指出:"家庭和市民社会本身把自己变成国家。……政治国家没有家庭的天然基础和市民社会的人为基础就不可能存在。它们是国家的 conditio sine qua non(必要条件)。"① 随着美国和欧洲大陆民主宪政国家的建立,公民社会和政

---

① 《马克思恩格斯全集》第 1 卷,人民出版社 1956 年版,第 251—252 页。

治国家的分离得到了法律和制度上的保障。

建立在国家—市场—社会三分法基础上的现代公民社会观"把公民社会看作是介于国家和家庭或个人之间的一个社会相互作用领域及与之相关的价值或原则,公民社会成为与经济领域中市场和政治领域中政府的对应物"[1]。哈贝马斯认为,公民社会是独立于国家的具有政治性质的公共领域。[2] 在此基础上,美国学者柯恩和阿拉托认为,公民社会是介于经济与国家之间的一个领域,主要由社会和文化领域构成。在我国,目前学界更倾向于三分法的划分。学者何增科将公民社会与国家之间的关系概括为以下五种类型[3]:

(1) 公民社会制衡国家。基于国家是"必要的邪恶"的假设,部分公民社会论者认为只有通过独立的公民社会的民主实践(政治参与和舆论监督等)来制衡国家,才能有效地防止国家权力的滥用,并使国家易于对民众的要求作出反应。

(2) 公民社会对抗国家。以托马斯·潘恩(Thomas Paine)为代表的少数激进的公民社会论者认为,公民社会和国家是一种此消彼长的关系。他们认为,公民社会与国家之间是相互对立的,反对国家对公民社会的压制,主张扩大公民社会的自主活动空间。

(3) 公民社会与国家共生共强。有些公民社会论者认为,在民主体制下,公民社会和国家关系的理想格局是强国家和强公民社会和谐共存。只要公民社会和国家的自主性得到充分的保证,并彼此处于势均力敌的状态,双方各自的功能就得到最好的发挥。

(4) 公民社会参与国家。目前西方公民社会参与国家的模式有两类:一类是以美国为代表的多元主义模式,公民社会中的各种利益集团享有平等参与政治事务的权利;一类是以瑞典为代表的社团主义的模式,国家只认可某些大的社团组织的行业或职业利益的代表权,并为其提供制度化的参与渠道。

(5) 公民社会与国家合作互补。持此论者认为,在提供公共产品和对集体需要作出反应方面,公民社会和国家可以相互补充,建立起一种合作互补的关系。

由于在三分法上公民社会区别于国家和市场,常常被视为与国家和市场具有对抗关系的概念。事实上,在现实社会治理体系中,公民社会的活动离不开政府部门的支持与协助,政府职责的履行也离不开公民社会的支持和辅助。因此,公民社会与国家和市场的关系是一种兼有对抗性和补充性的双重关系。需要注意的有两点:一是如果社会组织过于依赖政府和企业,那么社会组织将面临丧失"独立性"和"公信力"的风险;二是公民社会既可能是政府的有益合作伙伴,又可能被视为对抗

---

[1] 罗亮:《公民社会:一个概念的历史考察》,载《社会工作》2009年第4期,第63—64页。
[2] 参见〔德〕哈贝马斯:《公共领域的结构转型》,曹卫东等译,学林出版社1999年版,第55页。
[3] 参见何增科:《公民社会与第三部门研究引论》,载《马克思主义与现实》2000年第1期,第27—32页。

政府的重要利器。因此,我们需要将这两种对立性的态度放在不同社会和政治情境下进行思考和判别。

二、结社自由理论

(一) 结社自由的内涵

结社是指人们为了某种共同的目的而组成一定的社会组织。结社并不等同于结社自由。事实上,在前民族国家阶段,尽管存在自愿结社和组织社团的行为,但是并不存在完全意义上的结社自由,"结社"并没有与"自由"这一理念联系起来。随着近代民族国家的建立,个人拥有自由支配的资源和自主活动的空间,"结社"才与"自由"相结合,演变为最终获得自由的一种结社。[①] 结社自由,又称"结社权",是公民的一项基本宪法权利,是指公民为了一定的宗旨或理想,并按照一定的原则或准则,自愿组成一定的社会组织的权利。法国结社自由理论的倡导者托克维尔在其著作《论美国的民主》中指出,结社自由是仅次于自己活动自由的最自然的自由,政治方面的结社自由又是一切自由中最后获得人民支持的自由。

公民个人的力量是微不足道的,只有将其转化为群体意识才可以参与和管理国家和社会事务。因此,结社自由的本质在于个人通过组织化的方式,实现和维护自由的权利。其主要目的是通过成立某个组织,使公民能够自由自主地参与社会活动。通常结社自由的基本内涵包括:(1)结社权利的确认。不论种族、肤色、国籍、政治观点、职业、性别、性倾向等如何,每个个体都享有平等的结社权利。(2)未经事先许可和登记成立社团的权利。因此,对社团成立设置许可、登记制度,宣布未经许可、登记的社团为非法社团,事实上构成了对结社自由的实质限制。(3)按照自己的选择组建社团。这主要强调个体可以按照自己的意愿、兴趣、信仰、政治倾向,与其他个体建立不同类型的社团或组织,如宗教组织、政党组织等。(4)自主决定社团事务的权利。这主要是指结社后的组织具有自治性和自我管理的权利。(5)建立联合的权利。社团有权利和其他组织建立联合和联盟,或者加入同类组织的国际联盟。(6)社团取得法人资格、以社团名义取得财产并享受财政补助和税收优惠的权利。[②]

(二) 结社自由的保障与限制

近代特别是21世纪以来,世界各国逐渐把结社自由这一基本权利纳入宪法之中,以此彰显其宪法的民主精神,证明其政权的合法性,同时也保障了公民的结社自由。例如,我国《宪法》第35条规定:"中华人民共和国公民有言论、出版、集会、

---

① 参见刘培峰:《论结社自由》,中国社会科学院2003年博士论文,第3页。
② 参见刘培峰:《结社自由及其限制》,社会科学文献出版社2007年版,第46—57页。

结社、游行、示威的自由。"《德国基本法》第 9 条规定:"所有德国人均享有结社的权利。"英美等国虽无明文规定,但是在英国,结社权与其他权利一样,只要法律不加禁止,人们就可自由地加以运用。《美国宪法》第一修正案和第十四修正案所暗含的结社自由权已基本为美国法学界和司法界所接受。此外,一些国际性法律文件,如《国际人权宪章》和《欧洲人权公约》等中也含有结社自由的相关规定。国际劳工组织大会还于 1948 年专门制定了《结社自由及保护组织权公约》。[①]

各国一方面通过宪法和有关法律对公民的结社自由予以保障,另一方面也对公民的结社自由予以限制。目前大多数国家采用备案制管理,即要求公民结社之后需向国家主管机关申报备案,以便国家监督管理,以美国、加拿大、德国等国家为代表。在美国、加拿大等国家,成立和加入非营利组织被认为是公民的权利,注册与否则是可以选择的。如果需要注册,美国的非营利组织需要按公司法进行登记备案。德国、荷兰对社团采取近似放任的态度,非营利组织与营利组织一样,成立、注册到警署办理程序性手续即可。有的国家则采取批准制,要求社团组织成立之前需报国家主管机关批准,以我国、新加坡、泰国等东亚和东南亚国家为代表。比如,我国《社会团体登记管理条例》规定,成立社会团体必须在国务院民政部门和县级以上地方各级人民政府民政部门进行登记管理。新加坡、泰国的社团的成立一般需要经过政府相关机关的许可,然后在登记机关审批登记,如新加坡的慈善组织需要到慈善专员处登记,泰国的登记机构是曼谷和地方的警署。

第二节 组织生成与发展理论

一、政府失灵理论

20 世纪 30 年代以后,凯恩斯理论成为西方经济学界的主导理论。在该理论的影响下,国家干预经济的力量增强,政府职能和规模不断扩大,政府机构膨胀,公共支出规模过大,但由于政府效率低下,个人对公共物品的需求仍得不到很好的满足,造成资源的严重浪费,从而出现了政府失灵现象。所谓政府失灵(Government Failure),又称"非市场失灵"(Non-Market Failure),是一种由政府干预而引发的一系列非效率性资源分配的公共状态。

政府失灵最早由美国经济学家罗兰·麦肯恩(Roland McKean)于 1965 年提出[②],他认为政府行为存在垄断性、外部性,追求的仅仅是"满意"而非"利益最大化"

[①] 参见李龙、夏立安:《论结社自由权》,载《法学》1997 年第 12 期,第 6—9 页。
[②] R. N. Mckean, The Unseen Hand in Government, The American Economic Review, 1965, 55(3): 496—506.

等问题,政府的干预可能会使经济环境变得更加恶劣。这一概念后由于70年代布坎南(James M. Buchanan)等人提出的公共选择理论的流行而引起学术界关注。布坎南从"经济人"假设出发,认为政府机构及其工作人员的行为出发点和目标既不是公共利益,也不是政治家确定的政治目标,而是官僚和官僚机构自身的利益。政府失灵主要体现在公共政策的失误、政府工作机构的低效率、政府的"寻租"等方面。此外,他还进一步分析了政府失灵背后的原因。1975年,美国经济学家韦斯布罗德(B. A. Weisbrod)提出了更为全面的政府失灵理论,并采用"需求—供给"的传统经济学分析范式,系统论述了社会组织的功能需求、政府与社会组织之间的互补关系,解释了社会组织存在的必要性。韦斯布罗德认为:(1) 个人在性别年龄、财富地位、宗教信仰、教育水平等方面存在多元化,因此,个人在需求方面也是多样化的。但是,政府在提供公共物品时倾向于满足"中位选民"的偏好。由此,政府供给"中位化"难以完全满足个人多样化的需求,政府在公共物品的提供上就存在难以克服的弊端。(2) 政府在公共物品提供上的局限性为社会组织提供不同服务、介入公共物品生产供给提供了制度空间。对政府公共服务不满意的消费者可以在市场或者社会组织之间进行替代性的选择。[1]

萨拉蒙与汉斯曼(Henry B. Hansmann)对非营利组织为什么能提供公共物品、组织特性是什么等重要问题作出了分析,进一步完善了政府失灵理论。萨拉蒙总结了非营利组织具有的组织性、私有性、非营利属性、自愿性、自治性五大特性。他认为,相较于政府,社会组织更适合解决"集体产品"的问题。[2] 汉斯曼认为,非营利组织不得分配利润这一原则能够降低信息不对称带来的高昂的监督成本,使得非营利组织比营利企业更适合提供公共服务。[3]

二、契约失灵理论

契约失灵理论最早由美国法律经济学家汉斯曼于1980年提出。他主要从组织视角解决了非营利组织与营利组织的区别,以及何种因素使得某些特定的公共物品只能由非营利组织而非市场来提供等问题。[4] 契约失灵理论的主要观点是:(1) 竞争性使得市场组织提供产品的有效方式是有条件的,消费者与生产者在产品或服务的质量和价格等方面需达成契约,但是由于消费者与生产者在产品和服务

---

[1] See B. A. Weisbrod, Toward a Theory of the Voluntary Non-Profit Sector in a Three-Sector Economy, in E. S. Phelps(ed.), Altruism, Morality, and Economic Theory, New York: Russell Sage Foundation, 1975.

[2] 参见〔美〕莱斯特·M. 萨拉蒙等:《全球公民社会:非营利部门视界》,贾西津、魏玉等译,社会科学文献出版社2002年版,第3页。

[3] See H. B. Hansmann, The Role of Nonprofit Enterprise, The Yale Law Journal, 1980, 89(5): 835—901.

[4] Ibid.

的质量上存在明显的信息不对称以及公共物品的自身属性,使得市场组织无法与消费者达成最优契约,或者即使达成契约但却因为市场的机会主义倾向和行为而无法有效履行,因而出现契约失灵现象。(2)利润非分配的约束可以有效抑制非营利组织实施机会主义行为的动机,克服市场契约失灵的弊端。非营利组织受到利润非分配的约束,即非营利组织无法将组织的盈余分配给对组织实施控制的个人。这在很大程度上抑制了非营利组织实施机会主义行为的动机,使得非营利组织即使在信息不对称,有能力提高价格或者降低产品或服务质量,而且不用担心消费者报复的情况下,也不会损害消费者的利益。这也是非营利组织与市场组织最重要的区别。

三、第三方管理理论

20世纪70年代以后,世界各国纷纷出现政府失灵和市场失灵的现象,政府干预逐渐受到质疑和抨击。在这种情况下,区别于市场和政府的"第三只手"的作用受到重视。美国公共政策学者萨拉蒙教授对20世纪50至80年代美国非营利部门和政府的关系进行研究时发现,政府失灵理论和契约失灵理论在解释美国现实的过程中存在局限性,因此,需要重新构建更具有解释力的理论。[1]

基于大量的调研分析,萨拉蒙提出"第三方管理理论",用以解释美国非营利部门和政府之间的关系。政府一般具有"资金和指导的提供者"和"服务递送者"的双重性质。但是,科层制政府在提供公共服务时存在灵活性差、成本较高且难以满足不同群体的多样化需求等弊端,而小型化的非营利组织则富有弹性,能对不同群体提供相应的服务。因此,在提供公共服务方面,政府与非营利组织是互补的关系。在这种互补关系中,美国联邦政府直接承担了"资金和指导的提供者"的角色,同时依靠州、市、县和众多第三方机构——医院、学校以及行业协会等社会组织提供公共服务,履行政府职责。在这种管理模式下,第三方机构实质上承担了"服务递送者"的角色,并由此形成了第三方管理模式。

在这种管理模式下,政府与第三方机构分享在公共基金支出和公共权威运用上的处理权。联邦政府在福利项目中更多地充任管理者、监督者以及资金提供者的角色,而把相当程度上提供服务的处理权留给了第三方机构。萨拉蒙指出,在第三方管理模式下,社会公众对公共服务庞大且多样化的需求得到了满足,同时政府的社会服务职能也得到了充分履行,且抑制了机构的膨胀和人员的增加,提高了服务效率,由此,社会对公共服务的需求与对政府机构的敌意之间的矛盾也得到了有效的调和。

---

[1] See L. M. Salamon, Rethinking Public Management: Third-Party Government and the Changing Forms of Government Action, Public Policy, 1981, 29(3): 255—275.

值得指出的是,第三方管理理论认为,非营利组织在历史上先于政府组织拥有提供公共物品的功能,并非作为政府的补充力量存在,非营利组织是与市场部门、政府部门并列的第三大部门,其主要功能是实施市场支持性活动和市场补充性活动。

四、志愿失灵理论

志愿失灵理论是由萨拉蒙于1995年提出的。[①] 他认为,在现实的社会治理体系中,不仅仅存在政府失灵、市场失灵,非营利组织作为公共服务的提供者之一,本身也存在固有的缺陷,即志愿失灵。所谓志愿失灵,又称"慈善失灵",是指非营利组织偏离了奉行社会公益或共益的宗旨,片面地以功利主义为趋向的信念、行为给消费者、社会、生态所带来的负效应。它主要体现在慈善供给不足、慈善的业余主义、慈善的特殊主义、慈善的家长式作风等方面。

(一) 慈善供给不足

由于公共物品的非竞争性和非排他性,公共物品供给中普遍存在"搭便车"的问题。慈善亦是如此,更多人倾向于不花成本享受别人提供的福利,而缺少动力去为别人提供福利。因此,慈善供给总是难以满足慈善需求。此外,慈善的资金来源不稳定,容易受到多种因素的影响,尤其是易受经济波动的影响。因此,只有建立在强制基础上的税收才能提供稳定的、足够的资源。

(二) 慈善的业余主义

根据社会学和心理学的有关理论,对于穷人、残障人士、未婚母亲等特殊人群的照顾是需要受过训练的专业人员开展的。然而,非营利组织往往由于资金的限制,无法提供足够的报酬以吸引专业人员的加入。这些工作只能由具有爱心的业余人员来做,从而影响了服务质量。

(三) 慈善的特殊主义

慈善的特殊主义是指非营利组织及捐助者关注公众中特殊的亚群体的一种趋势。在这种趋势下,非营利组织一方面可以将部分社会亚群体团结起来,但另一方面,由慈善的特殊主义伴生而来的偏好,也有可能导致亚群体覆盖面上的缺口或重复性,带来公共服务的缺失或者重复浪费。

(四) 慈善的家长式作风

私人慈善是志愿部门获得资源的唯一途径,那些控制着慈善资源的人往往根

[①] See L. M. Salamon, Partners in Public Service:Government-Nonprofit Relations in the Modern Welfare State, Baltimore:Johns Hopkins University Press, 1995:19.

据自己的偏好而不是社区的需求决定提供什么样的服务,因此往往提供较多富人喜爱的服务,而穷人真正需要的服务却供给不足。

此外,萨拉蒙还指出了非营利组织面临的三大危机:(1)财政危机。一方面,依靠传统的私人募捐越来越难以支撑组织的运作;另一方面,政府无法对所有的非营利组织提供财政资助。(2)经济危机。政府的放权使得营利部门越来越多地参与到非营利组织的传统活动领域中来,如教育、医疗、救济等,非营利组织面临更激烈的竞争。(3)信任危机。贪污腐败等负面消息使得非营利组织的公益形象受损。

美国社会组织专家里贾纳·E.赫茨琳杰(Regina E. Herzlinger)则认为,社会组织也存在失灵现象:第一,组织低成效,即不能完成其使命;第二,组织低效率,即支出与成效不成比例;第三,中饱私囊,即管理组织的个人通过贪污、领取高薪等手段为自己谋取利益;第四,责任机制的缺乏导致组织高风险运作。[①]

案例 2-1　由"胡曼莉事件"观慈善业缺失

胡曼莉,中华绿荫儿童村的创始者,因抚养数百名孤儿被称为"中国母亲"。1999 年,她在美国慈善机构"美国妈妈联谊会"会长张春华的许可下,以代理人身份来到云南丽江,创办了丽江民族孤儿学校。

从创办到 2006 年的 7 年时间里,孤儿学校的管理及对慈善捐款的使用,被张春华及外界多次质疑。在张春华的推动下,丽江审计局 2006 年对"丽江妈妈联谊会"的财务进行了审计。审计表明:胡曼莉把约 33 万元社会捐款说成是自己的个人捐款,不据实列出开支的数额亦达 33 万元;在孤儿个人账户上仅凭存折复印件提取的资金近 10 万元;在支出中应按固定资产核算而未核算的资金达 43 万余元;胡曼莉对 10 余名孤儿投了 28 万余元的商业保险,作为学校的一次性支出,在财务上却隐瞒了分红,也隐瞒了 5 年后可以全额返还的事实。此外,胡曼莉还用孤儿名字开私人账户接受社会捐款,用一般通用收据、付款证明单、商品调拨单甚至作假的票据等票据支出金额达 42 万余元。

张春华以善款使用违背捐款人意图为由将"丽江妈妈联谊会"告上法庭,从丽江中院到云南高院,张春华和她的"美国妈妈联谊会"两度获胜,法院责令"丽江妈妈联谊会将未按照美国妈妈联谊会捐赠意愿使用的 907890 元人民币如数返还"。2007 年 2 月 14 日,丽江市民政局作出对"丽江妈妈联谊会"给予撤销登记的行政处罚,由胡曼莉控制的丽江民族孤儿学校之后也由政府正式接管。

---

① 参见张冉:《非营利组织管理》,北京大学出版社 2014 年版,第 44 页。

从"丽江妈妈"胡曼莉事件中我们不难看出,由于针对非营利组织的法律法规不多,再加上缺乏必要的监管,我国的非营利组织往往存在志愿失灵和道德风险,一些滥竽充数的个人和团体往往打着非营利组织的幌子牟取个人私利。

资料来源:《揭示中国母亲真相:由"胡曼莉事件"观慈善业缺失》,http://finance.people.com.cn/GB/42774/5606204.html,2017 年 2 月 10 日访问。

五、治理和善治理论

20 世纪 90 年代以来,随着知识经济和全球化时代的来临,在中外学术界,尤其是在经济学、政治学和管理学等领域,"治理"一词十分流行。

治理理论的代表人物之一罗兹(R. Rhodes)认为,治理意味着"一种新的统治过程,或是以新的方法来统治社会"[①]。他详细列举了六种关于治理的不同定义:(1)作为最小国家的管理活动的治理,它指的是国家削减公共开支,以最小的成本取得最大的效益。(2)作为公司管理的治理,它指的是指导、控制和监督企业运行的组织体制。(3)作为新公共管理的治理,它指的是将市场的激励机制和私人部门的管理手段引入政府的公共服务。(4)作为善治的治理,它指的是强调效率、法治、责任的公共服务体系。(5)作为社会控制体系的治理,它指的是政府与民间、公共部门与私人部门之间的合作与互动。(6)作为自组织网络的治理,它指的是建立在信任与互利基础上的社会协调网络。

各国学者对作为公共管理、政府"治理"的理解各有侧重。格里·斯托克(Gerry Stoker)对不同观点进行归纳,提炼出了治理理论的五个主要观点[②]:

(1)治理意味着一系列来自政府但又不限于政府的社会机构和行为者。政府并不是国家唯一的权力中心。各种公共的和私人的机构只要其行使的权力得到了公众的认可,就都有可能成为在各个不同层面上的权力中心。

(2)治理意味着在为社会和经济问题寻求解决方案的过程中,存在界限和责任方面的模糊性。在现代社会,国家正在进行职能转移,把原先由它独自承担的责任转移给公民社会,即各种私人部门和公民自愿性团体。这样,国家与社会之间、公共部门与私人部门之间的界限和责任便日益模糊不清。

(3)治理明确肯定了在涉及集体行为的各个社会公共机构之间存在权力依赖。这即是说,致力于集体行动的组织必须依靠其他组织;各个组织必须交换资源、谈

[①] R. Rhodes, The New Governance: Governing Without Government, Political Studies, 1996, 44(4).
[②] 参见〔英〕格里·斯托克:《作为理论的治理:五个论点》,华夏风译,载《国际社会科学(中文版)》1999 年第 1 期,第 19—30 页。

判共同的目标以达成最终目的；交换的结果不仅取决于各个参与者的资源，而且也取决于游戏规则以及进行交换的环境。

（4）治理意味着参与者最终将形成一个自主的网络。这一自主的网络在某个特定的领域中拥有发号施令的权威，它与政府在特定的领域中进行合作，分担政府的行政管理责任。

（5）治理意味着办好事情的能力并不仅限于政府的权力，不限于政府的发号施令或运用权威。在公共事务的管理中，还存在其他的管理方法和技术，政府有责任使用这些新的方法和技术，以更好地对公共事务进行控制和引导。

虽然治理可以弥补国家、市场在资源配置中的某些不足，但是它既不能代替国家而享有政治强制力，也不可能代替市场自发地对大多数资源进行有效的配置。事实上，有效的治理必须建立在国家和市场的基础之上，作为国家和市场的补充而存在。

在社会资源配置中不仅存在政府失灵和市场失灵，也可能存在治理的失效。因此，有学者又从如何使治理更加有效的角度出发，提出了善治理论。概括地说，善治就是使公共利益最大化的社会管理过程。善治的本质特征，就在于它是政府与公民生活的合作管理，是政治国家与市民社会的一种新颖关系，是二者的最佳状态。俞可平总结了善治的 10 个基本要素[1]，具体包括：合法性（legitimacy）、法治（rule of law）、透明性（transparency）、责任性（accountability）、回应（responsiveness）、有效（effectiveness）、参与（civic participation/engagement）、稳定（stability）、廉洁（cleanness）和公正（justice）。

治理和善治理论实际上是对直接民主与间接民主非此即彼模式的一种矫正、完善，是"在现有代议制民主的框架内增加直接民主的含量"[2]。在治理和善治理论中，国家与公民社会的关系，不再是传统自由主义意义上的公民社会对抗国家的观点，而是更主张国家、市场、社会三者的良性互动。"非政府组织是治理过程的重要参与者，公民通过参与非政府组织可以表达自己的偏好，与政府和其他组织互动博弈，在这个过程中，不仅有可能形成共同的治理目标，也通过组织的自主自治提高了民主参与的程度。"[3]

---

[1] 参见俞可平：《论国家治理现代化（修订版）》，社会科学文献出版社 2015 年版，第 28—32 页。
[2] 郁建兴、刘大志：《治理理论的现代性与后现代性》，载《浙江大学学报（人文科学版）》2003 年第 2 期，第 6—14 页。
[3] 同上。

第三节 组织间关系的视角

一、社会组织与政府关系的理论

（一）吉德伦、克莱默和萨拉蒙的四模式理论

吉德伦（Benjamin Gidron）、克莱默（Ralph M. Kramer）和萨拉蒙的政府—社会组织关系的类型学理论试图提出一种基本模式，以描述福利国家中政府与社会组织之间的关系。他们认为，所有的福利服务都涉及服务的融资和授权、服务的实际配送这两个关键活动。根据实现活动的组织形式的不同，该理论提出了政府与社会组织关系的四种基本模式。[1]

（1）政府支配模式。即政府在融资和服务配送中占据支配性地位，政府既是福利资金提供的主体，通过税收制度来筹集资金，又是福利服务提供的主体，政府自身直接来配送福利服务。

（2）社会组织支配模式。即社会组织在融资和服务配送中占据着支配性地位。其产生的原因较为复杂，一方面是可能由于意识形态或宗教信仰的原因，对政府提供社会服务有一种强烈的反对情绪，另一方面也可能是因为对社会服务还没有形成普遍需求。

（3）双重模式。这种模式介于政府支配模式和社会组织支配模式之间，政府和社会组织在各自领域独立地负责资金筹措和服务配送，共同为整个社会提供公共服务。在该模式下可采取两种不同形式：一是社会组织补充政府服务，即社会组织为政府无法服务的群体提供服务；二是社会组织补足政府服务，即社会组织提供政府尚未充分提供的服务。

（4）合作模式。与双重模式不同的是，合作模式下政府与社会组织处于合作状态，共同开展公共服务。具体包括两种形式：一是"合作的卖者"形式，即社会组织是政府项目管理的代理人，没有或拥有较少的处理权或讨价还价的权力。二是"合作的伙伴关系"的形式，即社会组织拥有较大的自治和决策权，在项目管理上也更有发言权。

在20世纪80年代，克莱默还根据志愿服务的基本特征、权力关系以及持续时间，将社会组织与政府间的关系划分为补充性、互补性与主体性三种模式。90年代，他又将社会组织与政府间的关系区分为二元论和整体论两种模式。二元论模

---

[1] See B. Gidron, R. Kramer, & L. Salamon, Government and the Third Sector, San Francisco: Jossey-Bass Publishers, 1992:1—14.

式认为,社会组织与政府部门是冲突、竞争的关系;整体论模式则认为,社会组织与政府部门是合作、伙伴的关系,政府部门可通过社会组织提供更多元的社会服务。

(二)登尼斯·杨的SCA模型

美国学者登尼斯·杨(Dennis R. Young)回顾美国政府—社会组织关系的历史,从经济学理论分析了社会组织与政府部门的互动模式,认为政府—社会组织关系可以被概括为下列三种模式[①]:

(1)增补性(supplementary)关系模式。这种关系模式表明了社会组织与政府关系的动态性,即公共物品的私人捐助与政府支出呈反向关系:当政府在公共物品供给方面承担较多的责任时,由社会组织提供公共物品的需求就相对减少。因此,扩张政府职能,进入在传统上属于非政府部门的领域,被认为是对社会组织的一种威胁。

(2)互补性(complementary)关系模式。这种关系模式表明了社会组织与政府是伙伴关系,即在功能上有互补性。社会组织与政府的经费支出呈正向关系,即当政府经费支出增加时,由社会组织负责的活动规模也同时扩大。这是因为,社会组织接受政府的财政资助和服务合同,协助政府提供公共服务。此外,社会组织还为那些不被公共需求支持的活动或服务筹集资金,而且社会组织发现自己提供这些服务比与政府签订"合同"生产更有效率,能更好地满足公众需求。

(3)抗衡性(adversarial)关系模式。在这种关系模式中,一方面,社会组织监督和敦促政府的公共行为及公共政策的制定和执行;另一方面,政府也会制定法律规范,监控社会组织的行为。社会组织与政府在某些问题上的目标取向存在差异,会出现抗衡。

登尼斯·杨还将SCA模型运用于对美国、英国、以色列和日本四国的比较研究,结果表明,上述三种模式随着社会组织的演变而产生,并存于任一历史时期。任何一种模式都无法充分解释某一国家的政府—社会组织关系,至于具体侧重于哪一种模式,则因各国情况而异。

(三)沃尔曼和利德伯的七种模式理论

由于世界各国对社会组织的管理体制各有不同,沃尔曼(Harold Wolman)和利德伯(Larry Leadbur)根据政府对社会组织管理的严格程度和社会组织的自主程度,将社会组织与政府间的互动模式分为以下七种[②]:

(1)自由放任式。即政府允许社会组织追求组织活动,避免法规、政策、制度等对社会组织的过度干预。

---

① See D. R. Young, Alternative Models of Government-Nonprofit Sector Relations: Theoretical and International Perspectives, Nonprofit and Voluntary Sector Quarterly, 2000, 29(1):149—172.

② 参见竺乾威、朱春奎等:《社会组织视角下的政府购买公共服务》,中国社会科学出版社2016年版,第5页。

（2）民营化形式。即建立在公共部门的部分职能通过市场运作更有效率的假设基础之上，政府部门将其部分权力、角色、经营权及所有权，合法、有效地转移给社会组织运作，通过竞争的方式促进经济效益与效能。

（3）倡导促进式。即政府部门通过提供公共设施及教育训练等方式，促进民间部门的发展，它假定政府改善基本条件，能吸引民间部门的经济活动。

（4）政府与民间伙伴式。即公私部门以合伙人的方式合作达成互利，公私部门共享彼此的目标，并为之努力。

（5）诱因诱导式。即公共部门为私人部门提供诱因，诱导私人部门配合公共目标的达成。私人部门仅为追求自身利益而配合公共目标的达成。

（6）法令管制式。即政府部门通过规范与管制的方式，使社会组织的组织目标与政府的目标相一致。

（7）政府所有式。即公共部门负担并执行原本应该由社会组织执行的所有业务。

（四）库恩勒和赛勒的四种模式

1992年，库恩勒（Stein Kuhnle）和赛勒（Per Selle）根据财务依赖与控制程度、沟通与交往程度将社会组织与政府间的互动关系归纳为整合依附型（integrated dependence）、整合自主型（integrated autonomy）、分离依附型（separate dependence）、分离自主型（separate autonomy）四种模式。财务依赖与控制程度是指社会组织对政府资金的依赖程度。沟通与交往程度指的是政府与社会组织之间沟通的频率、规模和顺畅程度。[①]

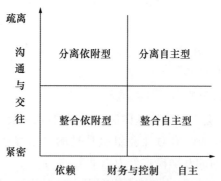

图 2-1 社会组织与政府的互动关系

资料来源：卢磊、梁才林：《政府与非营利组织互动关系研究综述》，载《社会福利（理论版）》2014年第6期，第60页。

---

① See S. Kuhnle & P. Selle, Government and Voluntary Organizations: A Relational Perspective, Aldershot, UK: Avebury, 1992.

按照这种分类,我国社会组织与政府的关系主要有两大类:一类是整合依附型,这是大部分官办社会组织与政府的互动关系,主要表现为双方沟通相对频繁,社会组织对政府产生严重依赖;另一类则是分离自主型,这是草根社会组织与政府的互动关系的特点,即双方互动关系相对较少,社会组织的资金来源较多元,并且主要来自国内外的基金会和企业。当然,两者的关系也是动态变化的过程,因应外部环境等因素的变化而变化。①

(五)克纳汉的四种模式

克纳汉(Kenneth Kernaghan)根据权力与资源的共享程度,将政府与社会组织间的互动关系分为合作型(collaborative)、操作型(operational)、奉献型(contributory)、咨询型(consultative)四种模式②。

(1)合作型模式。即公私部门在合作的过程中各自拥有决定的自主权,是一种权力分享伙伴关系,超越了一般意义上的协商和合作,如为了达成共享或兼容的目标,双方也可以在诸如资金、信息、劳动力等资源方面各自放弃一些自主权。

(2)操作型模式。即强调为达成相同或兼容的目标,双方在操作层面进行工作的分摊,而不涉及权力的分享,通常情况下,权力仍由具有明显资源优势的政府部门掌握。

(3)风险型模式。即在自愿的基础上,公私部门间一方提供资源(通常是成立资金),另一方自主决定公共服务的活动作为。这种模式并不需要所有参与者在决策过程中都有积极作为。

(4)咨询型模式。即公私部门间,拥有权力与资源的一方(通常是政府部门)经常因公共服务的需要而请求另一方提供专业政策咨询或特定技术知识协助。

需要注意的是,这四种模式并不是绝对隔离的,社会组织与政府间的互动关系可以同时拥有多种模式特征,也可以从一个模式演变到另一个模式,如咨询伙伴关系可以逐渐演变为合作伙伴关系。

(六)纳加姆的4C模型

该理论模型由美国学者纳加姆(A. Najam)于2000年提出。该理论模型认为,政府和社会组织之间必然存在某种程度的、必要的张力,这使得它们呈现出最友好的关系。这种张力的存在是政府—社会组织关系的根本特征。该理论基于政府与社会组织双方所追求的目标和偏好的策略两个维度,把政府—社会组织关系归结

---

① 参见卢磊、梁才林:《政府与非营利组织互动关系研究综述》,载《社会福利(理论版)》2014年第6期,第59—63页。

② See Kenneth Kernaghan, Partnership and Public Administration: Conceptual and Practical Considerations, Canadian Public Administration,1993,36(1):57—76.

为四种类型①:

(1) 合作型关系。政府与社会组织在政策目标、实施策略和手段等方面本质上具有一致性。

(2) 冲突型关系。政府与社会组织都认为双方的目标及策略彼此对立,并且双方常处于或明或暗的冲突当中。

(3) 互补型关系。双方追求的目标一致,但偏好和实施的策略有所不同。

(4) 吸收型关系。政府与社会组织偏好相似的策略,但是追求的目标有差异,在这种关系模式下,关系的一方或者双方都试图改变对方的目标。这种关系在现实的社会治理体系中很少存在,如果存在的话,持续的时间也很短暂,具有过渡性质。②

(七) 科斯顿的关系连续谱理论③

科斯顿(J. M. Coston)建立了一个从国家层面评价政府与社会组织关系的宏观框架,提出了由八种关系模式组成的连续谱关系模型。随着政府由反对制度多元化向接受制度多元化转变,政府与社会组织的关系依次呈压制、敌对、竞争、合约、第三方管理、协作、互补和合作等模式(如图2-2所示):

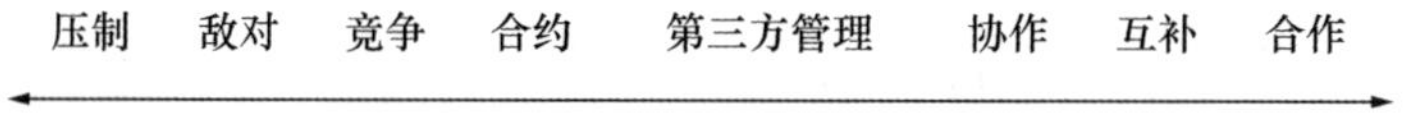

压制　敌对　竞争　合约　第三方管理　协作　互补　合作

图 2-2　政府与社会组织关系连续谱

资料来源:詹少青、胡介埙:《西方政府—非营利组织关系理论综述》,载《外国经济与管理》2005年第9期,第27页。

这一理论框架有利于阐明现存政策空间与社会组织可能履行的职能之间的关系。例如,当政府与社会组织关系以压制和敌对为主要特点时,社会组织拥护政府和向政府发起挑战的选择空间就会很有限。

(八) 布热和普鲁托的三种关系类型④

布热(D. Bouget)和普鲁托(L. Prouteau)从国家和超国家层次的角度,将政府和非政府组织分为国际非政府组织(international NGOs)、政府间组织(inter-government organizations)、民族国家地方非政府组织(national local NGOs)、民族国

---

① See A. Najam, The Four C's of Government Third Sector-Government Relations, Nonprofit Management & Leadership, 2000, 10(4): 375—396.
② 参见徐家良等:《新时期中国社会组织建设研究》,中国社会科学出版社2016年版,第15页。
③ See J. M. Coston, A Model and Typology of Government-NGO Relationships, Nonprofit and Voluntary Sector Quarterly, 1998, 27(3): 358—382.
④ See D. Bouget & L. Prouteau, National and Supranational Government-NGO Relations: Anti-Discrimination Policy Formation in the European Union, Pubic Administration and Development, 2002, 22(1): 31—37.

家地方政府组织(national local Governments)四类,并将这四类组织之间的互动关系分为三种类型:第一种类型是水平或内部层次的关系,包括民族国家层面的非政府组织与政府组织之间的不同关系(图2-3中的关系1),以及超国家层面的国际非政府组织与政府间组织的关系(图2-3中的关系2);第二种类型是垂直或跨部门层次的关系,它描述的是非政府组织部门内部的关系(如创造国际非政府组织的民族国家非政府组织网络)(图2-3中的关系3),以及政府组织的国际化(图2-3中的关系4);第三种类型是交叉或对话关系(图2-3中的关系5和6),它代表那些在国际非政府组织与民族国家政府组织之间以及政府间组织与民族国家非政府组织之间的关系。

布热和普鲁托认为,全球化、国际化使民族国家非政府组织、国际非政府组织拥有了更多的影响不同层次公共政策的机会,在国家与非政府组织部门之间已经建立了对话关系,这种关系有必要在国际层次上进行整合。

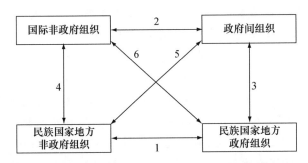

图 2-3　国家和超国家层次政府—非政府组织的关系模型

资料来源:D. Bouget & L. Prouteau, National and Supranational Government-NGO Relations: Anti-Discrimination Policy Formation in the European Union, Pubic Administration and Development, 2002, 22(1):33.

案例 2-2　盐田区:构建"政社合作伙伴关系"

广东省深圳市盐田区是一个依山傍海的滨海城区,历来高度重视社会建设领域的改革创新。早在2007年,盐田区就被国家民政部确定为"全国社工队伍建设试点区"。2016年,盐田被定为深圳市唯一的社会组织服务监管综合平台试点区。社会组织有效承接政府公共服务职能转移,广泛参与辖区经济、社会、文化、生态文明等领域建设,逐渐成为政府不可或缺的伙伴。

2012年,盐田区在深圳市各区中率先建设社会组织服务园,建立起盐田区社会组织准入退出、扶持奖励、登记评估等孵化机制,采取"本土+引进""园内+园外"共同孵化模式。2013年,盐田区在深圳市率先设立培育发展社会组织专项资金,每年资金总盘子200万元,用于资助社会组织服务项目、建设社区服务中心。2014年,盐田区借鉴我国香港地区《服务质素标准及准则》的经验做法,编制《社会组织规范发展"盐田指引"》,目前该书已经成为全区社会组织的"案头书"和"工具书"。2016年,盐田区以深圳市社会组织服务监管综合平台为依托,运用信息化手段全面构建社会组织综合监管机制。5月1日起,盐田区结合社会组织登记注册"五证合一"改革工作,率先探索实施网上全流程直接登记改革,降低门槛,率先推进社会组织登记制度改革。同时还起草了《盐田区社会工作人才扶持激励办法》,着手创建"全国社会工作服务标准化试验区",高标准打造社会组织持续发展"蓄水池"。

五年来,社会组织得到了快速发展,量质并升。2012年以来,盐田区社会组织从104家增长到2016年6月的202家,其中社会团体90个,民非103个,备案9个(备案社团5个,备案民非4个),数量增长了87%。盐田区社工服务中心被评为"全国百强社工服务机构","军营社工服务项目"被评为全国优秀专业社会工作服务项目二等奖。盐田区社会组织的服务版图持续扩张,有效地弥补了政府公共服务短板。政府向社会组织购买服务的金额从2012年的300多万元攀升到2016年的2000余万元,购买服务金额逐年增多。专项资金资助项目及专业社工服务项目的服务范围涉及海洋生态环保、老人社会适应等20多个方面,社区服务中心服务项目包括7大类30多项,服务领域不断扩大。

社会组织是近年来才不断受到重视的新生事物,它对经济社会建设的推动作用正不断地显现出来。盐田区在现有政策框架下,以推动社会组织规范发展、构建"政社合作伙伴关系"为核心,大刀阔斧推进社会组织培育及监管各环节改革创新,为社会组织成长壮大、服务社会、有序运营提供了良好的土壤;社会组织积极规范内部运作,不断提高承接政府公共服务能力,有效弥补了政府公共服务的"短板",成为辖区社会建设一支不可或缺的有生力量。有理由相信,它们一定能成长为能够与政府并肩携手的伙伴,造福辖区,造福居民。

资料来源:http://expo.people.com.cn/n1/2016/0706/c403808-28529940.html,2017年2月10日访问。

二、社会组织与企业间关系的相关理论

(一)怀默的联盟理论

根据各自动机和建立合作关系的期望,怀默(Walter W. Wymer)提出了社会组织与企业不同形式的联盟关系[1]:

(1)公司慈善。公司慈善是指企业在一定时期内对社会组织进行的货币性或

---

[1] See Walter W. Wymer & Sridhar Samu, Dimensions of Bussiness and Nonprofit Collaborative Relationships, Journal of Nonprofit & Public Sector Marketing, 2003, 11(1):3—22.

非货币性捐赠。此时,企业捐赠的动机是支持社会组织发展,而社会组织接受此捐赠的动机则是获取资金。

(2)公司基金。公司基金是由企业自行创立的非营利性实体,主要负责管理公司的慈善事业。公司基金强调非营利使命,企业合作方通过其代理人保持对基金的控制,如福特基金等。

(3)许可协议。社会组织在收取一定费用的条件下,允许企业使用其名称和商标。企业与社会组织建立此种关系的主要目的是通过与社会组织的许可协议增加收益,社会组织的目的则是获取额外的资金收入,以维持组织运行和开展业务。

(4)赞助。与许可协议不同的是,赞助是指为了让社会组织在其宣传或者业务活动中使用企业品牌,企业需要为此支付给社会组织一定费用。此时,企业的主要兴趣在于提升企业品牌、扩大企业知晓度。

(5)基于交易的推广活动。在这种关系中,企业承诺将其销售收入的一定比例(往往有一个上限)以现金、实物或设备的形式捐赠给社会组织。如淘宝网的"公益宝贝"计划。所谓"公益宝贝",是指淘宝网上带有公益标志的宝贝。这需要卖家在上架宝贝时自愿参与"公益宝贝"计划并设置一定的捐赠比例。"公益宝贝"一旦成交,就会根据之前设置的捐赠比例,将一定的金额捐赠给指定的慈善基金会,用于相关公益事业。"公益宝贝"计划以"一次购物,一份捐助"为理念,将公益与交易捆绑在一起,让所有设置过"公益宝贝"的卖家的爱心更具持久性。2015年,通过阿里巴巴提供的系列公益产品参与公益的人数达到2.7亿人,累计参与公益30亿次,直接产生捐款1.9亿元。

(6)合作推广。企业与一个或多个社会组织合作,通过分发产品或做广告等方式,共同解决某个社会问题。在合作推广中,双方之间可能存在资金流通。

(7)合资。合资是指社会组织与企业共同创建非营利实体或营利性实体,以实现对合作方均产生利好的目标。一些企业发现,通过合作的形式支持社会组织,可以为企业获取更多的资源和更大的效益。

案例 2-3　中国榜样(公益项目)篇:联想公益创投

在我国,公益组织活跃在各个领域,为社会创造着价值,作出了非常重要的贡献,但它们也面临着机构能力建设不足、资源短缺等问题的困扰。公益组织的快速发展需要更多的支持和帮助。联想集团希望通过"创新性的资助",助力公益组织自身能力建设,实现自我的可持续发展。因此,联想集团于2007年出资创办了联想公益创投计划,为在我国境内的公益组织提供创业和发展的公益计划。该计划引进公益创投方式,为初创和中小型的公益组织提供创业及发展资助,包括综合性能力建设和员工、志愿者培训等全方位内容。

2007年12月18日,联想集团遵循公开、公平、公正的原则,面向全国公益组织,启动了第一期公益创投计划,以"让爱心更有力量"为宗旨,经过严格评选,在全国范围内资助了山水生态伙伴自然保护中心、红丹丹教育文化交流中心、多背一公斤等16家民间公益组织,发放近300万创投款,引起了社会的广泛关注,取得了良好的社会效益。2009年,联想集团出资300万启动了第二期公益创投计划。2013年,联想集团公益创投项目的投入达到3800万。

联想集团不但在传统的资金支持方面,更在战略规划、人力资源管理、信息技术,以及品牌推广和财务规范等多方位帮助公益组织增强可持续发展的能力。联想(中国)志愿者协会专门成立公益组织扶持小组,使员工能够发挥技术优势和专长帮助公益组织发展。

公益创投计划是联想集团承担企业社会责任的创新性探索,对带动企业界的力量推动公益事业的发展起到了重要作用,促进了企业界、学术界及公益组织的合作,共同推动了公益事业的发展。

资料来源:《中国榜样(公益项目)篇:联想公益创投》,http://gongyi.sina.com.cn/gyzx/2009-06-29/212510677.html,2017年2月10日访问。

(二)奥斯汀的合作连续区理论

美国哈佛大学教授奥斯汀(James E. Austin)通过对15个典型案例的研究,根据不同的发展阶段,提出了慈善模式、交易模式和融合模式三种社会组织与企业的关系模式。[①]

(1)慈善模式。在这种模式中,企业仅仅向社会组织提供一些实物或货币性捐赠,双方互动少、交流少。这种合作模式通常由社会组织发起,社会组织为尽可能获取更多外部资源,具有更强的主动性。尽管企业也需要开展慈善活动,承担社会责任,但向社会组织提供实物或货币只是企业的一种边缘性活动,企业的主动性通常并不高。例如,运动服企业常常是应慈善组织的呼吁或请求而向该慈善组织主办的残疾人运动会赠送运动服,而很少主动向慈善组织提出捐赠的愿望。

(2)交易模式,又称为"商业模式"。在这种模式下,社会组织和企业建立了互惠互利的关系。双方通过建立类似买方与卖方的关系以寻求特定的价值交易,以增加互动、交流和资源流动。一方面,企业赞助社会组织开展业务活动;另一方面,社会组织也参与到企业的相关宣传活动中。在合作的过程中,社会组织获得了资金支持,企业的品牌形象得到提升。

[①] See James E. Austin, Strategic Collaboration Between Nonprofits and Business, Nonprofit & Voluntary Sector Quarterly, 2000, 29(1):69—97.

(3) 融合模式。在这种模式下,社会组织与企业在使命、组织和活动等方面的互动合作达到一定的高度,两者"共有使命",基本形成了一种"无边界"的关系,这又具体体现为:双方都将对方的工作视为自己分内的工作,在领导、工作内容等方面出现很大程度的交叉。例如,公司的高层管理者成为合作社会组织的理事,参与社会组织的内部治理。

表 2-1 社会组织与企业合作连续区

关系性质	慈善模式 (阶段一)	交易模式 (阶段二)	融合模式 (阶段三)
参与水平	低	↔	高
对组织使命的重要性	边缘性	↔	中心
资源的数量	少	↔	多
活动的数量	小	↔	大
互动水平	低频率	↔	密集
管理复杂性	简单	↔	复杂
战略价值	次要	↔	主要

资料来源:James E. Austin, Strategic Collaboration Between Nonprofits and Business, Nonprofit and Voluntary Sector Quarterly, 2000, 29(1):74.

三、三大部门间关系理论

1991年,伍思诺(R. Wuthnow)提出了政府、市场、社会组织相互依赖理论。该理论主张,政府被定义为"由形式化的、强制性的权力组织起来且合法化的活动范围",主要以强制性的原则运作。市场被定义为"涉及营利性的商品和服务的交换关系的活动范围","它是以与相对的供给和需求水平相关的价格机制为基础的",主要以非强制的原则运作。社会组织则被定义为"既不是正式的强制,也不是利润取向的商品和服务交换剩余的活动范围",主要以志愿主义的原则运作。[①]

尽管政府、市场和社会组织在概念上比较清楚,但在现实中其边界却日益模糊。首先,在政府与市场之间,由于政府和商业组织在科学技术方面的共同投资,以及政府以管制、税收等方式介入市场,彼此之间的界限已经很难分清。其次,在政府与社会组织之间,政府越来越多地将一些福利项目承包给社会组织,并为其提供资金,这些做法模糊了彼此之间的界限。最后,营利性活动与非营利性活动经常处于同一管理体制之下,社会组织与市场之间的界限也变得模糊。

---

① See R. Wuthnow, The Voluntary Sector:Legacy of the Past, Hope for the Future, in R. Wuthnow (ed.), Between States and Markets:The Voluntary Sector in Comparative Perspective, Princeton:Princeton University Press,1991:3—29.

从总体上看,政府、市场和社会组织之间存在频繁的互动和交换关系。当不同部门的组织提供相似服务的时候,就存在着竞争关系;当它们集中不同的资源以共同解决社会问题时,彼此之间就是合作关系。

第四节　组织治理与运作的视角

一、利益相关者理论

(一)利益相关者理论的主要内容

20世纪60年代左右,随着控制型公司治理模式的流行,利益相关者理论(Stakeholder Theory)逐步发展起来。"利益相关者"(Stakeholder)的概念最早由斯坦福大学研究院的一些学者提出。他们认为,对企业来说,存在一些利益群体,如果没有他们的支持,企业就无法生存。与传统的股东(Shareholder)至上主义不同,该理论认为任何一个公司的发展都离不开各种利益相关者的投入或参与,比如股东、债权人、雇员、消费者、供应商等。从这个意义上讲,企业理所当然地要为利益相关者服务,而股东只是其中之一罢了。[①]

1984年,爱德华·弗里曼(Edward Freeman)在《管理战略:利益相关者视角》一书中提出,利益相关者是任何一个影响企业目标的完成或者受其影响的团体或个人。[②] 这一定义在提出后被广为接受,是目前学界引用率最高的定义。弗里曼认为,利益相关者理论认为企业有多个利益相关者,每一个利益相关者同样重要,每一个利益相关者的需求都必须得到平衡。利益相关者不仅包括股东,还包括客户、员工、供应商、社区、政府、环境甚至整个社会。[③] 利益相关者理论的核心思想是:一个企业的发展离不开各种利益相关者的投入或参与,企业要追求所有利益相关者的整体利益,而不仅仅是某个主体的利益。这些利益相关者包括企业的股东、债权人、雇员、消费者、供应商等交易伙伴,也包括政府、当地居民及社区、媒体、环境保护团体等,甚至包括自然环境、人类后代、非人物种等受到企业活动影响的客体。如何通过界定利益相关者,明确各方的利益需求、理顺利益相关者之间的关系,实现各方利益目标,是利益相关者理论的核心所在。

[①] 参见贾生华、陈宏辉:《利益相关者的界定方法述评》,载《外国经济与管理》2002年第5期,第13页。
[②] 〔美〕爱德华·弗里曼:《战略管理:利益相关者方法》,王彦华、梁豪译,上海译文出版社2006年版,第37—58页。
[③] 参见〔美〕克雷格·L.皮尔斯、〔美〕约瑟夫·A.马治列洛、〔日〕山胁秀城编著:《德鲁克的管理智慧》,顾洁、王茁译,清华大学出版社2012年版,第49页。

（二）社会组织与利益相关者理论

社会组织的公益性、民间性与志愿性等特征，决定了社会组织有着比企业更深入的社会网络嵌入和更为多元的利益相关者。总体而言，可以将社会组织的利益相关者分为两类：一是内部利益相关者。即与社会组织的生成、运行和发展有着最为直接、最紧密关系的自然人和法人，包括理事、管理者和工作人员或会员形成的关键利益群体。二是外部利益相关者。即通过各类活动影响社会组织的资源配置、价值创造等发展过程的自然人和法人，如政府、捐赠者、社会公众、媒体和竞争者等。社会组织通过与内外部利益相关者的相互作用进行金融资源、人力资源、物质资源和信息资源等的交换互动，从而创造价值。

如图2-4所示，实线代表利益相关者与社会组织之间的利益关系，虚线代表各利益相关者之间通过朋友、同学、邻居和业务往来等具有其他功能的社会网络可能建立起来的利益联系。

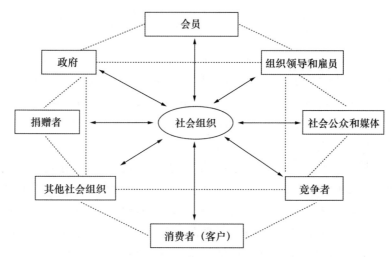

图 2-4 基于利益相关者的社会组织利益关系图
资料来源：张冉：《非营利组织管理》，北京大学出版社2014年版，第51页。

相较于企业的利益相关者，社会组织与其利益相关者之间的关系呈现出多样性和复杂性的特点。一方面，社会组织的非营利性和民间性等特性，强调社会组织通过组织治理中利益相关者的参与，积极建立与社会各界的合作关系，争取组织内外各方面对组织的广泛支持，获得组织运行和发展所需的资源。另一方面，社会组织的使命和目标决定了其必须对一般公众、新闻媒体、捐赠者、理事、志愿者等每一个利益相关者履行社会性责任，不同的利益相关者对社会组织有着不同的利益诉求，并通过不同的途径、方式对社会组织产生影响，同时它们之间相互牵制、影响，最终形成社会组织的利益治理结构，实现与利益相关者协同治理。利益相关者具体有直接参加理事会、监事会,以内部利益相关者的身份参与组织治理和处于组织外部,实施监督这两种参与社会组织治理的方式。如此一来,可以打破内部人控制与政府控制的组织治理,获取有利于社会组织长远发展的多方支持,处理好组织内部自治权力与行政影响力、民主与效率之间的平衡。

二、委托—代理理论

(一) 委托—代理理论的主要内容

委托—代理理论是制度经济学契约理论的主要内容之一。詹森(Michael C. Jensen)和梅克林(William H. Meckling)认为,委托—代理关系是指"一个或多个行为主体雇用另一些行为主体为其提供服务,并授予后者一定的决策权力,依据其提供服务的数量和质量支付相应的报酬"[1]。普拉特(John W. Pratt)和泽克豪泽(Richard J. Zeckhauser)指出,委托—代理关系就是"只要当一个人对另一个有所依赖时,代理行为就产生。采取行动的是代理人,受影响的就是委托人"[2]。该理论关注的核心问题是,委托人(如雇主)如何设计一个补偿系统(一个契约),以驱动另一个人(他的代理人,如雇员)为他的利益行动。[3]

委托—代理理论建立在三个潜在的基本人性假设的基础上:一是人是自利的。代理人会利用一切可能的机会去谋求自身利益的最大化,而非致力于谋求委托人利益的最大化。二是人是有限理性的。由于信息的不完备,委托人不可能了解代理人的所有信息。三是人是厌恶风险的。[4]

委托—代理理论的主要观点包括:第一,委托人根据契约,指定或雇用代理人为其提供服务,同时授予后者一定的决策权并支付相应的报酬。第二,由于委托人与代理人之间存在信息不对称,加之两者的效用函数也存在差别,因此,在没有有效的契约约束的情况下,代理人很可能将自身利益置于委托人的利益之上,最终损害委托人的利益,出现委托—代理问题。委托—代理问题主要有两种表现形式:一是"道德风险",即代理人鉴于委托人的监督困难便采取减少自己要素的投入,或者采取机会主义行为损害委托人的利益;二是"逆向选择",即代理人占有委托人所观察不到的信息,并利用这些私人信息进行决策,从利己的角度出发,代理人可能会

---

[1] M. C. Jensen & W. H. Meckling, Theory of the Firm: Managerial Behavior, Agency Costs and Ownership Structure, Journal of Financial Economics, 1976, 3(4): 305—360.

[2] J. W. Pratt & R. J. Zeckhauser, Proper Risk Aversion, Econometrica, 1987, 55(1): 143—154.

[3] 参见〔英〕约翰·伊特韦尔等编:《新帕尔格雷夫经济学大辞典》,陈岱孙等译,经济科学出版社1992年版,第1035页。

[4] See E. F. Fama & M. C. Jesen, Separation of Ownership and Control, The Journal of Law and Economics, 1983, 26(2): 327—349.

采取某些不利于委托人的行为。① 因此,委托人和代理人之间必须建立一种机制(显性激励机制)以激励代理人选择适合委托人利益的最优努力水平,并协调两者之间相互冲突的利益关系。

(二) 社会组织与委托—代理理论

较之企业治理,社会组织的委托—代理关系更多复杂性,是所有权、经营权和受益权的"三权分离"。通常包括外部委托—代理链和内部委托—代理链。

社会组织的外部委托—代理关系是一种集体或公共的委托代理,委托方是一种群体或公共委托,代理方是社会组织。委托方通过制定法律法规、行规行约的方式对社会公权力进行授权,委托—代理的目标是促进社会公共利益的增加,达到个人、组织、社会利益的一致。例如,政府向社会组织购买公共服务时,即形成了政府与提供公共服务的社会组织之间的委托—代理关系,政府利用社会组织的力量代替政府提供某种公共服务,促进社会公共利益的供给。

社会组织的内部委托—代理关系是一种多重委托—代理关系,这种代理关系主要存在于互益性社会组织之中。例如,在拥有会员的社会组织(如学术团体、行业协会等)中,会员将部分权力集中起来后,通过会员大会委托给理事会,理事会再将这部分权力委托给执行层。代理人主要是负责组织运作的高层管理人员,委托人的角色一般由理事会承担,这是由社会组织的产权性质决定的。由于这种多重委托—代理关系的存在,执行层拥有社会组织的经营权。为了防止组织代理人的机会主义,社会组织的理事会(或会员大会)必须承担组织控制者的角色,监督管理人员的行为。

值得注意的是,在社会组织的委托—代理关系中,每一次委托—代理都是有限的。但是,在实践中,每次代理人都存在过度代理的可能性。② 例如,在行业协会中,一方面,代理人掌握对法人资源的控制权,在交换中处于有利地位,因此常常出现过度要价的行为:过多收取会费、挪用法人财产、垄断对外联系、无限期连任等,这种有利的交换地位打破了法人行动者内部权威关系的平衡。另一方面,信息的不对称使得会员及会员代表难以及时有效地发挥对行业协会的管理和监督作用,从而导致社会组织内部权威结构失衡。但事实上,国家和社会对行业协会等社会组织的外部监督很有限。③ 因此,需要委托人和代理人通过事前订立的契约来规范代理人的行为来规避"逆向选择";需要委托人通过设计激励契约以诱使代理人从委托人的利益出发,选择对委托人有利的行动来规避"道德风险"。否则,严重的信

---

① 参见黄恒学主编:《公共经济学》,北京大学出版社 2002 年版,第 58 页。
② 参见许昀:《行业协会的法人治理问题——基于法人行动理论的分析》,载《社团管理研究》2008 年第 6 期,第 50—54 页。
③ 同上。

息不对称很有可能带来严重的内部人控制问题,从而严重地损害委托人的利益。①

三、资源依赖理论

(一) 资源依赖理论的主要内容

资源依赖理论是一种以资源为核心条件,讨论依赖关系的理论。该理论认为,一个组织最重要的存在目标就是想办法减低对外部关键资源供应组织的依赖程度,并且寻求一个可以影响这些供应组织的关键资源被稳定掌握的方法。② 资源依赖理论属于组织理论的重要分支,目前与新制度主义理论并列为组织研究中两个最重要的流派。

资源依赖理论萌芽于 20 世纪 40 年代,从 70 年代开始被广泛应用于组织关系研究,其主要代表人物是杰弗里·普费弗(Jeffrey Pfeffer)与杰拉尔德·萨兰西克(Gerald Salancik),他们在 1978 年合作出版的《组织的外部控制》一书中提出了资源依赖理论,其主要观点包括③:

第一,强调组织对外部环境存在依赖,提出了四个重要假设:(1) 组织最关心的是生存问题;(2) 组织并不能完全自给自足,不能生产所有组织需要的资源;(3) 组织必须与其依赖的环境要素互动;(4) 组织的生存建立在控制它与其他组织关系的能力的基础之上。④

第二,组织对外部环境的依赖程度主要受三方面因素影响:(1) 资源对组织运营和生存的重要程度;(2) 持有资源的群体控制资源分配和使用的程度;(3) 替代资源的可得程度。

第三,组织之间的依赖关系更多的是一种相互依赖的关系而非简单的单边关系。如果彼此间的依赖程度不同,并且这种不对称的依赖关系无法通过其他方式得以改变,那么要维持依赖程度较高一方的生存和发展就必须先满足依赖程度较低的一方的需求。

第四,组织并不是完全被动的,也可以主动采取行动将外部环境塑造为内生变量。组织可以主动采取诸如适应或回避各种相冲突的外部需求、利用扩大规模、建立组织与环境沟通的桥梁和谈判渠道、通过参与公共政策制定、获得特许经营权、改变对合法性的定义等多种策略,以减少对外部环境的依赖和制约。

---

① 参见徐晞:《我国非营利组织治理问题研究》,知识产权出版社 2009 年版,第 30—31 页。
② 参见张冉:《非营利组织管理》,北京大学出版社 2014 年版,第 54 页。
③ 参见陈华:《吸纳与合作:非政府组织与中国社会管理》,社会科学文献出版社 2011 年版,第 113—114 页。
④ See Jeffrey Pfeffer & Gerald Salancik, The External Control of Organizations: A Resource Dependence Perspective, New York: Harper & Row Publishers, 1978:30—60.

(二) 社会组织与资源依赖理论

资源依赖理论可以分析社会组织的运作,由于社会组织资源的获取与使用对外界环境的依赖程度更高,它在对社会组织的分析中解释力更强。社会组织的资金主要来自政府资助、企业赞助、个人捐赠等,其人力资源在薪酬福利方面难以在人才市场上与企业竞争,但同时又需要大量的人力资源从事募款、提供公益服务等活动,因此,社会组织对志愿者的需求较大。此外,社会组织还面临更为紧密的组织资源并易受外部的影响,也更需要严格的治理机制以确保组织追求的目标及实现目标的手段的合法性,并通过这一机制支持资源汲取活动。

易卜拉欣(Alnoor Ebrahim)指出,资源依赖理论同样适用于分析社会组织与其资助者间的关系。[1] 一个社会组织的发展离不开法规政策、资金、人力等多种资源的支持,因此,一个社会组织都对外部环境存在或强或弱的依赖关系。萨拉蒙对全球39个国家社会组织的研究表明,政府资助占社会组织总收入的36%,慈善捐款占社会组织总收入的15%。其中,在14个国家,政府是社会组织的最大收入来源。[2] 由此可见,社会组织对资助者的依赖程度较高,资助者具有一定的话语权,有权要求社会组织公开资金的使用情况及其产生的效果。通常,社会组织为了获取资助者的资金支持,也会满足资助者的要求。

此外,维克·默里(Vic Murray)认为,社会组织受到政治和意识形态、经济、社会价值、技术、人口等外部环境因素的影响。[3] 朱迪思·R. 赛德尔(Judith R. Saidel)运用资源依赖理论解释了社会组织与政府间的互动关系,他认为,由于公共机构与非营利组织都需要对方的资源,两者之间存在较强的对称性依赖关系。[4] 刘春湘发现,基金会等社会组织的资源动员开发系统和服务提供系统相互分离,由此更容易受到环境的影响,他运用资源依赖理论解释了社会组织的运作和治理。[5] 田凯指出,资源依赖理论强调了理事会在组织环境中获取的重要资源、应对环境的不确定性、处理组织之间的相互依赖性、提升公众形象、提高组织的合法性和有效性等方面所起到的作用。[6]

---

[1] See Alnoor Ebrahim, Accountability in Practice: Mechanisms for NGOs, World Development, 2003, 31(5):813—829.

[2] See Leon E. Irish, L. M. Salamon, & K. W. Simon, Outsourcing Social Services to CSOs: Lessons from Abroad, The World Bank, 2009: 8—9.

[3] 参见〔加拿大〕维克·默里:《加拿大非营利组织管理的独特性及挑战》,潘鸿雁译,载《上海行政学院学报》2008年第5期,第89—98页。

[4] See Judith R. Saidel, Resource Interdependence: The Relationship Between State Agencies and Nonprofit Organization, Public Administration Review, 1991, 51(6):543—553.

[5] 参见刘春湘:《非营利组织治理结构研究》,中南大学出版社2007年版,第48—49页。

[6] 参见田凯:《西方非营利组织治理研究的主要理论述评》,载《经济社会体制比较》2012年第6期,第201—210页。

本章小结

本章主要从四个不同的视角,总结归纳了社会组织与慈善组织管理的主要理论基础:其一,公民社会理论和结社自由理论从社会组织本质的视角论述了社会组织与慈善组织的本质属性和内容,是社会组织存在的基础理论。其二,政府失灵/契约失灵理论、第三方管理理论、志愿失灵理论、治理和善治理论从组织生成和发展的视角证明了社会组织存在的必要性,社会组织也应当参与到社会管理中并发挥积极作用,但同时社会组织与慈善组织并不是万能的,同样存在局限性。其三,四模式理论、SCA 模型、4C 模型、关系连续谱理论、联盟理论、合作连续区理论、三大部门间关系理论等则从组织间关系的视角为社会组织与政府、市场的互动,以及社会组织与慈善组织的管理体制的现状与未来发展奠定了理论基础。其四,利益相关者理论、委托—代理理论、资源依赖理论从社会组织治理和运作的视角为社会组织与慈善组织的内部治理以及未来发展提供了方向性的建议。

思考题

1. 结社自由的基本内涵是什么?
2. 韦斯布罗德关于政府失灵的主要观点是什么?
3. 萨拉蒙关于第三方管理的主要观点是什么?
4. 志愿失灵的表现是什么?请联系我国社会组织的实践进行讨论。
5. 解释你所学的社会组织与政府间关系的某种理论,并结合我国现实进行讨论。
6. 解释你所学的社会组织与企业间关系的某种理论,并结合我国现实进行讨论。
7. 社会组织的利益相关者有哪些?
8. 应用委托—代理理论讨论社会组织内外部各种委托—代理关系。
9. 资源依赖理论的主要观点是什么?应用资源依赖理论讨论社会组织的资源获取。

拓展阅读书目

1. 毛寿龙、李梅:《有限政府的经济分析》,上海三联书店 2000 年版。
2. 〔美〕莱斯特·M.萨拉蒙:《公共服务中的伙伴——现代福利国家中政府与非营利组织的关系》,田凯译,商务印书馆 2008 年版。
3. 〔英〕阿米·吉特曼等:《结社理论与实践》,吴玉章、毕晓青等译,生活·读书·新知三联书店 2006 年版。
4. 〔美〕罗伯特·D.帕特南:《使民主运转起来》,王列、赖海榕译,江西人民出版社 2001 年版。

第三章　社会组织与慈善组织的发展

本章要点

1. 了解封建社会时期民间组织的发展历程及特征。
2. 掌握近代中国民间组织与慈善组织的发展历程及特征。
3. 了解新中国成立以来民间组织、社会组织与慈善组织的发展历程及特征。
4. 掌握社会组织与慈善组织的发展现状、存在的主要问题以及发展思路。

导语

我国是有着五千多年灿烂文化的文明古国，自古以来，就有团结互助、慈善友爱的民族文化与精神传统。民间结社活动自春秋时期就已兴起，历经南北朝至宋元时期的发展，到明清时期达到繁荣状态。因此，当今社会组织与慈善组织的发展有着悠久的历史渊源和深厚的文化基础。本章分别介绍我国封建社会时期的民间结社、近代民间组织和慈善组织、改革开放以来民间组织、社会组织与慈善组织的发展，并对其进行简要评述。

第一节　封建社会时期的民间结社

"社"的本意指的是民间共同祭祀的土地之神，后来被引申出多种意义：第一种意义与祭祀相关，即祭祀社神的节日，即社日；第二种意义是指古代乡村的基层管理单位；第三种意义则是指"集体性组织""团体"等。结社是在"社"的第三种意义上使用的，是指人口的聚集[1]，社会团体则是结社的一种产物。但社会团体又区别于氏族、宗族，主要指人们自愿组合的、有共同目的、相对稳定以及具有自我约束机制的团体[2]。本节主要介绍我国封建社会时期的民间结社。

---

[1] 参见李玉栓：《中国古代的社、结社与文人结社》，载《社会科学》2012年第3期，第174—182页。
[2] 参见王世刚主编：《中国社团史》，安徽人民出版社1994年版，第12—13页。

一、秦汉时期民间结社的兴起

我国的民间结社最早出现在春秋后期。随着周王朝的衰落和社会经济的发展,旧的生产关系崩塌,新的封建生产关系得以建立,新兴的地主阶级出于夺权的需要,初步形成了政治性的结社。农民的土地依附关系不断减弱,也为民间结社的发展提供了条件。之后的春秋战国时期,百家争鸣,私学发展,这时的民间结社主要集中在学术领域,典型的有儒家、道家、法家、墨家等学术性社团。

秦汉时期,虽然皇权覆盖整个国家,对民间的控制不断加强,但是随着王朝的更替、封建制度的确立、封建生产关系的初步形成和发展,以及新的阶级的产生,除了乡里这种民间社区之外,还存在着各种性质的民间组织,比如农民生产互助的组织,合伙贩卖或运输货物的组织,为承担各种封建义务而成立的组织,游侠、群盗或亡命的组织,都市中为非作歹的地痞流氓组织,地主豪强、宾客、徒附兵农合一的组织,以宗教信仰结合的民间组织,以及士人议论时政和品评人物的集会等。这些组织大都是基于共同的利益、价值取向、宗教信仰或者政治主张而形成的。[1] 下面介绍几个重要的民间结社类型。

(1) 农民生产互助组织。秦汉时期,由于一家一户的个体小农家庭的力量薄弱,形成了许多农业互助形式,这种互助的形式促进了农业组织的形成,如私社、田社、街弹等。在汉代,除了存在里社这样的官社,民间还存在庶民自发组织的田社,其目的是进行农业生产。汉代农业工具的普及使得农民的个体劳动逐渐占据主导地位,但是仍然存在着农民之间的劳动互助,并衍发形成了"街弹"这样的农业生产互助组织。"街"与"里"意思相近,都是指汉代最基层的自治单位,而"弹"有"锄"的意思,因此,"街弹"就是汉代农民的一种互助组织。"街弹"的形成与"合耦"有关[2],即相辅助共同进行耕种。汉代牛耕已相当普及,但是同时也出现耕牛短缺的情况,因此,对于无耕牛、缺乏劳动力的农民家庭来说,相互协作进行农业生产成为解决困难的方法。

(2) 民间宗教组织。秦始皇建立了大一统的中央集权专制统治之后,对思想文化严加控制,民间的其他流派思想纷纷表示反抗,这种反抗在道教中反映最为明显。在秦代早期,方仙道就散布"亡秦者胡"的说法,至秦末陈胜、吴广起义,更是利用巫鬼道形式来发起大规模的农民起义。[3] 到汉代中后期,民间仍存在大规模的道教组织,它们蛊惑民众,动摇了基层的政权基础,以至于当时所爆发的几次大规模

---

[1] 参见王名主编:《社会组织概论》,中国社会出版社2010年版,第73页。
[2] 参见王世刚主编:《中国社团史》,安徽人民出版社1994年版,第19—21页。
[3] 参见温乐平、艾刚:《冲突与制衡:秦汉民间力量与乡里政权的关系》,载《江汉论坛》2010年第8期,第103—106页。

的民间动乱,均和道教有关。秦汉时期的民间宗教组织是号召力强的民间力量,是足以与官方政权相抗衡的重要的一股重要力量。

(3) 游侠。游侠兴起于春秋战国时期,当时社会动荡不安,国君权力衰弱,为争夺权力,各诸侯国纷纷培养一些有着高超武艺的侠士为己所用,因此社会大环境促使了游侠的产生。秦始皇时,一统皇权,加强了对社会的控制,侠风受到打压。到汉代时,尤其是文景时期,实行无为而治的治国理念,相对宽松的社会环境,促使游侠再度兴起。《史记·游侠列传》中记载:"自秦以前,匹夫之侠,湮灭不见,余甚恨之。以余所闻,汉兴有朱家、田仲、王公、剧孟、郭解之徒,虽时扞当世之文罔,然其私义廉洁退让,有足称者。"可知,当时典型的游侠力量有朱家、田仲、王公等,但汉初的游侠力量与战国时期实现政治目标的侠士不同,此时的游侠更加"为他":介入民间社会,维持社会秩序。汉武帝时期,实行"罢黜百家,独尊儒术",对游侠实行打击政策,在这种情况下,一部分游侠聚集起来,形成游侠集团,以维持力量。[①] 但是,在封建王权的统治秩序下,游侠作为民间力量的崛起,触犯了王权的权威,因此,除了与王权的结合外,大部分的游侠集团走向衰亡。

(4) 朋党。东汉时期王朝内部出现了朋党,诸如阉党、后党、戚党、官僚士大夫的朋党等。朋党的出现标志着政治性社团的兴起。尽管朋党的形式各异,但是它们的性质相同,都是倚仗皇权而产生,并且依靠皇权进行活动和发挥作用。这些朋党中,虽然有着共同的利益取向、政治目的,但是它们大多没有一定的组织形式、正式的组织章程,因此不能算是严格意义上的政治团体。但是,在这些朋党中,有些是具有社团特征的,比如"党人"集团。"党人"集团形成于东汉中期以后,当时由于皇帝幼小,朝政掌握在太后及外戚党羽手中。皇帝长大后,为取得朝政的主导权,便利用强大的宦官力量来争取权力。由于有皇帝的支持,宦官逐渐取得主导地位,不仅在朝中,同时在进行官吏选拔的时候,故意排斥一些为人正直的士子的晋升,这一做法遭到了一些在朝的官僚士大夫及太学生等的反抗,他们共同聚集起来,与宦官力量进行斗争,形成了"党人"集团。[②] "党人"集团基本具有政治社团的特征:首先,有共同的目标。"党人"的目标很明确,那就是与宦官力量进行斗争,以取得平等的官吏选举权。其次,具备一定的规模。再次,具有一定的内部约束机制。最后,具备一定的组织形式。在进行斗争的过程中,"党人"不仅采取"清议"的形式,而且进行大规模的集体活动。

[①] 参见王学泰:《江湖侠骨已无多——社会转型期间的游侠》,载《社会科学论坛》2010年第16期,第161—123页。

[②] 参见王世刚主编:《中国社团史》,安徽人民出版社1994年版,第19—21页。

二、魏晋南北朝至宋元时期的民间结社

魏晋南北朝至宋元时期,民间结社不断发展,文人结社、民间秘密宗教结社、工商业行会、军事社团、妇女结社以及按照地域关系组成的社邑等经历了不断发展的过程。下面简要介绍这一时期的学术性结社、宗教慈善组织、工商业行会。

（1）学术性结社。学术性结社早在春秋战国时期就已现雏形,在魏晋南北朝时期得到较快发展,在唐宋时期呈现出繁荣景象。学术性社团的形式多样,常见的有文学社团、教育社团、文艺社团等。文学社团主要有"文会"和"诗社"两种形式。"文会"主要是志趣相投的文人聚集起来作文酌酒,互相勉励的社团。"诗社"的成员经常"聚会"、吟作,部分"诗社"还进行佳作评定。文艺社团主要有"书会"、杂剧社团、小说社团、吟唱社团等,其中最有代表性的是宋元时期的"书会",它是由各种戏剧、曲艺人员组成的同业团体,元代的玉京书会、元贞书会、武林书会等都是当时比较有名、有成就的"书会"。娱乐性社团是由有着共同兴趣爱好的文人所组成的社团,如猜谜的社团、歌唱爱好者的社团、茶社以及酒社等。这些社团对当时文化的发展具有积极的推动作用。

（2）宗教慈善组织。我国自古以来就有慈善互助的精神传统,民间也存在着很多慈善组织,宗教慈善组织是其中一种重要的类型。宗教慈善组织出现在宗族慈善之后,道教、佛教、伊斯兰教、基督教等都有慈善活动,其中佛教慈善活动影响较大。佛教结社自东晋南北朝时兴起,到隋唐时期、宋元时期获得更进一步的发展。佛教寺院是进行慈善活动的主要载体,其活动形式多样,如修桥铺路、植树造林等,灾荒战乱年代,进行施粥、看病等。

（3）工商业行会。行会作为封建社会相同行业工商业者的联合组织,是商品经济发展到一定阶段的产物,也是城市经济中一种重要的组织形式。行会的形成可以追溯到先秦时代,但是从严格意义上讲,到了隋唐时期,才出现"行"且有了相关记载。隋代结束了南北长期分裂对峙的局面,这种局面促进了全国交通的通畅、百姓的交流,为商业的发展提供了便利。此时,一些同行业的工商业者为了排斥外来及其他行业的竞争,进行联合,因此,出现了"行会"的雏形。到了唐代,商品经济进一步发展,工商业繁荣,与此同时竞争也更加激烈,此时的行会组织发展较快,各种行业几乎都出现了行会,有染行、磨行等手工业行会,也有丝行、杂货行、肉行、药行等,至唐代后期,部分行会还制定了行规,对行内成员的行为进行规范,部分行会也会联合起来与政府进行抗争。需要指出的是,唐代的行会大多是为了满足政府科索、徭役等的需要而在政府支持下建立的,因此具有官办的性质,不是严格意义上的行业组织。

宋代"行"的发展更加迅速与完善,这也与宋代商品经济的快速发展有关。这

一时期的"行"虽然一定程度上受到政府的干预与控制,但是更加符合民间行业组织的性质。宋代的行会又叫"团""作",是工商业者民间结社的一种重要组织形式。相较于前期,其发展更加成熟,这主要体现在:第一,行会数量多。随着生产力的不断发展,商品经济的繁荣,不仅工商业整体发展迅速,各个行业内部分工也渐趋细化和专业化,致使每个行业衍生出了许多较小的"行"。比如,采矿冶炼行可进一步细分为铜坊、金坊、银坊等不同的坊。① 因此,此时的行会数量相比唐宋时期增长了几倍之多,遍布全国的中小城市。第二,行会内部运作机制渐趋完善。从进货到定价都由行头进行统一处理,还会有中间人在各个商贩之间就有关事情进行沟通协商,行会内部的运作机制比较成熟。第三,行规的约束性更强。在宋代,政府对"行"的约束仍然占主导地位,但是对其成员的约束同样非常重要,"行"的成员需共同遵守一定的行规,当然,这些行规会受到当时的风俗惯例和政府规定的影响。宋代的行规通常对服装、语言、钱陌的使用等都有严格的规定,借此规范各个商业者的行为。总而言之,宋代的行会基本具有鲜明的民间行业组织的性质,对当时的商业发展产生了积极的作用。②

三、明清时期的民间结社

明清时期的中央集权虽然进一步加强,君主专制得以强化,但随着商品经济的发展、社会生产力的提高,民间结社组织也进入了繁荣时期。以工商业行会为代表的经济类社团组织发展迅速,出现了以地缘为基础的商帮,如徽商、晋商、浙商、苏商等著名商帮;地主出于巩固社会地位而组成军事性社团;文学社团、艺术社团、教育社团等文人结社,以及宗教类结社也都有较大发展。下面重点介绍明清时期的经济类社团——商帮、慈善类社团——善会和善堂等。

(1) 商帮

商帮是指以血缘、地缘与业缘为基础,同时拥有会馆办事机构和标志性建筑的商人群体。当时比较著名的地域商帮有徽商、晋商、潮商、浙商、山东商帮等。

明清时期各地商帮的兴起与当时特定的社会历史背景有关。首先,商品经济的发展为各地商帮的兴起提供了推动力。其次,明清时期交通条件大大改善,水运和陆运都十分畅达,这不仅有利于全国各地商品的流通,也方便了商人结成群体,进行生产经营。再次,支付方式的改变。明代中后期,白银逐步货币化,这种支付方式大大便利了人们的消费,也促进了商品的流通、商帮的形成。最后,社会文化

---

① 参见史江:《宋代会社研究》,四川大学2002年博士论文,第107—116页。
② 参见王世刚主编:《中国社团史》,安徽人民出版社1994年版,第41—45页。

的发展、人们对商人观念的改变也是商帮得以形成的重要原因。①

案例 3-1　明清时期的徽商

徽商,即徽州商人,又称"新安商人",是指古徽州府籍(也就是徽州府及其所辖的歙县、休宁、黟县、祁门、绩溪以及婺源)的商人或者商人群体的总称,而不是指所有的安徽籍商人。徽商萌生于东晋,兴盛于明清,清末逐渐衰落。

明代中叶至清乾隆末年,是徽商发展的繁荣时期,曾是全国最为强大的商帮之一,当时的俗语"无徽不成镇",便是对徽商极盛状态的真实写照。

《歙书》中将徽商的经营方式归纳为走贩、囤积、开张、质剂以及回易五种。第一,走贩,即长途贩运。这是徽商的主要经营方式,通过贩运将本地的特产等运往全国各地。第二,囤积,即在粮食、棉花等产品上市时,徽商进行大量囤积,继而在该商品市场短缺时,以高价卖出,赚取利润。第三,开张,即通过开店铺、商店来赚取利润。第四,质剂,本义有"合同、契约"的意思,徽商经营方式中的"质剂"可能是指买卖合同,通过转手拿到的合同,来赚取差价利润。第五,回易,即充当中介者,在买方和卖方之间沟通,赚取差价。

徽商主要经营盐、木、典当、茶四大行业,另以布、丝绸、瓷器、米等为辅助行业。盐业是徽商主要经营的行业,盐商也是徽商中资本较为雄厚的。他们主要活动在以扬州和杭州为据点的整个长江流域,这里便利的交通条件和繁荣的经济吸引了大量盐商,他们聚集开展经营活动。徽商的活动范围非常广泛,他们的足迹遍及全国各地,东抵淮南,西达滇、黔、关、陇,北至幽燕、辽东,南到闽、粤。不但如此,徽商的业务还远至日本、暹罗以及葡萄牙等地。

徽商之所以能够成为有强大影响力的商人团体,很重要的一个原因是,他们在经营发展过程中,形成了独特的"徽商文化",即"诚""信""仁""义"的经营理念。"徽商文化"的形成与徽商们长期受儒家文化的熏染有关,他们崇尚"贾儒结合",在经济活动中讲诚信、仁义。

徽商积极参加公益慈善事业,他们兴办教育文化机构、筑桥修路、资助善堂会馆等慈善组织。下面简要介绍徽商在教育文化方面的贡献。

徽州的古代教育十分发达,明清时期,除了政府办的书院,其他的书屋、书院和私塾也很多,据《徽州府志》记载,徽州有社学470多所、书院100多所。徽州教育的发达背后有多种推动因素,其中最重要的因素是徽商对教育文化事业的热心资助。受到儒家文化的熏染,徽州人崇儒重教,十分重视教育,"贾儒结合"经商理念的成功更加促使徽商重视教育文化事业的发展。徽商在教育文化发展中的贡献主要体

---

① 参见范金民:《明代地域商帮兴起的社会背景》,载《清华大学学报(哲学社会科学版)》2006年第5期,第79—92页。

现在三个方面：第一，设家塾。徽州人尤其重视子女的教育，因此在致富之后，纷纷设立家塾。例如，以经营盐业起家的鲍氏徽商鲍继登建立了德文堂，广招名师教育其子孙。第二，设义塾。徽商同样十分关注乡里其他子弟的教育，经常资助义学。《徽州府志》中记载，清代婺源程世杰在年轻时期弃儒就商，在赚取钱财之后，捐出白银万两来重建族中义塾，除此之外，还购置学田数百亩，用收取的田租来资助贫困子弟的教育费用。第三，修建书院。徽商积极出资修建书院，以使更多的子弟就学，比如明朝万历年间，休宁商人吴继良修建了明善书院；清朝乾隆时期的鲍志道出资重修了扬州的徽州会馆和歙县最大的书院——紫阳书院。① 第四，助学。徽商十分关注官学的发展和完善，经常资助官学。徽商对贫困子弟的生活也不吝啬钱财，常帮助解决其教育和生活困难。徽州这种"以商助学"的传统体现在每一个族里、乡里，影响巨大。

资料来源：根据赵焰所著《徽商六讲》（安徽大学出版社 2014 年版）等资料整理。

（2）善会和善堂

明清时期，民间慈善也得到较快发展，慈善事业由个人善举的形式发展为有组织的慈善机构，即善会。善会始于明末，是由士绅阶层组织建立的民间救济机构。在各地的善会中，以江南地区的同善会最具代表性和影响力，它在全国各地均建立起善会。到了清朝，受政策影响，同善会一度发展中断，但是民间慈善事业并没有因此而终止，除了善会之外，还兴建了很多善堂，善堂较善会更加规范，具有固定的场所、管理人员等。善堂的种类很多，功能不一，有专门收养弃婴的育婴堂、服务于鳏寡孤独与贫病者的普济堂、以施棺助葬为职能的广仁堂、集体进行放生各种动物生灵的放生会，还有专门进行水难救助的救生会等。据梁其姿通过两千多种方志对清代的慈善组织的统计，全国设立有育婴堂 973 个，普济堂 399 个，清节堂 216 个，以施棺为职能的善堂有 589 个，综合类的有 338 个，其他难以分类的有 743 个。② 这些职能性质不同的慈善机构推动着清代民间慈善事业的发展。

> **案例 3-2** 育婴堂
>
> 育婴堂是当时民间慈善机构最为普遍的善堂之一。育婴堂是收养弃婴的慈善机构，始于南宋时期的慈幼局，元明时期处于废止状态，明末清初时发展较为迅速，尤其是在商品经济比较发达的江南一带。1655 年重修的扬州育婴堂是清代设立的第一个长期性的育婴机构，后来通州、绍兴、杭州等地相继设立育婴堂。③ 育婴堂的

---

① 参见赵焰：《徽商六讲》，安徽大学出版社 2014 年版，第 81 页。
② 参见梁其姿：《施善与教化：明清的慈善组织》，河北教育出版社 2001 年版，"导言"第 2 页。
③ 参见〔日〕夫马进：《中国善会善堂史研究》，伍跃等译，商务印书馆 2005 年版，第 147 页。

设立除了与佛教文化的"普济众生"的思想有关,还与当时重男轻女的社会风气有关,育婴堂的设立在一定程度上缓解了"溺婴"现象,对众生平等思想的发展有所促进。

育婴堂的经费来源多样,主要包括地方士绅的捐助、商人的赞助和财政拨款。很多育婴堂是由民间力量设立的,其初办和运营经费主要来源于地方士绅的捐助和商人的赞助。从雍正二年官方宣布各地兴办育婴堂开始,朝廷的补助成为育婴堂经费来源的重要部分。除直接的补助外,地方官也会发起民间募捐以筹得善款。官方的扶持与帮助推动了育婴堂在全国的普济,但是同样也使得其具有浓厚的官方色彩。

育婴堂对弃婴的管理有明确的规定,包括弃婴登记、领养办法和乳妇管理等内容。以乳妇为例,育婴堂的设立使乳妇成为一种专门的职业,具有一定规模的育婴堂都设有一套对乳妇的管理制度,这些制度主要包括对乳妇的选择、管理和监督等内容。在乳妇的选择上,育婴堂对乳妇的健康十分看重,要经过检查合格才可以哺育婴孩,即使通过了初期检查,也还要接受定期的检查。为保证婴孩的健康,上规模的育婴堂通常将乳妇集中在堂内进行哺育,以加强管理和监督。

资料来源:万朝林:《清代育婴堂的经营实态探析》,载《社会科学研究》2003年第3期,第114—117页。

第二节 近代中国的民间组织和慈善组织

鸦片战争至新中国成立前,我国民间组织和慈善组织仍然在持续发展,并且对当时的社会产生了重要影响,尤其是在反侵略反殖民斗争和新民主主义革命中,一些民间组织积极行动,为民族独立和新中国的建立作出了巨大贡献。

一、鸦片战争至辛亥革命时期的民间组织

(一) 鸦片战争时期的民间组织

1840年鸦片战争爆发,清政府的闭关锁国政策失败,中国的国门被迫打开,并逐渐沦为半殖民地半封建社会。面对外国侵略者的入侵,在民族危机日益严重的情况下,民间社会自发开展了一系列反侵略斗争,这期间产生了大量以反侵略反封建为目标的民间组织。鸦片战争时期,广东、福建等沿海地区的民众进行了积极的抗英斗争,对遏制英国的侵略起到了重要作用。其中,广州乡村的社学成为群众性的反侵略组织,积极领导人民展开了一系列反侵略斗争。社学始于明朝初年,在清

初时曾一度兴盛,起初设立的目的是进行乡村教育,是"学人课艺之所""绅耆讲睦之所"①。后来,社学的乡村教育功能逐渐削弱,部分社学演变为地主士绅进行团练的机构,以防御盗贼,维护社会稳定。在1841年爆发的三里元人民的抗英斗争中,部分社学积极参加,并在其中发挥了重要的作用。例如,广东怀清社学积极联络各乡奋起反抗,在三里元抗英斗争中发挥了重要的组织和联络作用。三里元抗争胜利之后,为了继续进行抗英斗争,社学纷纷恢复和改组,进行团练以自卫,其中影响较大的有升平社学、升平公所、东平社学、南平社学等。社学初期的领导者主要是封建地主士绅,在改组之后,便由部分爱国士绅进行领导,成员构成主要有乡村农民、城郊的部分工商业者和手工业者等。②

鸦片战争之后,面对帝国主义与封建主义的双重压迫,生活在水深火热中的农民纷纷发起反抗,起义不断。太平天国起义正是在这种社会背景下发动的,在这之前,洪秀全和冯云山创立的"拜上帝会",为太平天国起义奠定了一定的群众基础,其以西方的基督教来组织民众,通过宗教来宣传反清思想,有自身的思想主张、宗教仪式以及组织活动。道光三十年时,"拜上帝会"的影响逐步扩大,其最大规模时拥有民众三万多人,直接为太平天国起义准备了条件。1851年,太平天国起义爆发,在其影响下,全国的民间秘密结社风起云涌,尤以东南地区影响最大,有分布于广西、广东以及湘赣等地的天地会,上海、闽南地区的小刀会,还有斋教、白莲教、金钱教等民间结社组织。他们有的加入太平军进行反清运动,有的在各地进行武装起义。会党起义构成了太平天国起义一个重要的组成部分。其中,形成最早、分布最广、影响力最大的是天地会,由于其坚决的反清目标,多次遭到清政府的镇压和追捕,在此过程中,天地会的组织方式也日益复杂,发展出了一套完整的制度体系,包括头目名称、会员资格、发展新会仪式、组织纪律、联络暗语等内容,形成了自己的组织特色。在起义的过程中,各会党还纷纷进行融合,在太平天国时期崛起的哥老会便是会党融合的结果。哥老会源于四川的啯噜,在发展过程中,融合了白莲教、天地会等会党的一些特点,形成之后开展了许多反清运动,尤以四川、湖北、福建等地的哥老会最为活跃。

(二)甲午战争时期的民间组织

1895年,甲午战争中清政府战败,签订了丧权辱国的《马关条约》,给中华民族带来了空前严重的民族危机。在"公车上书"失败后,康有为、梁启超等维新志士积极倡导维新变法,为宣传西学、制造舆论、争取更多的支持,他们在北京、上海等地创办报刊、组织学会,强学会便是维新派最早组织的学会。强学会成立后,不仅定

---

① 郑海麟:《鸦片战争时期广东以社学为中心的抗英斗争》,载《深圳大学学报(人文社会科学版)》1990年第3期,第90—95页。
② 参见王世刚主编:《中国社团史》,安徽人民出版社1994年版,第159—162页。

期举行活动,宣传思想,还创办报纸、翻译书籍、开办博物院。随着维新运动的发展,在强学会的影响下,全国兴起了创办学会的浪潮,形成了近代社团的兴盛景象,当时比较著名的社团有北京的知耻学会、关西学会,上海的农学会、戒缠足会、医学会,湖南的明达学会、致用学会、南学会等。此外,江苏、浙江、江西、福建、湖北等地也兴起了许多不同性质的学会。这些学会都可以看作是维新运动的产物。此时期的学会与前述会党有所不同,它们更加具备现代社会组织的特征。首先,学会一般都制定了组织章程。上海强学会成立时,康有为参与制定了《上海强学会章程》,对学会的宗旨、目的、事务操办等都作出了具体规定。其次,学会大多设立了比较健全的组织机构,以开展相应活动。最后,学会的活动更具组织性。例如,学会纷纷印译书籍、出版报纸、设立图书馆等。

维新运动失败之后,以农民为主体的民众掀起了义和团运动,它以"扶清灭洋"为口号,是一场各个阶层都有广泛参与的反帝爱国运动,但是,由于其所具有的盲目排外的色彩,以及农民阶级自身的缺陷,最终走向失败。此外,19世纪末到20世纪初,北方的秘密结社也十分活跃,有如意教、大刀会、红拳、梅花拳、金钟罩、八卦教、六合拳、白莲教、江湖会、仁义会等,在社会动荡期,它们往往敢于与官府进行对抗。

(三) 资产阶级革命团体

20世纪初期,孙中山领导的资产阶级革命运动兴起。早在1894年,孙中山就在檀香山建立了兴中会,并且起草了《檀香山兴中会成立宣言》。随后,兴中会与香港的辅仁文社合并,在香港成立了兴中会总会,随之策划了广州起义和惠州起义。兴中会作为早期的资产阶级革命团体,虽然制定了明确的宣言、宗旨等,但其组织比较松散,除了在起义时曾有过临时性的指挥之外,并没有相对固定的指挥及相应的组织活动。随着革命的深入、新思想的传播,越来越多的有志之士加入到了革命当中,形成了许多的革命团体,其中,尤以华兴会和光复会影响最大。华兴会于1904年在湖南长沙成立,提出了明确的口号,建立了同仇会作为联络会党的组织,策划了长沙起义。起义失败后,大多数会员加入了次年成立的同盟会。光复会是1903年在上海成立的革命团体,设有明确的革命纲领,主要以暴动为革命手段,并积极联络会党、策动新军,主要在上海、浙江等地活动。华兴会与光复会都是在同盟会成立前夕成立的革命团体,它们的成立壮大了资产阶级革命力量,也为同盟会的成立准备了条件。1905年,中国同盟会成立,作为我国第一个资产阶级革命政党,它首先提出了一个较为完备的资产阶级革命纲领,建立了明确的革命目标、强有力的宣传阵地,并积极联络会党进行起义。在1907—1911年期间,同盟会共策划了潮州黄冈起义、惠州七女湖起义、广西镇南关起义等。这些武装起义在全国产生了巨大影响,并为后来辛亥革命的成功奠定了重要的物质和精神基础。

（四）清末其他的团体

鸦片战争以后，在西方的入侵下，我国的政治、经济、文化都发生了很大变化。除了前述政治性革命社团外，在经济方面，传统的行会组织也发生了很大变化，出现了商会组织。我国近代商会的出现是伴随民族资本主义的发展而产生的。鸦片战争后，我国沿海地区的工商业十分兴盛，加之洋务运动"实业救国"的影响，为与外国人在商业竞争中处于优势位置，商人们纷纷仿效外国人建立商会。因此，部分善堂、行会等早期商人组织开始转变为近代商会。1902年成立的上海商业会议公所是我国近代第一个商会。随后，天津、湖北等地相继建立了商务公所。1903年，清政府设立了商部，随后又颁布了《奏定商会简明章程》，这是我国最早的商会立法，对商会的性质、地位以及职能等都有规定，并号召全国各地商人建立商会。在这种情况下，1904年上海商业会议公所改组为上海商务总会，随后天津商务公所改为商务总会，全国各地也纷纷建立了商务总会。随着资本主义的发展与政府的支持，近代商会发展十分迅速，据统计，截至1912年，除西藏外，全国共有57个商务总会、871个商务分会。① 这一时期的商会相较于传统的商会，在规模、组织活动、宗旨等方面更加成熟，具有资本主义的性质。

清末，在社会其他方面，也出现了各种性质的社团。在教育方面，在改革教育制度的背景下，清政府设立了学部，同时也号召各地设立教育会，地方性的教育团体也纷纷设立起来。在文化方面，有满足人们进行学问交流的各种地域性的学会，如上海的中华学会、沪学会，广州的岭南学会、群学维持会，山东的总学会等；有语言文学社团、音乐戏剧社团、出版社团、书画社团等。在学术方面，各个领域都建立了社团组织，有法学会、医学会、科学会等。此外，还有妇女社团、体育社团、宗教社团以及慈善团体等。这些性质各异的社团分布在当时社会的方方面面，对近代社会的发展具有一定的推动作用。②

二、辛亥革命后至新中国成立时期的社会组织发展

（一）民国初年的社会团体

辛亥革命的成功结束了我国长达两千多年的君主专制制度，建立了资产阶级共和国，使人们获得了一些民主和共和的权利，也为社团的发展提供了有利条件。中华民国成立后于1912年颁布了《中华民国临时约法》。作为我国第一部资产阶级性质的宪法，该法第二章中规定："中华民国人民一律平等，无种族、阶级、宗教之

---

① 参见许昀：《〈奏定商会简明章程〉——中国近代第一部关于商会的法律文件》，载《社团管理研究》2007年第3期，第60—61页。
② 参见王世刚主编：《中国社团史》，安徽人民出版社1994年版，第285—293页。

区别";"人民有言论、著作、刊行及集会结社之自由"。这将结社自由权以制度的形式确定下来,保障了民众的结社自由,为社团活动的发展提供了有利的制度环境。在这种背景下,社会各界纷纷创立社团。根据我国台湾地区学者张玉法的统计,从1911年10月10日武昌起义爆发到1913年底,全国共有682个社团,其中政治类社团312个,其余为实业类、联谊类、公益类、学术类、教育类、慈善类社团等。可见,受民国初年政治环境的影响,政治性社团占据了大多数。312个政治性社团可被分为三大类型,第一类是具备政党性质的政治团体,其宗旨是获得或参与政权;第二类是压力性团体,其宗旨是为达成某种政治目的;第三类是从事社会运动的政治团体。[①] 在经济上,由于政府制订了一系列有利于民族资本主义发展的政策以及革命党人对发展实业的提倡,社会上出现了兴办实业的热潮,其显著特点之一就是大量实业团体的涌现。据张玉法先生统计,截至1913年底,共有72个经济团体,包括中华民国实业协会、同仁民生实业会、西北实业协会、中华民国工业建设会、中华民国农业促进会等。[②] 这些实业团体主要以发展实业、利民富国为主要目的,通过创办报刊、调查研讨来普及实业知识。此外,大量华侨纷纷归国,他们不仅投资办厂,还创立实业会以提倡和促进实业。除了政治性、经济性的团体外,全国各地还成立了大量的公益性团体、改良社会风俗的团体,如社会改良会、剪发缓易服会等;还有慈善团体,如中国慈善协和会、上海妇孺救济会、团体联合义赈会,以及北京、天津等地的红十字会等。

(二)"五四"时期的新兴社团

"五四"时期,受新文化运动的影响,各种思想涌现,产生了大量的社团,出现了近代以来民间组织的繁荣局面。据粗略统计,"五四"时期的社团有400多个,种类繁多,有以孔教会等为主的宣传传统文化的社团,以知识分子及青年学生为主要成员的知识性社团,以民族资本家为主要成员的经济性社团[③],以女学生、女工为主要成员的女性社团,以科技工作者为主要成员的科技性社团,以专业研究者为主要成员的研究性社团等等。下面简要介绍知识性社团中的青年社团和高校社团。

(1)青年社团。五四运动前夕的新文化运动,促进了青年学生与知识分子的思想解放,为宣传自己的思想,改造社会,产生了许多知识性社团,如互助社、新民学会、学生救国会、新潮社等,其中最有影响力的青年社团是新民学会。新民学会是由毛泽东、蔡和森于1918年4月在长沙成立的,最初有会员21人,大多数为积极向上、有抱负的爱国青年。学会成立之时,便起草了章程,规定了严格的入会程序。随着学会的发展,到1920年底,会员已达70多人。在组织活动方面,新民学会成立

---

① 参见张玉法:《民国初年的政党》,岳麓书社2004年版,第32—35页。
② 参见张静:《民国初年的政党政治探析》,载《群文天地》2012年第6期,第192页。
③ 同上。

后立即投身于反帝反封建的革命运动。首先,定期召开会议,讨论时事问题和学术问题,会员之间进行思想报告和讨论;其次,组织会员赴法国勤工俭学,学习先进思想,真实地体验工人阶级的生活和进行思想交流;最后,在五四运动爆发后,通过建立湖南学生联合会,创立刊物积极宣传科学和民主的新思想,对五四运动起到了思想上的指导作用。此外,新民学会与其他的进步团体一起参加了驱逐军阀张敬尧的运动,并在湖南的自治运动中发挥了重要的作用。由于思想上的先进性、活动的革命性以及组织上的严密性,新民学会迅速成为湖南反帝反封建运动的骨干力量,同时也为全国的青年社团参加运动起了模范带头的作用。1921年中国共产党成立后,新民学会逐渐停止了活动。

(2)高校社团。"五四"时期,受新文化运动的思想启迪以及蔡元培校长的引导,北京大学迅速成为新思想的主要阵地,知识分子纷纷以社团的形式宣传新思想、新文化,各种类型的社团纷纷出现,有学术类社团,如学术演讲会、哲学会、新闻学研究会等;宣传新思想的社团,如新潮社、国民社等;文艺体育类社团,如音乐会、书法研究会、体育会、画法讲演会等;实践性的社团,如消费公社、学生储蓄银行、平民教育讲演会等。北京大学在新文化运动时期所成立的各种社团,在社会上产生了广泛而深远的影响,也为后来成立的诸如工读互助团、曙光社、少年社等社团发挥了示范作用,成为北京地区高校社团的发源地。①

(三)国共合作后的社会团体

第一次国共合作建立之后,社会上掀起了国民革命的热潮,同时各种社团也纷纷建立起来,有以反对不平等条约为目的的群众团体,如北京学生联合会、社会主义青年团等;妇女团体也纷纷涌现,如全国各界妇女联合会、北京"妇女之友社"等,这些妇女团体在动员妇女参加革命中发挥了重要的作用。此外,这一时期的文学社团、艺术社团以及体育社团也在不断发展。值得注意的是,这一时期,尤其是南京国民政府建立之后,为加强对社团的监督管理,进行了一系列的立法。南京国民政府成立初期,出于巩固统治的目的,试图通过社团立法禁止民众从事某些活动,比如国民政府颁布《禁止民众团体及民众自由执行死刑条例》、国民党中央执行委员会颁布《各级党部与民众之关系条例》等。但是,国民政府初期的社团立法比较简单粗糙,这与当时的立法机关不完善、相关认识缺乏有一定关系。从1928年底开始,国民政府的社团立法明显改善,涉及的内容比较广泛,对商会、工会、妇女社会团体等都进行了立法规范。1930年,国民政府颁布《修正人民团体组织方案》,其中对人民团体的分类、组织程序以及与其他组织的关系都作出了规定。1932年,国民政府颁布《修正民众团体组织方案》,该方案不仅对社团的范围进行了扩展,而且

---

① 参见曲广华、王富国:《试论五四时期社团繁荣的原因》,载《北方论丛》1998年第4期,第97—100页。

对社团组织程序进行了完善。这是我国历史上第一个关于民间组织的专门法规。①此外,国民政府还对不同性质的社团进行了专门性立法,如《监督慈善团体法》《商会法》《工会法》《农会法》《教育会法》等。除此之外,国民政府还出台《文化团体组织大纲》《妇女团体组织大纲》《华侨团体组织大纲》《社会团体组织程序》等法规来规范社团的组织建设与运行。② 国民政府对社团发展和监督的重视可见一斑。

第三节　新中国成立以来的民间组织、社会组织与慈善组织

新中国成立以来,我国的民间组织、社会组织与慈善组织经历了较为曲折的发展过程。新中国成立初期,政府对民间组织进行清理整顿,制定基本规范加以管理;"文革"期间,民间组织的发展几近停滞;改革开放后,民间组织开始恢复重建,到2000年前后,民间组织达到一定规模,在经济社会中的作用开始凸显;2006年,政府将民间组织统一更名为"社会组织",并鼓励和扶持其发展;2012年党的十八大以来,社会组织管理体制改革加速,社会组织迎来发展的黄金期,成为经济发展和社会治理的一支重要力量;2016年《慈善法》颁布,"慈善组织"正式成为一个法律概念,慈善组织发展也随之进入到一个新时期。

一、新旧社会交替时期的民间组织发展(1949—1956)

1949年新中国的成立开辟了我国历史的新纪元。从新中国成立到社会主义三大改造的完成,是我国新民主主义时期向社会主义过渡的时期,也是新旧社会交替时期。民众所自发结成的民间组织,虽然并不都具有政治性,但却或多或少地受到政治环境的影响,在社会进行变革交替时期更是如此。

(一)新旧社会交替时期对民间组织的清理整顿

新中国成立初期,为巩固新生的人民政权,稳定党的执政地位,政府对民间组织进行了清理与整顿,这一时期的民间组织呈现出了最剧烈、最深刻的新旧交替。但是,政府并不是对所有旧中国的民间组织进行清理与整顿,而是有所抛弃,有所保留,当时的工作主要面向以下几种民间组织:

(1)随着新中国的成立而自行解散的组织。这类组织可分为两种类型:一是原来政治上追随国民党的民间组织,后来随着国民党的垮台而自行解散,如青帮。二是原来政治上追随共产党的民间组织,在新中国成立后,其中一部分认为自身使命

---

① 参见王名主编:《社会组织概论》,中国社会出版社2010年版,第79页。
② 参见陈志波:《南京国民政府社团立法研究(1927—1937)》,广西师范大学2005年硕士论文,第57—63页。

已经完成,没有继续存在的必要,因此便宣告解散;或者原为爱国民主群众团体,新中国成立后,与其他组织合并为新的组织,因此原组织停止活动。前者如在抗日战争时期成立的中国人民救国会、全国各界救国联合会等抗日救亡民间组织,在新中国成立之后,自行宣告解散;后者如中国劳动协会,是国民党于1935年在上海成立的劳工组织,抗战胜利后,因反对伪"国大"以及拒绝排斥解放区的工会代表出席劳协大会,受到国民党的压制,迁至香港地区,1948年,在东北解放区参加了第六次全国劳动代表大会,确认加入中华全国总工会,其会员于1949年以个人身份加入中华全国总工会。

(2) 新中国成立前夕新建的群团组织。新中国成立前夕,为团结广大的爱国民主群众团体,政府牵头新建了一些群团组织,如中华全国总工会、中华全国民主妇女联合会(简称"全国妇联")、中华全国民主青年联合总会(简称"青联")、中华全国文学艺术界联合会(简称"全国文联")、中华全国归国华侨联合会(简称"全国侨联")等。这些群团组织构成了新中国成立初期民间组织的主要组成部分。此外,在新中国成立初期,政府还创建了一批革命和建设所需要的新组织,如中国人民外交学会、中国文字改革协会等。这些组织虽然由政府创建,但它们在组织身份上仍然属于人民团体,是特殊的民间组织,有学者称之为"官办民间组织"或"体制内民间组织"。

(3) 旧政权遗留的民间组织。这类民间组织创立于国民党统治时期,在新中国成立后,经过改组继续存在,以科学、教育、文化、卫生等类型的组织居多,如中华全国自然科学专门学会联合会(简称"全国科联")和中华全国科学技术普及协会(简称"全国科普")。

此外,新中国成立初期还有一些旧社会遗留下来的反动组织与宗教组织,因其当时有着一定的群众基础,且内部组织情况尚未摸清,因此,政府没有将其完全清除。这些社会组织仍然能以一定的形式活动,但受到极大限制。[①]

(二) 新中国成立初期对民间组织的规范管理

新中国成立初期,为巩固新生的人民政权,党和政府对民间组织的规范管理十分重视,相继制定出台了一系列政策。

1949年9月29日,在中国人民政治协商会议第一届全体会议上,通过了《中国人民政治协商会议共同纲领》(以下简称《共同纲领》)。尽管不是一部正式的宪法,但《共同纲领》不管是从内容还是法律效力上看,都具有国家宪法的特征,起着临时宪法的作用。《共同纲领》第5条规定:"中华人民共和国人民有思想、言论、出版、集会、结社、通讯、人身、居住、迁徙、宗教信仰及示威游行的自由权",这为公民行使

---

① 参见王世刚主编:《中国社团史》,安徽人民出版社1994年版,第435—440页。

各种民主权利提供了法律保障。

1949年10月31日,陕甘宁边区政府颁布了《陕甘宁边区人民团体登记办法》,明确了人民团体分级登记的程序和办法。次年,中央人民政府政务院第52次政务会议通过了《社会团体登记暂行办法》。作为我国第一部关于公民结社的行政法规,《社会团体登记暂行办法》对社团的分类、登记范围、程序、原则以及处罚等都作出了规定。为了更好地对社会团体进行管理,配合《社会团体登记暂行办法》的实施,1951年3月,中央人民政府内务部又公布了《社会团体登记暂行办法施行细则》,初步形成了一套针对社会团体管理的基本政策依据。此外,全国人民代表大会还制定了一些有关社会团体的单行法律。例如,1950年6月28日,中央人民政府委员会第八次会议通过了《工会法》,对工会的性质、组织原则等作出了规定,这是新中国关于社团的第一部单行法律。此外,还针对宗教团体制定了相应具体的政策。

(三)新中国成立初的清理整顿与民间组织基本格局的形成

《社会团体登记暂行办法》及相关政策的颁布,使得对民间组织的清理整顿有法可依。在这种背景下,党和政府开始依法取缔非法的民间组织。其中,最主要的是对原先追随国民党,而后暗地里进行反动活动的反动团体进行清理,如"一贯道""中门正教""大刀会"等组织。此外,对于各种宗教团体,党和政府针对其不同的性质,采用适合的政策进行了清理整顿,如对佛教、道教等宗教团体,采取措施废除其封建特权,实行民主管理。在对民间组织进行了必要的清理整顿之后,民间组织的基本格局基本形成。《社会团体登记暂行办法》中将调整后的民间组织分为以下六大类:第一,人民团体,即在中国共产党领导下的由各阶层人民群众组织起来的社会政治团体,主要包括中华全国总工会、中国共产主义青年团、青联、全国妇联、中华全国工商业联合会(简称"全国工商联")等;第二,社会公益类团体,即从事社会公益活动的团体,主要包括中国福利会、中国红十字会等;第三,文艺类团体,即从事文学艺术工作的团体,主要包括全国文联、中华全国电影艺术工作者协会、中华全国文学工作者协会、中华全国戏剧工作者协会等;第四,学术研究团体,又分为自然科学学术团体和社会科学学术团体,前者如全国科普、全国科联,后者如中国文字改革协会、中国史学会等;第五,宗教团体,主要有中国伊斯兰教协会、中国佛教协会、中国道教协会等;第六,其他社团。

二、计划经济时期社会组织的发展(1957—1978)

(一)50年代中期之后民间组织的发展

新中国成立后,经过清理整顿,社会组织初步形成了基本的格局。50年代中期之后,随着社会主义改造的基本完成,我国开始进入全面的社会主义建设时期,在经济上实行计划经济体制,国家对关系国计民生的行业实行全面的统筹;政治上,国家权力不断集中,导致了国家与社会的高度一体化,社会的发展完全依附于国家。此外,由于国际、国内等因素的影响,党中央在指导思想上出现了"左"的错误,使得社会关系趋于紧张,这对民间组织的发展产生了不利的影响,这种情况直到60年代初才有所改善。这一时期,民间组织沿着原有的格局继续发展,但是不同民间组织的发展是不平衡的。从总体上看,人民团体的发展较为明显,其他民间组织的发展相对有限。

(1) 人民团体。这一时期,人民团体的组织结构并没有发生大的变化,但是在会员人数和会员构成方面有了一定的改变。首先,部分人民团体的会员数量增长较快。如中华全国总工会的会员,仅从第七次全国代表大会至第八次全国代表大会期间,就增长了610万人。其次,部分人民团体的会员构成发生了变化,其中变化最为显著的是全国工商联,由原先主要由民族资本主义工商业者构成,变为由原工商业者中的社会主义劳动者及社会主义的爱国者构成。

(2) 学术研究团体。这一时期,学术研究团体无论是在整体数量上,还是在会员人数上,都获得了一定的增长,尤以自然科学领域内的居多,社会科学领域虽有发展,但极为有限。从整体上看,新成立的自然科学学术团体大部分都是全国科普和全国科联的分会。随着科学技术的普及,到1958年6月,全国科普省一级的协会组织有27个,县市级协会有2000多个,会员达到上百万人。全国科联成立之初有19个学会、3个分会、17000个会员,到1957年底,已经发展到42个学会、35个科联分会、758个学会分会,会员人数达到92500人。[①] 在1958年中国科协成立之后,各个地方科协也纷纷成立,且获得较快发展。例如,山西省科协自1959年成立一年内,会员人数发展到1.26万人。此外,社会科学领域内的社团也纷纷建立起来,60年代初期,山西省建立了历史学会、哲学学会等社会团体,各地的社会科学联合会也相继成立。

(3) 体育社团。这一时期的体育社团相继成立,有中国射击运动协会、中国航空运动协会、中国围棋协会、中国武术协会等。这些协会积极开展了各项体育活动。例如,1957年成立的中国羽毛球协会,积极推动全国羽毛球运动的广泛开展,承办国内和国际的羽毛球比赛。从70年代开始,中国羽毛球协会与其他各国交往频繁,在一定程度上推动了我国体育事业的发展。

(4) 外交协会。在50年代中期以前,我国与其他国家的友好团体仅有新中国成立时成立的中国苏联友好协会。之后,随着外交活动的展开,外交协会也纷纷建立起来,主要有中国叙利亚友好协会、中国埃及友好协会、中国波兰友好协会等。

---

① 参见郭建民、尹小满主编:《中国社团概论》,华文出版社2002年版,第227页。

60年代之后,又成立了中国非洲人民友好协会、中国日本友好协会等。这些协会的成立有力地推动了我国与其他国家外交关系的建立,同时也增进了我国与其他国家相互之间的经济、文化、科技等方面的合作。

(二)"文革"时期民间组织停滞发展

1966年,中央政治局扩大会议和八届十一中全会的召开标志着"文化大革命"的全面发动。这场持续了十年的政治运动,给我国当时的政治、经济、文化教育等都带来了严重的灾难,整个社会处于动乱状态。在这种背景下,民间组织也受到了极大的冲击和破坏,除极少数民间组织(如中国国际贸易促进委员会和一些外交协会)仍在进行活动之外,民间组织基本上处于停滞状态,部分民间组织的负责人甚至被贴上"走资派""反动学术权威"等标签,被监禁、关押,甚至被迫害致死。

然而,就在这特定的历史条件下,红卫兵组织却产生和发展起来了。它最早出现在1966年5月底,是由清华大学附属中学的几个中学生组织起来的。"红卫兵"是这类组织的通称,当时每个学校、工厂都组建了多支红卫兵组织,如首都大专院校红卫兵等。红卫兵组织的活动波及社会的各个领域,不仅冲垮了各级党政机关正常的运作系统,而且在文化教育、社会生活等方面引起了巨大的动乱。在1967年之后,红卫兵组织的活动逐渐停息。1978年,中央决定结束红卫兵组织的活动。

"文革"期间的红卫兵组织与之前的民间组织有所不同,它是各地的中学、大学乃至工厂里的青年自发形成的,没有统一的组织机构,没有具体的组织章程,完全是特殊历史背景的产物。对于这种组织的性质,有学者认为它不属于正常民间组织的范畴,因为它不是依法成立的,且无正规的组织架构,组织目标涣散,有的成员是盲目、被迫参与的。

70年代初,中央政府陆续开始了对一些民间组织进行整顿和恢复。1973年,在周恩来主持中央工作,整顿经济的情形下,开展了对工会组织的整建工作。随后,各省陆续召开工会代表大会,选举新的领导班子。此外,1972年"两报一刊"发表元旦社论之后[①],全国的妇联组织也开始缓慢重建。1978年,中国妇女第四次全国代表大会召开,妇联的工作得以恢复。

三、改革开放以来民间组织、社会组织与慈善组织的发展(1978年至今)

1978年12月,党中央召开十一届三中全会,在思想上确立了"解放思想、实事

---

① "两报一刊"是"文革"时期的用语,"两报"指《人民日报》和《解放军报》,"一刊"指《红旗》杂志。"文革"时期的一些重要社论均由"两报一刊"联名发表。1972年1月1日,"两报一刊"发表题为《团结起来,争取更大的胜利》的元旦社论。社论指出,在新的一年里,要继续深入进行思想和政治路线方面的教育,加强党的领导。认真看书学习,弄通马克思主义。团结一切可以团结的力量,包括反对过自己、反对错了并且认真改正错误的人。

求是"的思想路线;在政治上停止了"以阶级斗争为纲"的做法,将党和国家的工作中心转移到社会主义的建设上来;在经济上作出了实行改革开放的伟大决策。自此,政治生活逐渐走向正常化,市场经济建设加快步伐,人民的生活水平逐渐提高,这些都为民间组织的发展提供了有利的环境。

(一)改革开放初期民间组织的兴起(1978—2007)

从70年代末开始,民间组织开始了较快的发展,从1978至2007年期间尽管发展有起有伏,但从总体上看,民间组织的数量增长较快,尤其是在改革开放初期和21世纪初期。图3-1显示的是1979—2007年期间民间组织数量的变化趋势。

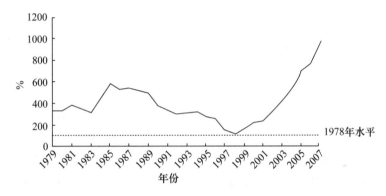

图 3-1　1979—2007 年主要社会组织增长图示

资料来源:王名、孙伟林:《我国社会组织的发展趋势和特点》,载《中国非营利评论》2010年第1期,第4页。

1. 民间组织的恢复与发展(1978—1987)

(1)原有民间组织的恢复

改革开放之后,民间组织工作的展开,是从对原有社团的恢复和重建开始的,各人民团体、学术研究团体、宗教团体等相继开始恢复活动,其中,最早恢复的是各人民团体的活动。1978年9月,中国妇女第四次全国代表大会在北京召开,选举了新的领导机构,这标志着妇联的恢复;同年10月,中国工会第九次全国代表大会在北京召开,工会恢复活动。其后,中国共产主义青年团、全国侨联、青联等相继恢复活动。在经济性领域,1977年,工商联恢复活动。在公益慈善领域,1978年4月,中国红十字会也恢复活动。此外,中国科协的恢复拉开了学术性民间组织恢复的序幕。1977年12月底,中国科协在天津组织召开了由中国动物学会等五家学会参加的学术讨论会,之后,各个领域的学术性民间组织相继恢复。

(2)新建民间组织的蓬勃发展

除了对原有社团的恢复,在改革开放的背景下,社会各项事业蓬勃发展,政治民主化程度不断提高,原有的社团已经不能满足人们的需求,新的民间组织相继建立起来,这些民间组织涉及社会生活的方方面面,主要以学术类、经济类以及公益类的民间组织居多。

① 学术类民间组织的发展。如前所述,1977年中国科协学术活动的开展拉开了学术类民间组织发展的序幕。首先就中国科协而言,在其成立初期,下属的全国性学会有30多个,地方性学会有12个,会员达4万多人。到1987年,中国科协的下属学会、研究会等达到146个,地方性协会29个,会员人数达到171万多人[①],其中分科学会达到1555家,这些学会涉及各个专业领域。在社会科学领域,从70年代末开始,大量的史学研究团体纷纷涌现,如中国先秦史学会、中国秦汉史研究会、中国现代史学会、中国历史文献研究会、中国民族史学会,还有对外国史的研究,如中国日本史研究学会、中国中亚文化研究协会等。在科学领域,随着学科划分的日益精细化,每一个学科都成立了专门的研究团体,如中国光学学会、中国海洋学会、中国生物化学会、中国系统工程学会、中国生物医学工程学会等。从70年代末到80年代,每年成立的学术类社会组织总数几乎都在300家以上,在80年代中后期则达到发展的高潮。在科协蓬勃发展的影响下,各种形式的农村科协与专业研究会也纷纷建立。据不完全统计,至1992年底,由农民自发组织的农民专业技术研究会已达到12万家,会员人数达到百万,所涉及的范围包括种植、养殖、乡镇企业等140个专业门类,在当时大大促进了农业生产技术的进步和农村经济的发展。

② 经济类民间组织的发展。在改革开放带来的巨大经济驱动力的背景下,经济类的民间组织大量涌现,尤以工商行业性的组织最为显著。除了全国工商联及其下属的工商联以外,几乎各个不同的工商业门类都建立了自己的协会,如中国食品工业协会、中国奶牛协会等。在公有经济外,随着私营经济的发展,一些城市开始建立个体劳动者协会,农村也出现养兔协会等农村专业技术协会。截至1985年6月底,全国91.3%的省、市均建立了个体劳动者协会,达到2468家;省辖市一级的协会共计144家;省、市、自治区一级的协会已建立起19家,个体劳动者协会遍及全国各城乡。随着城乡经济的发展,由改革开放初期的国有企业为主的行业组织以及后来所形成的个体劳动者协会,成为这一时期经济类民间组织的重要组成部分。除此之外,有些地区还出现了民间自发的工商协会。1988年,在福州成立了第一家由各民营企业家组成的企业家商会。

③ 公益类民间组织的发展。中国红十字会的恢复揭开了公益类民间组织的发展序幕。公益类民间组织主要以福利类基金会为主。1981年7月28日,中国儿童少年基金会成立,这是改革开放之后我国成立的第一家基金会,是由全国妇联、中华全国总工会等14个单位发起成立的,因此中国儿童少年基金会的成立具有明显

---

① 参见王世刚主编:《中国社团史》,安徽人民出版社1994年版,第466页。

的行政色彩,但是它的成立却标志着我国公益事业中一种新的组织形式的出现。中国儿童少年基金会得到了社会各界的响应与支持,成立后不到半年内便筹到款项300万元。随后,中国宋庆龄基金会(1982)、孙治方经济科学基金会(1983)、中国残疾人福利基金会(1983)相继成立。到1987年9月,全国的基金会达到214家,全国性的和地方性的基金会分别为33家和181家。从活动领域上看,基金会涉及教育、文化、卫生、体育、环保、扶贫等多个领域。在公益类基金会快速发展的同时,一种具有筹资和公益双重功能的基金会也纷纷涌现,如1982年黑龙江省齐齐哈尔市个体工商业者组织的"互助基金会",此外还有诸如退休基金会、教育基金会、蔬菜发展基金会,用以解决各领域事业发展中的资金困难问题。

除了上述三类民间组织之外,这一时期还出现了中国律师协会、中国计划生育协会、中国消费者协会等活跃在各个领域的民间组织。此外,随着人们生活水平的提高,各种群众性、娱乐性的民间组织也大量涌现,如钓鱼协会、风筝协会、门球协会等,这些组织大大丰富了人们的业余生活。

总的来看,在改革开放初期,我国民间组织的发展空前活跃,在数量与种类上都得到迅猛发展,对社会产生了积极的影响。但是,在发展过程中的一些问题也日益显现出来。首先,没有统一的民间组织管理机构,管理混乱。大多数社团的成立都是经相应的党政主管机关审批,有的甚至没有履行基本的审批手续。其次,从社团本身来看,有的社团行政化倾向严重。由于松散的管理,对民间组织的规制不够,还出现了一些民间组织开展商业性的活动,对社会造成了不良的影响。在这种背景下,对民间组织进行规范管理显得尤为重要,相关法律法规的出台,使得民间组织的发展逐步走向正规化。

2. 民间组织的规范管理与发展(1987—2007)

民间组织在迅猛发展的同时,也出现了一系列的问题,面对这些新情况、新问题,对民间组织的规范管理迫在眉睫,因此国家通过对民间组织管理机关的统一与相关法律法规的完善,使民间组织的发展逐渐走向规范化与法制化。

① 民间组织管理机构的变革。1987年,国务院正式将结社立法起草工作与社团管理工作交给民政部。1988年,国务院在进行机构改革的同时,明确由民政部正式建立社会团体管理司,专门来负责社会团体的登记管理工作。随后,各省市层面也相应设立了社会团体管理处,迈出了对民间组织进行规范化管理的第一步。随着民办非企业单位的发展,1996年,国务院办公厅发布《关于加强社会团体和民办非企业单位管理工作的通知》,不仅确立了"民办非企业单位"这一概念,而且将民办非企业单位的管理权授予民政部。相应地,1997年5月,社会团体管理司更名为"社会团体和民办非企业单位管理司"。1998年3月,社会团体和民办非企业单位管理司更名为"民间组织管理局"。自此,"民间组织"这个在我国历史文化传统中

存在数年的概念正式被政府接受。

②民间组织规章制度的发展。改革开放以来,虽然民间组织得到了迅猛发展,但是却没有相应的法律法规加以规范,组织内部也没有形成制度化的约束机制,民间组织的发展处于相对无序的状态。在新形势下,加强对民间组织的建章立制成为一项摆在政府面前的重要任务。

1988年9月9日,国务院第21次常务会议通过了《基金会管理办法》,确立了由归口管理部门、人民银行和民政部门共同管理基金会的"三重管理"模式,结束了此前基金会无须统一登记的历史,使得对基金会的管理有法可依。1989年10月,《社会团体登记管理条例》出台,确立了业务主管单位和民政部门共同管理社会团体的"双重管理"模式。1989年下半年,社会团体管理司开始依据《基金会管理办法》和《社会团体登记管理条例》对全国的基金会和社会团体进行复查登记,并于1990年和1997年对民间组织进行了两次清理整顿。

1990年6月,民政部针对社会团体存在的问题,在国务院的批准下,对社会团体进行了改革开放后的第一次清理整顿,主要包括以下六个方面的内容:第一,坚决取缔反对四项基本原则,宣扬资产阶级自由化的社会团体;第二,对违反团体章程、从事营利性活动的社会团体,要按照规定进行处罚;第三,对于不符合社会需要、重复设置的、不具备基本活动条件的社会团体,予以撤并;第四,对未经批准成立的社会团体,进行依法登记;第五,理顺社会团体与业务主管部门、登记管理机关的关系;第六,督促社团内部健全规章制度,走向正规化的道路。

经过一年时间,清理整顿的任务基本完成,各种非法、问题严重的社会团体被取缔、撤并或解散,合法的社会团体重新进行了登记注册。清理整顿完成后民间组织的数量大幅增长,登记注册的民间组织从1990年的1.08万家增长到1991年的8.28万家。到1992年,增长更快,数量达到15.45万家。

第二次清理整顿开始于1997年。这次清理整顿一方面是加强对已有的民间组织的监管。随着民间组织的发展,民政部统计的民间组织已达到18万家,为加强监督管理,民政部于1996年制定了《社会团体年度检查暂行办法》,1997年各级民政部门以年检的形式对民间组织进行了清理整顿。

1998年10月,国务院对《社会团体登记管理条例》进行了修订,与1989年颁布的《社会团体登记管理条例》相比,新条例进一步提高了社会团体的登记门槛,并且加强了对社会团体的监管力度,这些在一定程度上造成了民间组织数量的下降。

20世纪80年代至90年代,随着市场经济的确立,在教育、文化、科研等领域,各种民办非企业单位发展起来。据统计,1997年,全国各类民办非企业单位已经达到70万家左右,为将这些民办非企业单位纳入民间组织的统一管理体系之中,1998年,国务院颁布了《民办非企业单位登记管理暂行条例》,对民办非企业单位的登记注册和监管管理作出了规定。之后,登记在册的民办非企业单位数量连年大幅增长,截至 2007 年底,登记注册的民办非企业单位达到 17.4 万家。

(二)当前社会组织与慈善组织的发展(2008 年至今)

2007 年,党的十七大报告首次提出"社会组织"的概念,正式用"社会组织"代替"民间组织",此后官方报告中使用的都是"社会组织"概念。2016 年 8 月 30 日,在民政部召开的全国民政系统贯彻《关于改革社会组织管理制度促进社会组织健康有序发展的意见》视频会议上,民间组织管理局正式更名为"社会组织管理局"。虽然"社会组织"早已成为正式概念,但学界和社会上仍有许多人使用"民间组织"概念。本书从这一阶段开始统一称"社会组织"。

1. 社会组织发展概况

从数量上看,截至 2017 年第一季度,全国共有社会组织约 71 万个,其中社会团体 33.9 万个,民办非企业 36.6 万个,基金会 5703 个。① 相比较于 1978—2007 年,2008 年以来社会组织数量在增速上有放缓的趋势,但从整体上看,仍然在平稳增长,这一阶段社会组织数量的变化详见图 3-2 和表 3-1。

图 3-2 2008—2017 年第一季度社会组织数量变化

资料来源:历年民政部社会服务发展统计公报。

从社会组织数量增长的情况可以看到,从 2008 年到 2016 年底,社会组织增加了约 29.6 万个。社会团体的年均增长率为 4.8%,民办非企业单位的年均增长率为 8.9%,基金会的年均增长率为 16.8%(详见表 3-1)。

在吸纳人员和累计收入方面,截至 2015 年底,全国社会组织共吸纳社会各类就业人员 734.8 万个,比上年增长 7.7%;全年累计收入 2929 亿元,接受各类社会捐赠 610.3 亿元。②

---

① 参见《社会服务统计季报(2017 年 1 季度)》,http://www.mca.gov.cn/article/sj/tjjb/qgsj/170502/201705051153.html,2017 年 7 月 26 日访问。

② 参见民政部《2015 年社会服务发展统计公报》,http://www.mca.gov.cn/article/sj/tjgb/201607/20160700001136.shtml,2017 年 7 月 26 日访问。

表 3-1 2008—2017 年第一季度社会组织数量

指标	2008 年	2009 年	2010 年	2011 年	2012 年	2013 年	2014 年	2015 年	2016 年	2017 年第一季度
社会团体（万个）	23	23.9	24.5	25.5	27.1	28.9	31	32.9	33.5	33.9
基金会（个）	1597	1843	2200	2614	3029	3549	4117	4784	5523	5703
民办非企业（万个）	18.2	19	19.8	20.4	22.5	25.5	29.2	32.9	35.9	36.6

资料来源：历年民政部社会服务发展统计公报。

2008 年到 2015 年间，社会组织吸纳的就业人数增加了 259 万人。总体而言，我国社会组织的经济实力和社会影响力不断提升，已经成为经济社会发展和社会治理中一支重要的力量。

伴随着数量上的迅猛增长，社会组织在社会各个方面的作用也更加突出。2008 年 5 月 12 日，发生了震惊世界的汶川大地震。地震发生后，许多社会组织在第一时间行动起来，开赴灾区，充分发挥各自优势，开展紧急救援与灾后重建等工作，在抗震救灾中发挥了重要的作用。① 因此，中国慈善联合会副会长、"希望工程"创始人、南都公益基金会理事长徐永光在《2008，中国公民社会元年》一文中将 2008 年称为"中国公民社会元年"。②

社会组织是社会服务提供的重要主体，政府购买社会组织服务是政府提供公共服务的重要渠道和有效方式。我国对政府购买公共服务的探索始于 20 世纪 90 年代。作为一种新型的公共服务供给方式，政府购买公共服务促进了公共服务供给体系的多元化，使社会组织成为重要的供给主体。社会组织具有非营利性、自治性和志愿性等特征，因而在整合社会资源、集聚专业人才方面有着不可替代的组织优势与制度优势，创新了公共服务供给的方式，有效地提高了公共服务的质量和效率。

为了指导和推动各地开展政府向社会力量购买服务工作，2013 年 9 月，国务院颁布《关于政府向社会力量购买服务的指导意见》，肯定了政府购买社会组织服务的重要性，明确了政府向社会力量购买服务的总体方向和目标任务，要求各地从购买主体、承接主体、购买内容、购买机制、资金管理、绩效管理等方面规范有序地开展购买服务工作，从组织领导、工作机制、监督管理、宣传引导等方面对政府购买工

---

① 参见师曾志、金锦萍编著：《新媒介赋权 国家与社会的协同演进》，社会科学文献出版社 2013 年版，第 267 页。
② 参见徐永光：《2008，中国公民社会元年》，http://politics.people.com.cn/GB/1026/7336201.html，2017 年 3 月 3 日访问。

作进行了全面部署。

社会组织是社会治理的重要力量。2013年11月,党的十八届三中全会通过的《中共中央关于全面深化改革若干重大问题的决定》首次引入了"社会治理"的概念,明确提出要"创新社会治理体制","改进社会治理方式","激发社会组织活力",将"适合由社会组织提供的公共服务和解决的事项,交由社会组织承担"。这标志着政府不再是社会治理的唯一主体,社会组织成为社会治理的主体之一,社会组织以其独特的优势参与社会治理,承接政府部分社会管理职能,成为增强社会发展活力,提高社会治理水平的重要组织形式。

2. 社会组织管理体制改革与制度完善

我国目前的社会组织管理实行的是双重管理体制,由业务主管部门和登记管理机关分别对社会组织进行监督管理。这种严格的管理体制限制了社会组织的发展,使得社会组织的作用得不到充分的发挥。同时,行政体制改革与经济发展也迫切要求改革僵化的双重管理体制。为更好地适应社会发展的需要,各地在实践层面进行了积极的改革与探索。

2007年11月,民政部召开"全国社会组织建设和管理工作经验交流会",提出选择不同类型的地区和城市作为社会组织建设和管理的"单项观察点"或"综合观察点"。2007年,民政部将云南省作为境外非政府组织管理工作的"改革观察点"。2008年,国家民间组织管理局设立了上海、深圳两个综合性和广东、云南、新疆、青岛四个单项的社会组织建设和管理改革创新观察点,鼓励各地探索社会组织建设与管理的新举措。

2013年3月,《国务院机构改革和职能转变方案》提出,要"加快形成政社分开、权责明确、依法自治的现代社会组织体制。逐步推进行业协会商会与行政机关脱钩,强化行业自律,使其真正成为提供服务、反映诉求、规范行为的主体。探索一业多会,引入竞争机制。重点培育、优先发展行业协会商会类、科技类、公益慈善类、城乡社区服务类社会组织。成立这些社会组织,直接向民政部门依法申请登记,不再需要业务主管单位审查同意"。2013年底,十八届三中全会通过的《中共中央关于全面深化改革若干重大问题的决定》明确提出:"限期实现行业协会商会与行政机关真正脱钩,重点培育和优先发展行业协会商会类、科技类、公益慈善类、城乡社区服务类社会组织,成立时直接依法申请登记。"民政部随后宣布,从2014年4月1日起全国范围内放开四类社会组织的登记。

2013年底,民政部提出取消社会团体和基金会设立分支机构的审批,同时将异地商会和基金会登记成立的审批权从省级民政部门下延到县级以上民政部门。2014年2月,民政部发布《关于贯彻落实国务院取消全国性社会团体分支机构、代表机构登记行政审批项目的决定有关问题的通知》,宣布"全国性社会团体根据本团体章程规定的宗旨和业务范围,可以自行决定分支机构、代表机构的设立、变更和终止"。此外,民政部领导多次在公开场合表示,民政部将在其他类社会组织的登记管理上取消不必要的审批,下放权限。

社会组织管理体制进行不断改革的同时,相关的法律法规也逐步得以完善。2016年1月通过的《国务院关于修改部分行政法规的决定》中,对《社会团体登记管理条例》进行了部分修订,取消了社会团体申请成立过程中的筹备事项,简化了烦琐程序,同时加强了筹备期间的监管。为引导和规范慈善组织的发展,促进慈善事业健康发展,2016年3月,第十二届全国人大第四次会议通过了《慈善法》,对慈善组织相关内容进行了详细规定。为与《慈善法》进行衔接,对社会团体、民办非企业单位、基金会的登记管理条例的修订也相继展开。2016年5月,民政部在总结实践经验,深入调查的基础上,对《基金会管理条例》和《民办非企业单位登记管理暂行条例》进行了修订,并且发布了关于《基金会管理条例(修订草案征求意见稿)》和《社会服务机构登记管理条例》公开征求意见的通知。随后,2016年8月1日,民政部公布了《社会团体登记管理条例(修订草案征求意见稿)》,逐步构成对社会组织进行规范的综合管理体制。

3.《慈善法》的出台与慈善组织的发展

2016年3月出台的《慈善法》,从法律层面明确了慈善组织的概念、范围及慈善活动等,系统地规范了全社会的慈善行为。为贯彻落实相关规定,与《慈善法》相关的配套制度也相继出台。2016年7月21日,民政部办公厅发布《关于遴选慈善组织互联网公开募捐信息平台的通知》,拟采取遴选的方式,指定互联网公开募捐信息平台。8月22日,在有关专家对29家互联网募捐信息平台进行评审的基础上,公示了首批慈善组织互联网募捐信息平台名单,包括"腾讯公益"网络募捐平台、淘宝网、蚂蚁金服公益平台、新浪微博、轻松筹、中国慈善信息平台、京东公益、基金会中心网、百度慈善捐助平台、公益宝等在内的13家平台。8月30日,民政部、工业和信息化部等四部委发布《公开募捐平台服务管理办法》,进一步规范公开募捐平台服务。

2016年8月31日,民政部发布了《慈善组织认定办法》和《慈善组织公开募捐管理办法》,对慈善组织的认定条件、认定程序和获得公开募捐资格的条件等相关内容进行了规定。9月2日,民政部为包括中国残疾人福利基金会、中国儿童少年基金会、中国妇女发展基金会、中国扶贫基金会以及中国红十字基金会等16家慈善组织颁发了标明慈善组织属性的登记证书、公开募捐资格证书。这也是自2016年9月1日《慈善法》实施以来,根据《慈善组织认定办法》认定的首批慈善组织。随后,浙江、湖南、江西、云南、贵州、重庆等地也相继展开了慈善组织认定工作。

在慈善组织的活动支出方面,2016年10月,民政部、财政部、国家税务总局发布《关于慈善组织开展慈善活动年度支出和管理费用的规定》，对慈善组织慈善活动支出和管理费用的列支原则、列支范围、列支比例等内容作了明确规范，并提出相应的监管要求。

第四节　评　　述

一、社会组织与慈善组织发展现状

我国社会组织与慈善组织的发展有着悠久的历史，自封建社会时期的民间结社开始，历经近代民间组织，以及新中国成立以来民间组织、社会组织与慈善组织的发展，目前我国社会组织与慈善组织不管是从数量上还是从功能上看，都取得了很大的进步，已经成为我国经济社会发展中的一支重要力量。

首先，社会组织与慈善组织制度环境逐渐完善。自1950年出台新中国成立后的第一部社会组织管理政策，经过六十多年的发展，与社会组织相关的法律政策从无到有地发展起来。面对新时期的新要求，尤其在《慈善法》出台之后，民政部适时加紧了对社会组织"三大条例"的修订，以与其进行衔接。同时，为贯彻落实《慈善法》的相关规定，民政部相继出台了一系列配套政策。迄今为止，已经形成了关于社会组织与慈善组织相对较为成熟的政策体系。

其次，社会组织与慈善组织的管理体制机制不断创新。目前，我国对社会组织实行的双重管理体制，在一定程度上限制了社会组织的发展。民政部在不违背中央政策的前提下，选取不同类型的地区和城市作为社会组织管理与建设的试点，积极创新社会组织管理体制，同时对行业协会商会类、科技类、公益慈善类、城乡社区服务类四类社会组织实行直接登记；取消了对社会团体和基金会设立分支机构的审批，将基金会的审批权进行下放。这些措施有力地促进了社会组织的发展，有效地激发了社会组织的活力。

最后，社会组织与慈善组织自身建设不断加强。面对新时期的一些挑战，社会组织不断加强自身能力建设，注重培养社会组织专业人员，并加强了对社会组织工作者的专业知识、管理技能等方面的培训；同时，社会组织也在不断加强与政府、企业的合作，一种新型的社会关系正在形成之中。

尽管社会组织与慈善组织取得了良好发展，对社会发展作出了重大贡献，但从总体上看，社会组织与慈善组织发展中还存在一些问题亟须解决。

二、社会组织与慈善组织发展中面临的问题

近年来，社会组织与慈善组织在发展中面临一些新问题。首先，社会组织与慈

善组织面临严重的公信力危机,如"郭美美事件""尚德'诈捐门'事件"等,严重损害了社会组织的声誉,造成了极大的不良影响。其次,社会组织违法违规行为频频发生,据民政部相关数据,2015 年全年共查处社会组织违法违规案件 2951 起,取缔了非法社会组织 23 起,行政处罚 2928 起。最后,随着网络新媒体的发展,公益活动借助互联网创造出了许多新方式,如网络众筹、微公益等线上募捐形式。这些方式使得公益活动更加全民化、广泛化,但是也带来了很多的问题。一些网络公益募捐被不法分子利用,为其牟取利益,使得网络募捐遭到了极大的质疑,产生了不良的社会影响。

对于社会组织与慈善组织发展中面临的问题,不同的学者提出了不同的见解。马庆钰从发展现实的角度,认为社会组织存在三方面的问题:一是理念上,政府及部门对于社会组织的警惕多而信任少;二是政策上,说得多而落实少;三是体制上,层级多而效率低。[①] 王名和刘求实认为,社会组织发展面临的问题有社会资源不足、公益产权基础薄弱、来自政府的各种公共资金有限、法律政策环境有限、社会监督乏力等。[②] 俞可平认为,社会组织面临注册困境、定位困境、人才困境、资金困境、知识困境、信任困境、参与困境和监管困境。[③]

总的来看,当前社会组织与慈善组织主要面临外部制度环境、政府监管和内部治理三方面的问题。

从外部制度环境来说,尽管我国已经出台了很多有关社会组织的政策法规,目前与社会组织相关的"三大条例"也正在加紧修订中,但是现行社会组织法规制度的滞后性仍制约着社会组织的发展:一是社会组织的法律位阶低。社会组织没有基础性的法律规定,除了《慈善法》和《公益事业捐赠法》,只有《社会团体登记管理条例》《民办非企业登记管理暂行条例》和《基金会管理条例》等行政法规和规章[④],各法规和规章关注的重点不同,在缺乏统一的法律规定的情况下,很难形成有效的相互衔接。二是实体性规范少。现行的社会组织登记管理条例解决了如何进行登记的问题,但还不能完全解决能不能进行登记的问题。三是存在突出的制度盲点,对于出现的"网络社团""离岸社团""社区社会组织"等,并没有相关的法规进行规范。

从政府监管方面来说,我国对社会组织实行以双重管理为主导的管理体制,随着经济社会的发展,这种管理体制面临重大挑战。一是监管主体职责存在交叉和

---

① 参见马庆钰:《社会组织发展面临的突出问题》,载《中国机构改革与管理》2015 年第 4 期,第 33 页。
② 参见王名、刘求实:《中国非政府组织发展的制度分析》,载《中国非营利评论》2007 年第 1 期,第 92—145 页。
③ 参见俞可平:《中国公民社会研究的若干问题》,载《中共中央党校学报》2007 年第 6 期,第 14—22 页。
④ 参见《人民法院报:加快社会组织法立法进程》,http://www.chinanpo.gov.cn/1940/101576/index.html,2017 年 2 月 10 日访问。

重叠,登记管理机关对社会组织进行监督管理,业务主管部门起协助作用,但是两者之间并没有进行明确的职责分工。二是监管力度不够,监管手段单一。民政部门的监管手段主要是年检,但是由于社会组织数量多,很难对社会组织进行实质性检查,难以发现社会组织存在的各种问题。

从社会组织自身来说,一是社会组织内部运作不健全,有些社会组织内部规章制度不健全,缺乏财务管理制度、人员录用与奖惩制度等,日常工作无章可循,管理混乱。二是社会组织的专业人才缺乏。目前社会组织中的许多人员来自于政府转移人员和离退休人员,管理理念和方式相对落后,而且专职人员较少。此外,工资待遇相对较低,社会组织难以吸引到高级人才。

三、社会组织与慈善组织的发展思路

针对社会组织与慈善组织发展中面临的问题,本书提出以下几点促进其发展的建议:

一是进一步完善相关法律法规。社会组织与慈善组织的健康发展离不开相关法律法规的支持,因此,要建立健全社会组织法律法规体系,促进社会组织健康有序发展。首先,制定社会组织专项法律,提高社会组织的立法层次,提高制度的针对性与有效性,从而为社会组织的发展提供良好的法律制度保障。其次,在行政法规层面,尽快修订社会组织"三大条例",与《慈善法》进行衔接,同时对于社会组织的财务管理、监督管理、人事管理等方面,有必要进行政策的细化,增强制度的可执行性。最后,完善政策,填补制度盲点。对于"网络社团""离岸社团"等,要制定相关政策,加强监督。

二是加大对社会组织与慈善组织的支持力度。对社会组织尤其是处于成长初期的社会组织来说,政府的培育扶持至关重要。一方面,政府必须创新社会组织培育模式,为初创的公益慈善类、社会服务类等社会组织提供资金、资源以及政策支持。另一方面,加大政府向社会组织购买服务的力度,鼓励采用项目指导、公益创投等方式,与此同时,提升社会组织承接服务的能力。此外,加强社会组织人才队伍建设,通过多种形式加大社会组织人才引进力度,加强社会组织人员的培训,提高人员的专业化水平,完善激励机制,调动工作人员的积极性。

三是加强政府监督管理。社会组织与慈善组织的发展应坚持培育发展与监督管理并重的原则,因此,政府的监管对社会组织发展来说必不可少。首先,明确监管职责。作为社会组织监管部门的登记管理机关和业务主管部门,要明确监管职责,协调各自的监管范围。其次,要采取多种监管手段。除了采取年度检查、评估等方式,还要注重对社会组织进行动态监管,如通过网络对社会组织进行信息平台的监管。最后,要完善监管机制,加大监管力度。建立法制监管、政府监管、社会监

管以及组织自律的综合监管体制,同时加强对社会组织违法行为的监管,打击违法活动。

四是加强组织内部治理。内部治理能力是社会组织依法自治的基础,因此,社会组织必须不断加强组织建设,提升治理能力。一方面,社会组织要完善法人治理结构,对组织决策机构、执行机构以及监督机构的职责进行清晰划分,对各项权力的运行进行细化规定,如对于决策权来说,要合理确定理事会成员的数量与人员构成,完善决策的程序等;另一方面,社会组织要加强组织自身能力建设,既要提高组织管理能力和学习能力、建立评估及激励制度,又要不断加强与政府、企业的互动和合作能力,如合同管理能力、谈判能力等。

本章小结

本章主要对社会组织与慈善组织的发展历程进行了梳理,介绍了封建社会时期的民间结社、近代社会组织与慈善组织的发展,以及新中国成立以来民间组织、社会组织与慈善组织的发展。首先,将封建社会时期民间结社的发展分为兴起、发展、繁荣三个阶段;其次,以辛亥革命为界,将近代以来的社会组织与慈善组织的发展划分为鸦片战争至辛亥革命、辛亥革命至新中国成立两个阶段;最后,将新中国成立以来社会组织与慈善组织的发展划分为新旧社会交替时期、计划经济时期与改革开放以后三个阶段。通过阶段划分,本章勾勒了社会组织与慈善组织发展的历史脉络,展现了它们悠久的历史传统、多样化的存在形态以及丰富的功能与作用。本章最后简要讨论了当前我国社会组织与慈善组织发展面临的主要问题,提出了一些发展思路。

思考题

1. 我国封建社会时期的民间结社分为哪几个阶段?分别有什么特点?
2. 近代以来我国民间组织、社会组织与慈善组织的发展经历了哪几个主要阶段?
3. 简述改革开放以来我国民间组织、社会组织与慈善组织发展的阶段划分。
4. 简述当前我国社会组织与慈善组织发展的特点。
5. 简述当前我国社会组织与慈善组织发展面临的挑战及发展对策。

拓展阅读书目

1. 梁其姿:《施善与教化:明清时期的慈善组织》,北京师范大学出版社2013年版。

2. 吴玉章、谢海定、刘培峰主编:《中国民间组织大事记(1978—2008)》,社会科学文献出版社 2010 年版。

3. 《中国社会组织改革发展政策选编(2014 年)》,中国社会出版社 2015 年版。

4. 范金民:《明代地域商帮的兴起》,载《中国经济史研究》2006 年第 3 期。

5. 王名、孙伟林:《我国社会组织发展的趋势和特点》,载《中国非营利评论》2010 年第 1 期。

6. 刘求实、王名:《改革开放以来中国社会组织的发展及其社会基础》,载《学会》2010 年第 10 期。

7. 王名:《走向公民社会——我国社会组织发展的历史及趋势》,载《吉林大学社会科学学报》2009 年第 3 期。

8. 卞利:《徽商与明清时期的社会公益事业》,载《中州学刊》2004 年第 4 期。

9. 洪千芷:《明清时期徽商在江浙地区的慈善活动》,湖南师范大学 2014 年硕士论文。

10. 贾西津:《历史上的民间组织与中国"社会"分析》,载《甘肃行政学院学报》2005 年第 3 期。

11. 李平秀:《清末革命团体与秘密会党:以同盟会武装起义为主》,载《近代史研究》2015 年第 1 期。

第四章　社会组织与慈善组织政策

本章要点

1. 掌握社会组织的元政策。
2. 掌握社会组织与慈善组织的培育和扶持政策。
3. 了解社会组织与慈善组织事中、事后监管政策的形成和发展脉络。
4. 了解社会组织与慈善组织登记管理政策的形成和发展脉络。

导语

社会组织与慈善组织的有序发展离不开政策支持。我国社会组织的行政立法始于1950年的《社会团体登记暂行办法》，之后几经修订，最终形成了1998年的《社会团体登记管理条例》，对基金会和民办非企业单位（社会服务机构）的规范管理分别始于1988年和1998年，其时分别出台了《基金会管理办法》和《民办非企业单位登记管理暂行条例》。"三大条例"奠定了社会组织的基本政策框架。此外，《公益事业捐赠法》（1999）、《民间非营利组织会计制度》（2004）等与社会组织相关的政策也陆续出台，逐渐形成了以"三大条例"为基础的社会组织政策体系。2016年《慈善法》的出台为慈善组织提供了基本法律框架。为与《慈善法》相衔接，社会组织的多项政策被调整或修订，新的政策也不断涌现，"三大条例"修订稿的征求意见稿也得以发布。从总体上看，社会组织与慈善组织政策从无到有、从少到多，不断发展，迄今为止，已经初步形成了较为完整的政策体系。本章从元政策、登记管理政策、事中事后监管政策、培育和扶持政策等方面对社会组织与慈善组织的政策体系进行简要介绍。

第一节　元　政　策

宪法是国家的根本大法，是一国公共政策的元政策。我国社会组织与慈善组织的各项政策同样以宪法为基本前提。我国宪法明确规定了公民享有结社自由权。《宪法》第 35 条规定:"中华人民共和国公民有言论、出版、集会、结社、游行、示威的自由。"结社权是社会组织存在的基础,是其正当性、合法性的来源,保障公民的结社权,是保障社会组织自治权、促进社会组织发展的根本前提。

1966 年,联合国在《世界人权宣言》的基础上通过了《公民权利和政治权利国际公约》,公约第 22 条规定:"一、人人有权享受与他人结社的自由,包括组织和参加工会以保护他的利益的权利。二、对此项权利的行使不得加以限制。除去法律所规定的限制以及在民主社会中为维护国家安全或公共安全、公共秩序,保护公共卫生或道德,或他人的权利和自由所必须的限制。……"我国于 1998 年签署了《公民权利和政治权利国际公约》,这意味着我国政府就保障公民结社权的问题向国际社会作出了承诺。因此,《公民权利和政治权利国际公约》也可以视作我国社会组织与慈善组织的元政策。

第二节　登记管理政策

一、社会团体登记管理政策的形成和发展

社会组织政策的发展始于对社会团体的规范。早在 1950 年,政务院就公布了《社会团体登记暂行办法》,该办法将应登记的社会团体分为人民群众团体、社会公益团体、文艺工作团体、学术研究团体、宗教团体和其他合于人民政府法律组成的团体共六类,规定参加中国人民政治协商会议的民主党派和人民团体、机关学校等机构的内部团体及其他法律另有规定的团体无须登记。此外,《社会团体登记暂行办法》还规定了分级登记的原则,要求全国性的社会团体向内务部门申请登记,地方性社会团体向当地人民政府申请登记。

1989 年 6 月,国务院颁布《外国商会管理暂行规定》,对外国商会的活动宗旨、成立条件、申请成立、审查和监督管理等作出了规定。1989 年 10 月,国务院颁布了《社会团体登记管理条例》,该条例对社会团体的管辖、成立登记、变更注销以及监督管理等方面进行了规定。1998 年 10 月,国务院对《社会团体登记管理条例》进行了修订。与 1989 年颁布的《社会团体登记管理条例》相比,该条例进一步提高了社会团体的登记门槛,并且加强了对社会团体的监管力度。2001 年 2 月,民政部发布《民政部关于重新确认社会团体业务主管单位的通知》,进一步明确了社会团体业务主管单位的管理职责和应该具备的条件。2002 年 3 月,民政部发布《民政部关于全国性社会团体异地设立分支(代表)机构问题的通知》,对社会团体异地设立分支(代表)机构的具体程序进行规定。2007 年 9 月,民政部发布《民政部关于社会团体登记管理有关问题的通知》,从规范社会团体章程、加强社会团体民主程序的监督、

健全社会团体负责人备案制度等六个方面来改进和加强社会团体的登记管理。2009年4月，民政部发布《民政部关于全国性社会团体应用网上办公平台办理登记、备案工作有关问题的通知》，对全国性社会团体应用网上办公平台办理登记、备案工作的有关事项作出了规定。

2016年1月通过的《国务院关于修改部分行政法规的决定》中，对《社会团体登记管理条例》进行了部分修订，取消了社会团体申请成立过程中的筹备登记，简化了登记程序，同时加强了对筹备活动的监管。2016年8月1日，民政部公布《社会团体登记管理条例（修订草案征求意见稿）》，紧紧围绕建立健全社会组织体制，推动社会治理体制创新的主线，不仅降低了社会团体的准入门槛，明确了直接登记社会团体的范围，包括行业协会商会、科技类社会团体、公益慈善类社会团体、城乡社会服务类社会团体四类，而且加强了对社会团体的监管力度，要求社会团体进行年度报告和信息公开。

除了国务院和民政部出台的对社会团体的登记管理政策，部分业务主管单位也对其他类社会团体出台了管理政策。例如，1991年1月，中宣部、民政部发布《关于社会科学、文化艺术类社会团体业务主管部门的职责分工及委托管理的通知》，对社会科学和部分文学艺术类社会团体进行业务指导的职责委托作出具体规定。2003年10月，民政部印发了《关于加强农村专业经济协会培育发展和登记管理工作的指导意见》，充分认识到农村专业经济协会培育发展和登记管理工作的重要性，从登记范围、登记条件、登记程序等方面作出了规定。

表 4-1　社会团体登记管理政策列表

政策时间	政策名称	核心内容
1950年9月	《社会团体登记暂行办法》	将应登记的社会团体分为人民群众团体、社会公益团体、文艺工作团体等六类和社会团体的分级登记原则
1989年6月	《外国商会管理暂行规定》	对外国商会的定义、成立条件、成立程序以及监督管理作出规定
1989年10月	《社会团体登记管理条例》	在社会团体的管辖、成立登记、变更登记、注销登记以及监督管理等方面作出规定
1998年10月	《社会团体登记管理条例》（1998年修订）	相比于1989年的《社会团体登记管理条例》，提高了社会团体的登记门槛，详细规定了成立条件，增加对社会团体处罚条款，加强了对社会团体的监管
2001年2月	《民政部关于重新确认社会团体业务主管单位的通知》	进一步明确了社会团体业务主管单位的管理职责和应该具备的条件

(续表)

政策时间	政策名称	核心内容
2002年3月	《民政部关于全国性社会团体异地设立分支（代表）机构问题的通知》	对社会团体异地设立分支（代表）机构的具体程序作出规定
2007年9月	《民政部关于社会团体登记管理有关问题的通知》	从规范社会团体章程、加强社会团体民主程序的监督、健全社会团体负责人备案制度等六个方面来改进和加强社会团体的登记管理
2009年4月	《民政部关于全国性社会团体应用网上办公平台办理登记、备案工作有关问题的通知》	对全国性社会团体应用网上办公平台办理登记、备案工作的有关事项作出了规定
2016年1月	《社会团体登记管理条例》（2016年修订）	取消社会团体申请成立中的筹备事项，同时加强对筹备期间的监管
2016年8月	《社会团体登记管理条例（修订草案征求意见稿）》	降低了社会团体的准入门槛，鼓励城乡社区服务类社会团体的发展；明确行业协会商会类、科技类、公益慈善类、城乡社区服务类社会团体可以直接登记；健全内部治理机制，建立信息公开制度，加强监管力度

资料来源：作者根据政策文件整理。

二、社会服务机构登记管理政策的形成和发展

我国对民办非企业单位的规范始于1998年。当年10月，国务院颁布《民办非企业单位登记管理暂行条例》，对民办非企业单位的法人身份、登记注册、监督管理等作出了规定。1999年12月，根据该暂行条例，民政部制定了《民办非企业单位登记暂行办法》，对民办非企业单位的分类、审核登记程序、登记事项、登记条件等作出详细规定。2016年5月，民政部公布《社会服务机构登记管理条例》。相比较于1998年的条例，征求意见稿有几方面的重大变化：首先，为与《慈善法》保持一致，征求意见稿将"民办非企业单位"变更为"社会服务机构"[①]，并对其进行重新定义；其次，调整管理体制，明确了直接登记社会服务机构的范围；复次，新增了对组织机构、活动准则和财产管理的规定，以引导社会服务机构自我管理、依法自治；最后，将年度检查制度调整为年度工作报告制度，改变了登记管理机关对社会服务机构的监管方式。

除了国务院和民政部出台的对社会服务机构的一般性管理政策外，部分业务主管部门也出台了专业性的社会服务机构管理办法。例如，2000年12月，文化部与民政部联合制定了《文化类民办非企业单位登记审查管理暂行办法》，对文化类

---

① 以下文中除了政策规定，将以"社会服务机构"代替"民办非企业单位"。

的民办非企业单位进行了界定和规范,具体在审查登记、设立条件、提交材料、用人制度和监督管理等方面作出了规定;2001年10月,民政部与教育部联合制定了《教育类民办非企业单位登记办法(试行)》,对教育类民办非企业单位进行了界定,并对审批设立、申请登记、变更登记和注销登记等事项进行了规定。各业务主管单位出台的政策也是社会服务机构政策体系中的重要内容。

表 4-2　社会服务机构登记管理政策列表

政策时间	政策名称	核心内容
1998年10月	《民办非企业单位登记管理暂行条例》	确立民办非企业单位的双重管理体制,并就对其的管辖、登记成立、监督管理等作出规定
1999年12月	《民办非企业单位登记暂行办法》	详细规定民办非企业单位的登记内容,包括登记程序、登记类型、登记须具备的条件、登记事项、材料提交、变更、注销登记等
2000年12月	《文化类民办非企业单位登记审查管理暂行办法》	界定文化类民办非企业单位的内涵、外延,对文化类民办非企业单位的登记程序、登记手续等作出规定
2001年10月	《教育类民办非企业单位登记办法(试行)》	对教育类民办非企业单位进行明确界定,规定了民办非企业单位的登记程序、内容及处罚等
2016年5月	《社会服务机构登记管理条例》	将"民办非企业单位"修改为"社会服务机构",并进行重新定义;明确规定对科技类、公益慈善类、城乡社区服务类社会服务机构实行直接登记;新增对社会服务机构组织机构、活动准则和财产管理的规定;将年度检查调整为年度工作报告和信息公开

资料来源:作者根据政策文件整理。

三、基金会登记管理政策的形成和发展

1988年9月27日实施的《基金会管理办法》是我国第一部专门规范基金会登记管理的行政法规。《基金会管理办法》对基金会的性质、建立条件、筹款方式、基金的使用和管理等一系列事项作出了规定,对基金会的设立与发展产生了积极的促进作用。但是,《基金会管理办法》的基本精神是控制和限制基金会的发展,构建起重在"防弊"的"行政管控型"基金会法律制度,典型表现为对基金会的"三重管理体制",即基金会的设立不仅需要业务主管部门的承诺,还须中国人民银行审查批准,最后再经民政部门许可。这种管理体制一直延续到1999年,使得基金会的发展停滞不前。

2004年6月,国务院颁布《基金会管理条例》,与之前的《基金会管理办法》相比有一些显著变化:首先,在界定基金会概念的基础上,进一步明确基金会的公益性质;其次,界定了基金会的分类,将基金会分为"公募基金会"和"非公募基金会";再

次,将原来的"三重管理"更改为与社会团体相一致的"双重管理";最后,明确了基金会税收优惠原则。从总体上看,《基金会管理条例》在保持对基金会的有力控制的同时,也在鼓励基金会发展。

2016年5月,民政部公布《基金会管理条例(修订草案征求意见稿)》,与《慈善法》进行了衔接,明确了基金会应"以开展公益慈善活动为宗旨",在登记证书中载明其慈善组织属性,同时明确基金会应当适用《慈善法》的有关规定。关于基金会的登记管理,征求意见稿降低了基金会的准入门槛,以鼓励基金会的发展,还将基金会的登记管理权限扩展为省、部、市、县四级。在监管方面,征求意见稿规定了行业自律、社会监督、政府监督相结合的综合监管体系,并将年检制度改为年度报告制度,加强了对基金会的信用约束,提出探索建立信用记录、活动异常名录等制度。

表4-3 基金会登记管理政策列表

政策时间	政策名称	核心内容
1988年9月	《基金会管理办法》	对基金会的性质、建立条件、筹款方式、基金的使用和管理等一系列事项作出了规定
2004年6月	《基金会管理条例》	确定对基金会的双重管理原则,并就基金会的设立、变更、注销,组织机构、财产的管理和使用、监督管理和法律责任等作出了规定
2016年5月	《基金会管理条例(修订草案征求意见稿)》	与《慈善法》进行衔接,明确基金会的慈善宗旨;降低基金会的准入门槛,将登记管理机关扩展为省、部、市、县四级;规定了基金会的综合监管体系,包括行业自律、社会监督、政府监督,将年检制度改为年度报告制度,加强对基金会的监管

资料来源:作者根据政策文件整理。

四、慈善组织的登记管理政策

我国对慈善组织的规范管理始于2016年3月通过的《慈善法》。关于设立慈善组织,该法第10条规定:"设立慈善组织,应当向县级以上人民政府民政部门申请登记,民政部门应当自受理申请之日起三十日内作出决定。符合本法规定条件的,准予登记并向社会公告;不符合本法规定条件的,不予登记并书面说明理由",同时规定:"本法公布前已经设立的基金会、社会团体、社会服务机构等非营利性组织,可以向其登记的民政部门申请认定为慈善组织"。这意味着慈善组织的登记注册统一归口于各级民政部门,实行直接登记,这与社会组织登记管理制度改革的方向是一致的。直接登记的管理制度将极大促进慈善组织的发展,推进现代社会组织体制的建构。但是,《慈善法》所定义的慈善组织,并非社会组织的一种新的法人形态,而是一部分社会组织所具有的属性或者特征。2016年8月,民政部颁布《慈善组织认定办法》,对《慈善法》公布之前已经设立的基金会、社会团体、社会服务机构等非营利性组织认定为慈善组织的条件、审核等一系列事项作出了规定。此外,在《慈善法》实施之前,民政部于 2016 年 8 月 29 日发布《民政部关于慈善组织登记等有关问题的通知》,以切实保障慈善组织的登记管理工作。

表 4-4　慈善组织登记管理政策列表

政策时间	政策名称	核心内容
2016 年 3 月	《慈善法》	对慈善组织、慈善活动、慈善捐赠、慈善信托、慈善财产、慈善服务等内容进行规定
2016 年 8 月	《慈善组织认定办法》	《慈善法》公布之前已经成立的社会团体、基金会、社会服务机构等非营利性组织认定为慈善组织的条件、审核等内容
2016 年 8 月	《民政部关于慈善组织登记等有关问题的通知》	在《慈善法》实施之前,就登记管理机关对有关慈善组织的登记问题进行说明

资料来源:作者根据政策文件整理。

第三节　事中、事后监管政策

一、社会组织事中、事后监管政策的形成与发展

我国对社会组织实行"双重管理"的监管体制,即民政部门主要负责社会组织的登记注册管理,业务主管部门侧重于社会组织注册的前置许可,其特点是重前置审批,轻事中、事后监管。但其实,我国对社会组织的事中、事后监管并未真正缺失,在国务院和民政部颁布的历次条例中,都有对社会组织进行事中、事后监管的规定。

早在 1988 年 7 月,国务院就正式在民政部门设立社会团体登记管理部门。1988 年 9 月实施的《基金会管理办法》,首次对基金会的事中、事后监管作出规定,要求"基金会应当每年向人民银行和民政部门报告财务收支和活动情况,接受人民银行和民政部门的监督"[①]。除了登记管理部门,该办法还赋予了人民银行对基金会进行监管的权力。1989 年 10 月颁布的《社会团体登记管理条例》中,第五章"监督管理"对登记管理机关的监管职责、对社会团体的年度检查和违法行为的处罚作出了规定。

之后,随着社会组织发展的需要,国务院适时颁布了《社会团体登记管理条例》《民办非企业单位登记管理暂行条例》《基金会管理条例》,形成对社会组织进行管

---

① 《基金会管理办法》第 12 条。

理的基本政策体系。"三大条例"中,除了规定登记管理部门的职责外,新增了业务主管单位的事中、事后监管职责,共同对社会组织进行监督管理。此外,相较于1989年的条例,1998年《社会团体登记管理条例》第30条①和《民办非企业单位登记管理暂行条例》第22条②明确规定了财政部门和审计机关的监管职责,《基金会管理条例》第37条规定了税务部门、会计部门的监督职责③,第38条规定了媒体和社会公众对基金会的监督职责④,第39条规定了捐赠人对所捐赠财产的监督权力⑤。可以看出,除了登记管理机关和业务主管单位的监管职责,"三大条例"还对财政、税务、审计等部门的监管职责作出规定。

除了"三大条例",国务院和民政部门还制定了一系列政策对社会组织进行事中、事后监管,主要包括对社会组织的年度检查、等级评估、执法监察和社会组织党建四个方面。

(一)社会组织年度检查

目前我国对社会组织运行管理、业务活动监管的方式主要是年度检查。"三大条例"中明确规定要依据条例对社会组织进行年度检查。与此同时,民政部还针对社会团体、民办非企业单位和基金会出台了相关政策。1996年4月,民政部制定了《社会团体年度检查暂行办法》,并于1997年依据此办法对社会组织进行了清理整顿。2005年4月,民政部颁布《民办非企业单位年度检查办法》,就检查的程序、材料提交、主要内容、检查标准等进行了规定,加强了对民办非企业单位的监管。2006年1月,民政部颁布《基金会年度检查办法》,规定了基金会年度检查的程序、标准和惩处等内容。

(二)社会组织等级评估

评估工作是促进社会组织健康发展的手段之一。对社会组织进行等级评估,不仅有利于促进社会组织科学发展,提升社会组织公信力,而且有利于对社会组织进行规范,提高其服务能力和管理水平。2007年8月,民政部下发《关于推进民间组织评估工作的指导意见》和《全国性民间组织评估实施办法》,对社会组织的评估

---

① 《社会团体登记管理条例》第30条规定:"社会团体必须执行国家规定的财务管理制度,接受财政部门的监督;资产来源属于国家拨款或者社会捐赠、资助,还应当接受审计机关的监督。……"
② 《民办非企业单位登记管理暂行条例》第22条规定:"民办非企业单位必须执行国家规定的财务管理制度,接受财政部门的监督;资产来源属于国家资助或者社会捐赠、资助,还应当接受审计机关的监督。……"
③ 《基金会管理条例》第37条规定:"基金会应当接受税务、会计主管部门依法实施的税务监督和会计监督。……"
④ 《基金会管理条例》第38条规定:"基金会、境外基金会代表机构应当在通过登记管理机关的年度检查后,将年度工作报告在登记管理机关指定的媒体上公布,接受社会公众的查询、监督。"
⑤ 《基金会管理条例》第39条规定:"捐赠人有权向基金会查询捐赠财产的使用、管理情况,并提出意见和建议。对于捐赠人的查询,基金会应当及时如实答复。……"

工作进行全面部署。随后,民政部开始对基金会、民办非企业单位以及各类社团进行评估。2010年12月,民政部通过《社会组织评估管理办法》,进一步对评估的对象、程序、方法和评估机构及其职责作出了具体规定。2015年5月,民政部发布《关于探索建立社会组织第三方评估机制的指导意见》,对评估机构的资格条件、组织形式、选择方式、活动准则等作出了规定。

表4-5 社会组织年度检查与评估政策列表

	政策时间	政策名称	核心内容
社会组织年度检查政策	1996年4月	《社会团体年度检查暂行办法》	对社会团体进行年度检查的内容、程序、处罚等作出规定
	2005年4月	《民办非企业单位年度检查办法》	对民办非企业单位年度检查的内容、程序、结论及处罚作出规定
	2006年1月	《基金会年度检查办法》	对基金会年度检查的内容、程序、标准及处罚作出规定
社会组织评估政策	2007年8月	《关于推进民间组织评估工作的指导意见》	包括开展民间组织评估工作的重要意义、开展民间组织评估工作的基本要求(包括指导思想、原则、评估机构、评估内容、评估程序、评估等级)、加强对民间组织评估工作的领导
		《全国性民间组织评估实施办法》	包括评估机构、评估专家的资格及其职责、评估、评估程序、评估结果及其公示等
	2010年12月	《社会组织评估管理办法》	包括评估对象与内容、评估机构与职责、评估程序与方法、回避与考核、评估登记管理等事项
	2015年5月	《关于探索建立社会组织第三方评估机制的指导意见》	对评估机构的资格条件、组织形式、选择方式、活动准则等作出了规定

资料来源:作者根据政策文件整理。

(三)社会组织执法监察

在社会组织的执法监察方面,2000年4月,民政部颁布《取缔非法民间组织暂行办法》,通过登记管理机关每年的查处,对社会组织的违法违规行为进行查处。2012年8月,民政部颁布《社会组织登记管理机关行政处罚程序规定》,其中对查处社会组织违法违规行为的程序等作出了一系列规定,使登记管理机关的执法工作有法可依。为进一步加强对社会组织的事中、事后监管,2016年3月,民政部印发《社会组织登记管理机关行政执法约谈工作规定(试行)》的通知,规定登记管理机关对于发生违法违规行为的社会组织,可以约谈其负责人,并指出问题,提出建议,来纠正其违法行为,而不接受约谈的社会组织,管理机关将向社会公布其名单。

2016年8月,民政部印发了《社会组织登记管理机关受理投诉举报方法(试行)》的通知,对投诉举报的适用主体、范围、管辖、公众投诉举报的方式以及受理条件等作出了规定,还规定可根据实际情况建立投诉举报奖励机制。与此同时,民政部还设立了举报邮箱,以调动社会公众对社会组织进行监督管理。2017年1月,为贯彻落实《国务院办公厅关于推广随机抽查规范事中事后监管的通知》,规范社会组织抽查工作,民政部办公厅公布了《社会组织抽查暂行办法(征求意见稿)》,对抽查主体、类别、方式与程序及抽查结果的处理作出了规定。

表4-6 社会组织执法监察政策列表

	政策时间	政策名称	核心内容
社会组织执法监察政策	2000年4月	《取缔非法民间组织暂行办法》	包括界定非法民间组织,规定调查主体、调查过程及非法民间组织被取缔之后的处理等事项
	2012年8月	《社会组织登记管理机关行政处罚程序规定》	对查处社会组织违法违规行为的程序等作出了一系列规定
	2016年3月	《社会组织登记管理机关行政执法约谈工作规定(试行)》	对发生违法违规行为的社会组织的负责人约谈相关内容进行了规定,包括约谈时间、约谈程序及约谈后的处理
	2016年8月	《社会组织登记管理机关受理投诉举报办法(试行)》	适用主体及范围、投诉举报的管辖、受理条件、受理及不受理的后续处理
	2017年1月	《社会组织抽查暂行办法(征求意见稿)》	对抽查主体、抽查类别、抽查内容、抽查方式和程序、抽查结果的处理等进行了规定

资料来源:作者根据政策文件整理。

(四)社会组织党建

依据中央的政策要求,对社会组织的监管,除了要进行依法登记、评估外,还要同步开展党建工作。其实,早在20世纪90年代初,党就积极推动社会组织的党建工作。2009年9月,党的十七届四中全会通过《中共中央关于加强和改进新形势下党的建设若干重大问题的决定》,规定:"抓紧在非公有制经济组织建立党组织,加大在中介机构、协会、学会以及各类新社会组织中建立党组织的力度。"依照中央部署,各级登记管理机关成立了指导小组,指导社会组织党建工作。为切实加强党对社会组织的领导,促进社会组织健康发展,2015年9月,中共中央办公厅印发《关于加强社会组织党的建设工作的意见(试行)》,其中第11条规定:"新成立的社会组织,具备组建条件的,登记和审批机关应督促推动其同步建立党组织。"2016年9月,民政部制定《民政部关于社会组织成立登记时同步开展党建工作有关问题的通知》,对社会组织的党建工作进行了详细规定,包括新成立社会组织应该提交的党建工作材料、材料的移交等,进一步明确了社会组织党建工作的重要性,落实党建责任。

2016年1月通过的《国务院关于修改部分行政法规的决定》中,对《社会团体登记管理条例》进行了部分修订,取消了社会团体申请成立过程中的筹备登记,简化了登记程序,同时加强了对筹备活动的监管。接着,"三大条例"修订草案征求意见稿都对社会组织的事中、事后监管作出新的规定,不仅新增了社会组织"信息公开"章节,而且将现行的年度检查调整为年度工作报告和信息公开制度,年度工作报告要向社会公开,接受社会公众的监督,加强了社会组织的事中、事后监督。

此外,还有一些政策对加强社会组织事中、事后监管具有重要作用。例如,2006年11月国家民间组织管理局颁布的《关于加强民间组织财务管理工作的通知》,2014年11月民政部、财政部发布的《关于社会组织反腐倡廉工作的意见》,2015年12月民政部发布的《民政部关于健全社会组织退出机制的意见(征求意见稿)》,2016年2月民政部、财政部发布的《关于进一步明确公益性社会组织申领公益事业捐赠票据有关问题的通知》,2016年3月中国人民银行、民政部发布的《关于规范全国性社会组织开立临时存款账户有关事项的通知》,2016年8月中共中央办公厅、国务院办公厅印发的《关于改革社会组织管理制度促进社会组织健康有序发展的意见》等。

二、慈善组织的事中、事后监管政策

对慈善组织的事中、事后监管,《慈善法》第十章专门进行了规定,包括三方面:首先,登记管理部门的监督检查。《慈善法》第92条规定:"县级以上人民政府民政部门应当依法履行职责,对慈善活动进行监督检查",对违反规定的慈善组织,有权采取处罚措施。此外,《慈善法》还规定应当建立慈善组织评估制度,鼓励和支持第三方机构对慈善组织进行评估,并向社会公布评估结果。其次,慈善组织自律。《慈善法》第96条规定:"慈善行业组织应当建立健全行业规范,加强行业自律。"最后,社会监督。《慈善法》鼓励社会公众及媒体对慈善组织进行监督,对有违法行为的慈善组织进行举报、曝光。此外,《慈善法》第十一章规定了慈善组织的法律责任,对慈善组织违反规定的行为进行处罚。

除了《慈善法》对慈善组织的监督管理作出规定外,民政部及相关部门还就慈善组织一些具体方面进行了规定。例如,2016年7月,民政部办公厅发布《关于遴选慈善组织互联网公开募捐信息平台的通知》,对慈善组织互联网公开募捐信息平台进行规定,涉及平台的遴选范围、基本条件、遴选程序等。8月,民政部、工业和信息化部、国家新闻出版广电总局、国家互联网信息化办公室四部委印发《公开募捐平台服务管理办法》,界定了管理的范围,对为慈善组织提供服务的平台进行了规范,明确其权利与义务,并明确了各部门的监管职责。8月,民政部还颁布了《慈善组织公开募捐管理办法》,明确了慈善组织获得公开募捐资格的条件、程序等内容。8月,民政部、中国银行业监督管理委员会发布《关于做好慈善信托备案有关工作的通知》,对参与慈善事业的载体即慈善信托的备案进行规定,包括备案管辖机关的确定、备案程序及要求、监督管理及信息公开等事项。10月,民政部、财政部、国家税务总局联合制定了《关于慈善组织开展慈善活动年度支出和管理费用的规定》,明确了慈善活动支出和管理费用的范围、具有公开募捐资格的慈善组织的年度慈善活动支出比例和年度管理费用的比例以及比例计算的调整方式等内容。

表 4-7 慈善组织事中、事后监管政策列表

政策时间	政策名称	核心内容
2016 年 7 月	《关于遴选慈善组织互联网公开募捐信息平台的通知》	包括对慈善组织互联网公开募捐信息平台进行遴选的原则、范围、基本条件、遴选程序等内容
2016 年 8 月	《公开募捐平台服务管理办法》	界定为慈善组织开展公开募捐活动或发布公开募捐信息提供平台服务的范围、建立平台行为规范、明确各部门的监管职责
2016 年 8 月	《慈善组织公开募捐管理办法》	规定慈善组织获取公开募捐资格的条件,以及对公开募捐活动的管理
2016 年 10 月	《关于慈善组织开展慈善活动年度支出与管理费用的规定》	对慈善组织慈善活动支出和管理费用的列支原则、列支范围、列支比例等内容进行明确和规范,并提出相应的监管要求
2016 年 10 月	《民政部、中国银行业监督管理委员会关于做好慈善信托备案有关工作的通知》	确定慈善信托备案管辖机关、明确慈善信托备案的程序和要求、对备案的管理与监督和信息公开等内容

资料来源:作者根据政策文件整理。

第四节 培育和扶持政策

社会组织作为政府、市场之外的第三部门,在公共服务的提供、社会治理以及社会和谐等方面发挥着越来越重要的作用,因此,国家也相应地对社会组织进行多种形式的培育和扶持,相关政策也在不断发展。2016 年 8 月,中共中央办公厅、国务院办公厅印发《关于改革社会组织管理制度促进社会组织健康有序发展的意见》,明确要完善扶持社会组织发展的政策措施,包括四方面:第一,支持社会组织提供公共服务。政府要将不宜行使、适合市场和社会提供的事务性管理工作及公共服务,通过竞争性方式交由社会组织来承担。逐步扩大政府向社会组织购买服务的范围和规模。第二,完善财政税收支持政策。中央财政对社会组织继续安排

专项基金,落实国家对社会组织各项税收优惠政策,改进和落实公益慈善事业捐赠税收优惠制度等。第三,完善人才政策。对符合条件的社会组织专门人才给予补贴,将社会组织及其从业人员纳入有关表彰奖励推荐范围。第四,发挥社会组织的积极作用。支持社会组织尤其是行业协会商会在规范市场秩序、开展行业自律等方面的重要作用。根据该意见,政府对社会组织的培育与扶持主要包括税收优惠、政府购买服务、政会分离、人才支持四个方面。实际上,在此之前,政府已经在这几个方面出台了一系列政策以培育和扶持社会组织发展。

一、税收优惠政策

税收优惠政策是引导、规范社会组织与慈善组织发展的重要措施,更是社会组织与慈善组织得以发展壮大的保障。但是,我国目前并没有对社会组织与慈善组织制定专门的税收政策,大多是在所得税、财产税等实体法中得以体现,主要包括社会组织本身的税收优惠政策和公益捐赠的税收优惠政策两方面。

社会组织本身的税收优惠政策,主要体现为所得税优惠。2007年3月,第十届全国人大第五次会议通过《企业所得税法》,第26条规定,"符合条件的非营利组织的收入"为免税收入。由于这一规定比较笼统,财政部和国家税务总局相继出台了一些具体政策。同年11月通过的《企业所得税法实施条例》第84条详细规定了"符合条件的非营利组织"应满足的条件。2009年11月,财政部、国家税务总局发布《关于非营利组织企业所得税免税收入问题的通知》,规定了符合条件的非营利组织所得税免税收入的范围。对于免税资格的认定,2014年1月,财政部、国家税务总局发布《关于非营利组织免税资格认定管理有关问题的通知》,其中对非营利组织的免税资格认定进行了具体规定,包括享有免税资格的条件、申请材料、资格复审及取消等事项。

公益捐赠的税收优惠政策与社会组织高度相关。1999年6月通过的《公益事业捐赠法》规定,公司与其他企业依据规定捐赠财产用于公益事业,享受企业所得税方面的优惠,自然人和个体工商户依据规定捐赠财产用于公益事业,享受个人所得税方面的优惠,为公益捐赠提供了法律支撑。为进一步落实所得税法的规定,2008年12月,财政部、国家税务总局、民政部发布《关于公益性捐赠税前扣除的有关问题的通知》,对公益性捐赠所得税税前扣除的有关问题进行了规定,符合规定的公益性社会团体,可以按照程序来申请公益性捐赠税前扣除资格,并提供相应的材料,已经取得和未取得资格的公益性社会团体都要按照有关规定来提出申请。但是,基于程序的烦琐,同时也为减轻社会组织的负担,2015年12月,财政部、国家税务总局、民政部发布《关于公益性捐赠税前扣除资格确认审批有关调整事项的通知》,将社会组织捐赠税前扣除资格的申请程序与相关材料的提交予以取消,代之以相关部门根据社会组织的情况来确认其资格,并向社会公开。这在一定程度上简化了程序,为社会组织减轻了负担,促进了公益事业的发展。此外,对于境外慈善物资的捐赠,2015年12月,财政部、海关总署和国家税务总局公布《慈善捐赠物资免征进口税收暂行办法》,规定对境外捐赠人无偿向受赠人捐赠的直接用于慈善事业的物资,免征进口关税和进口环节增值税。对于股权捐赠,2016年4月,财政部、国家税务总局发布《关于公益股权捐赠企业所得税政策问题的通知》,对企业向公益性社会团体实施股权捐赠等有关事项进行规定。

对于慈善组织的税收优惠,在《慈善法》出台之前,《企业所得税法》第9条规定:"企业发生的公益性捐赠支出,在年度利润总额12%以内的部分,准予在计算应纳税所得额时扣除。"这一规定在一定程度上鼓励企业进行公益性捐赠,但是对于捐赠额中超出扣除限额的部分并没有作出明确规定。对于现实中一次性捐赠数额较大的企业,其捐赠数额可能超出了当年利润的12%,若不能结转,当年捐赠额超出扣除限额的部分就无法享受优惠政策,这极大地不利于企业进行大额捐赠。[①]

表4-8 社会组织公益捐赠税收优惠政策

	政策时间	政策名称	核心内容
公益捐赠税收优惠政策	1999年6月	《中华人民共和国公益事业捐赠法》	对公益事业、捐赠与受捐的机构、捐赠财产的使用管理等事项进行规定
	2008年12月	《关于公益性捐赠税前扣除的有关问题的通知》	对公益捐赠所得税前扣除的有关问题进行明确,包括捐赠支出的范围、受捐主体的界定、申请程序等事项
	2015年12月	《关于公益性捐赠税前扣除资格确认审批有关调整事项的通知》	为减轻社会组织负担,合理调整公益性社会组织捐赠税前扣除资格确认程序,对社会组织报送捐赠税前扣除资格申请报告和相关材料的环节予以取消,包括确认程序、条件等
	2015年12月	《慈善捐赠物资免征进口税收暂行办法》	规定境外捐赠人无偿向受赠人捐赠的直接用于慈善事业的物资,免征进口关税和进口环节增值税,对受赠人申报的有关事项进行规定
	2016年4月	《关于公益股权捐赠企业所得税政策问题的通知》	企业向公益性社会组织的股权捐赠以其股权历史成本为依据确定捐赠额,并依此按照企业所得税法有关规定在所得税前予以扣除

资料来源:作者根据政策文件整理。

---

① 参见《慈善法税收优惠:企业大额捐赠免税额有望倍增》,http://gongyi.china.com.cn/2017-02/22/content_9352203.htm,2017年2月10日访问。

《慈善法》对现行税收政策作出了新的规定，即第 80 条明确规定："自然人、法人和其他组织捐赠财产用于慈善活动的，依法享受税收优惠。企业慈善捐赠支出超过法律规定的准予在计算企业所得税应纳税所得额时当年扣除的部分，允许结转以后三年内在计算应纳税所得额时扣除。"这对于希望进行一次性大额捐赠的捐赠者而言是非常利好的消息。

二、政府购买服务政策

政府向社会组织购买服务，不仅可以促进政府职能转变，而且客观上对社会组织进行了财政扶持，有利于社会组织发展。为了调动社会组织参与社会服务供给的积极性，发挥其在创新社会管理中的作用，自 2012 年起，民政部连续五年启动了"中央财政支持社会组织参与社会服务示范项目"，并印发了《中央财政支持社会组织参与社会服务项目资金使用管理办法》的通知，安排专项资金，支持社会组织参与社会服务。2013 年 9 月，国务院办公厅颁布《关于政府向社会力量购买服务的指导意见》，肯定了政府购买社会组织服务的重要性，明确了政府向社会力量购买服务的总体方向和目标任务，要求各地从购买主体、承接主体、购买内容、购买机制、资金管理、绩效管理等方面规范有序地开展购买服务工作，从组织领导、工作机制、监督管理、宣传引导等方面对政府购买工作进行了全面部署。2014 年 11 月，财政部、民政部印发《关于支持和规范社会组织承接政府购买服务的通知》。同年 12 月，财政部、民政部以及工商总局联合印发《政府购买服务管理办法（暂行）》的通知。2015 年 9 月，财政部印发《关于做好行业协会商会承接政府购买服务工作有关问题的通知（试行）》，支持行业协会商会承接社会服务。2016 年 12 月，财政部、民政部发布《关于通过政府购买服务支持社会组织培育发展的指导意见》，秉承推进政社分开，加强社会组织能力建设等原则，积极推进政府向社会组织购买服务，同时对购买过程中的采购环节、绩效管理、信用建设以及监督管理进行了规定。从中央的总体政策来看，今后，将继续扩大向社会组织购买服务的力度。

表 4-9 政府向社会组织购买服务政策列表

政策时间	政策名称	核心内容
2012 年 9 月	《中央财政支持社会组织参与社会服务项目资金使用管理办法》	对中央财政支持社会组织参与社会服务的项目资金的使用进行管理，包括项目资金的使用范围、社会组织申报项目资金的流程及审核
2013 年 9 月	《关于政府向社会力量购买服务的指导意见》	肯定政府向社会力量购买服务的重要性，明确总体方向和目标任务，在购买主体、承接主体、购买内容、购买机制、资金管理、绩效管理等方面进行了规定

(续表)

政策时间	政策名称	核心内容
2014年11月	《关于支持和规范社会组织承接政府购买服务的通知》	加快转变政府职能、推广政府购买服务,包括加大对社会组织承接政府购买服务的支持力度、进一步建立健全社会组织承接政府购买服务信用记录管理机制等措施
2015年9月	《关于做好行业协会商会承接政府购买服务工作有关问题的通知(试行)》	为实现行业协会与行政机关脱钩,促进行业协会健康稳定发展,对行业协会承接政府购买服务进行支持和规范,包括公平对待行业协会商会承接政府购买服务、科学确定政府购买服务内容等事项
2016年12月	《关于通过政府购买服务支持社会组织培育发展的指导意见》	旨在通过政府够买服务支持社会组织培育发展,包括切实改善准入环境、加强分类指导和重点支持、完善采购环节管理、加强绩效管理等措施

资料来源:作者根据政策文件整理。

三、政会分离政策

除了税收优惠、政府购买服务之外,政府向社会组织的职能转移被认为是政府扶持社会组织的重要方式。"双重管理"体制确立后,政会不分的弊端日益加深,政府曾多次提出要推进政会分离。其中,人事分离成为政会分离的首要任务。1994年4月,国务院办公厅发布《关于部门领导同志不兼任社会团体领导职务问题的通知》,对社会团体的人事"去行政化"作出了要求。1998年7月,中共中央办公厅、国务院办公厅联合发布《关于党政机关领导干部不兼任社会团体领导职务的通知》,进一步扩大了不得兼任社会团体领导职务的领导干部范围和社团领导职务范围,对政府和社会团体的人事关系进行明确划分。

行业协会商会多为市场经济建设过程中由行业管理部门转制而来,因而与政府部门的关系密切,是政会分离的重要对象。2007年5月,国务院办公厅发布的《关于加快推进行业协会商会改革和发展的若干意见》提出:"各级人民政府及其部门要进一步转变职能,把适宜于行业协会行使的职能委托或转移给行业协会。"2015年7月,中共中央办公厅、国务院办公厅印发《行业协会商会与行政机关脱钩总体方案》,提出实现行业协会商会在机构、职能、资产财务、人员管理、党建外事等五个方面与行政机关脱钩,并于同年11月和2016年6月公布了第一批148家、第二批144家参加脱钩试点的全国性行业协会商会名单。但是,"脱钩"并不等于"脱管",脱钩后对行业协会商会仍要加强监管。为此,2016年12月,国家发改委、民政部、中央组织部等十个部门联合印发《行业协会商会综合监管办法(试行)》的通知,从资产和财务监管、服务与业务监管、纳税与收费监管、信用体系建设和社会监督、党建工作与执纪监督、监督问责机制等方面对脱钩后的行业协会商会的监督管理进行了规定。行业协会商会与行政机关的脱钩改革对于理顺政府、市场与社会三者之间的关系具有重要的意义,有利于政府职能的转变,激发行业协会商会的活力。

表4-10 政会分离政策列表

政策时间	政策名称	核心内容
1994年4月	《关于部门领导同志不兼任社会团体领导职务问题的通知》	规定部门领导不再兼任社会团体领导职务,已兼任社会团体领导职务的,依照社会团体章程规定程序,辞去所兼职务
1998年7月	《关于党政机关领导干部不兼任社会团体领导职务的通知》	规定党政机关领导干部不得兼任社会团体领导职务,因特殊情况确需兼任社会团体领导职务的,必须按照干部管理权限进行审批,并办理相关手续
2007年5月	《国务院办公厅关于加快推进行业协会商会改革和发展的若干意见》	对行业协会改革发展的指导思想和总体要求、积极拓展行业协会的职能、大力推进行业协会的体制机制改革、加强行业协会的自身建设和规范管理等
2015年7月	《行业协会商会与行政机关脱钩总体方案》	对行业协会与行政机关脱钩进行指导,包括机构分离、职能分离、资产财务分离、人员管理分离以及党建、外事分离五方面
2016年12月	《行业协会商会综合监管办法(试行)》	对脱钩后的行业协会和直接登记的行业协会进行监管,包括完善法人治理机制、加强资产与财务监管、服务与业务监管、纳税与收费监管等内容

资料来源:作者根据政策文件整理。

四、人才支持政策

社会组织的发展离不开专业人才队伍的建设,为加强社会组织的人才队伍建设,政府先后出台了一些政策。2011年11月,《关于加强社会工作专业人才队伍建设的意见》发布,从人才培训、人才激励与评价、人才使用等方面对社会组织人才队伍建设提出了指导意见。2015年11月,民政部发布《关于加强和改进社会组织教育培训工作的指导意见》,提出要从教材建设、师资队伍建设、教学方法改进等方面改进社会组织的教育培训,为建设高素质的人才队伍提供保障。2016年6月,民政部发布《关于加强和改进社会组织薪酬管理的指导意见》,从合理确定薪酬标准、及时足额兑现薪酬、着力规范薪酬管理等七个方面对社会组织人才的薪酬管理进行了规范。

表 4-11 人才激励政策列表

政策时间	政策名称	核心内容
2011年11月	《关于加强社会工作专业人才队伍建设的意见》	大力加强社会工作专业教育培训、积极推动社会工作专业岗位开发和专业人才使用、切实推进社会工作专业人才评价和激励工作等
2015年11月	《关于加强和改进社会组织教育培训工作的指导意见》	从课程与教材建设、师资队伍建设和教学方法等方面来加强和改进社会组织的教育培训工作
2016年6月	《关于加强和改进社会组织薪酬管理的指导意见》	旨在加强和改进社会组织的薪酬管理,包括合理确定薪酬标准、及时足额兑现薪酬、着力规范薪酬管理等措施

资料来源:作者根据政策文件整理。

第五节　其他政策

除上述政策外,境外非政府组织管理政策也是社会组织政策体系的重要组成部分。改革开放以来,在我国境内开展活动的非政府组织尤其是商会组织越来越多,境外非政府组织的活动对我国社会的进步作出了贡献,但也存在少数组织的活动违背我国国家利益和违反法律法规的情况,因此有必要制定专门的政策对境外非政府组织加以规范管理。1989年7月,《外国商会管理暂行规定》颁布,该规定将外国商会界定为"外国在中国境内的商业机构及人员依照本规定在中国境内成立,不从事任何商业活动的非营利性团体",并对外国商会的成立条件、登记成立需递交的文件等作出了规定。近年来,境外非政府组织在我国境内的活动日益增多,商会之外的非政府组织的行为得不到有效规范。为解决这一问题,2016年4月《境外非政府组织境内活动法》颁布,对境外非政府组织在华的登记与备案、活动规范、监督管理等方面作出了规定。与此相配套,一系列相关政策陆续出台,如《境外非政府组织代表机构登记和临时活动备案办事指南》《境外非政府组织在中国境内活动领域和项目目录、业务主管单位名录》等。

此外,一些法律法规对特定类型或某种社会组织进行了规定。例如,1992年颁布的《工会法》(2001年修正),对工会组织、工会的财产与经费、工会的权利与义务等作出了详细规定,以保障工会在国家政治、经济和社会生活中的地位,从而发挥工会的建设作用。1993年颁布的《红十字会法》(2017年修订),对红十字会的职责、标志、财产与经费等事项作出规定,2017年新增对相关人员违反规定行为以及对红十字会及其工作人员的行为进行规范,以保障红十字会依法履行职责。

另有一些政策规定虽然不是直接针对社会组织作出的,但却与社会组织密切相关,如2002年颁布的《民办教育促进法》(2016年第二次修正)等。

本章小结

本章对社会组织与慈善组织的政策体系进行了梳理。社会组织与慈善组织的政策主要包括登记管理、事中事后监管、培育和扶持等内容。从总体上看,社会组织与慈善组织政策随着经济社会的发展不断在完善。迄今为止,我国已经初步建成了社会组织与慈善组织的政策体系。但是,相较于登记管理政策而言,事中事后监管、培育和扶持等政策仍然存在供给不足、操作性不强等问题,仍需进一步完善。

思考题

1. 对社会组织的政策发展进行梳理并思考其变化的特点。
2. 简述社会组织登记管理政策的形成及发展。
3. 对社会组织与慈善组织进行事中、事后监管的政策有哪些?
4. 简述《慈善法》中对慈善组织的税收优惠政策及意义。
5. 思考现有社会组织政策体系存在的问题。

拓展阅读书目

1. 《中国社会组织改革发展政策选编(2014年)》,中国社会出版社2015年版。
2. 马庆钰、廖鸿主编:《中国社会组织发展战略》,社会科学文献出版社2015年版。
3. 王先勇:《行政法理论研究中的一个重要问题——关于〈社会团体登记管理条例〉中几个问题的探讨》,载《理论与改革》1991年第3期。
4. 邓国胜:《慈善组织培育与发展的政策思考》,载《社会科学研究》2006年第5期。
5. 朱卫国:《理念的转换和制度的创新——评析〈基金会管理条例〉》,载《中国非营利评论》2007年第1期。
6. 李建辉:《浅谈民办非企业单位登记管理存在的主要问题》,载《社团管理研究》2008年第11期。
7. 王名、董文琪:《社会组织财税政策研析》,载《税务研究》2010年第5期。
8. 肖小霞:《社会组织发展:相关社会政策评析、约束与调整——社会政策视角的分析》,载《福建论坛(人文社会科学版)》2012年第1期。
9. 王世强:《政府培育社会组织政策工具的分类与选择》,载《学习与实践》2012年第12期。

10. 靳东升、原泽文、凌萍:《支持社会组织发展的税收政策研究》,载《财政研究》2014年第3期。

11. 郭宇:《打破政策壁垒,推进民办非企业单位创新发展》,载《中国社会组织》2015年第15期。

12. 范炜烽、王青平:《我国社会组织的分类及登记管理策略研究》,载《学术论坛》2015年第11期。

13. 王名:《学习慈善法,建构新体制》,载《中国机构改革与管理》2016年第6期。

第五章　社会组织与慈善组织的登记管理

本章要点

1. 了解社会组织与慈善组织在1998年《社会团体登记管理条例》颁布前后的登记管理政策。
2. 掌握社会团体、民办非企业单位和基金会的登记注册要求与流程。
3. 掌握慈善组织的登记和认定要求与程序。
4. 了解社会组织与慈善组织登记管理中的不足和改善思路。

导语

为保证公民的结社自由,促进社会组织发展,同时确保结社行为符合国家秩序的要求,维持社会组织的本质属性,各国政府都制定了社会组织管理规范,形成了各具特色的管理制度。我国社会组织管理制度的核心是以"归口管理、双重负责、分级管理、限制竞争、优先培育"为特征的"双重管理"体制。"双重管理"体制使社会组织发展有序而可控,但这一体制也存在"入口"过严、日常监管乏力等问题,而且忽视对社会组织的培育和扶持、政府与社会组织的合作、社会组织政策参与等其他社会组织管理制度的建设,不利于社会组织的长远发展。

经由地方社会组织管理制度创新的推动,"双重管理"体制已于2013年被突破,全国范围内四类社会组织"直接登记"制度的实施开启了社会组织管理的新时代。但是,"直接登记"制度只是部分解决了社会组织登记难的问题,无法根治"双重管理"体制面临的结构性问题。不但如此,"直接登记"与"双重管理"的并存还为社会组织管理带来了一系列新的挑战。

本章拟先回顾1998年《社会团体登记管理条例》颁布前以党政社一体化为特征的社会组织登记管理制度的形成和发展历程,而后分析1998年《社会团体登记管理条例》颁布后至今社会组织登记管理制度的演进,以及慈善组织的登记认定制度,最后简要分析社会组织登记管理制度面临的问题,并提出初步的改进建议。

第一节　1998年《社会团体登记管理条例》颁布前的登记管理政策

新中国成立后,社会组织的发展经历了从新中国成立初的清理整顿到"文革"期间的"瘫痪"和改革开放以后迅速发展的曲折过程,社会组织登记管理体制也经历了从清理整顿到多头管理,再到归口登记、分级管理的不同发展阶段。

在1989年《社会团体登记管理条例》颁布前,社会组织的登记认定管理一直处于相对混乱的状态,尽管有1950年《社会团体登记暂行办法》和1951年《社会团体登记暂行办法实施细则》,但是从根本上说,社会组织的登记管理依旧是以政府的意志为转移的。1989年《社会团体登记管理条例》出台,社会组织的登记管理体制才得以明确,而1998年对《社会团体登记管理条例》的修订和《民办非企业单位登记管理暂行条例》的颁布,最终确立了社会组织登记管理制度。本节考察1998年《社会团体登记管理条例》颁布前社会组织的登记管理状况。

一、清理整顿时期(1949—1968年)

新中国成立以后,中国共产党凭借其领导核心作用、借助各种形式的集体化运动对社会所进行的单位化改造,实质上是一种组织化的社会控制。在此种情境下,社会最主要的行为主体不再是个人,而是个人所附属的各种单位。执政党通过在不同层级的单位中建立党委、党总支或是党支部的做法来执行其领导意志,党员则作为骨干力量引导普通群众依照党所确立的原则行事。于是,原先松散的社会结构被牢牢地维系在了一起,单位化社会获得了前所未有的高效能。但是,"个体的社会存在被个体的组织存在所替代;组织的社会特性被组织的政党特性所替代。社会实现了组织化,但个体与组织失去了自主化"[1]。在新秩序得以确立的同时,全能主义的大幕也已被拉开。

为了对旧社会遗留下来的各种社会团体进行清理整顿,政务院于1950年9月颁布了《社会团体登记暂行办法》。该办法规定,全国性的社会团体向内务部申请登记,地方性的社会团体向当地人民政府申请登记;"凡危害国家与人民利益的反动团体,应禁止登记。其已登记而发现有反动行为者,应撤销其登记并解散之"[2]。这样就确立了社会团体"分级登记"的原则,登记管理机关集审批权和管理权于一身。

---

[1] 林尚立:《两种社会建构:中国共产党与非政府组织》,载《中国非营利评论》2007年第1期,第129—136页。

[2] 佚名:《社会团体登记暂行办法》,载《甘肃政报》1951年第1期,第82—83页。

为了更好地实施该办法,内务部于1951年3月颁布了《社会团体登记暂行办法实施细则》,对社会团体的成立备案、业务备查、对外募捐、违法处罚等各方面均作了更为细致的规定。①

与此同时,内务部1951年颁布的《关于办理社会团体登记工作应注意事项的代电》亦明确指示各登记管理机关"在办理社会团体登记手续时","批准之原则应以其政治面貌为主"。

分析《社会团体登记暂行办法》及同期的相关政策文件可以发现,社会团体的登记管理政策的三个特点:一是尽管有免于登记与社会团体的分类,但该分类其实由另一条更基础的原则所决定,即政治的筛选标准,不带有反动色彩的社会团体,经主管机关审查后方可进入登记程序;二是《社会团体登记暂行办法》所规范的社会团体和今天的社会团体并非完全相同的概念,当时的社会团体的分类是依照计划指令而非组织的性质和功能确定的;三是《社会团体登记暂行办法》有归口管理、双重管理、分级管理等目前社会组织登记管理的"雏形",但在具体管理方式上与现在有明显差别,比如在分级管理方面,全国性社会团体应向其活动地区的人民政府备案,地方性社会团体在登记的同时均应向上级政府备案等。

考究以上这些政策的特点,需要进一步深入到时代背景中去。

一方面,新中国成立初期,我国的政治形态是党政社高度一体化。中国共产党作为执政党,依据其新中国建设事业的领导核心作用,建立了高度组织化的社会。在这样的历史背景下,常规的社会组织登记管理体制难以建立,因而呈现出如上的政策特征。

另一方面,1949年9月29日通过的《中国人民政治协商会议共同纲领》作为宪法性质的文件,也从根本上规范了社会组织登记管理相关政策文件的原则。以第5、7条②为例,这两条决定了《社会团体登记暂行办法》在宣称结社自由的同时必然会强调镇压反革命活动,而且后者是前者的前置条件,即维护政权稳定优于结社自由。在此逻辑支配下,《社会团体登记暂行办法》以及内务部颁布的《关于办理社会团体登记工作应注意事项的代电》等文件提出要撤销、解散"反动团体","批准之原则应以政治面貌为主"。正如有学者指出的,"社会团体的登记过程也是新政权用自己的社会主义价值观对当时存在的社团进行判断和选择的过程"③。

---

① 佚名:《社会团体登记暂行办法施行细则》,载《山东政报》1951年第6期,第159—160页。
② 《中国人民政治协商会议共同纲领》第5条规定:"中华人民共和国人民有思想、言论、集会、结社、通讯、人身、居住、迁徙、宗教信仰及示威游行的自由权";第7条规定:"中华人民共和国必须镇压一切反革命活动,严厉惩罚一切勾结帝国主义、背叛祖国、反对人民民主事业的国民党革命战争罪犯和其他怙恶不悛的反革命首要分子。对于一般的反动分子、封建地主、官僚资本家,在解除其武装、消灭其特殊势力后,仍须依法在必要时期内剥夺他们的政治权利,但同时给以生活出路,并强迫他们在劳动中改造自己,成为新人,假如他们继续进行反革命活动,必须予以严厉的制裁。"
③ 刘培峰:《自由结社及其限制》,社会科学文献出版社2007年版,第275页。

据民政部原社团和民办非企业单位登记管理司的统计,20世纪50年代初,全国性的社团只有44个,60年代也不到100个,地方性社团则为6000个左右。① 截止到"文革"开始之前,全国性的社团数量虽然呈小幅递增趋势②,但其中的大多数均是由官方发起的社会组织(如中国红十字会、中国工业合作协会等)。"文革"期间,社会团体登记管理工作更是彻底陷入瘫痪。

表5-1　1950—1965年全国性社团数量变化

年份	全国性社团数量	年份	全国性社团数量	年份	全国性社团数量	年份	全国性社团数量
1950	47	1954	58	1958	75	1962	87
1951	50	1955	60	1959	77	1963	93
1952	53	1956	68	1960	78	1964	97
1953	57	1957	72	1961	81	1965	98

注:由于统计口径不同,此表格中50年代初的数据与文中数据有一定差异。
资料来源:王名等:《中国社团改革:从政府选择到社会选择》,社会科学文献出版社2001年版,第74页。

总的来说,这一阶段与其说是对社会团体的分类治理,不如说是在与国家高度同构的基础上对社会团体的控制与整合。由于《社会团体登记暂行办法》及同期的相关政策文件的存在,我国的社会组织登记管理体制虽不是常态化、法制化的,倒也是处于一个大破大立的"起步"阶段,且毋庸置疑,这种策略对稳定新生政权发挥了很大作用。然而,我们也应该看到,这些政策文件仅仅规定了社会团体登记管理的程序和办法,却没有日常管理的相关条款,而且国家有意之建构消解了社会团体本质属性的身份意识,所以,在完成此阶段的清理整顿任务后,这些文件与规定也基本上被弃用了。

二、多头管理时期(1969—1988年)

1969年1月,主管社团工作的内务部被撤销,其主管的大部分工作由财政部、公安部、卫生部和国家计委承担。社会团体的管理工作进入多部门管理的状态,许多从内务部分立出的部门都可以审批和管理社团。多头管理造成了社会团体注册登记和日常管理的混乱,各级政府部门都在审批社团,甚至出现了社团审批社团,以及未经批准,社团自行成立的情况。

1978年2月,国家民政部成立,但社团管理格局并没有随之改变,之前内务部的社团管理权限分散至包括民政部在内的各部门,未设立统一的管理机关,这导致

---

① 参见李勇:《"社会组织对抗政府"情况没有出现》,载《中国社会报》2012年5月21日。
② 1959—1961年是新中国成立以来的经济困难时期,1962年国民经济开始复苏,社团组织也开始活跃起来。这一段时期成立的社团以学术类社团为主。

合法社团和非法社团呈现出多头管理、野蛮生长的态势。

1978年之后,我国的社会结构经历了彻底的转变,一元化的传统社会格局逐步瓦解,取而代之的是一个多元利益获得承认、社会的自主性不断增长的新社会,社会组织也因此进入迅速发展阶段。党和政府大力推动社会组织的复兴和重建,一些部门纷纷成立社会组织,一时形成了社会组织"万马奔腾,各行其道"的现象,有学者谓之为社会组织"无所拘制、遍地开花的原始生长期"[1]。之所以出现这种局面,一是因为随着经济的发展和单位制的解体,社会自主性逐步增强,民众的结社需求迸发;二是因为1978年新组建的民政部还没有完全恢复其应有的职能,无暇顾及对社会团体的管理;三是因为急剧的社会转型使《社会团体登记暂行办法》及其实施细则无法有效实施,社团管理工作基本处于中断状态。

总的来说,和前一个时期相比,社会组织管理基本摆脱了阶级斗争等意识形态的影响,朝着自由结社的方向迈进,大量社会组织的出现也在一定程度上满足了社会的需求;在这一个阶段,1989年之前,政府对社会团体的管理比较松散,既没有限制社会团体竞争的"一地一会"和"一业一会"的原则[2],也没有限制社会团体成立分支机构,也正是在这种松散的管理中,社会团体在1976年到1989年之间获得了大发展。[3] 1965年,全国性社会团体只有98个,地方性社团6000个左右。到1989年,全国性社会团体达到1800个左右,地方性社会团体近20万个。[4]

对社会组织而言,整体环境的嬗变意味着愈加广阔的活动空间和更多可支配的资源。1978年至1987年的近十年内,我国全国性的社团总量从115个猛增至514个,年平均增长率约为18%。[5] 因此,可以毫不夸张地说,从改革开放到90年代初的这十几年中,我国的社会组织,尤其是社团发展迎来了第一个真正意义上的历史性高潮。从其整个过程来看,社会组织经历了从无到有、由点及面、遍地开花的"原始生长期"。之所以会出现此种井喷式的发展态势,一方面是由于社会的整体变革将民众的结社热情彻底地点燃了;另一方面则是因为登记管理主体对社团缺乏相对有效的规制及约束(此阶段大部分时间内都是如此,直至1990年第一次清理整顿后相关情况才有所改观)。体制内原有的半官方社团或是体制外新建立的社团都在不同程度上获得了掌握自身命运的权力,这对于我国社会组织的整体发展而言是有积极作用的(如提升自主性、积累管理经验等)。

---

[1] 王名主编:《中国民间组织30年:走向公民社会1978—2008》,社会科学文献出版社2008年版,第21页。

[2] 1989年《社会团体登记管理条例》开始体现相关原则(详见该条例第16条)。

[3] 1978年的改革开放松绑了某些限制性体制,社会组织的生存生态峰回路转,进而如雨后春笋一般,瞬时涌现。

[4] 参见吴忠泽、陈金罗主编:《社团管理工作》,中国社会出版社1996年版,第6页。

[5] 参见詹轶:《论中国社会组织管理体制的变迁——现代国家构建的视角》,载《武汉大学学报(哲学社会科学版)》2015年第4期,第34—41页。

然而，尽管在改革开放后，逐渐多元化的社会有了孕育各类社会组织的需求，但是"政治上可靠"仍然是社会组织登记管理体制得以建立的重要原因。在缺乏有效监控的情形下，许多社团都暴露出了较为严重的问题：未经登记私自设立、业务重复、组织规章空白、缺乏挂靠单位甚至是从事非法活动等。另外，多头管理也导致社会团体的发展处于相对混乱的状态，社会团体与其发起方利益的盘根错节也使其难以取信于民，社会团体发展中面临的挑战对建立新的管理体制提出了要求。由于高度同构和依附，社会组织在"文革"期间基本停滞，对其治理便无从谈起。这为后来乃至今天的社会组织治理埋下了隐患。

三、归口管理时期（1989—1998 年）

改革开放后，民间组织发展进入一个蓬勃发展的阶段，组织类型、活动领域等方面呈现出许多新的特点。此外，由于没有统一的登记管理机关，以至于出现了重复组建、多头审批、管理混乱等一系列问题。

为完善社团管理体制，国务院于 1988 年的政府机构改革中，在民政部内设立社会团体管理司，专门负责社团管理工作，其后又颁布《基金会管理办法》《外国商会管理暂行规定》等一些针对特殊社会团体的法律规定。

针对当时的登记管理问题，也为进一步加强社会组织的登记管理工作，国务院于 1989 年 10 月颁布《社会团体登记管理条例》，将社会团体的登记督理权集中于民政部门，将对社会团体的监管管理权分散在登记管理机关和业务主管单位之间，确定民政部门是登记管理机关，相关政府部门作为业务主管部门，从而确立了社会团体的"双重负责，分级管理"体制。此外，该条例还对社会团体的成立条件、登记程序、活动原则和监督管理内容等作了明确规定。民政部和有关部委相继颁布了大量的行政规章和规定，由此构成了这一时期民间组织管理的法律框架。

1989 年《社会团体登记管理条例》颁布后，社会团体的登记管理工作得到进一步规范，但存在一些社会团体内部管理、财务管理制度不规范，借公益之名，从事营利性活动，为组织或个人谋取私利；有的受西方敌对势力影响，成为影响我国政治、社会稳定的隐患。为此，中共中央办公厅、国务院办公厅于 1996 年下发了《关于加强社会团体和民办非企业单位管理工作的通知》，提出对民间组织实行归口登记和双重管理体制。

总的来说，在这一阶段初期的 1988—1989 年，国务院先后颁布了三个涉及三类社会组织的重要法规。以此为起点，我国社会组织的登记管理很快结束了以放任发展为特征的分散管理阶段，一个以限制发展为特征的"归口登记"的新体制取而代之，即将社会组织的管理权限统一归口到特定的管理机关，通过赋予其相应的法定权力及行政职能，形成在法律上和行政上统一管理的体制。制定并颁布相关法规、清理整顿是实现归口管理的主要步骤。随着时间的推移和政策的发展，在限制发展和归口管理的基础上，一个被称为"双重管理"的管理体制逐渐成形并成为我国社会组织管理的基本制度。

这一时期，登记管理原则得到进一步确立，社会组织得到了全面的整顿治理，从而为下一阶段，尤其是1998年《社会团体登记管理条例》颁布后的社会组织登记管理的发展提供了条件。

第二节　1998年《社会团体登记管理条例》颁布后的登记管理政策

一、双重管理体制的确立和发展

国务院于1998年10月颁布的《民办非企业单位登记管理暂行条例》和新修订的《社会团体登记管理条例》，进一步确立了归口登记、双重负责、分级管理的"双重管理"体制。2004年颁布的《基金会管理条例》仍沿袭这一管理体制。下面通过对核心内涵和不同组织登记管理政策要求的介绍，勾勒"双重管理"体制确立和发展变化的脉络。

（一）"双重管理"体制的内核

"三大条例"所确立的"双重管理"体制的核心是归口登记、双重负责、分级管理。

1. 归口登记

归口登记，是指根据《社会团体登记管理条例》等相关文件的规定，除法律、法规规定免于登记外，所有社会团体、民办非企业单位由县级以上各级民政部门统一登记，颁发"社会团体法人登记证书"。[①] 经合法登记的社会组织，具有法人地位，具备民事主体资格，依法享有民事权利，承担民事义务。

免于登记的团体包括三类：(1) 参加中国人民政治协商会议的八大人民团体；(2) 由国务院机构编制机关核定，并经国务院批准免于登记的团体；(3) 机关、团体、企事业单位内部经本单位批准成立，在本单位内部活动的团体。

"双重管理"体制强调的是社会组织在登记审批和日常管理上要有两个以上的政府职能部门负责，多重审批，共同把关，同时各负其责。双重管理的目的是在保留已有行政归口部门部分权限的同时达成统一登记管理的目标。在后来的清理整顿中，特别是随着政治波动所带来的管理风险，这种管理体制逐渐体现出其制度的

---

① 参见游祥斌、刘江：《从双重管理到规范发展——中国社会组织发展的制度环境分析》，载《北京行政学院学报》2013年第4期，第40—45页。

优势,并逐步得到了加强。同时,一个包括四个行政层级、依托各级民政系统并以国家民政部为核心的社会组织登记管理体系也逐渐设立起来。

2. 双重负责

双重负责,是指每一个社会组织都要接受登记管理机关和业务主管单位的双重管理。① 登记管理机关是国务院民政部门和县以上地方各级人民政府民政部门;业务主管单位是指国务院组成部门和县级以上地方各级人民政府有关部门、国务院或者县级以上地方各级人民政府授权的组织。"三大条例"对此都有规定,同时还在有关条款里明确了登记管理机关和业务主管单位的职责。

例如,1998年《社会团体登记管理条例》规定,民政部门是社会团体的登记管理机关,负责社会团体的成立、变更、注销的登记或者备案;对社会团体实施年度检查;对社会团体违反条例的情况进行监督检查,对违反条例的行为给予行政处罚。同级政府有关部门或政府授权的机构,是有关行业、学科或者业务范围内社会团体的业务主管单位。业务主管单位负责社会团体筹备申请、成立登记、变更登记、注销登记前的审查;监督、指导社会团体遵守宪法、法律、法规和国家政策,依据其章程开展活动;负责社会团体年度检查的初审;协助登记管理机关和其他有关部门查处社会团体的违法行为等(《民办非企业单位登记管理暂行条例》也有相应规定)。

3. 分级管理

20世纪末至21世纪初,随着社会组织进入新的发展高潮,管理体制上的改革创新趋势越来越显著。一种被称为以规范发展为特征的"分级管理"新体制逐渐形成和发展。分级管理,是指根据社会组织按照其开展活动的范围和级别,实行分级登记、属地管理。《社会团体登记管理条例》第7条规定:"全国性的社会团体,由国务院的登记管理机关负责登记管理;地方性的社会团体,由所在地人民政府的登记管理机关负责登记管理;跨行政区域的社会团体,由所跨行政区域的共同上一级人民政府的登记管理机关负责登记管理。"相应地,业务主管单位对社会组织实行职能归口管理,要求相关业务范围内的政府部门作为社会组织的业务主管单位,这说明业务主管单位与社会组织的关系,不仅是行政管辖的地域范围和级别相适应,而且是职能相关,二者在业务范围上存在一致性。但由于业务主管单位与社会组织的业务相关性过强,使得政府部门对社会组织控制增强,其活动的自主性降低。②

(二)社会组织登记管理制度的发展

1. 社会团体

20世纪80年代末制定的《基金会管理办法》《外国商会管理暂行规定》《社会团

---

① 参见刘忠祥:《民间组织"双重负责"管理体制剖析》,载《中国民政》2006年第11期,第43—43页。
② 参见陆明远:《培育与规制:中国政府的社会组织管理模式研究》,天津人民出版社2010年版,第202页。

体登记管理条例》初步确立了社会组织的"双重管理"体制,但仅依靠这些政策自发调节,仍难以快速改变社会组织的无序状态。因此,党和政府在90年代发起了两次大规模的社会组织清理整顿运动。第二次清理整顿始于1997年4月,终于2001年,其间,新的《社会团体登记管理条例》于1998年发布,成为后期清理整顿工作的法律依据。这一条例对社会团体登记管理的规定后来被概括为"归口登记、双重负责、分级管理、限制竞争"。其中,"归口登记、双重负责、分级管理"与上述"双重管理"体制的核心一致,"限制竞争"主要是指条例提出的"在同一行政区域内不得重复成立相同或者相似的社会团体",即"一地一会"政策。

1998年《社会团体登记管理条例》主要是对1989年《社会团体登记管理条例》的充实和调整,在登记管理上也有一些新变化,主要包括:规定了不在条例管理范围内的社会团体种类;规定了业务主管部门的范围,包括国务院有关部门和县级以上地方各级人民政府有关部门、国务院或者县级以上地方各级人民政府授权的组织;规定了社会团体成立的人员或单位数量要求和经费要求;规定了社会团体登记的程序;规定了社会团体不得设立地域性分支机构。

1998年《社会团体登记管理条例》明显加强了对社会团体的"入口"控制,社会团体成立不仅需要业务主管单位审批,有"一地一会"的限制,而且有较高的人员和单位数量要求和资金要求,成立程序也非常烦琐。

2016年我国又对《社会团体登记管理条例》进行了修订,登记管理方面的变化主要包括:取消了申请筹备登记环节,取消了分支机构设立的审批,规定社会团体的法定代表人不得同时担任其他社会团体的法定代表人等。

2016年8月,民政部发布《社会团体登记管理条例(修订草案征求意见稿)》,提出:(1)行业协会商会类、科技类、公益慈善类、城乡社区服务类社会团体可以直接登记。(2)规定"申请登记的全国性社会团体与已登记的全国性社会团体业务范围相同或者相似,没有必要成立的,登记管理机关不予登记"。这意味着在"一业一会"方面,只对全国性社会团体作出了限制。(3)明确经本单位或者基层群众性自治组织同意成立,在本单位、社区内部活动的团体不属于本条例登记管理范围。

2. 民办非企业单位

1978年改革开放以前,我国的科技、教育、文化、卫生、体育、社会福利等社会事务都由国家举办。改革开放后,随着社会对科教文卫等事业的需求不断扩大,国家开始鼓励和允许社会力量进入原由国有事业单位垄断的社会事业领域。到了80年代中期,伴随着科技和教育体制的改革,先后涌现出一批民办科研机构和中介服务机构。

1992年市场经济体制确立后,传统体制下由事业单位把持的教育、科研、文化、卫生等社会服务领域,陆续向民间开放,各种形式的民办事业单位快速发展起来。

为了对这些具有一定公益性质的社会服务机构加强规范管理,国务院于1997年作出规定,统一使用"民办非企业单位"一词,并将它们归口到民政部门管理。1998年10月25日,国务院出台了《民办非企业单位登记管理暂行条例》,同时开始对全国各类民办社会服务机构进行普查和登记注册。

《民办非企业单位登记管理暂行条例》对民办非企业单位登记管理的规定与《社会团体登记管理条例》大同小异,其主导特征仍为"双重管理",因而成为制约我国民办非企业单位发展的重要原因之一。对《民办非企业单位登记管理暂行条例》修订的呼求日渐增长。2016年的《慈善法》将"民办非企业单位"的概念改作"社会服务机构",在某种程度上预示着"民办非企业单位"的命运将发生巨大变化。2016年5月,民政部公布《社会服务机构登记管理条例》,对社会服务机构的登记管理作出了规定。与先前的政策相比,主要变化是:科技类、公益慈善类、城乡社区服务类三大类社会服务机构可以直接登记,有条件的社会服务机构可以自行设立分支机构。这些规定体现了政府对社会服务机构的"入口"进行松绑的政策取向。

3. 基金会

1981年8月,由中国福利会、全国妇联、全国总工会、共青团中央、青联、中国文联、中国科协等11家人民团体发起的中国儿童少年基金会在北京成立;同年9月,由爱国华侨关奋发倡议发起的华侨茶业发展研究基金会在北京成立,这是改革开放后我国成立最早的两家基金会。此后3年内,陆续有宋庆龄基金会、中国煤矿文化宣传基金会、中国残疾人福利基金会、北京社会福利基金会、孙冶方基金会等10余家基金会成立,很快在全社会形成了一个通过基金会募集资金开展社会公益活动的热潮,并在既无章程和先例又无法规和监管的制度环境下迅速遍及全国。据1987年9月的不完全统计,全国各地经不同渠道审批建立的基金会共有214个,其中全国性基金会、地方性基金会分别为33个和181个。这一时期的基金会主要集中在教育、社会和文化三大领域中,占基金会总数的近2/3。

1988年9月9日,国务院召开第21次常务会议,通过了《基金会管理办法》。该办法规定,成立基金会不仅要有明确的公益宗旨和一定的注册基金,同时必须报经人民银行审核并由民政部门统一登记注册,成立基金会无须统一登记的历史就此结束。

2004年3月8日,国务院颁布《基金会管理条例》,将基金会分为公募和非公募基金会两大类。国家一方面持续发展以公募聚财为特征的传统基金会,同时开辟了促进企业家和富人们以散财为特征的非公募基金会的发展道路,并成为推动我国公益事业发展的一项重大创新举措。《基金会管理条例》颁布后的两年中,登记注册基金会的数量明显增加,2006年全国基金会总数比2004年增长了28.2%。其中,非公募基金会的数量在两年间达到349家,占全国基金会总数的30.5%。一些大型民营企业慷慨捐赠,举办非公募基金会,积极参与社会公益事业,我国基金会迎来了发展的新时代。

案例 5-1　从壹基金到上海壹基金基金会

公众熟知的壹基金成立于 2007 年 4 月。当时的李连杰已经移民到美国,以其作为发起人,很难找到愿意接手的"业务主管单位",难以成立基金会,于是中国红十字会以李连杰的名义设立了一个公益筹款计划,并设立专项基金,即李连杰壹基金。通过中国红十字会的公募资质,壹基金可向公众募集款项,实际上获得了"公募"资格。根据《中国新时代》杂志及多家媒体的报道,2009 年壹基金的善款 64% 是来自于个人捐款。与中国整个公益市场 80% 为企业捐助、20% 为个人捐助相比,壹基金募集公众款项的能力可见一斑。

基金和基金会不同,"基金"是钱的概念,"基金会"是组织,因此壹基金不具有独立法人地位,壹基金计划募集的善款,均由红十字会统一接受,进入红十字会账户,并开具红十字会捐赠收据。

根据协议,壹基金资助计划的制订和资助的支出,由该基金成立的管委会负责。该管委会共由六名董事组成,包括李连杰及其助手、美国 The One Foundation(李连杰在美国成立的基金会)的两名工作人员和中国红十字会总会派出的两名工作人员。李连杰担任主任委员,其余五人为董事。在资金使用和项目操作上,每一个申请的项目和预算,都要由管委会集体讨论通过,才能签发文件拨款。

在此过程中,壹基金人员不直接接触募集资金。也就是说,按规定,壹基金只能负责筹钱,并不负责管钱。以 2008 年汶川地震救灾捐款过程为例,壹基金管委会对捐款的用途有决策权,但仍要通过红十字会的渠道使用资金。

由于没有独立法人身份,红十字会下设的合作专项基金计划不能有自己的机构和员工。但李连杰仍组建了一个十几人构成的壹基金执行团队,由李连杰与朋友合办的另一家公司来给这些"壹基金员工"发工资和上保险。在具体项目执行中,有些是红十字会完全能承担运作的,由红十字会赈灾救济部支出资金。在救灾、卫生救护、青少年救助等红十字会的专业领域之外的项目,如"环保""羌绣""慈善公益论坛"等领域,则由壹基金团队执行。随着项目的开展,筹资和执行分离的弊端逐步显现。王舒侬指出:"红十字会关注的领域是卫生、自然灾害,李连杰希望召开年会、典范工程,搭建扶持草根公益组织的平台等,不在红十字会的职责范围内。李连杰想做的项目更宽广些,我们支持他,但做不好。"

由于仍不能满足成立公募基金会的条件,李连杰及其团队转而申请成立私募基金会。

2008 年 10 月,在中国红十字会总会、上海民政局等多方主管机构的指导和支持下,上海李连杰壹基金公益基金会注册成立,原始资金200万元,法定代表人周惟彦,业务范围是资助慈善公益项目、举办慈善公益实体、资助公益论坛、救助危困人群、奖励慈善事业贡献者。

资料来源:张艳玲:《壹基金"中断"风波》,载《新世纪周刊》2010年第39期,第31—34页。

《基金会管理条例》同样遵循"双重管理"原则,在登记环节上,登记管理机关负责基金会及其分支机构、代表机构、境外基金会代表机构的最终审批登记;业务主管单位负责基金会及其分支机构、代表机构、境外基金会代表机构的初审。

2016年5月,《基金会管理条例(修订草案征求意见稿)》发布。相比于《基金会管理条例》,征求意见稿有以下变化:(1)不再区分公募和非公募基金会;(2)规定了直接登记和双重管理混合的登记管理体制;(3)将基金会的登记管理权限由部、省两级拓展为部、省、市、县四级;(4)重新规定了基金会的注册资金要求;(5)不再区分公募和非公募基金会,而是规定新成立的基金会成立满两年后可以依法申请公开募捐资格。

通过以上三种类型社会组织登记管理制度演变的梳理,可以看到,1998年以来我国的社会组织登记管理体制的"双重管理"特征非常明确,十八大以来,这一管理体制发生了松动,出现了"直接登记"政策、分支机构的登记制度被废除,社会团体的筹备登记环节被取消等新的变化。这体现了政府为适应新形势的要求放松管制、鼓励社会组织发展的政策取向。然而,2016年8月发布的《关于改革社会组织管理制度促进社会组织健康有序发展的意见》虽然肯定了前期变革,并提出降低社区社会组织的登记门槛,但同时提出要完善业务主管单位的前置审查、严格登记管理机关的登记审查。该《意见》提出,业务主管单位要健全工作程序,完善审查标准;民政部门要会同行业管理部门及相关党建工作机构,加强对社会组织发起人、拟任负责人资格审查。对跨领域、跨行业以及业务宽泛、不易界定的社会组织,按照明确、清晰、聚焦主业的原则,加强名称审核、业务范围审定,听取利益相关方和管理部门意见。严禁社会组织之间建立垂直领导或变相垂直领导关系,严禁社会组织设立地域性分支机构。对全国性社会团体,要从成立的必要性、发起人的代表性、会员的广泛性等方面认真加以审核,业务范围相似的,要充分进行论证。活动地域跨省(自治区、直辖市)的社会组织比照全国性社会组织从严审批。这些新规定实际上在某些方面收紧了社会组织登记的"口袋"。

(三)强化社会组织发起人责任

国务院法制办会同民政部推动将社会组织发起人的资格、人数、行为、责任等事项纳入有关行政法规予以规范。发起人应当对社会组织登记材料的合法性、真实性、准确性、有效性、完整性负责,对社会组织登记之前的活动负责,主要发起人应当担任首届负责人。同时,建立发起人不良行为记录档案。发起人不得以拟成立社会组织名义开展与发起无关的活动,禁止向非特定对象发布筹备和筹款信息。党政领导干部未经批准不得发起成立社会组织。经批准担任发起人但不履行责任的,批准机关要严肃问责。

然而,目前新"三大条例"仍未出台,未来的社会组织登记管理制度仍处于不确定状态。

案例 5-2　武昌区改革社会组织登记管理制度

2014 年,湖北省武汉市武昌区被民政部确认为全国社区治理和服务创新实验区以来,工作中不断破解发展瓶颈,创新培育理念,拓展发展思路,转变工作作风,在积极探索、改革社会组织登记管理制度,提升社会组织建设水平上已初见成效。

一是简化登记管理程序。对成立社区生活服务类、公益互助类、文体活动类、专业调处类社会组织,发起人或发起单位只需直接向区民政部门依法申请登记即可,实行直接登记。对新办的社会组织资料齐全的承诺在 3 个工作日办结,资料不齐全者可试行先发证,由社会组织承诺半年内补齐登记所需资料。对社会组织年检报告书和权限范围内的社区社会组织评估指标进行调整、简化,方便社区社会组织年检和参与评估申报。

二是降低社会组织资金门槛。降低社会组织注册资金门槛,成立社会组织的注册登记资金由 3 万元下调至 1 万元。公益慈善类(助残服务类)和社区服务类社会组织注册资金由 1 万元降至 2000 元,取消注册登记所需验资报告要求。除法律法规规定外,成立社区社会组织和公益志愿型社会组织零注册资金。

三是放宽注册登记限制条件。允许配备兼职的具有从业资格的财务人员。取消行业协会"一业一会"的非竞争性限制,放宽社会团体会员地域限制,放宽异地商会登记限制。允许若干社会组织申请登记同一活动场所,社会组织也可在住宅内办公。对于民办非营利性养老、幼儿园、培训学校等人员集聚的社会组织办公及活动场所,需要按相关规定办理相关消防手续才能进行登记,其他社会组织可以适当放宽条件,在进行必要的消防教育、履行必要的消防承诺手续、配备必要的消防设施后,可以直接进行登记。

四是提供注册登记便利条件。对服务性强、成长性好的社会组织,推荐至需求对象集中分布的社区,借用社区公共空间,解决注册场地问题。优秀的公益慈善类(助残服务类)和社区服务类社会组织或社区备案社会组织,可推荐至区社会组织孵化基地入驻,享受培育孵化服务。

资料来源:武汉市武昌区编办:《武昌区改革社会组织登记管理制度》,载《中国机构改革与管理》2015 年第 9 期,第 47 页。

(四)慈善组织

《慈善法》是规范我国慈善事业的第一部基础性和综合性法律,对慈善组织的登记和认定进行了明确规定。根据《慈善法》的规定,在其公布前已经设立的基金会、社会团体、社会服务机构等非营利性组织,均可申请认定为慈善组织;设立慈善组织,应当向县级以上人民政府民政部门申请登记。

为落实慈善组织的认定工作,《慈善组织认定办法》与《慈善法》同时施行。《慈善组织认定办法》规定,由县级以上人民政府民政部门对其登记的基金会、社会团体、社会服务机构进行慈善组织认定,并规定了认定为慈善组织的资格条件、需上交的材料、不得认定为慈善组织的情况等内容。

二、"直接登记"政策的实施

(一)四类组织的"直接登记"

长期以来,我国社会组织实行的是"双重管理"体制,这种登记管理模式导致社会组织的注册门槛过高,许多社会组织由于找不到业务主管单位而无法登记注册成为法人。也因此,"双重管理"体制广受诟病。随着经济社会的发展,社会组织作用日益凸显,改革双重管理体制的呼声越来越大。广州、深圳、温州等一些地方开始了社会组织登记管理制度的变革,探索部分类型社会组织的"直接登记"成为其中的重要内容。2008 年,深圳市颁布《关于进一步发展和规范我市社会组织的意见》,指出:"除法律、行政法规规定须由有关部门在登记前进行前置审批的社会组织外,工商经济类、社会福利类、公益慈善类的社会组织申请人均可直接向社会组织登记管理机关申请登记。"自 2010 年 1 月开始,广州市在市一级涉及领域范围广、不具有行业特征的科技类民办非企业单位中,开展了取消业务主管单位、由民政部门直接登记管理的试点工作。2011 年,广州市民政局印发《关于进一步深化社会组织登记改革助推社会组织发展的通知》,规定行业协会、异地商会、公益服务类、社会服务类、经济类、科技类、体育类、文化类等 8 类社会组织可以直接向登记管理机关申请登记。温州市也大胆试点社会组织的直接登记工作,2013 年全市直接登记的社会组织已经达到 1516 个。

在地方实验的基础上,2013 年底,十八届三中全会通过的《中共中央关于全面深化改革若干重大问题的决定》明确提出,要"重点培育和优先发展行业协会商会类、科技类、公益慈善类、城乡社区服务类社会组织,成立时直接依法申请登记"。2013 年底,民政部宣布从 2014 年 4 月 1 日起全国范围内放开四类社会组织的直接登记。随后,全国各地开始布置和推进四类社会组织的直接登记工作。

《关于改革社会组织管理制度促进社会组织健康有序发展的意见》对直接登记制度作出具体安排,提出应稳妥推进直接登记。重点培育、优先发展行业协会商会类、科技类、公益慈善类、城乡社区服务类社会组织。成立行业协会商会，按照《行业协会商会与行政机关脱钩总体方案》的精神，直接向民政部门依法申请登记。在自然科学和工程技术领域内从事学术研究和交流活动的科技类社会组织，以及提供扶贫、济困、扶老、救孤、恤病、助残、救灾、助医、助学服务的公益慈善类社会组织，直接向民政部门依法申请登记。为满足城乡社区居民生活需求，在社区内活动的城乡社区服务类社会组织，直接向县级民政部门依法申请登记。民政部门审查直接登记申请时，要广泛听取意见，根据需要征求有关部门意见或组织专家进行评估。

虽然四类社会组织的直接登记工作得到了迅速推进，但它一直缺乏法律依据。2016年，《社会团体登记管理条例》和《民办非企业单位登记管理暂行条例》的修订草案征求意见稿分别提出，行业协会商会类、科技类、公益慈善类、城乡社区服务类社会团体可以直接登记；科技类、公益慈善类、城乡社区服务类三大类社会服务机构可以直接登记。如果这两项规定最终得以出台，直接登记的法律困境将得到破解。

（二）慈善组织的"直接登记"

《慈善法》规定，设立慈善组织，应当向县级以上人民政府民政部门申请登记。这表明，新设立慈善组织不再像设立社会组织那样，需要业务主管单位的前置审批，而是可以直接在民政部门进行登记注册。这在某种程度上意味着"双重管理"体制的进一步解体。

第三节　社会组织的登记注册

本节基于当前的政策规定，具体阐述现行"三大条例"背景下三类社会组织登记注册的内容和程序要求。

一、社会团体的登记注册

（一）申请条件

根据2016年《社会团体登记管理条例》第2条的规定，社会团体是指中国公民自愿组成的非营利性社会组织，国家机关以外的组织可以作为单位会员加入社会团体。另根据《中共中央组织部关于规范退（离）休领导干部在社会团体兼职问题的通知》的规定，除工作特殊需要外，退（离）休领导干部不得兼任社会团体法定代表人，不得牵头成立新的社会团体或兼任境外社会团体职务。

《社会团体登记管理条例》第9条规定，申请成立社会团体，应当经其业务主管单位审查同意，由发起人向登记管理机关申请登记。第10条第1款规定，成立社会团体应具备以下条件：

(1) 有 50 个以上的个人会员或者 30 个以上的单位会员；个人会员、单位会员混合组成的，会员总数不得少于 50 个；

(2) 有规范的名称和相应的组织机构；

(3) 有固定的住所；

(4) 有与其业务活动相适应的专职工作人员；

(5) 有合法的资产和经费来源，全国性的社会团体有 10 万元以上活动资金，地方性的社会团体和跨行政区域的社会团体有 3 万元以上活动资金；

(6) 有独立承担民事责任的能力。

第 10 条第 2 款规定，社会团体的名称应当符合法律、法规的规定，不得违背社会道德风尚。社会团体的名称应当与其业务范围、成员分布、活动地域相一致，准确反映其特征。全国性的社会团体的名称冠以"中国""全国""中华"等字样的，应当按照国家有关规定经过批准，地方性的社会团体的名称不得冠以"中国""全国""中华"等字样。

(二) 社会团体业务主管单位的范围

《民政部关于重新确认社会团体业务主管单位的通知》第 2 条规定，社会团体的业务主管单位是指：

(1) 国务院组成部委、国务院直属机构、国务院办事机构及地方县级以上人民政府的相应部门和机构；

(2) 中共中央各工作部门、代管单位及地方县级以上党委的相应部门和单位；

(3) 全国人大常委会办公厅、全国政协办公厅、最高人民法院、最高人民检察院及地方县级以上上述机关的相应部门；

(4) 经中共中央、国务院或地方县级以上党委、人民政府授权作为社会团体业务主管单位的组织；

(5) 军队系统的社会团体的业务主管单位的问题由总政治部明确。

该通知第 3 条规定，经中共中央、国务院或地方县级以上党委、人民政府授权作为社会团体业务主管单位的组织，应具备以下条件：

(1) 能够全面履行社会团体业务主管单位职责的组织；

(2) 中央或地方机构编制管理机关"定职能、定机构、定编制"；

(3) 有具体机构和人员从事社会团体管理工作的组织；

(4) 经中共中央、国务院或地方县级以上党委、人民政府履行过授权程序的组织。

同时具备以上条件的组织，方可作为社会团体的业务主管单位。

该通知第 4 条授权下列组织为全国性社会团体的业务主管单位：中国社会科

学院、国务院发展研究中心、中国地震局、中国气象局、中国证券监督管理委员会、中国保险监督管理委员会、中央党校、中央文献研究室、中央党史研究室、中央编译局、外文局、中华全国总工会、中国共产主义青年团、中华全国妇女联合会、中国文学艺术界联合会、中国作家协会、中国科学技术协会、中华全国归国华侨联合会、中华全国新闻工作者协会、中国人民对外友好协会、中国残疾人联合会、中国职工思想政治工作研究会。

该通知第4条同时规定,地方县级以上党委、各级人民政府可参照以上意见,根据当地实际情况,对符合第3条前三项条件的组织予以授权。

此外,《民政部关于国务院授权中国法学会作为社会团体业务主管单位的通知》《民政部关于国务院授权全国工商联作为全国性社会团体业务主管单位有关问题的通知》《民政部关于国务院授权中国红十字会总会作为全国性社会团体业务主管单位有关问题的通知》等文件增设了部分全国社会团体的业务主管单位。

(三)登记流程

根据《社会团体登记管理条例》的规定,申请成立社会团体,应先经业务主管单位审查同意,再向登记管理机关提交申请。具体程序为:

经业务主管单位审查同意,发起人向登记管理机关提交成立申请材料;登记管理机关审查批准后,发起人在3个月内开展成立工作,召开成立大会,通过章程,产生执行机构、负责人和法定代表人;发起人在成立工作完成后,在"中国社会组织网—社会组织网上办事大厅"填报成立登记材料,登记管理机关核准无误后,发给成立登记批复和《社会团体法人登记证书》;社会团体成立后,凭《社会团体法人登记证书》申请刻制印章,开立银行账户,办理完毕后报登记管理机关备案。

(四)办理材料

申请成立社会团体应当提交以下材料:

(1)登记申请书(自拟)。内容需写明成立社会团体的必要性,包括拟成立社会团体业务范围所属领域的基本情况、存在的主要问题和成立该社会团体的意义;社会团体名称专业性较强的,须对名称作出说明;拟成立的社会团体基本情况,包括宗旨、业务范围、拟任理事长、活动资金及其来源、住所、拟发展会员及分布情况等。申请书由发起人签名或者盖章,并附所有发起人的情况简介。

(2)业务主管单位同意成立的文件。文件写明同意该社会团体成立并担任其业务主管单位,承担相应的业务指导和监督管理职责,要求加盖国徽章。

(3)章程草案(自拟)。依照中国社会组织网上章程示范文本自拟。

(4)住所使用权证明(自拟)。须由提供住所的单位或个人出具使用证明,并提供房屋产权证复印件,若为租赁的,还须提供租赁合同复印件。

(5)活动资金捐赠承诺书(自拟)。写明拟捐赠金额、作为拟成立的该社会团体的活动资金,承诺该资金为捐赠者的合法财产,捐赠人签字或者捐赠单位盖章。初审通过后,申请人到民政部取验资通知单,按照要求进行验资。

(6) 拟任负责人名单(自拟)及社会团体负责人备案表。负责人包括理事长(会长)、副理事长(副会长)和秘书长,每人一表。每张备案表中须加盖本人人事关系所在单位人事章,并注明在社会团体的拟任职务,背面附本人身份证明文件的复印件,正反面正常尺寸复印。

(7) 会员名单(自拟)。个人会员应列出姓名、工作单位和职务、联系电话。单位会员应列出单位名称、地址、负责人、联系电话。名单后应附上所有会员的回执,个人会员回执须由本人签字,单位会员回执须加盖单位印章。

(8) 秘书长专职承诺书(自拟)。承诺在社会团体成立后专职从事秘书长工作,并本人签字,加盖本人所在单位人事部门印章。

(9) 验资资金划入社会团体账户或验资资金退回。社会团体开立银行账户后,可以办理验资资金划入该账户事宜。如出现社会团体申请成立未获批准或办理验资手续不合规范等情况,可办理验资资金退回事宜,资金原路径退回。

二、民办非企业单位的登记注册

根据《民办非企业单位登记管理暂行条例》,民办非企业单位登记注册的具体要求和程序如下:

(一) 申请条件

(1) 经业务主管单位审查同意;
(2) 有规范的名称、必要的组织机构;
(3) 有与其业务活动相适应的从业人员;
(4) 有与其业务活动相适应的合法财产(在民政部登记一般为 30 万元以上,其中非国有资产份额不得低于总财产的 2/3,国家法律或国家有关行政部门对从事某行(事)业的民办非企业单位的开办资金另有规定的,从其规定);
(5) 有必要的场所。

医疗、教育、职业培训类民办非企业单位,应当分别在卫生行政部门领取"医疗机构执业许可证"、在教育行政部门领取"社会力量办学许可证"、在劳动和社会保障行政部门领取"社会力量办学许可证"后,再到同级民政部门办理登记。

(二) 名称要求

根据《民办非企业单位名称管理暂行规定》的规定,民办非企业单位的名称一般包括字号、行(事)业或业务领域和组织形式三部分,名称应当与其业务范围相一致,准确反映其特征。

名称中所标明的组织形式必须明确,一般称学校、学院、园、医院、中心、院、所、馆、站、社、公寓、俱乐部等,组织形式不得冠以"总"字。

在民政部登记的民办非企业单位,其名称不得冠以"中国""全国""中华"等字样;在地方民政部门登记的民办非企业单位,其名称应当冠以所在地省(自治区、直辖市)、市(地、州)、县(县级市、市辖区)的行政区划名称;冠以市辖区名称的,应当同时冠以市的名称。

民办非企业单位名称不得有损于国家、社会公共利益,违背社会道德风尚,或带有封建迷信色彩;不得含可能对公众造成欺骗或者误解的文字或内容;不得使用政党名称、党政军机关名称、人民团体名称、社会团体名称、事业单位名称、企业名称以及宗教界的寺、观、教堂(佛、道教的寺、观,伊斯兰教的清真寺,天主教、基督教的教堂)名称;不得使用已被撤销的民办非企业单位的名称;不得使用其他法律、行政法规规定禁止的名称。

(三)办理流程

成立民办非企业单位,举办者应根据拟举办的民办非企业单位所属行(事)业性质,向业务主管单位提出申请,经业务主管单位审查同意后,向登记管理机关提交全部有效的申请材料,并按照登记管理机关的要求进行验资。

登记管理机关审查后准予登记的,举办者在网上完成成立登记的填报程序,经审查同意后,将填报内容打印并按相应要求签字盖章后提交给登记管理机关,之后发给成立登记批复和民办非企业单位法人登记证书。

民办非企业单位登记后,凭登记证书申请刻制印章,开立银行账户,办理完毕后报登记管理机关备案。

(四)业务主管单位和需要提交的材料

民办非企业单位业务主管单位的范围与社会团体相同,登记需提交的材料,除个别表格外,也与社会团体相同,因此不再赘述。

三、基金会的登记注册

(一)申请条件

根据《基金会管理条例》第6条,国务院民政部门和省、自治区、直辖市人民政府民政部门是基金会的登记管理机关。其中,全国性公募基金会、拟由非内地居民担任法定代表人的基金会、原始基金超过2000万元,发起人向国务院民政部门提出设立申请的非公募基金会、境外基金会在中国内地设立的代表机构应向国务院民政部门申请登记。

根据《基金会管理条例》第8条,设立基金会的条件包括:

(1)为特定的公益目的而设立;

(2)全国性公募基金会的原始基金不低于800万元人民币,地方性公募基金会

的原始基金不低于400万元人民币,非公募基金会的原始基金不低于200万元人民币;原始基金必须为到账货币资金;

(3) 有规范的名称、章程、组织机构以及与其开展活动相适应的专职工作人员;

(4) 有固定的住所;

(5) 能够独立承担民事责任。

(二) 名称要求

根据《基金会名称管理规定》的规定,基金会的名称应当依次包括字号、公益活动的业务范围,并以"基金会"字样结束,公募基金会的名称可以不使用字号。

全国性公募基金会可以在名称中使用"中国""中华""全国""国家"等字样,非公募基金会不得使用上述字样。

地方性公募基金会和省、自治区、直辖市人民政府民政部门登记的非公募基金会应当冠以所在地的县级或县级以上行政区划名称;冠以省级以下行政区划名称的,可以同时冠以所在省、自治区、直辖市的名称;冠以市辖区名称的,应当同时冠以市的名称。

非公募基金会的字号可以使用自然人姓名、法人或其他组织的名称或者字号,公募基金会的字号不得使用自然人姓名、法人或者其他组织的名称或者字号。

(三) 组织机构、负责人要求

与社会团体、民办非企业单位登记不同,《基金会管理条例》明确规定了基金会的组织机构、负责人等要求,有些内容必须体现在登记材料之中。例如,在组织机构方面,基金会理事会的人数应为5至25名;基金会应设监事。又如,在负责人人选上,基金会理事长、副理事长和秘书长不得由现职国家工作人员兼任;基金会的理事长为法定代表人;基金会的法定代表人不得同时担任其他组织的法定代表人;公募基金会和原始基金来自中国内地的非公募基金会的法定代表人,应当由内地居民担任等。

(四) 办理程序和所需材料

基金会登记注册的程序和所需材料与社会团体、民办非企业单位大体相同,不予赘述。

第四节 慈善组织的登记和认定

2016年颁布的《慈善法》规定了慈善组织的登记与认定原则,同时生效的《慈善组织认定办法》《民政部关于社会组织成立登记时同步开展党建工作有关问题的通知》《民政部关于慈善组织登记等有关问题的通知》《申请慈善组织认定办事指南》

等文件进一步明确了慈善组织登记与认定的资格和程序。

不管是登记还是认定的方式,综合《慈善法》第 8、9、10 条的规定,要成为慈善组织必须具备以下要件:必须依法成立;必须坚持慈善性;必须坚持非营利性;必须有以章程为核心的健全的内部治理结构。这些要求,既是慈善组织设立时登记管理部门予以判断和认定的指标,也是慈善组织成立后必须严格遵循的运营规则。

一、慈善组织登记

《慈善法》第 10 条规定,设立慈善组织,应当向县级以上人民政府民政部门申请登记,民政部门应当自受理申请之日起 30 日内作出决定。符合本法规定条件的,准予登记并向社会公告;不符合本法规定条件的,不予登记并书面说明理由。

对增量社会组织,为体现"简政放权、优化服务"的精神,支持社会力量从事慈善事业,《慈善法》主要采取"申请登记"的路径,即针对那些还没有取得法人资格的社会组织,将法人登记和慈善组织属性认定合并,在成立登记阶段一并审查。[①]

具体来说,申请设立慈善组织,发起人首先要在基金会、社会团体、社会服务机构这三种组织形式中确定一种作为组织的法人身份。以发起人选择社会团体为例,一方面要根据《社会团体登记管理条例》的要求,开展相应的登记工作;另一方面要在登记申请书中明确提出设立慈善组织的意愿,并说明组织宗旨、业务范围符合《慈善法》的规定。

根据《民政部关于慈善组织登记等有关问题的通知》第 3 条的规定,各地可以根据实际情况,按照《关于改革社会组织管理制度促进社会组织健康有序发展的意见》[②]关于直接登记的有关规定,在有关登记管理条例修订完成前,稳妥开展慈善组织直接登记试点。

因此,申请登记成立慈善组织的基本程序是:一是依据所选组织类型登记管理法规的规定,由登记管理机关审查其是否符合登记的条件;二是依据《慈善法》,由登记管理机关审查其是否具有慈善宗旨,业务范围是否符合《慈善法》的规定;三是对《慈善法》有特别规定的,要单独进行审查,主要是对负责人和章程的审查。负责人要按照《慈善法》第 16 条的规定进行审查。[③] 章程中有关财产管理使用的一章中要增加项目管理制度的规定,终止和剩余财产处理一章中要增加"清算后的剩余财

---

① 新设立慈善组织的登记,既包括了法人登记,又包括了慈善组织属性认定。
② 《关于改革社会组织管理制度促进社会组织健康有序发展的意见》规定,提供扶贫、济困、扶老、救孤、恤病、助残、救灾、助医、助学服务的公益慈善类社会组织,直接向民政部门依法申请登记。
③ 《慈善法》第 16 条规定:"有下列情形之一的,不得担任慈善组织的负责人:(一)无民事行为能力或者限制民事行为能力的;(二)因故意犯罪被判处刑罚,自刑罚执行完毕之日起未逾五年的;(三)在被吊销登记证书或者被取缔的组织担任负责人,自该组织被吊销登记证书或者被取缔之日起未逾五年的;(四)法律、行政法规规定的其他情形。"

产,应当按照章程的规定转给宗旨相同或者相似的慈善组织,章程未规定的,由民政部门转给相同或者相近的慈善组织,并向社会公告"的规定。

二、慈善组织认定

所谓慈善组织认定,是指在《慈善法》公布前已经设立的基金会、社会团体、社会服务机构等非营利性组织,可以向其登记的民政部门申请认定为慈善组织。

基于《慈善法》第 10 条规定的认定原则,《慈善组织认定办法》对符合和不符"申请认定"条件的具体情形、所需提交的申请材料等进行了规定。民政部也发布了《申请慈善组织认定办事指南》,以确保慈善组织认定工作稳妥有序地开展。

(一)申请条件

基金会、社会团体、社会服务机构申请认定为慈善组织,应当符合下列条件:

(1)申请时具备相应的社会组织法人登记条件;

(2)以开展慈善活动为宗旨,业务范围符合《慈善法》第 3 条的规定;申请时的上一年度慈善活动的年度支出和管理费用符合国务院民政部门关于慈善组织的规定;

(3)不以营利为目的,收益和营运结余全部用于章程规定的慈善目的;财产及其孳息没有在发起人、捐赠人或者本组织成员中分配;章程中有关于剩余财产转给目的相同或者相近的其他慈善组织的规定;

(4)有健全的财务制度和合理的薪酬制度;

(5)法律、行政法规规定的其他条件。

有下列情形之一的,不予认定为慈善组织:

(1)有法律法规和国家政策规定的不得担任慈善组织负责人的情形的;

(2)申请前两年内受过行政处罚的;

(3)申请时被民政部门列入异常名录的;

(4)有其他违反法律、法规、国家政策行为的。

(二)所需材料

申请认定慈善组织的基金会,应当提交下列材料:

(1)《慈善组织认定申请书》和《慈善组织认定符合有关规定的承诺书》;

(2)履行内部程序,召开会议形成的会议纪要。

申请认定为慈善组织的社会团体、社会服务机构,除上述规定的材料外,还应当提交下列材料:

(1)关于申请理由、慈善宗旨、开展慈善活动等情况的说明;

(2)注册会计师出具的上一年度财务审计报告,含慈善活动年度支出和管理费用的专项审计。

有业务主管单位的,还应当提交业务主管单位同意的证明材料。

(三) 办理流程

(1) 社会团体应当经会员(代表)大会表决通过,基金会、社会服务机构应当经理事会表决通过;有业务主管单位的,还应当经业务主管单位同意。

(2) 社会组织向登记管理机关提交申请材料,登记管理机关在20日内作出是否认定为慈善组织的决定。

(3) 认定为慈善组织的基金会、社会团体、社会服务机构,由登记管理机关换发登记证书,标明慈善组织属性。

第五节 评 述

为适应经济社会发展和政府治理变革的需要,自上而下和自下而上的变革相互补充和促进,共同推动了社会组织与慈善组织登记管理制度的发展。从总体上看,虽然登记管理仍然以"双重管理"体制为主导,但特定类型社会组织的"入口"门槛日益降低,部分慈善组织的"入口"相对宽松。尽管如此,社会组织与慈善组织的登记管理中仍然存在一些亟待讨论和解决的问题。

一、登记管理中的不足

虽然社会组织与慈善组织的登记管理制度改革取得了一系列进展,但登记管理领域中仍然存在一些需要解决的问题,在某些方面还面临新的挑战。

(一) 直接登记政策的局限性

按照依法治国、依法行政的理念,任何对社会组织登记管理的政策安排都应该有明确的法律法规依据,但是,对四类社会组织实施直接登记的政策主要由党的政策、国务院文件和部门规章规定,与现行法律的要求不一致甚至相冲突,缺乏合法性。不但如此,直接登记政策本身也存在不一致的地方,比如在公益慈善类社会组织的界定上,直接登记政策实施之初没有清晰界定,各地基本按自己的理解进行操作,为了鼓励社会组织发展,一般采取较为宽泛的界定。《关于改革社会组织管理制度促进社会组织健康有序发展的意见》发布后,可直接登记的公益慈善类社会组织被限定为扶贫、济困、扶老、救孤、恤病、助残、救灾、助医、助学服务九类,范围明确缩小,而且与《慈善法》对慈善活动的界定不相一致。

此外,直接登记政策取消了业务主管单位,有的地方改为业务指导单位,有的地方则连业务指导单位都没有,仅由行政主管部门进行业务指导和监督管理。在这种变化中,并没有新的政策来明确原业务主管单位职责的去向和新的业务指导单位或行政主管部门的职责要求,这一方面使直接登记的社会组织难以接受全面而有效的业务指导和监督,另一方面加重了登记管理机关的监督管理职责,因为在缺乏业务主管单位的情况下,登记管理机关必须承担起《社会团体登记管理条例》中规定的应由其与业务主管单位共同履行的责任。

(二)登记注册的门槛依然较高

四类社会组织直接登记、基金会登记权下沉、行业协会商会"一业多会"等政策的实施使社会组织的登记管理变得相对宽松,但是,从当前政策看,社会组织登记注册的门槛依然较高。一是社会组织登记注册在经费、住所等方面有严格要求。相比较而言,公司的登记注册在经费和住所上则没有严格要求。2013年《公司法》规定,公司注册资本采取认缴制,取消注册资本的最低限额且无须提交验资报告,对住所的要求也仅仅为"有住所"。经费和住所要求对社会组织的成立造成了实际的困难,对主要发挥互益性作用的社会团体来说更是如此。广州、温州等地在登记管理体制改革中已经认识到这一问题,曾在特定领域试行社会组织"零元注册""一元注册"等,并规定只要能够联系上的地址都可以作为社会组织登记注册的住所,但这些做法也缺乏政策依据,可推广性不强。二是四类直接登记之外的社会组织仍然面临"双重管理"的问题。"双重管理"体制中广受诟病的业务主管单位难找的问题只是在局部小范围内得到了解决,大多数社会组织的登记注册还是非常困难。三是直接登记的落实情况并不理想。直接登记政策虽然在全国各地基本到位,但其落实情况却并不理想,部分地方尚未真正开展直接登记工作,部分地方仅仅开展了部分社会组织的直接登记工作。

(三)登记管理机关的力量不足

直接登记政策的实施使社会组织的登记数量大增,如广东省直接登记改革后,2012年新增社会组织4200个,年增长率达13.8%,远高于全国社会组织平均6.5%的增速。[①] 直接登记还因为取消了业务主管单位而增加了登记管理机关对社会组织的监管职责,在这一制度实施后,许多地方都提出了要加强登记管理机关对社会组织的行政执法工作。但是,一家普通的市级登记管理机关通常只有几个编制,却要管理上千家社会组织。比如,黑龙江省佳木斯市社会组织管理局只有3个编制,但全市社会组织有上千家;大连市有8000多家社会组织,但社会组织管理局只有5个编制。在县级民政部门甚至存在没机构、没岗位、没专门人员的现象。辽宁省凤城市是一个县级市,市民政局并没有专门的社会组织科,社会组织相关事项由社会事务科负责。据统计,截至2013年,全国各级登记管理机关共有3362个编制,其中部本级55个,除去北京、天津、上海三市外,省级登记管理机关平均不到9个编制,地市级平均2.3个,县(市、区)级则平均只有0.7个编制。从总体上看,大多数

---

① 参见王建军:《民政部门面临前所未有的挑战》,载《中国经营报》2013年4月20日。

登记管理机关都面临现有工作力量与承担的工作任务不相适应的矛盾。①

二、完善登记管理的建议

我国已经步入社会组织管理制度的创新高峰期,对社会组织的控制型管理正日益走向培育和服务型管理,重入口的管理日益向入口和事中、事后并重的管理转型,对社会组织的培育与扶持不断规范化。在这种大趋势下,社会组织登记管理制度改革的方向已经基本明确,但具体管理制度的设计仍然是一项系统性工程,需要多方努力和精心规划,需要兼顾配套制度的完善,还需针对制度改革进程中可能出现的后果设计预案。下面仅对改革中需要注意的问题简要地提出几点建议:

(一)进一步完善直接登记政策

对四类社会组织实施直接登记的政策主要由党的政策、国务院文件和部门规章规定,缺乏法律依据,因此应加快法律制定或行政法规的修订,赋予直接登记政策合法性,明确直接登记社会组织的类型和具体范围。以此为前提,出台政策进一步明确登记管理机关和其他相关政府部门对直接登记管理社会组织的监督管理职责,以避免监管缺位和监管职能交叉。此外,由于缺乏业务主管单位,直接登记的社会组织不像"双重管理"中的社会组织那样能够获得来自业务主管单位的一些资源,因此也需要政策明确对它们的培育和扶持方向,尤其需明确行业主管部门或业务指导单位在职能转移和购买服务中对两类不同组织的公平政策。

(二)进一步降低登记注册门槛

借鉴地方社会组织登记管理制度和公司注册制度的改革经验,进一步降低社会组织登记注册的门槛,是促进社会组织发展的应有之义。针对当前仍然存在的问题,一是建议建立互益性和公益性社会组织分类管理的登记注册制度,允许互益性社会组织和公司一样进行零元注册,放松对住所的要求,只要通信能够联系上的地址均可作为注册的住所;保留对公益性社会组织经费的要求,但是降低对经费额度的要求,放松对住所的要求,同样允许可联系地址作为注册住所。二是建议逐步扩大直接登记社会组织的范围,四类直接登记社会组织之外的经济社会发展尤其需要的社会组织也应允许其直接登记,以更好地实现社会组织的均衡发展,激励社会组织更好地发挥作用。三是真正落实直接登记政策,按政策要求做好四类社会组织的直接登记工作,尤其要明确公益慈善组织范围,做好公益慈善组织的直接登记工作,以促进慈善事业发展。

(三)加强登记管理机关的建设

为适应登记管理制度的变革,应加大对登记管理机关建设的投入。一方面,应

---

① 参见王建军:《民政部门面临前所未有的挑战》,载《中国经营报》2013年4月20日。

增加登记管理机关人员编制，建议按照社会组织数量设定一定比例的专职登记管理人员，以确保登记管理工作的有效开展，同时要提升登记管理工作人员的能力和素质，通过引入社会组织管理方面的专门人才或加强对现有工作人员的培训，提高登记管理工作的专业性。另一方面，建议开展登记管理工作的专门化建设，即将登记管理工作与事中、事后监管工作分离开来，登记管理机关专门负责对社会组织的登记管理，主要包括登记注册、登记事项变更、撤销和清算等工作，而将年度检查、规范性评估、执法监察等工作转移给专门的事中、事后监管机构。这样做，一是可以提高登记管理工作的专业性，二是可以加强事中、事后监管的有效性。

本章小结

本章首先简要描述了1998年《社会团体登记管理条例》之前的社会组织登记管理政策，较为详细地梳理了1998年《社会团体登记管理条例》之后的社会组织登记管理政策、慈善组织登记和认定政策；随后具体介绍了社会团体、民办非企业单位（社会服务机构）、基金会登记注册所应具备的资格条件、名称管理规定、登记流程和应提交的资料等内容，以及慈善组织登记和认定的基本要求；最后简要分析了当前社会组织与慈善组织登记管理中存在的主要问题，并提出了几点改善建议。

思考题

1. 社会组织登记管理制度经历了哪几个发展阶段？
2. 什么是"双重管理"体制？它是如何形成的？
3. 举出你所了解的地方政府在社会组织登记管理方面的政策创新。
4. 社会团体登记注册需要具备哪些资格条件？
5. 民办非企业单位（社会服务机构）登记注册需要具备哪些资格条件？
6. 基金会登记注册需要具备哪些资格条件？
7. 慈善组织登记需要具备哪些资格条件？
8. 慈善组织认定需要具备哪些资格条件？
9. 直接登记政策面临哪些局限性？
10. 社会组织登记管理中面临哪些主要问题？如何解决这些问题？

拓展阅读书目

1. 卢汉龙主编：《2006～2007年：上海社会发展报告：关注社会政策》，社会科学文献出版社2007年版。
2. 上海市社会团体管理局：《上海市社会组织建设与管理工作综述》，载《中国社会组织年鉴2008》,中国社会出版社2008年版。

3. 高丙中、袁瑞军:《中国公民社会发展蓝皮书》,北京大学出版2008年版。

4. 兰建平、苗文斌:《嵌入性理论研究综述》,载《技术经济》2009年第1期。

5. 余德华:《改革双重管理 完善监管机制——广州市科技类民办非企业单位直接登记的实践与思考》,载《社团管理研究》2010年第6期。

6. 王名、孙伟林:《社会组织管理体制:内在逻辑与发展趋势》,载《中国行政管理》2011年第7期。

7. 陈华:《吸纳与合作:非政府组织与中国社会管理》,社会科学文献出版社2011年版。

8. 邓正来、丁轶:《监护型控制逻辑下的有效治理——对近三十年国家社团管理政策演变的考察》,载《学术界》2012年第3期。

9. 郁建兴、沈永东、周俊:《从双重管理到合规性监管——全面深化改革时代行业协会商会监管体制的重构》,载《浙江大学学报(人文社会科学版)》2014年第4期。

10. 关信平:《当前我国增强社会组织活力的制度建构与社会政策分析》,载《社会学研究》2014年第3期。

11. Elizabeth Perry, Trends in the Study of Chinese Politics: State-Society Relations, The China Quarterly, 1994, 139(3):704—713.

12. A. J. Spires, Contingent Symbiosis and Civil Society in an Authoritarian State: Understanding the Survival of China's Grassroots NGOs, American Journal of Sociology, 2011, 117(1):1—45.

13. J. C. Teets, Let Many Civil Societies Bloom: The Rise of Consultative Authoritarianism in China, The China Quarterly, 2013, 213:19—38.

14. P. M. Thornton, The Advance of the Party: Transformation or Takeover of Urban Grassroots Society? The China Quarterly, 2013, 213:1—18.

第六章 社会组织与慈善组织的事中、事后监管

本章要点

1. 掌握社会组织与慈善组织事中、事后监管政策的主要内容。
2. 了解登记管理机关对社会组织与慈善组织的监管。
3. 了解业务主管单位对社会组织与慈善组织的监管。
4. 了解税务机关对社会组织与慈善组织的监管。
5. 了解枢纽型社会组织及其功能。
6. 理解社会组织与慈善组织事中、事后监管中存在的问题和完善建议。

导语

近年来,以放权为重点的政府职能转变已取得重大突破,政府监管由事前审批逐步转为事中、事后监管。十八届三中全会通过的《中共中央关于全面深化改革若干重大问题的决定》首次提出推进国家治理体系和治理能力现代化,其中建立全面、完善、高效的监管体系是实现国家治理体系现代化的重要环节。2013年的《国务院机构改革和职能转变方案》强调要强化事中、事后监管,实现"放"和"管"的有效结合,从而更好地提升政府管理服务的质量。然而,自《社会团体登记管理条例》实施以来,我国政府对社会组织与慈善组织的监管工作主要围绕"入口"开展,事前监管是重点,事中、事后监管较为缺乏,并由此引发了一系列问题。本章介绍和分析社会组织与慈善组织的事中、事后监管,主要包括登记管理机关、业务主管单位、税务机关和枢纽型社会组织对社会组织的监管,并简要讨论社会组织与慈善组织事中、事后监管中存在的问题和发展建议。

第一节 事中、事后监管政策的发展

随着社会组织的兴起和发展,社会组织的监管体制经历了多次变革,并最终形成了以"双重管理"为主要内容的重"入口"轻事中、事后监管的体制。即便如此,自1989年《社会团体登记管理条例》颁布以来,政府对社会组织的事中、事后监管并未真正缺失,下面简要梳理事中、事后监管的相关政策,并基于此明确社会组织事中、事后监管的主体体系及不同主体的主要职能。

一、1989年条例中的事中、事后监管

在1989年《社会团体登记管理条例》颁布以前,我国对社会组织的监管总体上"以放任发展和分散管理为特征",缺乏事中、事后监管。1950年颁布的《社会团体登记暂行办法》主要规定了社会团体的成立登记,尽管其中提到"已登记而发现反动行为者,应撤销登记并解散之",但并未明确"发现反动行为"的具体责任主体,因此最多仅涉及对此类社会团体的事后处罚规定。事实上,在改革开放之前,由于社会团体的数量有限,而且多为政治性和行政性社会团体,并不独立于政府,对它们的监管和管理主要分散在各个政府部门之中,没有形成统一的事中、事后监管。

改革开放后,社会组织发展较快,原有的管理模式已经不能适应时代需求,从20世纪80年代后期开始,政府开始重视社会组织的规范管理问题,通过设立管理机构、颁布政策、清理整顿等措施逐步建立社会组织管理体制。1988年7月,国务院正式在民政部设立社会团体登记管理部门;1988年9月,《基金会管理办法》颁布;1989年10月,《社会团体登记管理条例》颁布;1990年,开始对社会团体进行第一次清理整顿。

《基金会管理办法》首次对基金会的事中、事后监管作出了规定,要求人民银行、民政部门对基金会的财务收支和活动情况进行监督,接受其报告。[1] 除登记管理机关之外,人民银行被赋予了监管基金会的权力。

《社会团体登记管理条例》对社会团体的事中、事后监管作出了规定。该条例第五章专门规定了对社会团体的"监督管理",包括第23条到第28条共六个条款,具体内容主要包括:登记管理机关在登记注册之外的监督管理职责、登记管理机关对社会团体的年度检查、登记管理机关的行政处罚权,以及社会团体对于行政处罚决定不服的救济方式。

从《社会团体登记管理条例》的规定中可以看到:其一,这一时期登记管理机关

---

[1] 参见《基金会管理办法》第12条。

是唯一拥有监管社会团体的部门,尽管业务主管单位此时已经被赋予登记前置审批的权力,但未被赋予事中、事后监管权;其二,对登记管理机关事中、事后监管内容的规定较为全面,既包括社会团体遵纪守法(包括行政法规)的情况,也包括社会团体遵守章程和坚守非营利性的情况;其三,对登记管理机关事中、事后监管方式的规定较为具体,监管方式包括年度检查和行政处罚,其中行政处罚的方式包括警告、停止活动、撤销登记、依法取缔;其四,登记管理机关有权解散未经核准登记擅自以社会团体名义进行活动且不听劝阻的组织。

二、1998年和2004年条例中的事中、事后监管

为适应新形势的需要,国务院于1998年10月颁布《社会团体登记管理条例》和《民办非企业单位登记管理暂行条例》,于2004年3月颁布《基金会管理条例》,至此,我国社会组织的基本政策体系形成。

"三大条例"对社会组织的事中、事后监管进行了全新的规定,除登记管理机关外,业务主管单位成为社会组织监管的重要主体。相比较于1989年《社会团体登记管理条例》的规定,新条例在社会团体登记管理机关的事中、事后监管职责中增加了财务审计(社会组织在换届或者更换法定代表人之前)的内容,其他没有大的变化,民办非企业单位和基金会的登记管理机关的监管职责与社会团体大体相同。① "三大条例"中新增加的业务主管单位的事中、事后监管职责主要包括:(1)监督、指导社会组织遵守宪法、法律、法规和国家政策,按照章程开展活动;(2)负责社会组织年度检查的初审;(3)协助登记管理机关和其他有关部门查处社会组织的违法行为;(4)会同有关机关指导社会组织的清算事宜;(5)监管社会组织使用捐赠、资助的有关情况;(6)社会组织在换届或者更换法定代表人之前对其进行财务审计。②

此外,《社会团体登记管理条例》第30条和《民办非企业单位登记管理暂行条例》第22条规定了财政部门的监督和审计机关的监管职责。《基金会管理条例》第37条规定了税务、会计主管部门的监管职责,第38条和第39条规定了社会公众和捐赠人的监督管理权。

从"三大条例"的规定中可以看出,社会组织的事中、事后监管政策获得了较大发展,这主要体现在:第一,多个行政主体拥有社会组织事中、事后监管的职责,其中最重要的监管主体是登记管理机关和业务主管单位,财政、审计、税务和会计主

---

① 参见1998年《社会团体登记管理条例》第27条、《民办非企业单位登记管理暂行条例》第19条、《基金会管理条例》第34条。
② 参见《社会团体登记管理条例》第28—30条、《民办非企业单位登记管理暂行条例》第20条、第21条,《基金会管理条例》第35条。

管部门的监管职责受到重视;第二,将社会公众和捐赠人的监督纳入监管主体的范围,这一做法实际上表明社会组织的事中、事后监管还包括除行政主体之外的重要主体;第三,对社会组织的财务监管被置于特别重要的地位,"三大条例"都在专门的条款中规定了对社会组织的财务监管,包括要求在特定情况下对社会组织进行财务审计,要求社会组织进行财务信息公开等内容。

三、事中、事后监管政策的当前变革

尽管"三大条例"对事中、事后监管作出了规定,但由于社会组织管理体制总体上是一种预防型监管体制,对事中、事后的重视程度不够,而且政策规定的明晰性不够,操作性欠缺,社会组织在发展中显露出许多由于事中、事后监管不足而导致的问题。因此,继 2012 年社会组织登记管理体制改革之后,社会组织事中、事后监管体制改革的序幕也被拉开。2013 年 3 月,十二届全国人大一次会议审议通过的《国务院机构改革和职能转变方案》要求建立健全"统一登记、各司其职、协调配合、分级负责、依法监管"的社会组织管理新体制,并强化事中、事后监管以更好优化和提升政府管理服务质量。此后,社会组织事中、事后监管改革提速。

一方面,政府积极出台有关社会组织事中、事后监管的政策,或在相关政策中作出相关规定。《行业协会商会与行政机关脱钩总体方案》和《行业协会商会综合监管办法(试行)》于 2015 年和 2016 年先后发布,以推进行业协会商会与行政机关的脱钩工作,使业务主管单位回归正常的监管角色,并通过建立综合监管体系实现不同监管主体对行业协会商会的有效监管。[①] 2016 年 8 月,中共中央办公厅、国务院办公厅联合印发《关于改革社会组织管理制度促进社会组织健康有序发展的意见》,要求民政部门通过检查、评估等手段依法监督社会组织负责人、资金、活动、信息公开、章程履行等情况,建立社会组织"异常名录"和"黑名单",要求民政部门会同有关部门建立联合执法制度,严厉查处违法违规行为,依法取缔未经登记的各类非法社会组织;要求实行双重管理的社会组织的业务主管单位,要对所主管社会组织的思想政治工作、党的建设、财务和人事管理、研讨活动、对外交往、接收境外捐赠资助、按章程开展活动等事项切实负起管理责任,每年组织专项监督抽查,协助有关部门查处社会组织违法违规行为。

几乎在同一时期,涉及规范化评估、信息公开、行政执法等多个具体方面的政策陆续出台。例如,《民政部关于探索建立社会组织第三方评估机制的指导意见》

---

① 参见《行业协会商会与行政机关脱钩总体方案》第 3 条第 2 款和第 3 款。另外,《行业协会商会综合监管办法(试行)》第 1 条第 2 款规定:"健全专业化、协同化、社会化的监督管理机制,完善政府综合监管体系,切实加强事中事后监管,落实'谁主管、谁负责'原则。各行业管理部门要按职能对协会商会进行政策和业务指导,并履行相关监管责任。"

积极探索建立社会组织第三方评估机制;《国家税务总局关于明确社会组织等纳税人使用统一社会信用代码及办理税务登记有关问题的通知》强调依法加强对社会组织的纳税管理;《社会组织登记管理机关行政执法约谈工作规定(试行)》对社会组织登记管理机关的行政执法约谈工作进行了规范;《社会组织登记管理机关受理投诉举报办法(试行)》规定了登记管理机关受理投诉举报的具体程序和要求等。

《慈善法》的出台进一步明确了慈善组织事中、事后监管的主体及相应的职责和权利。《慈善法》第93条规定县级以上人民政府民政部门对涉嫌违反《慈善法》的慈善组织享有行政检查、查询和调查等权利,第95条规定建立慈善组织及其负责人信用记录制度和慈善组织评估制度,第96条要求慈善行业组织建立健全行业规范,加强行业自律,第97条规定了单位和个人的投诉、举报权,以及公众、媒体的监督权。

"三大条例"修订草案征求意见稿,即《社会团体登记管理条例(修订草案征求意见稿)》《社会服务机构登记管理条例》《基金会管理条例(修订草案征求意见稿)》也在社会组织事中、事后监管方面作出了新的规定。"三大条例"修订草案征求意见稿都用专门章节规定了社会组织的信息公开,都在监督管理章节中规定将登记管理机关的年度检查制度变更为年度报告和信息公开制度(社会组织在统一的网络平台上向登记管理机关报送年度工作报告,同时向社会公开),都规定登记管理机关应对社会组织的活动、财务管理、信息公开等情况进行抽查,应建立评估、信用记录、活动异常名录制度,并在统一信息平台向社会公布有关情况。同时,"三大条例"修订草案征求意见稿对登记管理机关、业务主管单位的具体职责及其履行方式进行了更为具体的规定,《基金会管理条例(修订草案征求意见稿)》还特别规定了发展改革、财政、税务、公安、外事、人力资源社会保障、审计等有关部门对基金会的监管职责。此外,《社会服务机构登记管理条例》不再有关于民办非企业单位不得从事营利性经营活动的规定[①],这与《慈善法》第54条"慈善组织为实现财产保值、增值进行投资的,应当遵循合法、安全、有效的原则,投资取得的收益应当全部用于慈善目的"的规定相一致。

从当前已经发生的政策变革看,社会组织事中、事后监管的各要素相比较于从前已经发生了重大变化,这突出地体现在以下几个方面:一是基于多元监管主体的综合监管体系已经成为社会组织事中、事后监管的基本框架;二是信息监管已经成为社会组织事中、事后监管的主要内容;三是事中、事后监管的职责、方式有了更加明确的政策依据,内容也更加丰富和具体,其中,行政约谈、活动异常名录制度已经成为社会组织事中、事后监管的重要新形式。

---

① 参见《社会服务机构登记管理条例》第2条。

从"三大条例"修订草案征求意见稿所预示的政策方向看，在不久的将来，社会组织的事中、事后监管将在当前的基础上进一步增加新的内容和形式，其中最重要的变化，一是年度检查制度将变更为年度报告制度，登记管理机关将主要通过抽查制度和活动异常名录制度实施其监管职责；二是行业组织将成为综合监管体系中的一支重要监管力量，它所发挥的行业自律作用将成为行政监管的重要补充。

综上所述，根据现行政策，社会组织的事中、事后监管的内容复杂、形式多样，涉及多个监管主体以及主体间的合作与联动。但从总体上看，由于社会公众、行业组织等的监督和管理仍处于初步发展阶段，其功能和作用的发挥还有待时日，当前社会组织事中、事后监管仍然是一种行政主导的监管，而依据职能的差异，这种行政主导的监管大致可分为三大类，一是登记管理机关的监管，二是业务主管单位的监管，三是其他职能部门的监管。值得指出的是，《行业协会商会综合监管办法（试行）》颁布后，党建被列为一种重要的监督方式，这意味着，党组织对社会组织的事中、事后监管同样是值得讨论的内容，鉴于本书第七章专门讨论社会组织党建问题，本章不专门讨论党建监管。

登记管理机关对社会组织的事中、事后监管产生最早、内容最广，从当前政策看，登记管理机关的主要监管行为包括年度检查、检查处罚、等级评估。

业务主管单位与登记管理机关共同负责社会组织的日常指导和管理工作[①]，具体包括年检初审、业务活动指导、协助查处违法行为等。在部分社会组织直接登记制度实施后，原业务主管单位的部分职能转移给了登记管理机关。

相关职能部门包括财政、税务、审计、公安、人力资源社会保障、外事等多个政府职能部门。这些职能部门依据各自领域的法律法规对社会组织开展相应的事中、事后监管。例如，税务机关根据《企业所得税法》及其实施条例、《关于公益性捐赠税前扣除有关问题的通知》等法律法规对社会组织进行日常税务管理，财政和审计部门依据《公益事业捐赠法》《财政部、民政部关于认真贯彻实施〈民间非营利组织会计制度〉的通知》《关于规范全国性社会组织年度财务审计工作的通知》负责社会组织财会政策执行情况、财务资金状况的监督和审计等。

第二节 登记管理机关的监管

"三大条例"明确规定，社会组织的登记管理机关主要指国务院民政部门和县

[①] 参见《社会团体登记管理条例》第 6 条和第 25 条、《民办非企业单位登记管理暂行条例》第 5 条和第 20 条、《基金会管理条例》第 6 条和第 35 条。

级以上地方各级人民政府民政部门①,并对登记管理机关的监督管理职责作出了明确规定,具体包括三个方面:一是负责社会组织的成立、变更、注销登记或备案;二是对社会组织实施年度检查;三是对社会组织违反"三大条例"的问题进行监督检查,对违反"三大条例"的行为给予行政处罚。② 其中,第一项职责属于登记管理,后两项属于事中、事后管理。根据《社会组织评估管理办法》第3条的规定,社会组织评估是各级人民政府民政部门依法实施的社会组织监督管理职责,属于事中、事后监管。③ 此外,2016年9月1日正式实施的《慈善法》和《慈善组织公开募捐管理办法》还赋予了登记管理机关对慈善组织的公开募捐资格进行认定的权力,这也属于一项事中、事后管理的权力。因此,下面分别从年度检查、检查处罚、等级评估、公募资格认定四个方面介绍登记管理机关的事中、事后监管职能。

一、年度检查

由于社会组织种类和数量较多,登记管理机关无法对社会组织进行经常性检查,因此,对社会组织管理运行、业务活动等情况的监管主要是通过年度检查来实施的。所谓年度检查,是指登记管理机关对社会团体、社会服务机构、基金会等社会组织,依法按年度对其遵守法律法规、规章制度和章程的情况进行检查和监督管理的制度。根据"三大条例"的规定,社会组织的年度检查由登记管理机关组织实施,年检的具体内容、程序等由民政部规定。

1. 社会团体的年检

民政部于1996年公布《社会团体年度检查暂行办法》,规定了社会团体年检的程序、内容、结果及惩处方法。1998年《社会团体登记管理条例》出台后对社会团体年检有新的规定,《社会团体年度检查暂行办法》的部分内容不再适用。综合两项政策的内容,概述年检的具体要求如下:

(1) 社会团体年检的时间:社会团体应当于每年3月31日前向业务主管单位报送上一年度的工作报告,经业务主管单位初审同意后,于5月31日前报送登记管理机关,接受年度检查。④

(2) 社会团体年检的程序:由登记管理机关发出有关年检公告或通知,社会团体在规定的时间里领取《社会团体年检报告书》,之后由社会团体按要求准备材料并经业务主管部门审查后,报送登记管理机关,登记管理机关按《社会团体年度检

---

① 参见《社会团体登记管理条例》第6条、《民办非企业单位登记管理暂行条例》第5条、《基金会管理条例》第6条。
② 参见《社会团体登记管理条例》第24条、《民办非企业单位登记管理暂行条例》第19条、《基金会管理条例》第34条。
③ 参见《社会组织评估管理办法》第3条。
④ 参见《社会团体登记管理条例》第28条。

查暂行办法》第5条规定的年检内容进行检查并审核有关材料,最后由登记管理机关作出年检结论。①

(3) 社会团体年检的内容:登记管理机关检查社会团体的年度工作报告,年度工作报告的内容包括:遵守法律法规和国家政策的情况、依照本条例履行登记手续的情况、按照章程开展活动的情况、人员和机构变动的情况、财务管理的情况。②

(4) 社会团体年检的结论:社会团体年检的结论分为"合格"和"不合格"两种。③ 年检不合格的社会团体由登记管理机关责令其限期整改。④ 社会团体不接受年检或有其他违法违纪行为的,依照国家有关法律、法规以及社会团体处罚有关规定予以处理。⑤

2. 民办非企业单位的年检

2005年,民政部依据《民办非企业单位登记管理暂行条例》制定《民办非企业单位年度检查办法》,对民办非企业单位年检的程序、内容、结果及惩处等作出规定。民办非企业单位的年检程序和内容与社会团体基本相似,但年检的结论分为"年检合格""年检基本合格"和"年检不合格"三种。⑥《民办非企业单位年度检查办法》第8条列举了"违反国家法律、法规和有关政策规定"等13种情形,如果民办非企业单位有其中之一的情形,由登记管理机关责令改正,情节轻微的,确定为"年检基本合格";情节严重的,确定为"年检不合格"。"年检基本合格"和"年检不合格"的民办非企业单位,应当进行整改,整改期限为3个月。对"年检不合格"的民办非企业单位,登记管理机关根据情况,可以责令其在整改期间停止活动。登记管理机关对连续两年不参加年检,或连续两年"年检不合格"的民办非企业单位,予以撤销登记并公告。

3. 基金会年检

2006年,民政部依据《基金会管理条例》制定《基金会年度检查办法》,具体规定了对基金会实施年检的程序、内容、结果及惩处等。

(1) 基金会年检时间:基金会应当于每年3月31日前向登记管理机关报送经业务主管单位审查同意的上一年度的年度工作报告,接受登记管理机关检查。⑦

(2) 基金会年检的内容:财务会计报告、注册会计师审计报告,开展募捐、接受捐赠、提供资助等活动的情况,以及人员和机构的变动情况等。⑧

---

① 参见《社会团体年度检查暂行办法》第6条。
② 参见《社会团体登记管理条例》第28条。
③ 参见《社会团体年度检查暂行办法》第9条。
④ 参见《社会团体年度检查暂行办法》第12条。
⑤ 参见《社会团体年度检查暂行办法》第13条。
⑥ 参见《民办非企业单位年度检查办法》第7条。
⑦ 参见《基金会年度检查办法》第3条。
⑧ 参见《基金会年度检查办法》第4条。

（3）基金会年检的结论：年检结论分为"年检基本合格""年检不合格"两种。① 《基金会年度检查办法》第7条列举了"违反《基金会管理条例》第39条第2款规定，不按照捐赠协议使用捐赠财产的"等5种情形，如果基金会有其中之一的情形，登记管理机关应当视情节轻重作出"年检基本合格"或"年检不合格"的结论，并责令该基金会限期整改，并视情况依据《基金会管理条例》有关规定给予行政处罚。

基金会无正当理由不参加年检的，由登记管理机关责令停止活动，并向社会公告。② 基金会连续两年不接受年检的，由登记管理机关依法撤销登记。③

4. 年度工作报告与年度检查

为落实国务院关于简政放权、加强事中、事后监管的要求，2016年民政部发布的《社会团体登记管理条例（修订草案征求意见稿）》《社会服务机构登记管理条例》和《基金会管理条例（修订草案征求意见稿）》都提出用"年度工作报告"取代"年度检查"，并将年度工作报告向社会公开，接受社会公众监督。

《社会团体登记管理条例（修订草案征求意见稿）》第41条规定了社会团体年度工作报告的程序和内容："社会团体应当于每年5月31日前通过登记管理机关统一的信息平台报送上一年度工作报告，并向社会公开。"社会团体的年度工作报告内容包括："本社会团体遵守法律、法规、规章和国家政策的情况、依照本条例履行登记手续的情况、按照章程开展活动的情况、人员和机构变动的情况以及财务管理的情况。"

《社会服务机构登记管理条例》第45条对社会服务机构年度工作报告的程序和内容作了具体规定："社会服务机构应当于每年1月1日至6月30日，通过登记管理机关统一的信息平台向登记管理机关报送上一年度工作报告。"社会服务机构的年度工作报告内容包括：组织基本信息、业务活动情况、组织机构情况、接受有关部门监督管理的情况、监事意见、履行信息公开义务的情况、财务会计报告、登记管理机关要求的其他信息。依法登记或者认定为慈善组织的社会服务机构，年度工作报告及公开的内容还应当包括注册会计师审计报告。

《基金会管理条例（修订草案征求意见稿）》第56条至第58条对基金会的年度工作报告程序和内容作了具体规定："基金会应当于每年1月1日至3月31日，向登记管理机关报送上一年的年度工作报告和财务会计报告，并在登记管理机关统一的信息平台上向社会发布。"基金会的年度工作报告内容包括：登记事项、网址和联系电话等基本信息，接受捐赠以及大额捐赠情况、公开募捐情况、公益慈善活动支出和管理费用情况、实施慈善项目情况、财产管理情况、保值增值情况、关联方关

---

① 参见《基金会年度检查办法》第7条。
② 参见《基金会年度检查办法》第10条。
③ 参见《基金会年度检查办法》第11条。

系及其交易情况、承接政府购买服务情况、工作人员工资福利情况等业务活动情况,理事、监事、工作人员信息以及领取报酬的情况,理事会召开和决策情况,党组织建设情况,专项基金等机构建设情况,注册会计师审计报告等 8 项。

"三大条例"修订草案征求意见稿都将年度检查的相关条款删除,新增"对年度工作报告、信息公开等情况进行抽查"或"对社会组织依照本条例及其章程开展活动、财务管理等情况进行抽查"。① 由此可见,社会组织的"年度检查"在未来可能被"年度工作报告"取代,登记管理机关的监管职责也将随之发生改变。

二、检查处罚

监督检查和行政处罚一直是社会组织监管工作中的重要内容,每年登记管理机关都会查处社会组织的违法违规行为,对其进行行政处罚,并予以公告。根据现行法律法规和相关规定,对社会组织违反法律和严重违反章程的行为,登记管理机关有权依照法定的处罚种类和处罚程序,对社会组织或其负责人给予行政处罚。2003—2016 年,民政部查处了中国食品科学技术学会、中国性学会、中国地区开发促进会等 210 家社会组织的违法行为,视情节给予了警告、限期停止活动、撤销登记或取缔等处罚。② 据不完全统计,近年来,各地加大检查处罚力度,全国共注销、撤销和取缔 2 万多个社会组织,有力地净化了社会组织的发展环境。四类社会组织直接登记制度实施后,民政部门登记管理工作的压力加大,检查处罚工作的意义更加突出,在中央加强检查处罚工作的要求下,各地纷纷建立了专门的社会组织检查处罚机构。

对于登记管理机关而言,社会组织监督检查和行政处罚的依据主要是"三大条例",以及相关部门规章,如《民办非企业单位名称管理暂行办法》《取缔非法民间组织暂行办法》《社会团体分支机构、代表机构登记办法》等。为进一步规范行政处罚行为,2012 年 8 月民政部颁布《社会组织登记管理机关行政处罚程序规定》,对社会组织行政处罚的立案、调查取证等程序进行了规定。

为加强对社会组织的事中、事后监管,提高监管效能,民政部于 2016 年出台了《社会组织登记管理机关行政执法约谈工作规定(试行)》《社会组织登记管理机关受理投诉举报办法(试行)》等政策文件。此外,还有部分与行政处罚相关的规定散见于其他法律法规。例如,《公益事业捐赠法》第 28 条规定,受赠人未征得捐赠人的许可,擅自改变捐赠财产的性质、用途的,由县级以上人民政府有关部门责令改

---

① 参见《社会团体登记管理条例(修订草案征求意见稿)》第 46 条第 2 款、《社会服务机构登记管理条例》第 47 条第 2 款、《基金会管理条例(修订草案征求意见稿)》第 63 条第 3 款。

② 资料来源:http://www.chinanpo.gov.cn/2654/xxgkindex.html,2017 年 1 月 9 日访问。

正,给予警告。《民办教育促进法》第 62 条规定,民办学校有相关行为之一的①,由审批机关或者其他有关部门责令限期改正,并予以警告;有违法所得的,退还所收费用后没收违法所得;情节严重的,责令停止招生、吊销办学许可证;构成犯罪的,依法追究刑事责任。在地方层面上,江苏省、广州市等地制定了《关于印发〈江苏省地方性基金会监督管理暂行办法〉的通知》《广州市社会组织登记管理机关行政处罚程序规定》等地方政府规章。这些行政规章的出台在一定程度上完善了社会组织监督处罚的政策体系。

(一)"三大条例"中的检查处罚规定

1. 社会团体的检查处罚

根据《社会团体登记管理条例》,社会团体或社会团体的有关人员犯有条例第 29 条至第 30 条规定的违法行为的②,登记管理机关可以根据情节轻重分别作出不同种类的行政处罚,包括警告、责令改正、责令限期停止活动、撤换直接负责的主管人员和撤销登记。其中,撤销登记就意味着社会团体失去存在的合法身份,是最为严重的处罚。如果社会团体有违法经营额或者违法所得的,应当予以没收,可以并处违法经营额 1 倍以上 3 倍以下或者违法所得 3 倍以上 5 倍以下的罚款。另外,根据《社会团体登记管理条例》第 32 条的规定,筹备期间开展筹备以外的活动,或者未经登记,擅自以社会团体名义进行活动,以及被撤销登记的社会团体继续以社会团体名义进行活动的,由登记管理机关予以取缔,没收非法财产。除了上述情形外,根据《社会团体登记管理条例》第 31 条的规定,社会团体的活动违反其他法律、法规的,由有关国家机关依法处理;有关国家机关认为应当撤销登记的,由登记管理机关撤销登记。

2. 民办非企业单位的检查处罚

民办非企业单位(社会服务机构)违法导致行政处罚的情形与社会团体比较相似,《民办非企业单位登记管理暂行条例》第 24 至第 27 条对民办非企业单位的行政处罚制度作出了具体的规定。根据这些规定,民办非企业单位将因违规行为被行

---

① 这些违法违规行为具体包括:擅自分立、合并民办学校的;擅自改变民办学校名称、层次、类别和举办者的;发布虚假招生简章或者广告,骗取钱财的;非法颁发或者伪造学历证书、结业证书、培训证书、职业资格证书的;管理混乱严重影响教育教学,产生恶劣社会影响的;提交虚假证明文件或者采取其他欺诈手段隐瞒重要事实骗取办学许可证的;伪造、变造、买卖、出租、出借办学许可证的;恶意终止办学、抽逃资金或者挪用办学经费的。

② 这些违法违规行为具体包括:申请登记时弄虚作假,骗取登记的;自取得《社会团体法人登记证书》之日起 1 年未开展活动的;涂改、出租、出借《社会团体法人登记证书》,或者出租、出借社会团体印章的;超出章程规定的宗旨和业务范围进行活动的;拒不接受或者不按照规定接受监督检查的;不按照规定办理变更登记的;违反规定设立分支机构、代表机构,或者对分支机构、代表机构疏于管理,造成严重后果的;从事营利性的经营活动的;侵占、私分、挪用社会团体资产或者所接受的捐赠、资助的;违反国家有关规定收取费用、筹集资金或者接受、使用捐赠、资助的。

政机关处罚①,登记管理机关可以根据不同情形作出警告、责令改正、限期停止活动和撤销登记等行政处罚决定。如果民办非企业单位有违法经营或者违法所得的,应当予以没收,可以并处违法经营额1倍以上3倍以下或者违法所得3倍以上5倍以下的罚款。此外,根据《民办非企业单位登记管理暂行条例》第27条的规定,未经登记,擅自以民办非企业单位名义进行活动的,或者被撤销登记的民办非企业单位继续以民办非企业单位名义进行活动的,由登记管理机关予以取缔,没收非法财产,这也可以看作民办非企业单位行政处罚制度的组成部分。除上述情形外,根据该条例第26条的规定,民办非企业单位的活动违反其他法律、法规的,由有关国家机关依法处理;有关国家机关认为应当撤销登记的,由登记管理机关撤销登记。

3. 基金会的检查处罚

根据《基金会管理条例》第40条至第42条的规定,基金会如有条例所规定的违法违规情形②,会受到登记管理机关的行政处罚。行政处罚种类包括警告、责令停止活动、撤销登记、提请税务机关责令补交违法行为存续期间所享受的税收减免等;对于未经登记或者被撤销登记后以基金会、基金会分支机构、基金会代表机构名义开展活动的,由登记管理机关予以取缔,没收非法财产并向社会公告。如果基金会被责令停止活动的,由登记管理机关封存其登记证书、印章和财务凭证。

(二)《慈善法》中的检查处罚规定

《慈善法》第98—100条、第102—104条对慈善组织的行政处罚制度作出了具体的规定。根据这些规定,慈善组织的违法行为将会受到登记管理机关的行政处罚③,登记管理机关可以根据不同情形作出警告、责令期限改正、责令限期停止活动

---

① 这些违法违规行为具体包括:申请登记时弄虚作假,骗取登记的;涂改、出租、出借民办非企业单位登记证书,或者出租、出借民办非企业单位印章的;超出章程规定的宗旨和业务范围进行活动的;拒不接受或者不按照规定接受监督检查的;不按照规定办理变更登记的;设立分支机构;从事营利性的经营活动的;侵占、私分、挪用民办非企业单位的资产或者所接受的捐赠、资助的;违反国家有关规定收取费用、筹集资金或者接受、使用捐赠、资助的。

② 这些违法违规行为具体包括:未经登记或者被撤销登记后以基金会、基金会分支机构、基金会代表机构或者境外基金会代表机构名义开展活动的;在申请登记时弄虚作假骗取登记的,或者自取得登记证书之日起12个月内未按章程规定开展活动的;符合注销条件,不按照本条例的规定办理注销登记仍继续开展活动的;未按照章程规定的宗旨和公益活动的业务范围进行活动的;在填制会计凭证、登记会计账簿、编制财务会计报告中弄虚作假的;不按照规定办理变更登记的;未按照本条例的规定完成公益事业支出额度的;未按照本条例的规定接受年度检查,或者年度检查不合格的;不履行信息公布义务或者公布虚假信息的。

③ 这些违法行为包括:未按照慈善宗旨开展活动的;私分、挪用、截留或者侵占慈善财产的;接受附加违反法律法规或者违背社会公德条件的捐赠,或者对受益人附加违反法律法规或者违背社会公德的条件的;违反《慈善法》第14条规定造成慈善财产损失的;将不得用于投资的财产用于投资的;擅自改变捐赠财产用途的;开展慈善活动的年度支出或者管理费用的标准违反《慈善法》第60条规定的;未依法履行信息公开义务的;未依法报送年度工作报告、财务会计报告或者报告募捐方案的;泄露捐赠人、志愿者、受益人个人隐私以及捐赠人、慈善信托的委托人不同意公开的姓名、名称、住所、通讯方式等信息的;不依法向捐赠人开具捐赠票据、不依法向志愿者出具志愿服务记录证明或者不及时主动向捐赠人反馈有关情况的;弄虚作假骗取税收优惠情节严重的;从事、资助危害国家安全或者社会公共利益活动的。

和吊销登记证书的行政处罚；如果慈善组织有违法所得的，由民政部门予以没收，并对直接负责的主管人员和其他直接责任人员处2万元以上20万元以下罚款。

除上述情形外，根据《慈善法》第101条，如果慈善组织在开展募捐活动时有该法所规定的违法行为①，由民政部门予以警告、责令停止募捐活动，对违法募集的财产，责令退还捐赠人；难以退还的，由民政部门予以收缴，转给其他慈善组织用于慈善目的，对有关组织或者个人处2万元以上20万元以下罚款。

《社会团体登记管理条例（修订草案征求意见稿）》《社会服务机构登记管理条例》《基金会管理条例（修订草案征求意见稿）》根据《慈善法》的有关规定对登记管理机关的检查处罚部分作出相应修订。《社会团体登记管理条例（修订草案征求意见稿）》和《社会服务机构登记管理条例》将原本相应章节名称"罚则"改为"法律责任"，与《慈善法》和《基金会管理条例》保持一致，使其更加规范准确。《社会服务机构登记管理条例》和《基金会管理条例（修订草案征求意见稿）》增加了登记管理机关对法定代表人、直接负责人、直接责任人等行政处罚的规定。例如，《社会服务机构登记管理条例》第56条规定，社会服务机构有违条款所列情形的②，登记管理机关可以对法定代表人、负责人、直接责任人员给予警告，并可处以1万元以下的罚款；《基金会管理条例（修订草案征求意见稿）》第70条规定，基金会弄虚作假骗取登记的，由登记管理机关撤销登记，对责任人可以处以20万元以下的罚款。此外，《社会团体登记管理条例（修订草案征求意见稿）》第52条、第53条还补充了行政处罚种类，明确了吊销登记的情形，即当社会团体不再具备该条例第12条规定条件且情节严重或者在规定期限内未改正的，或社会团体违反该条例第5条规定且情节严重的，由登记管理机关吊销《社会团体法人登记证书》。

案例 6-1 2003—2016 年民政部对社会组织的检查处罚情况

2003年11月，民政部对三个因擅自设立分支机构，或在分支机构下又私设分支机构的三个全国性社团，分别给予限期停止活动一到六个月的行政处罚。这是我国自1950年开展社会团体登记管理工作以来，民政部作为国务院承担社会团体登记管理工作的职能部门首次对全国性社会团体作出行政处罚。这次被处罚的社

---

① 这些违法行为包括：不具有公开募捐资格的组织或者个人开展公开募捐的；通过虚构事实等方式欺骗、诱导募捐对象实施捐赠的；向单位或者个人摊派或者变相摊派的；妨碍公共秩序、企业生产经营或者居民生活的。

② 这些违法违规行为包括：伪造、变造或者出租、出借、转让登记证书、印章的；超出章程规定的宗旨和业务范围开展活动的；拒不接受或者不按照规定接受监督检查，或者在接受监督检查时隐瞒真实情况、弄虚作假的；不按照规定办理变更登记、核准、备案，或者隐瞒真实情况、弄虚作假的；违反规定设立分支机构的；私分、挪用、截留或者侵占社会服务机构财产的；违反国家有关规定筹集资金、获取收入或者接受使用捐赠、资助的；其他违反本条例规定的情形。

会团体有中国行为法学会、中国人生科学学会和中国建筑装饰协会。其中,中国行为法学会因在分支机构下再设立分支机构被限期停止活动一个月,中国人生科学学会和中国建筑装饰协会因擅自设立分支机构分别被限制停止活动六个月、三个月。

从2003年开始,一直到2016年,民政部基本上每年都发布几次行政处罚,如2016年10月10日,民政部对中国工业与应用数学学会、中国古都学会、中国林业职工思想政治工作研究会、中国林业文学艺术工作者联合会、中国预防青少年犯罪研究会作出警告的行政处罚。这五家社团均存在未按规定接受2014年全国性社会团体年度检查的违法行为。

根据不完全的网络统计,从2003年到2016年民政部检查处罚的社会组织数为216个(如表6-1所示)。行政处罚类型包括责令限期整改、降低评估等级、年度检查不合格、警告、限期停止活动、不予重新登记、撤销登记、予以取缔八种。在社会组织行政处罚的数据基础上,我们可以发现有的年份处罚社会组织数量较多,如2003年和2008年,同时不予重新登记、警告和限期停止活动是使用最多的行政处罚类型。从时间纵向上看,随着时间推移,社会组织行为逐渐规范,这直接导致行政

表6-1 2003—2016年民政部行政处罚的社会组织数汇总

年度	检查处罚类型								年度总计
	责令限期整改	降低评估等级	年度检查不合格	警告	限期停止活动	不予重新登记	撤销登记	予以取缔	
2003						63			63
2004			1			6			7
2005					10				10
2006							1		1
2007					3				3
2008				16	9	12	1		38
2009				7	7	1			15
2010				9	2	2			13
2011	9			4	2		1		16
2012		2		5		1			8
2013				6	4	1			11
2014				4	4	3			11
2015				3	3	3			9
2016				6	4	2			12
总计	8	2	1	60	48	69	26	2	217

资料来源:http://www.chinanpo.gov.cn/2654/xxgkindex.html,2017年1月9日访问。

处罚数量逐渐减少。

资料来源：徐家良等：《新时期中国社会组织建设研究》，中国社会科学出版社2016年版，第209—211页；http://www.chinanpo.gov.cn/2654/xxgkindex.html，2017年1月9日访问。

（三）其他法律法规中的检查处罚规定

除"三大条例"和《慈善法》之外，还有一些对社会组织的检查处罚规定存在于相关政策中。例如，《公益事业捐赠法》第28条规定，受赠人未征得捐赠人的许可，擅自改变捐赠财产的性质、用途的，由县级以上人民政府有关部门责令改正，给予警告。拒不改正的，经征求捐赠人的意见，由县级以上人民政府将捐赠财产交由与其宗旨相同或者相似的公益性社会团体或者公益性非营利的事业单位管理。尽管在这一规定中没有明确规定登记管理机关的处罚权问题，但毫无疑问的是，这里的"县级以上人民政府有关部门"中包含了登记管理机关。再如，《民办教育促进法》规定，民办学校有该法第62条规定的违法行为的①，审批机关或者其他有关部门有权作出责令限期改正，并予以警告、没收违法所得的行政处罚，对于情节严重的，还可以作出责令停止招生、吊销办学许可证的行政处罚。这里的"有关部门"也包含了登记管理机关。

此外，根据《社会组织登记管理机关行政执法约谈工作规定（试行）》第2条的规定，社会组织登记管理机关对发生违法违规情形的社会组织，可以约谈其负责人，指出问题，提出改正意见，督促社会组织及时纠正违法违规行为。该工作规定还规定了行政执法约谈的原则、对象、程序等具体内容。《社会组织登记管理机关受理投诉举报办法（试行）》第2条规定，登记管理机关接受和处理对涉嫌违反社会组织登记管理法律法规的行为或者对非法社会组织活动的投诉举报，并在第4条明确规定了受理主体是由违法行为发生地的县（市、区、旗）登记管理机关负责。该办法还在第7条提倡实名举报，但举报人不愿提供个人信息或者不愿公开投诉举报行为的，应当予以尊重。此外，该办法第10条和第11条还分别规定了予以受理和不予受理的情况②，并在第12条中明确规定受理投诉举报的处理方式，即调查核

---

① 这些违法行为包括：擅自分立、合并民办学校的；擅自改变民办学校名称、层次、类别和举办者的；发布虚假招生简章或者广告，骗取钱财的；非法颁发或者伪造学历证书、结业证书、培训证书、职业资格证书的；管理混乱严重影响教育教学，产生恶劣社会影响的；提交虚假证明文件或者采取其他欺诈手段隐瞒重要事实骗取办学许可证的；伪造、变造、买卖、出租、出借办学许可证的；恶意终止办学、抽逃资金或者挪用办学经费的。

② 予以受理的情况包括：有明确的被投诉举报对象；有涉嫌违反社会组织登记管理法律法规规定的具体事实、证据或者明确线索；属于登记管理机关职责和管辖范围。不予受理的情况包括：不符合本办法第10条规定的；投诉举报事项已依法处理，举报人在无新证据或者新线索的情况下就同一事实或者理由重复投诉举报的；应当通过诉讼、仲裁、行政复议等法定途径解决或者已经进入上述程序的；其他依法不应当受理的情形。

实—告知举报人—行政处罚或移交司法机关[①]。该办法第 13 条中还规定登记管理机关对于不属于本机关管辖的投诉举报,应当及时移交有管辖权的登记管理机关或者告知举报人该机关名称;对于不属于登记管理机关职责范围的投诉举报,能够确定主管部门的,应当及时移交其他部门,或者告知举报人该部门名称,不能确定的,应当向举报人说明情况。

三、等级评估

随着社会组织在社会建设中发挥越来越重要的作用,社会组织的法人治理结构的规范、管理制度的完善、服务能力的提升等也日益受到政府和社会公众的关注。然而,一些社会组织在发展中还存在组织机构不健全、内部治理不完善、组织行为不规范、社会公信力不高等问题。对社会组织开展等级评估工作,不仅有利于社会组织发现自身问题,促进组织能力的提高和加强制度建设,规范组织行为,强化组织自律,还有利于增加社会组织的透明度,提高社会组织的公信力。我国政府已经意识到等级评估对社会组织发展的重要性,并在这方面进行了积极探索和有益尝试。

(一)评估工作的发展

2005 年,民政部将民间组织评估工作列入工作计划。国家民间组织管理局、民政部民间组织服务中心和中国基本建设优化研究会联合启动了"中国民间组织评估体系研究"课题,并于 2005 年 3 月通过了民政部部级科研项目立项。该科研项目的科研成果为民间组织评估工作提供了较为重要的理论支持。2006 年,行业类社团、公益类社团、学术类社团、联合类社团、基金会及社会服务机构六类社会组织评估指标基本理论研究框架形成。2007 年 8 月,民政部公布了《民政部关于推进民间组织评估工作的指导意见》和《全国性民间组织评估实施办法》,标志着我国民间组织评估工作正式进入议事日程。2007 年正式启动基金会评估,2008 年启动全国性行业协会商会评估,2009 年启动民办非企业单位评估,2012 年启动全国性联合类社团、公益类社团、职业类社团评估。不论是对哪种类型社会组织的评估,评估指标体系都包括基础条件、内部治理、工作绩效和社会评价四个方面的内容。

在持续推进各类社会组织评估工作期间,2010 年 12 月民政部颁布了《社会组织评估管理办法》,这是规范社会组织评估工作的部门规章,也是目前为止我国社

---

① 《社会组织登记管理机关受理投诉举报办法(试行)》第 12 条规定:"登记管理机关对受理的投诉举报应当依法调查核实,并及时将处理结果以口头或者书面形式(包括数据电文)告知举报人,举报人身份信息或者联系方式不详以及处理结果需保密的除外。对被投诉举报对象予以行政处罚的,应当依法将行政处罚结果向社会公布。调查核实过程中,发现被投诉举报对象或者有关组织和个人的行为涉嫌犯罪的,应当及时将有关线索和证据移交司法机关。"

会组织评估最重要的政策依据,该办法适用于经各级人民政府民政部门登记注册的社会团体、基金会、民办非企业单位三类社会组织,从评估对象和内容、评估机构和职责、评估程序和方法、评估的回避与复核、评估等级管理等方面对社会组织评估工作作了基本规定。

2015年5月,为有效建立社会组织第三方评估机制,进一步完善社会组织综合监管体系,解决社会组织评估存在发展不平衡、评估机构独立性不强、专业化水平不高和评估机制不健全等问题,民政部公布了《民政部关于探索建立社会组织第三方评估机制的指导意见》以探索建立社会组织第三方评估机制。在地方层面上,截至2014年底,全国各省、自治区、直辖市和计划单列市已全部开始了社会组织评估工作。全国有26个省、自治区、直辖市制定了具有地方特色的社会组织评估工作管理办法和分类评估指标,例如《广东省民政厅关于社会组织评估管理的暂行办法》、《浙江省民政厅关于印发〈全省性社会组织评估实施办法〉的通知》、《福建省民政厅关于印发〈福建省社会组织评估暂行办法〉的通知》等,这些工作有效地推进和规范了社会组织评估实践。

(二) 评估的规定

《社会组织评估管理办法》从评估对象和内容、评估机构和职责、评估程序和方法、评估的回避与复核、评估等级管理等方面对社会组织评估工作作了基本规定。

(1) 评估的界定。根据《社会组织评估管理办法》第3条的规定,社会组织评估是指各级人民政府民政部门为依法实施社会组织监督管理职责,促进社会组织健康发展,依照规范的方法和程序,由评估机构根据评估标准,对社会组织进行客观、全面的评估,并作出评估等级结论。

(2) 评估对象。《社会组织评估管理办法》第2条和第6条规定,该办法适用于经各级人民政府民政部门登记注册的社会团体、基金会、民办非企业单位三类社会组织;取得社会团体、基金会或者民办非企业单位登记证书满两个年度,未参加过社会组织评估的,或者获得的评估等级满5年有效期的社会组织,可以申请参加评估。

(3) 评估内容。针对社会组织评估内容,《社会组织评估管理办法》第8条规定,按照组织类型的不同,对社会组织实行分类评估,其中,社会团体、基金会实行综合评估,评估内容包括基础条件、内部治理、工作绩效和社会评价;民办非企业单位实行规范化建设评估,评估内容包括基础条件、内部治理、业务活动和诚信建设、社会评价。

(4) 评估机构和职责。《社会组织评估管理办法》第9条明确规定,各级人民政府民政部门设立相应的社会组织评估委员会和社会组织评估复核委员会,并负责对本级评估委员会和复核委员会的组织协调和监督管理。同时,社会组织评估工作需要依照一定程序进行,根据该办法第 16 条的规定,评估程序依次包括:发布评估通知或者公告;审核社会组织参加评估资格;组织实地考察和提出初步评估意见;审核初步评估意见并确定评估等级;公示评估结果并向社会组织送达通知书;受理复核申请和举报;民政部门确认社会组织评估等级、发布公告,并向获得 3A 以上评估等级的社会组织颁发证书和牌匾。

(5)评估结果运用。社会组织评估结果运用合理与否,会影响社会组织参与评估的积极性。根据《社会组织评估管理办法》第 26 条、第 28 条的规定,社会组织评估结果分为 5 个等级,由高至低依次为 5A 级(AAAAA)、4A 级(AAAA)、3A 级(AAA)、2A 级(AA)、1A 级(A)。社会组织评估等级有效期为 5 年;获得 3A 以上评估等级的社会组织,可以优先接受政府职能转移,优先获得政府购买服务,优先获得政府奖励;获得 3A 以上评估等级的基金会、慈善组织等公益性社会团体可以按照规定申请公益性捐赠税前扣除资格;获得 4A 以上评估等级的社会组织在年度检查时,可以简化年度检查程序。此外,根据该办法第 30 条的规定,获得评估等级的社会组织有违法违规行为[①]的,将由民政部门作出降低评估等级的处理,情节严重的,作出取消评估等级的处理。

案例 6-2　**2016 年全国性社会组织评估工作通知**

2016 年 10 月 9 日,国家社会组织管理局在中国社会组织网发布了《国家社会组织管理局关于开展 2016 年度全国性社会组织评估工作的通知》,从评估对象、内容、具体安排和有关要求四个方面介绍了 2016 年度全国性社会组织评估工作,提倡符合评估条件的全国性社会组织应充分认识评估工作的重要意义,根据通知要求,对照评估标准,明确申报类型,认真准备材料,做好参评工作。

同时,还公布了 2016 年全国性行业协会商会评估指标(如表 6-2 所示)、社会服务机构评估指标(如表 6-3 所示)、基金会评估指标(如表 6-4 所示)。虽然全国性行业商会、社会服务机构、基金会评估指标均包括基础条件、内部治理、工作绩效、社会评价四个一级指标,总分共 1000 分,但一级指标的分值分布有所差异,且二级指标的内容和分值也呈现组织特色。

---

① 这些违法违规行为包括:评估中提供虚假情况和资料,或者与评估人员串通作弊,致使评估情况失实的;涂改、伪造、出租、出借评估等级证书,或者伪造、出租、出借评估等级牌匾的;连续两年年度检查基本合格的;上年度年度检查不合格或者上年度未参加年度检查的;受相关政府部门警告、罚款、没收非法所得、限期停止活动等行政处罚的;其他违反法律法规规定情形的。

表 6-2 2016 年全国性行业协会商会评估指标

一级指标	二级指标
基础条件(60 分)	法人资格(27 分)
	章程(15 分)
	登记备案(10 分)
	年度检查(8 分)
内部治理(390 分)	发展规划(8 分)
	组织机构(75 分)
	党组织(30 分)
	领导班子(24 分)
	人力资源管理(33 分)
	财务资产管理(200 分)
	档案、证章管理(20 分)
工作绩效(430 分)	提供服务(185 分)
	反映诉求(33 分)
	行业自律(85 分)
	行业影响力(50 分)
	信息公开与宣传(57 分)
	特色工作(20 分)
社会评价(120 分)	内部评价(50 分)
	外部评价(70 分)

资料来源：http://www.chinanpo.gov.cn/3988/pgindex.html，2017 年 1 月 9 日访问。

表 6-3 2016 年社会服务机构评估指标

一级指标	二级指标
基础条件(60 分)	法人资格(28 分)
	章程(10 分)
	变更和备案(14 分)
	年度检查(8 分)
内部治理(390 分)	组织机构(70 分)
	党组织(30 分)
	人力资源管理(55 分)
	领导班子(35 分)
	财务资产管理(160 分)
	档案、证章管理(40 分)

(续表)

一级指标	二级指标
工作绩效(430分)	业务管理(75分)
	提供业务服务(185分)
	信息公开和服务承诺(110分)
	国际活动(15分)
	社会宣传(25分)
	特色工作(20分)
社会评价(120分)	内部评价(40分)
	公众评价(10分)
	管理部门评价(70分)

资料来源：http://www.chinanpo.gov.cn/3988/pgindex.html，2017年1月9日访问。

表6-4 2016年基金会评估指标

一级指标	二级指标
基础条件(60分)	法人资格(23分)
	章程(10分)
	变更登记和备案(10分)
	遵纪守法(17分)
内部治理(400分)	组织机构(65分)
	党组织(30分)
	领导班子(15分)
	人力资源管理(40分)
	财务资产管理(230分)
	档案、证章管理(20分)
工作绩效(420分)	社会捐赠、政府购买服务(50分)
	公益活动规模和效益(110分)
	战略与计划(15分)
	项目开发与运作(130分)
	信息公开与宣传(95分)
	特色工作(20分)
社会评价(120分)	内部评价(20分)
	公众评价(30分)
	管理部门评价(70分)

资料来源：http://www.chinanpo.gov.cn/3988/pgindex.html，2017年1月9日访问。

资料来源：《国家社会组织管理局关于开展2016年度全国性社会组织评估工作的通知》，http://www.mcprc.gov.cn/whzx/zxgz/shzzgl/shzztzgg/201610/t20161011_463701.html，2017年1月9日访问。

四、公募资格认定

根据《慈善法》第 21 条至 22 条的规定，慈善募捐分为两种形式：一是面向社会公众的公开募捐，一是面向特定对象的定向募捐。慈善组织开展公开募捐，应当取得公开募捐资格。2016 年 8 月，民政部公布了《慈善组织认定办法》和《慈善组织公开募捐管理办法》，进一步明确了慈善组织的认定工作以及对慈善组织公开募捐资格和公开募捐活动的监督管理。

《慈善组织公开募捐管理办法》第 4 条规定，县级以上人民政府民政部门依法对其登记的慈善组织公开募捐资格和公开募捐活动进行监督管理，并对本行政区域内涉及公开募捐的有关活动进行监督管理。第 5 条规定，依法登记或者认定为慈善组织满二年的社会组织，申请公开募捐资格，需要满足若干条件，包括根据法律法规和本组织章程建立规范的内部治理结构，理事会能够有效决策，负责人任职符合有关规定，理事会成员和负责人勤勉尽职，诚实守信；理事会成员来自同一组织以及相互间存在关联关系组织的不超过 1/3，相互间具有近亲属关系的没有同时在理事会任职；理事会成员中非内地居民不超过 1/3，法定代表人由内地居民担任；秘书长为专职，理事长（会长）、秘书长不得由同一人兼任，有与本慈善组织开展活动相适应的专职工作人员；在省级以上人民政府民政部门登记的慈善组织有三名以上监事组成的监事会；依法办理税务登记，履行纳税义务；按照规定参加社会组织评估，评估结果为 3A 及以上；申请时未纳入异常名录；申请公开募捐资格前二年，未因违反社会组织相关法律法规受到行政处罚，没有其他违反法律、法规、国家政策行为的。

《慈善法》公布前设立的非公募基金会、具有公益性捐赠税前扣除资格的社会团体，登记满二年，经认定为慈善组织的，可以申请公开募捐资格。除上述情形外，根据《慈善法》22 条第 2 款的规定，法律、行政法规规定自登记之日起可以公开募捐的基金会和社会团体，由民政部门直接发给公开募捐资格证书。

第三节　业务主管单位的监管

在我国，社会团体和民办非企业单位的业务主管单位主要指国务院有关部门和县级以上地方各级人民政府有关部门、国务院或者县级以上地方各级人民政府授权的组织；国务院民政部登记的基金会业务主管单位是指国务院有关部门或者国务院授权的组织，省、自治区、直辖市政府民政部门登记的基金会业务主管单位是省、自治区、直辖市政府有关部门或者省、自治区、直辖市政府授权的组织。①《社会团体登记管理条例》《民办非企业单位登记管理暂行条例》《基金会管理条例》对业务主管单位的监督管理职责作出了明确规定,具体包括五个方面:一是负责社会组织成立、变更、注销登记前的审查;二是监督、指导社会组织遵守宪法、法律、法规和国家政策,按照章程开展活动;三是负责社会组织年度检查的初审;四是协助登记管理机关和其他有关部门查处社会组织的违法行为;五是会同有关机关指导社会组织的清算事宜。②

一、年检初审

根据"三大条例"和《社会团体年度检查暂行办法》《民办非企业单位年度检查办法》《基金会年度检查办法》等政策的规定,社会组织的年度检查由业务主管单位和登记管理机关共同进行,其中,业务主管单位负责年度检查报告的初审,登记管理机关负责最终的审查。

《社会团体年度检查暂行办法》规定了社会团体年检的程序、内容、结果及惩处办法。《社会团体登记管理条例》第28条规定,社会团体应当于每年3月31日前向业务主管单位报送上一年度的工作报告,经业务主管单位初审同意后,于5月31日前报送登记管理机关,接受年度检查。《民办非企业单位年度检查办法》和《基金会年度检查办法》也存在基本相同的规定,民办非企业单位应当于每年3月31日前向业务主管单位报送年检材料,经业务主管单位出具初审意见后,于5月31日前报送登记管理机关③;基金会应当于每年3月31日前向登记管理机关报送经业务主管单位审查同意的上一年度的年度工作报告,接受登记管理机关检查④。

2013年3月,第十二届全国人大第一次会议通过《关于国务院机构改革和职能转变方案的决定》,并提出重点培育、优先发展行业协会商会类、科技类、公益慈善类、城乡社区服务类四类社会组织。同年11月,中共十八届三中全会通过的《中共中央关于全面深化改革若干重大问题的决定》明确提出重点培育和优先发展公益慈善等类型社会组织,成立时直接登记,不再需要业务主管单位审查同意。随着社会组织直接登记政策的发展和落实,部分社会组织不再有业务主管单位,年度检查的初审工作也因此发生改变。

2016年"三大条例"修订草案的征求意见稿规定,社会组织应当于规定日期内

---

① 参见《社会团体登记管理条例》第6条、《民办非企业单位登记管理暂行条例》第5条、《基金会管理条例》第7条。
② 参见《社会团体登记管理条例》第25条、《民办非企业单位登记管理暂行条例》第20条、《基金会管理条例》第35条。
③ 参见《民办非企业单位年度检查办法》第4条第2款。
④ 参见《基金会年度检查办法》第3条。

通过登记管理机关统一的信息平台报送上一年度工作报告或财务会计报告,并向社会公开,但经业务主管单位审查同意后登记成立的社会组织,应当在向登记管理机关统一的信息平台报送上一年度工作报告前,报业务主管单位审查。① 这意味着,"直接登记"成立的社会组织的年度工作报告不存在业务主管单位的初审环节。同时,由于"年度检查"被"年度工作报告"取代,业务主管单位的监管职责也将发生变化。《社会服务机构登记管理条例》和《基金会管理条例(修订草案征求意见稿)》中不再有业务主管单位"负责社会组织年度检查的初审"的条款,新增相关内容为"监督、指导社会服务机构制定年度工作报告、履行信息公开义务"。② 但是,这种变化尚未体现在社会团体管理中,《社会团体登记管理条例(修订草案征求意见稿)》仍然保留了业务主管单位"负责社会团体年度工作报告的初审"的权力。③

二、业务活动指导

在双重管理体制下,业务主管单位和登记管理机关共同承担对社会组织的业务活动进行监督管理的职责。《社会团体登记管理条例》《民办非企业单位登记管理暂行条例》《基金会管理条例》明确规定了业务主管单位履行监督、指导社会组织遵守宪法、法律法规和国家政策、依据其章程开展活动的监督管理职责。④

2001年《民政部关于重新确认社会团体业务主管单位的通知》进一步明确了社会团体业务主管单位的管理职责,除《社会团体登记管理条例》中涉及的管理职责外,还包括负责社会团体的思想政治工作、党的建设、财务和人事管理、研讨活动、对外交往、接受境外捐赠资助。2005年《民政部关于促进慈善类民间组织发展的通知》提出,要在慈善组织成立和运作的初期给予帮助和扶持,有条件的地方,民政部门和业务主管单位可在办公场地、启动资金、项目开展等方面给予慈善类民间组织必要的支持。此外,国务院于2015年公布《行业协会商会与行政机关脱钩总体方案》,为实现行业协会商会与行政机关脱钩,该方案重点介绍了机构分离、职能分离、资产财务分离、人员管理分离、党建外事分离五个方面的脱钩任务和措施,并提到"业务主管单位对剥离行业协会商会有关行政职能提出具体意见""按照财政部门、机关事务主管部门统一部署和有关规定,各业务主管单位对其主管的行业协会商会财务资产状况进行全面摸底和清查登记,厘清财产归属"等内容。

---

① 参见《社会团体登记管理条例(修订草案征求意见稿)》第41条、《社会服务机构登记管理条例》第45条、《基金会管理条例(修订草案征求意见稿)》第56条。
② 参见《社会服务机构登记管理条例》第50条第3款、《基金会管理条例(修订草案征求意见稿)》第66条第4款。
③ 参见《社会团体登记管理条例(修订草案征求意见稿)》第48条第3款。
④ 参见《社会团体登记管理条例》第25条第2款、《民办非企业单位登记管理暂行条例》第20条第2款、《基金会管理条例》第35条第1款。

然而，这些规定缺乏明确的上位法依据，业务主管单位是否应该遵照执行，是非常值得讨论的问题。在现实中，并非所有业务主管单位都遵照政策规定对社会组织的业务活动进行监管，大多数是对社会组织放任自由的。

在地方层面，广东省的社会组织管理制度改革一直走在全国前列。广东省先后制定了《广东省行业协会条例》《中共广东省委办公厅、广东省人民政府办公厅关于发展和规范我省社会组织的意见》《中共广东省委广东省人民政府印发〈关于进一步培育发展和规范管理社会组织的方案〉的通知》，提出要培育和发展社会组织、规范和改进社会组织监督管理、加强社会组织能力建设，除法律法规规定要前置审批的外，社会组织的业务主管单位均改为业务指导单位，实现自愿发起、自选会长、自筹经费、自聘人员、自主会务和无行政级别、无行政事业编制、无行政业务主管部门、无现职国家机关工作人员兼职，弱化了业务主管单位对行业协会的控制，推进了社会组织民间化、自治化、市场化改革进程。

此外，社会组织直接登记制度将业务主管单位对社会组织的业务指导工作移交给了登记管理机关。随着这一制度改革的继续推进，更是出现了业务指导单位应如何履行监管职能尚无法律依据、原业务主管单位的监管职能是否应交由登记管理机关行使、各监管主体间如何协调工作缺乏法律规定等问题。

三、协助查处违法行为

根据《社会团体登记管理条例》《民办非企业单位登记管理暂行条例》《基金会管理条例》的有关规定，社会组织的业务主管单位有协助登记管理机关和其他有关部门查处社会组织违法行为的监督管理职责。但是，业务主管单位并不享有对社会组织的行政处罚权。"三大条例"都没有规定业务主管单位在社会组织有违法违规行为时进行行政处罚的权力，它们仅有权建议登记管理机关作出相应的行政处罚。

《社会团体登记管理条例》和《基金会管理条例》对业务主管单位协助查处违法的监督管理职责规定较少，只是明确业务主管单位有这方面的职责。[①]《民办非企业单位登记管理暂行条例》除了明确业务主管单位这一监督管理职责外[②]，还在第24条规定，民办非企业单位在申请登记时弄虚作假，骗取登记的，或者业务主管单位撤销批准的，由登记管理机关予以撤销登记。这一规定对民办非企业单位骗取登记的处罚不仅强调了登记管理机关的监督权力，同时也规定了业务主管单位的撤销权，直接说明业务主管单位对民办非企业单位有协助查处违法行为的监管职责，一旦业务主管单位发现民办非企业单位有违法违规活动，就有权撤销对该社会

---

① 参见《社会团体登记管理条例》第25条第4款、《基金会管理条例》第35条第3款。
② 参见《民办非企业单位登记管理暂行条例》第20条第4款。

服务机构的批准,从而启动登记管理机关的撤销登记程序。

虽然 2016 年《社会团体登记管理条例(修订草案征求意见稿)》《社会服务机构登记管理条例》和《基金会管理条例(修订草案征求意见稿)》对登记管理机关的检查处罚部分作出了部分修订,但对业务主管单位协助查处违法监督管理职责的修订内容较少。在具体监管职责上,"三大条例"征求意见稿与现行"三大条例"保持一致。① 此外,《社会服务机构登记管理条例》还删除了现有条例中"民办非企业单位在申请登记时,业务主管单位撤销批准的,由登记管理机关予以撤销登记"的规定。

案例 6-3 **中国之友研究基金会严重违规被民政部撤销登记**

2004 年 8 月,中国之友研究基金会的业务主管单位国家旅游局向民政部发了《关于建议撤销"中国之友研究基金会"登记的函》。函称:发现中国之友研究基金会在 1999 年 9 月全国性社会团体清理整顿中,临时借款 230 万元应付登记,后又将资金抽走,有"弄虚作假、骗取登记"的违法行为,且违法行为处于持续状态。依据《社会团体登记管理条例》第 32 条,建议对该基金会给予撤销登记的行政处罚。

2004 年 12 月 8 日,民政部对中国之友研究基金会"弄虚作假、骗取登记"的违法行为正式立案调查。结果显示,中国之友研究基金会在 1999 年 9 月全国性社会团体清理整顿中没有如实报告捐赠款退回情况,基本存款账户上注册资金和活动资金的总额始终没有达到当时中国人民银行 210 万元的规定,存在弄虚作假、骗取登记,且违法状态处于连续状态。

据民政部介绍,该基金会除弄虚作假、骗取登记的行为以外,还存在内部管理混乱、私设银行账户、公益活动缺失及擅自设立分支机构等一系列问题,早已无法正常发挥基金会的职能。

资料来源:http://www.chinanpo.gov.cn/2654/25861/nextindex.html,2017 年 1 月 9 日访问。

四、接受重大事项报告

近年来,为了更好地为社会组织提供指导和服务,加强和改进对社会组织的监督管理,业务主管单位也开始接受社会组织重大事项报告。一般而言,社会组织的重大事项是指,在依法需要审批和备案的事项之外,对社会组织自身、会员和服务

---

① 参见《社会团体登记管理条例(修订草案征求意见稿)》第 48 条第 4 款、《社会服务机构登记管理条例》第 50 条第 4 款、《基金会管理条例(修订草案征求意见稿)》第 66 条第 5 款。

对象,以及其他组织和个人,可能带来较大影响或者具有较大影响的重大会议、重大变化、重大事件和重要活动等。作为一项较新的社会组织事中、事后监管制度,社会组织重大事项报告制度也在监管实践中不断完善和发展。

目前,我国并不存在有关社会组织重大事项报告的全国性法规政策,只有地方性法律规范。2008 年 7 月,为加强全市各级社会组织的管理,为我国奥运会的成功举办营造良好、和谐氛围,贵阳市民政局发布了《贵阳市民政局关于奥运会期间严格执行社会组织重大事项报告制度的通知》,从社会组织重大事项报告的内容、程序和基本要求三个方面作出基本规定,并强调凡拟在奥运会期间开展的重大活动事项需要事先征得业务主管单位的同意,报登记管理机关审查后方可进行。2011 年,北京市民政局公布了《北京市社会组织重大事项报告的若干规定》,该规定从重大事项报告的对象、内容、程序及相应奖惩作出了基本规定。结合本市社会组织的政策规定及发展情况,上海市、广州市分别公布了《上海市民政局、上海社会团体管理局关于印发〈上海市社会组织重大事项报告指引〉的通知》和《广州市民政局关于印发广州市社会组织重大事项报告工作指引的通知》,并对本市社会组织重大事项报告的对象、内容、程序、提交材料及相应奖惩作出了具体规定。此外,2015 年青海省民政厅公布了《青海省民政厅关于完善社会组织重大事项报告制度的通知》,对本省社会组织重大事项报告的内容、程序和时限及相关注意事项作出具体规定。

由于地方关于社会组织重大事项报告的政策规定大同小异,因此这里对业务主管单位相关监督管理的规定和做法以《北京市社会组织重大事项报告的若干规定》为例进行介绍。作为出台最早的社会组织重大事项报告有关的地方性法规,该规定对社会组织重大事项报告的对象、内容、程序及相应奖惩作出了基本规定。

根据《北京市社会组织重大事项报告的若干规定》,业务主管单位与登记管理机关共同负责本级社会组织重大事项报告的指导和管理工作,对所接收的重大事项报告可以提供必要的指导和处理意见。重大事项是指对社会可能产生重大影响,关系社会组织利益、社会组织建设与发展的重大事件、重要活动。其中,重大事件包括:在业务活动中了解和掌握的重要社情动态;在业务活动中发生的重大人员伤亡和财产损失事故;在业务活动中发生的,导致本组织工作不能正常开展的纠纷、冲突;本组织违反法律、法规,受到有关行政机关依法处罚的;其他需要报告的重大事件。[①] 重要活动包括:召开会员(代表)大会、理(董)事会,决定变更登记、注销登记、换届改选、修改章程等事项的;举办大型活动、庆典、研讨会、论坛的;吸收境外人士担任本组织职务;接受境外组织、个人捐赠及资助;与境外组织开展项目合作或者联合举办活动;组团出国出境,开展交流考察;参加国际会议、加入国际组

---

① 参见《北京市社会组织重大事项报告的若干规定》第 4 条。

织的;开展评比达标活动,进行认证排名的;设立经济实体,参加重大投资项目的;公募基金会、公益性慈善协会面向公众开展募捐活动的;其他需要报告的重要活动。①

社会组织重大事项报告的方式是通过社会组织公共服务平台网络系统填写社会组织重大事项报告表,或通过电话、传真等方式进行报告。针对不同的重要活动,社会组织重大事项报告的时限有所不同,若是召开会员(代表)大会、理(董)事会、决定变更登记、注销登记、换届改选、修改章程等事项,社会组织应当提前30日向登记管理机关和业务主管单位报告,并按规定提交相关材料;此外的重要活动应提前10日向登记管理机关和业务主管单位报告。②

此外,社会组织重大事项报告情况将作为年检考评的参考依据,并与"社会组织信用系统"和"社会组织等级评估体系"挂钩,酌情予以奖励。③

第四节 税务机关的监管

从一般意义上而言,国家对社会组织的税收优惠体现在两个方面:一是对于社会组织本身给予税收优惠政策,二是对向社会组织进行捐赠的企业或个人给予税收优惠政策。改革开放以来,我国对社会组织的税收优惠政策呈现出渐进式的发展轨迹,政府对于社会组织的认识越来越全面和充分,所提供的税收优惠政策也越来越主动和积极。但是,我国目前还没有专门针对社会组织的税收制度,对社会组织的税收监管与企业相同,并按《税收征管法》及其实施细则和其他相关法律法规、政策文件的规定来组织实施。具体而言,税务机关对社会组织的监管管理主要包括:日常税务管理、公益性捐赠税前扣除资格认定、免税资格登记。

一、日常税务管理

税务机关(包括税务总局和地方税务机关)对社会组织进行日常税务管理,主要对社会组织的经济收入纳税情况进行检查,以确保国家税收的正常收取。根据国家相关法律法规,社会组织的经营性收入必须纳税,税务机关需要对社会组织的经济收入纳税情况进行检查,查处偷税、漏税违法行为,确保国家税收制度的严肃性和权威性。

由于我国目前还没有专门针对社会组织的税收制度,对社会组织的日常税收管理与企业相似。当前与社会组织税收相关的法律法规和政策文件包括《企业所

---

① 参见《北京市社会组织重大事项报告的若干规定》第5条。
② 参见《北京市社会组织重大事项报告的若干规定》第9条。
③ 参见《北京市社会组织重大事项报告的若干规定》第10条。

得税法》及其实施条例、《公益事业捐赠法》《国务院关于加强预算外资金管理的决定》《关于事业单位社会团体征收企业所得税有关问题的通知》《财政部、国家税务总局关于非营利组织企业所得税免税收入问题的通知》《财政部、国家税务总局关于非营利组织免税资格认定管理有关问题的通知》等。此外，《基金会管理条例》中有税务机关应对基金会日常税收管理的基本规定，2016 年《慈善法》中也有对慈善组织日常税务管理的基本规定。

依据现行税收法律法规和规章制度，社会组织是按照其收入项目（是不是营利性项目）是否应当征税来确定自身是纳税人还是非纳税人的。1996 年国务院出台的《关于加强预算外资金管理的决定》要求，"事业单位和社会团体通过市场取得的不体现政府职能的经营、服务性收入，不作为预算外资金管理，收入可不上缴财政专户，但必须依法纳税，并纳入单位财务收支计划，实行收支统一核算"。只要社会团体存在涉及征税的收入项目，就应纳入税务管理，办理税务登记，使用税务机关印制或监制的发票收取费用，进行纳税申报。对不征税的收费、基金项目，应使用省级以上财政部门统一印制或监制的收费、基金票据。同时，根据《基金会管理条例》第 37 条的规定，基金会应当接受税务、会计主管部门依法实施的税务监督和会计监督。若基金会有《基金会管理条例》第 42 条所规定的违法违规行为，由登记管理机关给予警告、责令停止活动，情节严重的，可以撤销登记，同时登记管理机关应当提请税务机关责令其补交违法行为存续期间所享受的税收减免。该条例第 22 条第 3 款规定，基金会的监事列席理事会会议，有权向理事会提出质询和建议，并应当向登记管理机关、业务主管单位以及税务、会计主管部门反映情况。

《慈善法》第 103 条规定，慈善组织弄虚作假骗取税收优惠的，由税务机关依法查处；情节严重的，由民政部门吊销登记证书并予以公告。该法第 60 条第 2 款规定，具有公开募捐资格的基金会以外的慈善组织开展慈善活动的年度支出和管理费用的标准，由国务院民政部门会同国务院财政、税务等部门依照前款规定的原则制定。但是，《慈善法》《基金会管理条例》只是原则性地规定基金会要接受税务机关的监管，并没有进一步说明税务机关如何监管基金会。

为实现国家治理体系和治理能力现代化，我国税务总局也在积极推进行政审批制度改革，切实加强事中、事后管理。2016 年 2 月，国家税务总局发布《国家税务总局关于深化行政审批制度改革切实加强事中事后管理的指导意见》，提出"完善社会监督，促进共管共治""发挥涉税专业服务社会组织的资源优势，鼓励和引导纳税人使用涉税专业服务社会组织提供的涉税服务，并加强监管、规范涉税服务活动"，这有助于推进简政放权、放管结合、优化服务，不断提高税务机关对社会组织税收征管效能。2016 年 3 月，国家税务总局发布了《关于明确社会组织等纳税人使用统一社会信用代码及办理税务登记有关问题的通知》，明确了社会组织等未纳入

"三证合一"登记制度改革的纳税人使用统一社会信用代码及办理税务登记有关事宜,并强调试点的税务机关要加强与当地民政部门的协调配合,切实做好后续监管工作,确保改革试点稳步推进。

二、公益性捐赠税前扣除资格认定

为鼓励捐赠者向公益组织进行捐赠,我国对企业或个人向公益组织的捐赠采取税收优惠政策,不超过规定比例的捐赠,可以在所得税前扣除。

20 世纪 90 年代税法的修订赋予了社会组织所得税优惠权,主要包括公益性捐赠税前扣除优惠及其资格的认定。《个人所得税法》和《企业所得税暂行条例》分别于 1993 年和 1994 年被修订,修订之后增加了关于企业和个人向公益事业的捐赠得以税前扣除的规定。① 1999 年,全国人大常委会通过《公益事业捐赠法》,规定了捐赠财产用于公益事业可以享受的税收优惠政策。但这一法律存在诸多缺陷,包括税法所规定的可以扣除的捐赠部分占应纳税额的比例太低、对被捐助的对象作出了严格限制等。针对这些问题,2007 年财政部、国家税务总局联合发布了《关于公益救济性捐赠税前扣除政策及相关管理问题的通知》,对于申请捐赠税前扣除资格的非营利的公益性社会团体和基金会所应具备的条件和程序作出了统一规定。2008 年我国开始实施《企业所得税法》,该法规定企业公益性捐赠税前扣除的比例从 3% 提高至 12%,并且第一次明确规定符合条件的非营利组织的收入为免税收入。② 随后,财政部、国家税务总局、民政局联合发布了《关于公益性捐赠税前扣除有关问题的通知》和《关于公益性捐赠税前扣除有关问题的补充通知》,对社会组织公益性捐赠税前扣除资格认定及有关税收优惠政策进行了修订。

根据《公益事业捐赠法》的规定,公司和其他企业、自然人和个体工商户依法捐赠财产用于公益事业,可以享受企业或个人所得税方面的优惠。③《企业所得税法》及其实施条例进一步明确了企业发生的公益性捐赠支出在年度利润总额 12% 以内的部分,且是通过公益性社会团体或者县级以上人民政府及其部门捐赠的,属于《公益事业捐赠法》规定的公益事业性捐赠。④

根据《关于公益性捐赠税前扣除有关问题的通知》的规定,该通知发布前已经取得和未取得捐赠税前扣除资格的公益性社会团体,均应按通知的规定提出申

---

① 参见《个人所得税法》第 6 条、《企业所得税暂行条例》第 6 条。
② 参见《企业所得税法》第 9 条和第 26 条第 4 款。
③ 参见《公益事业捐赠法》第 2 条、第 24 条和第 25 条。这里的公益事业包括:向救助灾害、救济贫困、扶助残疾人等困难的社会群体和个人的活动;教育、科学、文化、卫生、体育事业;环境保护、社会公共设施建设;促进社会发展和进步的其他社会公共和福利事业。
④ 参见《企业所得税法》第 9 条、《企业所得税法实施条例》第 51 条。

请。① 申请公益性捐赠税前扣除资格的公益性社会团体需要符合若干条件要求,并提交有关申请材料。② 符合要求的基金会、慈善组织等公益性社会团体,需分别向财政部、国家税务总局、民政部提出申请,其中民政部门负责对公益性社会团体的资格进行初步审核,财政、税务部门会同民政部门对公益性社会团体的捐赠税前扣除资格联合进行审核确认。③ 若公益性社会团体存在该通知所规定的违规行为,则应取消其公益性捐赠税前扣除资格,并根据不同情形对其再次申请公益性捐赠扣除资格实施不同的时限限制。④

《关于公益性捐赠税前扣除有关问题的补充通知》第 6 条和第 7 条分别补充规定,对已经获得公益性捐赠税前扣除资格的公益性社会团体,其年度检查连续两年基本合格视同为《关于公益性捐赠税前扣除有关问题的通知》第 10 条规定的年度检查不合格,应取消公益性捐赠税前扣除资格;对获得公益性捐赠税前扣除资格的公益性社会团体,发现其不再符合《关于公益性捐赠税前扣除有关问题的通知》有关规定的,应自发现之日起 15 日内向主管税务机关报告,主管税务机关可暂时明确其获得资格的次年内企业或个人向该公益性社会团体的公益性捐赠支出,不得税前扣除。

《慈善法》也对慈善组织公益性税前扣除优惠作出了原则性规定。该法第 80 条规定,自然人、法人和其他组织捐赠财产用于慈善活动的,依法享受税收优惠。企业慈善捐赠支出超过法律规定的准予在计算企业所得税应纳税所得额时当年扣除的部分,允许结转以后三年内在计算应纳税所得额时扣除。第 82 条规定,慈善组织、捐赠人、受益人依法享受税收优惠的,有关部门应当及时办理相关手续。

三、免税资格登记

我国社会组织有五项免税收入,包括捐赠、财政拨款、会费、孳息及其他。⑤

在《企业所得税法》实施之前,我国对于社会组织的免税资格没有统一规定。1997 年,财政部和国家税务总局根据《企业所得税暂行条例》及其实施细则,结合社会团体的有关特点颁布了《关于事业单位、社会团体征收企业所得税有关问题的通知》,这一规定几乎被 1999 年国家税务总局颁布的《事业单位、社会团体、民办非企业单位企业所得税征收管理办法》全盘接受。上述相关规定对于社会团体、民办非

---

① 参见《关于公益性捐赠税前扣除有关问题的通知》第 11 条。
② 参见《关于公益性捐赠税前扣除有关问题的通知》第 4 条和第 7 条。
③ 参见《关于公益性捐赠税前扣除有关问题的通知》第 6 条。
④ 参见《关于公益性捐赠税前扣除有关问题的通知》第 10 条。
⑤ 《财政部、国家税务总局关于非营利组织企业所得税免税收入问题的通知》规定,非营利组织的下列收入为免税收入:接受其他单位或者个人捐赠的收入;除《企业所得税法》第 7 条规定的财政拨款以外的其他政府补助收入,但不包括因政府购买服务取得的收入;按照省级以上民政、财政部门规定收取的会费;不征税收入和免税收入孳生的银行存款利息收入;财政部、国家税务总局规定的其他收入。

企业单位的不同收入实施不同的税收政策。国家税务总局还针对基金会出台了《国家税务总局关于基金会应税收入问题的通知》,规定基金会在金融机构的基金存款取得的利息收入,暂不作为企业所得税应税收入。《企业所得税法》及其实施条例对社会组织的收入免税内容作出了基本规定。2009 年,财政部、国家税务总局公布了《关于非营利组织企业所得税免税收入问题的通知》和《关于非营利组织免税资格认定管理有关问题的通知》,对企业所得税免税收入的范围、社会组织的免税资格认定及管理等作了明确规定,要求对社会组织进行免税资格认定,经认定后才享受国家税收优惠,其属于企业所得税免税收入范围内的收入免征企业所得税。2014 年初,财政部和国家税务总局发布新的《关于非营利组织免税资格认定管理有关问题的通知》(以下简称《免税资格认定管理》),进一步完善了社会组织所得税免税资格认定的管理工作。此外,《慈善法》也对慈善组织及其收入依法享受税收优惠作出了规定,并要求符合条件的慈善组织向有关部门及时办理相关手续。[①]

根据《企业所得税法》的有关规定,符合条件的非营利组织的收入为免税收入。[②]《企业所得税法实施条例》对"符合条件的非营利组织"作出了具体界定,即需要同时符合七项所列条件。[③] 在此基础上,《免税资格认定管理》规定,具备一定资格的社会组织可以申请免税资格认定,具体条件主要包括依照国家有关法律法规设立或登记的社会组织,从事公益性或者非营利性活动,以及取得的收入除用于与该组织有关的、合理的支出外,全部用于登记核定或者章程规定的公益性或者非营利性事业等九项。[④] 不同注册级别的社会组织,应分别向其所在的省级或地市(地)级或县级税务主管机关提出免税资格申请。[⑤]

为申请免税资格,社会组织需要报送包括申请报告、社会组织的组织章程或宗教活动场所的管理制度、税务登记证复印件等八项材料。[⑥] 社会组织的免税资格有效期为五年,并应在期满前三个月内提出复审申请,不提出复审申请或复审不合格的,其享受免税优惠的资格到期自动失效;社会组织免税资格复审,按照初次申请免税优惠资格的规定办理。[⑦] 若已认定的享受免税优惠政策的社会组织有《免税资格认定管理通知》所规定的违规情况之一的[⑧],其资格将被取消,且针对不同情况,财政、税务部门在一年或五年内不再受理该组织的免税资格认定申请。

---

① 参见《慈善法》第 79 条和第 82 条。
② 参见《企业所得税法》第 26 条第 4 款。
③ 参见《企业所得税法实施条例》第 84 条。
④ 参见《免税资格认定管理》第 1 条。
⑤ 参见《免税资格认定管理》第 2 条。
⑥ 参见《免税资格认定管理》第 3 条。
⑦ 参见《免税资格认定管理》第 4 条。
⑧ 参见《免税资格认定管理》第 6 条。

案例 6-4　东莞市 2016 年首批 106 家市级非营利组织获得免税资格

2016 年 5 月,广东省东莞市财政局发布通知,东莞市 2016 年首批 106 家市级非营利社会组织获得免税资格,将享受 5 年内会费和捐赠收入等免税优惠政策(如表 6-5 所示)。这些社会组织涉及各类地方商会、行业协会以及公益组织等,是根据免税政策,由市财政局、市国税局、市地税局和市民政局联合审核认定。

表 6-5　2016 年东莞市市级社会组织获得免税资格单位名单(部分)

征管税务机关	社会组织名称	免税资格生效时间
市国税局	东莞市人力资源协会	2015 年度
	东莞市望牛墩个体私营企业协会	2015 年度
	东莞市鞋业商会	2015 年度
	东莞市石龙会计学会	2015 年度
	东莞市医学会	2016 年度
市地税局	东莞市文化娱乐行业协会	2015 年度
	东莞市长安平安建设促进会	2015 年度
	东莞市移动互联网协会	2015 年度
	东莞市跨境电子商务协会	2015 年度
	东莞市莞之声合唱团	2015 年度
	东莞市关爱妇女儿童社会社会组织服务中心	2015 年度
	东莞市社会组织评估中心	2016 年度
	东莞市社会工作协会	2016 年度
	东莞市社会组织服务中心	2016 年度
	广东省东莞市资福寺	2016 年度

资料来源:http://czj.dg.gov.cn/publicfiles/business/htmlfiles/dgcz/s23511/201605/1047236.htm,2017 年 1 月 9 日访问。

说明:这些组织的免税部分主要是企业所得税,包括以下五类:接受其他单位或者个人捐赠的收入;除依法收取并纳入财政管理的行政事业性收费、政府性基金外的其他政府补助收入,但不包括因政府购买服务取得的收入;按照省级以上民政、财政部门规定收取的会费;不征税收入和免税收入滋生的银行存款利息收入;财政部、国家税务总局规定的其他免税收入。

这份免税名单中,东莞市人力资源协会、东莞市望牛墩个体私营企业协会等 101 家非营利组织,从 2015 年起 5 年内享受非营利社会组织税收优惠政策。而东莞医学会、东莞市社会工作协会等 5 家单位,此前的免税资质到期后经过复核,从 2016 年起继续享受 5 年的税收优惠。

资料来源:http://czj.dg.gov.cn/publicfiles/business/htmlfiles/dgcz/s23511/201605/1047236.htm,2017 年 1 月 9 日访问。

第五节 枢纽型社会组织的管理

近年来,我国社会组织数量日益增多,但普遍面临能力不足、公信力缺乏等一系列问题,而政府力量有限,无法提供全面而高效的监管与服务。在这样的背景下,枢纽型社会组织作为一种社会管理的创新之举被北京、上海、广州等地提出和采用,并不断被发展,逐渐形成了具有不同地域特色的枢纽型社会组织体系。

枢纽型社会组织是一个具有中国特色的新概念,最早出现在 2008 年 9 月北京市社会工作委员会出台的《关于加快推进社会组织改革与发展的意见》之中。2009 年,北京市在《关于构建市级"枢纽型"社会组织工作体系的暂行办法》(以下简称《北京市枢纽型社会组织工作办法》)中对这一概念进行了官方定义:枢纽型社会组织是指由市社会建设工作领导小组认定,在对同类别、同性质、同领域社会组织的发展、服务、管理工作中,在政治上发挥桥梁纽带作用、在业务上处于龙头地位、在管理上经市政府授权承担业务主管职能的市级联合性社会组织。[1] 这一定义强调了枢纽型社会组织是由政府认定和授权,具有合法性、排他性、资源整合性和代表性四大特征。[2]

结合各地区对枢纽型社会组织的规定[3],该类组织具有两大核心功能:其一是管理,即发挥政治引领功能,同时承接业务主管部门和登记管理机关转移的事务性管理和协调的职能;其二是服务,即坚持寓服务于管理之中,发挥资源平台、宣传推广、培育和能力建设等功能。[4] 因此,针对社会组织事中、事后监管,枢纽型社会组织具有三方面的管理职责:自我管理、自我规范、自我教育;被授权履行业务主管单位的职能;被委托履行的其他职能。

一、自我管理、自我规范、自我教育

在我国,部分社会组织的组织机构和内部制度不健全、民主管理不落实、财务管理不透明,在发展中遭遇着信任危机。枢纽型社会组织能够加强对社会组织自

---

[1] 参见《北京市枢纽型社会组织工作办法》第 2 条。
[2] 参见崔玉开:《"枢纽型"社会组织:背景、概念与意义》,载《甘肃理论学刊》2010 年第 5 期,第 75—78 页。
[3] 例如,《北京市枢纽型社会组织工作办法》、广东省《总工会关于构建枢纽型社会组织工作体系的指导意见》、上海市《关于加强本市社会组织服务中心建设的指导意见(试行)》。
[4] 参见顾维民:《"枢纽型"社会组织参与社会管理的实践探索与发展思考——以上海市静安区社会组织联合会为例》,载《上海市社会主义学院学报》2012 年第 6 期,第 35—42 页;石晓天:《我国枢纽型社会组织的功能特征、建设现状及发展趋势——文献综述的视角》,载《理论导刊》2015 年第 5 期,第 85—88 页。

身建设的指导和规范,以此不断提高社会组织自我管理、自我规范、自我教育的能力,从而促进社会组织良性发展。

根据《北京市枢纽型社会组织工作办法》的规定,枢纽型社会组织要在业务发展、服务社会、教育培训、对外宣传、信息交流和人力资源开发等方面创新工作方式、拓展服务渠道、整合有效资源、发挥整体合力、优化发展环境,并协调相关社会组织围绕全市经济社会建设和社会组织自身发展中的重点和难点问题,加强沟通、交流与合作,研究提出意见和建议。[1] 同时,枢纽型社会组织能够对之前没有纳入政府监督管理范围内的社会组织进行监管和规范,运用政策引导、法律约束、民众监督等多种方式促进社会组织的健康成长。可见,枢纽型社会组织能够对社会组织展开自我管理、自我规范和自我教育提供指导和支持,推进社会组织的自主发展,最终实现政社分开的新局面。

以北京为例,截至2014年12月,北京市已建立省(市)级枢纽型组织36家、市(区)级枢纽型组织28家,覆盖全市社会组织数高达2.8万,覆盖率约为87%。[2] 其中,北京市团市委通过举办"青年社团文化季"等形式,吸引本领域一大批"草根"组织参与,实现与全市上千家青少年社团、近百万人次社会领域青年的互联互动,并保证社会组织在组织活动开展中的自我管理和规范;北京市残联与本领域数百家民办残疾人康复机构建立工作联系,并通过人员培训、项目补助、评比表彰等形式提供支持,推进社会组织自我教育工作的开展。

此外,各枢纽型社会组织按照本领域社会组织的特点和需要,结合新的工作职责,加强规章制度建设,努力提升管理和服务水平。为此,北京市团市委制定发布了《关于加强新形势下全市青少年社会组织工作的意见》,妇联拟定了《北京市妇联组织参与社会管理创新工作的意见》《关于建立健全"枢纽型"社会组织工作体系的实施意见》以及《北京市妇联培育、管理和服务社会组织的办法》,首都慈善公益组织联合会制定了《首都慈善公益行业"十二五"规划》《慈善公益组织管理流程指引》《慈善公益组织行政许可及监管流程指引》等。这些政策文件的研究制定,进一步统一和规范了枢纽型社会组织的工作制度,明确了在相关领域开展社会组织工作的目标和具体措施,有效地促进了社会组织自我管理、自我规范、自我教育工作的开展。[3]

---

[1] 参见《北京市枢纽型社会组织工作办法》第8条第3款。
[2] 参见赵敬丹、徐猛:《枢纽型社会组织功能定位分析与启示——以北京、上海、广东地区为例》,载《沈阳师范大学学报(社会科学版)》2016年第6期,第73—76页。
[3] 参见杨丽:《"枢纽型"社会组织研究——以北京市为例》,载《学会》2012年第3期,第14—19页。

案例 6-5　上海市枢纽型社会组织建设与管理的实践探索

截至 2016 年 8 月底，上海市经民政部核准登记的社会组织共 13911 家，即每万人（常住人口）拥有社会组织约为 5.7 家，远高于全国平均水平。如何管理和服务好数量众多的社会组织，成为一个迫切需要解决的问题。上海市在提出枢纽型社会组织概念前，就已经有了这方面的实践探索。早在 2003 年，普陀区就在全区 9 个街镇探索性地建立民办非企业单位性质的社区民间组织服务中心，以此为平台来实施民间组织枢纽式管理。而"枢纽型"这个提法正式出现在上海的官方文件中，是在上海"十二五"规划中，该文件明确了"要加强枢纽型社会组织建设，发挥枢纽型组织在社会组织管理、发展和服务中的重要作用"。在 2011 年上海市制定下发的《进一步加强本市社会组织建设指导意见》中，确定了"分类建设、分类扶持、分类管理"的基本思路，提出了枢纽式管理的设想。

与北京市自上而下推进枢纽型社会组织建设不同，上海市主张自下而上进行枢纽型社会组织建设的探索，以枢纽型社会组织服务中心作为探索的起点，区街先行，多条腿走路，也因此枢纽型社会组织的探索仅限于区级层面，市一级的枢纽型社会组织建设尚未启动。事实上，上海市对枢纽型社会组织的理解更多倾向于支持型组织，即淡化行政管理，强调对社会组织的支持、培育和服务，其优秀的代表有"静安区社会组织联合会""恩派（NPI）"等。

2007 年，静安区在上海率先成立了区社会组织联合会（即静安区"1＋5＋X"社会组织枢纽型管理模式中的"1"，以下简称"区社联会"），之后又相继在 5 个街道（即"5"）和劳动、文化、教育等系统（即"X"）成立社会组织联合会，形成了静安区"1＋5＋X"枢纽型社会组织管理模式。"1"和"5"是属于地域类的枢纽型社会组织，"X"属于领域类的枢纽型社会组织，"1＋5＋X"称为"混合类枢纽型社会组织"。由于混合类枢纽型社会组织把"地域类"社会组织和"领域类"社会组织两者的优势在区级层面上整合在一起，其政府的主导力、支撑力更强，体制优势更加凸显。以这种混合类枢纽型社会组织为依托，开辟社会组织党建领域的工作，其针对性和有效性更易得到提高。迄今为止，静安区枢纽型社会组织管理模式发挥着桥梁和纽带作用，坚持"党建"引领"社建"，提升新社会组织党建工作的有效性；坚持以章程为行动准则，大力培育发展公益类专业性社会组织和领军人物，加强以公信力为核心的能力建设；坚持搭建服务平台，承接服务项目，倾听反映诉求，推动政府购买服务，在惠及百姓民生，维护社会稳定，建设和谐家园等方面发挥了不可替代的作用。实践证明，静安区"1＋5＋X"枢纽型社会组织联合会是具有时代特征、富有静安特点、行之有效的社会组织管理新模式。

此外，以培育和服务社会组织为宗旨的枢纽型组织值得关注。2007 年，上海恩派孵化器项目出现；自 2009 年开始，恩派公益组织孵化经验向全国多个城市扩展，并获得了政府、部分企业、公益组织业界、媒体和各方专家的关注和肯定。2010 年 7 月,全国首家政府、社会组织、企业合作互动,以培育社会组织为目标的"上海市社会创新孵化园"成立。

资料来源:http://www.chinanpo.gov.cn/700103/92547/newswjindex.html,2017 年 1 月 9 日访问。

二、被授权履行业务主管单位的职能

根据《北京市枢纽型社会组织工作办法》的规定,按照市政府授权,枢纽型社会组织会承担国家有关法律规定的业务主管单位的职责,具体包括负责有关社会组织成立、变更、注销登记前的审查工作;负责有关社会组织的日常管理工作,指导、监督社会组织依照法律和章程开展活动;负责有关社会组织年度检查的初审;协助有关部门查处相关社会组织的违法行为等内容。除了"会同有关机关指导社会组织的清算事宜",枢纽型社会组织在这方面的监督管理职责与"三大条例"对社会组织的业务主管单位的监督管理职责内容相同。枢纽型社会组织被赋予业务主管单位职责,不仅能够破解新设立的公益类专业性社会组织找不到业务主管单位的制度瓶颈,而且有利于应对社会组织的快速发展,切实化解一些主管单位负担过重或管理不到位等问题。同时,枢纽型社会组织作为政府监管社会组织的助手,通过实行自治自律管理,缓解了政府部门的管理压力,对本地域和本领域公益类专业性社会组织的培育发展能起到规范和引领的作用,也有利于政府行政部门作为社会组织主管机关作用的逐步淡化,有利于开创政社分开与社会组织自我管理的新局面。

再以上海为例,2007 年,上海市静安区率先成立了区社会组织联合会,后相继在 5 个街道成立社区(街道)社会组织联合会以及区级劳动、文化、教育等社会组织联合会,这些枢纽型社会组织与社区内同领域的社会组织和小微社会组织联系起来,将所有的社会组织都纳入了管理和服务网络,形成了"1+5+X"枢纽型社会组织管理模式。通过与民政局协调合作,静安区"1+5+X"社会组织联合会将开展各类培训、对团体社会组织的登记备案、社会组织的财务管理、合同履行监督评估等职能转移到了社会组织联合会,这就减小了政府有关部门的业务压力,提高了社会组织相关事务的处理质量和速度,同时也降低了社会组织的成立门槛。例如,在静安区范围内的社会组织,采取"宽登记和审批,重监督管理"的原则,减少了双重管理体制中对于业务单位的要求,这突出了社会组织变革发展的创新和积极性,不用千方百计去寻找有效的业务主管单位,为社会组织的发展带来契机,并且充分调动了社会组织的活力和给予其发展的良好氛围。①

三、被委托履行的其他职能

枢纽型社会组织处于政府和社会组织中间，上联政府下系其他社会组织，向上承接国家的政治信任，向下凝聚社会认同。因此，除了在管理上授权承担业务主管单位的部分职能之外，枢纽型社会组织还需要在政治上发挥桥梁纽带作用、在业务上处于龙头地位，这对枢纽型社会组织的管理提出了更高的要求。结合目前发展实践，枢纽型社会组织被委托履行的其他职能主要包括两方面内容：其一是党建；其二是政府购买枢纽型社会组织服务。

根据《北京市枢纽型社会组织工作办法》的有关规定，按照市委要求，枢纽型社会组织会承担有关社会组织的政治领导责任，其中一条是按照业务建设和党建工作一起抓的要求，负责在所管理和联系的社会组织中开展党建工作，逐步推进党组织和党的工作的广泛覆盖。②"党建"引领"社建"是枢纽型社会组织发展的必要条件之一。"党委领导"是现代社会建设中不可缺少的条件。但区别于原有意义上的领导，即运用权力向下施加影响，枢纽型社会组织的"领导"更加注重为构建社会建设体系"引领方向、正确导向"，而非插手内部建设事务等。可见，建立枢纽型社会组织管理模式，有利于更好地发挥其对社会组织的政治引领作用，把握正确方向，提升公益类专业性社会组织党建工作的有效性。同时，该办法还规定，为充分发挥枢纽型社会组织在社会组织管理、发展、服务中的重要作用，对其承担政府授权的有关管理和服务工作，通过政府购买管理服务等方式，结合部门预算，由公共财政给予一定资金支持。③ 具体而言，枢纽型社会组织可以依据自身已有的组织、能力和经验等优势，接受政府授权委托，作为政府购买服务的购买主体或承接主体，能够为转型期政府与社会组织搭建合作平台，增强社会组织在政府购买服务中的竞争能力，实现政府职能与社会组织职能的耦合。

同样，在上海市静安区的"1+5+X"体系中，社会组织联合会党总支是龙头，引导和带领区社会组织的建设，通过"5+X"使各社会组织可以及时了解党和政府相关的政策、措施等，增强党和政府的凝聚力和动力。同时，通过"党建"的引领，提高了党组织凝聚会员、服务会员的能力，规范了社会组织联合会的管理，其有效地将社会组织市场化运行于公共管理，与社会事务服务的创新能力相衔接。在党和政府的支持下，截至2014年1月，静安区社会组织联合会已开展公益活动150余次，

---

① 参见陈佳俊、杨逢银：《社会转型背景下枢纽型社会组织功能定位研究——以上海市静安区社会组织联合会为例》，载《中共杭州市委党校学报》2014年第1期，第40—46页。
② 参见《北京市枢纽型社会组织工作办法》第8条第1款。
③ 参见《北京市枢纽型社会组织工作办法》第14条。

9830人次的志愿者踊跃参加相关活动,使全区近1/2人口(15万人)受益。其中,2008年汶川地震,发动社会组织捐款150万元,与柏万青志愿者工作室合作,组织300多名志愿者前赴灾区;2009年组织开展156次"迎世博志愿者计划"活动,13200余名志愿者积极参与;2009年至2012年初,连续4年社会组织联合会先后与其他区域的社会组织联合会合作举办公益论坛,为近万名居民提供了百余项公益服务。①

此外,北京市社会建设工作领导小组自2008年初成立以来,通过积极支持枢纽型社会组织举办活动、承担公益项目等形式,进一步扩大了枢纽型社会组织的凝聚力和影响力。2011年4月举办的第二届北京社会公益活动周,由领导小组办公室"搭台"枢纽型社会组织"唱戏",举办各种活动,内容涉及文化教育、心理咨询、医疗服务、创业指导、法律维权、紧急救助、志愿服务等多个领域。通过枢纽型社会组织,以"整体打包"的方式,在2010年投入2000余万元社会建设专项资金购买近300项公共服务项目的基础上,2011、2012年分别继续向社会组织购买300个公共服务项目;连续三年向枢纽型社会组织落实"购买管理服务"经费,支持其开展本领域社会组织工作。②

第六节 评 述

长期以来,我国对社会组织的管理实行"双重管理"体制,即主要由登记管理机关和业务主管单位行使监督管理职能,其特点可以概括为"归口登记、双重负责、分级管理、限制竞争"。这一制度的初衷是实行双重管理和双重负责的"双保险"机制,通过不同政府部门或政府授权的单位和登记管理机关分别负责的双重体制,严格社会组织的登记注册,分散因社会组织的活动可能带来的政治风险和政治责任。但是,随着我国经济社会的发展,"双重管理"体制下社会组织的事中、事后监管出现了一些问题,妨碍了社会组织的健康发展和作用发挥。

首先,事中、事后监管的制度依据不明。关于社会组织事中、事后监督管理方面的法律法规数量偏少,没有形成完整完善的社会组织法律体系。与社会组织直接相关的立法缺少,除《慈善法》《公益事业捐赠法》等法律外,主要依据是国务院颁布的"三大条例",总体上立法层次不高。"三大条例"规定了登记管理机关和业务主管单位各自的监督职责,但对社会组织的违法行为类型、违法行为的处罚手段、处罚程序、监管部门的职责分工等内容缺乏明确规定。例如,《社会团体登记管理

---

① 参见陈佳俊、杨逢银:《社会转型背景下枢纽型社会组织功能定位研究——以上海市静安区社会组织联合会为例》,载《中共杭州市委党校学报》2014年第1期,第40—46页。

② 参见杨丽:《"枢纽型"社会组织研究——以北京市为例》,载《学会》2012年第3期,第14—19页。

条例》第24条和第25条规定,登记管理机关对社会团体违反条例的问题进行监督检查,同时业务主管单位须协助登记管理机关和其他有关部门查处社会团体的违法行为,但对两个部门应监督社会团体哪些方面的工作并无规定,对社会团体的哪些行为属于应查处的行为也没有规定。再如,《社会团体登记管理条例》第4条规定"社会团体不得从事营利性经营活动",但何为营利性经营活动却没有规定,民政部后来对此作出的解释也存在极大的模糊性,在实际执法过程中,认定"营利性经营活动"一直存在困难。这种法律规定的欠缺,不仅使两大管理主体难以切实地承担起监督任务,而且当违法行为发生时,究竟哪个主体应负主要的监督责任,也成了问题。此外,直接登记制度中产生的业务指导单位被要求应对社会组织承担业务指导功能,并协助登记管理部门及其他有关部门查处社会组织的违法行为,这些在现行政策中都没有直接依据。

其次,监管主体的专业监管力量和手段不足。登记管理机关对社会组织的事中、事后监管主要是通过年检、评估、行政处罚等方式进行的。年度检查作为事中、事后监管的主要手段之一,方便获取社会组织年度发展的重大情况,但是年检属于事后形式性审查,无法提前预知和预警社会组织的非法活动,在社会组织有意隐瞒的情况下,更是不利于了解社会组织情况的真实性、合法性。同时,因缺乏一定专业监管水平,监管主体对社会组织进行规范化评估中存在信息难以获取、评估指标缺乏针对性、评估程序客观性不足等问题。[1] 财税审查中对基金会设立资金和年度公益事业支出、工资福利和行政办公开支的规定过细、缺乏弹性,严格的开设条件和支出比例要求,限制了我国基金会的规模以及内部治理机制和人才结构的发展完善。[2] 行政执法的问题在于,现有法规尤其是《社会团体登记管理条例》和《民办非企业单位登记管理暂行条例》等法规程序性内容居多,缺乏实体性规定,可操作性不强;与相关行业政策和规定衔接不多,没有与条例相配套的实施细则,没有赋予登记管理部门有效监管所必需的强制手段,增加了监督管理和处罚违规行为的难度。[3] 此外,在直接登记制度实施之前,社会组织的业务工作是由业务主管单位指导的,直接登记制度将没有业务主管单位的社会组织的业务指导工作移交给了登记管理机关。但是,登记管理机关之前的工作主要集中于登记注册、年检等方面,缺乏财务、审计、税收等专业管理经验,更没有相应的专业管理人员。社会组织的种类繁多、涉及领域广泛、专业性强,直接登记将使这种特点更为突出,登记管理机关工作人员的现状无法应对日常复杂的专业化管理工作。

---

[1] 参见陈金罗、刘培峰:《转型社会中的非营利组织监管》,社会科学文献出版社2010年版,第26—142页。
[2] 参见徐家良等:《新时期社会组织建设研究》,中国社会科学出版社2016年版,第226—227页。
[3] 参见庞承伟主编:《社会组织行政执法》,中国社会出版社2011年版,第8页。

再次,监管主体职责不明、协调困难。2013 年的《国务院机构改革和职能转变方案》提出要建立"统一登记、各司其职、协调配合、分级负责、依法监管"的社会组织管理体制。上海、广东等地也开始着手建立部门联合监管体制。[①] 2016 年"三大条例"修订草案征求意见稿也多次强调加强事中、事后监管,并规定了社会组织(行业)自律管理、社会监督、政府监管相结合的综合监管体制。[②] 2016 年 12 月,国家发展改革委、民政部会同有关部门研究制定了《行业协会商会综合监管办法(试行)》,该办法第 14 条第 3 款规定:"各级社会组织党建工作机构、民政、发展改革、财政、税务、人力资源社会保障、外事、国资、审计等部门应当依据各自职能,结合相关法律法规,落实对协会商会服务行为及业务活动的监管责任,实施有效监管。"虽然政策方向已然明了,但是各监管主体间如何"各司其职、协调配合"却还缺乏具体的制度安排。在"双重管理"体制中尚且存在登记管理机关与业务主管单位之间的责任推诿情况,在直接登记制度中,业务主管单位没有法定的指导职责,拒不履行或消极履行指导职责的情况更难以避免。再如社会团体未按要求执行财务制度,出现非法营利行为,按一般理解,应由财税部门承担监管责任,但从事非营利行为也违反了《社会团体登记管理条例》,也是登记管理机关监管的范围,在这种情况下,财税部门和民政部门之间的职责应如何协调?诸如此类的问题都是在现实的监管过程中普遍存在的,但监管体制改革还没有步入到这种具体领域。

最后,设立监管型社会组织的做法加剧了社会组织的"行政化"。为缓解登记管理机关过大的日常监管压力,近年来许多地方由民政部门牵头组建了社会组织促进会或社会组织促进中心。例如,浙江省温州市建立了社会组织服务平台,服务平台是"集培育扶持、公益创投、信息服务、培训交流等多种功能的综合服务平台,是衔接政府、社会组织及服务对象的枢纽型社会组织";深圳市成立了社会组织总会,委托给总会一些诸如初步年审、评估、开展相关行业的培训等功能;北京的枢纽型社会组织不仅接受政府委托的具体管理职能,还被授权担任社会组织的业务主管或指导单位。这类组织名义上为与政府无直接关系的联合性社会组织,但实际上,它们的发起人和主要资源都来源于政府,如某省社会组织促进会的会长即为民政厅副厅长,促进会的工作场所和工作经费都由民政厅提供。成立联合型、平台

[①] 2014 年上海市出台《市民政局关于完善社会组织综合监管体系促进社会组织健康发展的指导意见》,提出"公安、国家安全、财政、税务、人力资源社会保障、审计、外事、质量技监、金融、物价等相关职能部门依法做好对社会组织相关专项事务的服务和管理工作。相关部门之间要建立社会组织登记、执法等重要事项通报、协作制度";2015 年广东省《社会组织条例(草案修改二稿征求意见稿)》第 41 条规定:"【综合监管协调联动机制】登记管理机关应当会同行业管理部门及其他部门建立健全社会组织综合监管协调联动机制,推进各部门之间的信息共享和执法联动。"

[②] 参见《社会团体登记管理条例(修订草案征求意见稿)》第 46 条、第 47 条、第 49 条、第 55 条;《社会服务机构登记管理条例》第 44 条、第 45 条、第 46 条、第 53 条;《基金会管理条例(修订草案征求意见稿)》第 56 条至第 58 条、第 63 条至第 68 条。

型、服务型等社会组织的初衷是更为有效地开展监管和服务工作,但这种做法却与建立现代社会组织体制的要求背道而驰。新创建的此类社会组织不仅行政性强,在资源上严重依赖于政府,而且在借助政府权威开展工作的过程中,不可能避免地会贯彻政府意志,成为政府的代理人。按照一般的发展规律,联合型、平台型等社会组织应是社会组织发展到一定阶段后,基于自身发展需要而自发联合形成的,政府替代民间组建支持型社会组织的做法实质上是在干预社会组织体系的正常发展,不利于"去行政化"工作的开展。

政府对社会组织进行事中、事后监管的根本目的在于规范其组织活动、保障其组织权益。在全面依法治国的背景下,监管主体要站在推进国家治理体系和治理能力现代化的高度,改革社会组织管理体制,建立社会组织综合监管体系,进一步完善事中、事后监管,对此,本书提出以下建议:

其一,建立健全社会组织监管法律体系。在法律层面出台相关的社会组织法律,提高社会组织立法层次,提升对社会组织监管的法律法规的权威性。在行政法规层面,尽快与《慈善法》相衔接,修订出台新"三大条例",在其中适当增加社会组织事中、事后监管的内容,成为加强监管的法律依据。另外,各地根据实际需要,对与社会组织关系密切的工资薪酬、人才培养、社会保障、税收优惠、公益捐赠等政策进行调整,加大政策创新力度,切实推进社会组织具体工作的监管工作。

其二,推进政府部门联合监管机制建设。一方面,要明确登记管理机关的监管职责。开展直接登记后,登记管理机关的工作职责增强、工作量成倍增加,登记管理机关的建设要大力加强。建议政府提高社会组织管理机构的规格,加强其制定社会组织发展规划、政策研究、登记管理、监督查处等的职能,并增加相应的工作经费,充实登记管理队伍,提高执法的能力和水平。同时,提高相关人员素质,通过学习培训,不断提高事中、事后监管工作的实效。另一方面,明确其他政府职能部门的监管职责,并建立协调机制。各相关职能部门都对社会组织有着不可推卸的监管责任,应通过联席会、建立信息共享平台等方式,建立监管部门间的协调机制,实现监管有合力。

其三,建立社会组织自律和行业自律机制。当前,社会组织的改革发展被纳入到全面深化改革的总体部署中,中央对社会组织高度重视并寄予殷切希望,广大社会组织面临良好的发展机遇。"打铁还需自身硬",在外部发展环境不断改善的形势下,社会组织必须加强自身建设,提高自治、自律能力。一方面,社会组织应按政策要求,加强自身信用建设,做好信息公开工作;另一方面,政府应鼓励社会组织建立行业联盟,基于行业联盟更加贴近社会组织,更加了解社会组织的特点,发挥其信息优势,从而推进行业自律。

其四,加强社会公众对社会组织的监督。政府监管是对社会组织事中、事后监管的直接渠道,但是,随着我国社会组织数量越来越庞大,政府用于社会组织事中、事后监管的人数和精力有限,政府监管的效果有限。因此,对社会组织的监督管理,有必要发挥社会监督的作用,将直接监管和间接监管有机结合,从而完善社会组织综合监管体系。一方面,政府要为社会公众监督提供畅通的信息渠道,可以通过落实社会组织信息公开机制,为社会监督提供信息基础;另一方面,政府需完善社会公众反映、举报社会组织违规违法行为的制度通道,并对社会监督予以积极回应。

本章小结

本章介绍和分析了社会组织与慈善组织的事中、事后监管,主要包括登记管理机关、业务主管单位、税务机关和枢纽型社会组织对社会组织的监管,并简要讨论了社会组织与慈善组织事中、事后监管中存在的问题和发展建议。

登记管理机关的监管职责主要包括社会组织的年度检查、检查处罚、等级评估和慈善组织公募资格认定。业务主管单位具有社会组织的年检初审、业务活动指导、协助查处违法行为、接受重大事项报告等监督管理职责。税务机关对社会组织与慈善组织进行日常税务管理,并负责社会组织免税资格登记和公益性捐赠税前扣除资格认定。枢纽型社会组织具有自我管理、规范和教育的管理职能,并被授权履行业务主管单位的职能以及被委托履行党建、政府购买服务等其他职能。

我国社会组织与慈善组织事中、事后监管存在诸多问题,包括制度依据不明、监管主体专业监管力量不足、职责协调困难、社会组织监管"行政化"等问题。结合我国社会组织管理体制的改革战略,本书建议从健全社会组织法律监管体系、推进政府部门联合监管机制建设、建立社会组织自律监管机制、加大社会公众对社会组织的监督力量四个方面着手,完善社会组织综合监管体系。

思考题

1. 请简要介绍当前我国社会组织与慈善组织事中、事后监管的主体体系。
2. 登记管理机关对社会组织与慈善组织的事中、事后监管包括哪几个方面?
3. 业务主管单位对社会组织与慈善组织的事中、事后监管包括哪几个方面?
4. 税务机关对社会组织与慈善组织的事中、事后监管包括哪几个方面?
5. 枢纽型社会组织对社会组织与慈善组织的事中、事后监管包括哪几个方面?
6. 社会组织与慈善组织的事中、事后监管存在哪些不足?如何改进?

拓展阅读书目

1. 褚松燕:《中外非政府组织管理体制比较》,国家行政学院出版社 2008 年版。
2. 马庆钰、廖鸿主编:《中国社会组织发展战略》,社会科学文献出版社 2015 年版。
3. 廖鸿、石国亮、朱晓红:《国外非营利组织管理创新与启示》,中国言实出版社 2011 年版。
4. 金锦萍、刘培峰:《转型社会中的民办非企业单位》,社会科学文献出版社 2012 年版。
5. 王名等:《社会组织与社会治理》,社会科学文献出版社 2014 年版。
6. 陈姣姣:《创新社会治理结构与工会枢纽型社会组织建设》,载《中国劳动关系学院学报》2014 年第 5 期。
7. 罗照华:《公益性社会组织税收监管政策创新研究》,载《财会通讯》2016 年第 6 期。
8. 沈荣华、鹿斌:《制度建构:枢纽型社会组织的行动逻辑》,载《中国行政管理》2014 年第 10 期。
9. 徐双敏、张景平:《枢纽型社会组织参与政府购买服务的逻辑与路径——以共青团组织为例》,载《中国行政管理》2014 年第 9 期。
10. 姚迈新:《枢纽型社会组织的建设与发展——以广州个案为例》,载《江西行政学院学报》2016 年第 4 期。

第七章 社会组织与慈善组织党建

本章要点

1. 了解社会组织与慈善组织党建的发展历程。
2. 掌握社会组织与慈善组织党建政策的具体要求。
3. 了解上海市和广州市的社会组织党建工作。
4. 理解社会组织与慈善组织党建工作的影响。
5. 了解社会组织与慈善组织党建工作中面临的主要问题及改进对策。

导语

在比较长的时期里,党建又被称为"党建服务",是党服务于社会组织的重要方式。但是,自《行业协会商会综合监管办法》提出要加强对行业协会商会的"党建工作监管"之后,党建又获得了另一重身份,成为社会组织综合监管的重要手段。从服务的角度看,党建工作旨在加强社会组织与党的联系、解决社会组织运行中的一些实际问题;从监管的角度看,党建工作旨在确保社会组织坚持正确的政治方向、引导社会组织遵纪守法、促进社会组织健康成长。本章先梳理社会组织党建的发展历程,然后基于当前政策提炼社会组织党建的基本要求,再介绍上海市和广州市社会组织党建的工作经验,最后基于党建工作的整体情况提出促进其进一步发展的建议。由于慈善组织只是部分社会组织的一种身份属性,且目前对慈善组织党建尚缺乏政策规定,因此,本章主要讨论社会组织党建。

第一节 党建发展历程

新中国成立后,党和国家要求在社会组织中开展党建工作,迄今为止,颁布了多项与社会组织党建有关的政策,党建工作实践也在不断发展。结合党建工作的内容和特点,以及社会组织的发展阶段,可以将我国社会组织党建划分为酝酿、全面开展和初步成熟三个主要阶段。① 下面对不同阶段社会组织党建的政策和实践发展进行概述。

一、酝酿阶段：1949—90 年代中期

新中国成立后，我国在经济领域实行社会主义公有制和计划经济体制，在政治上实行以党的领导为核心的高度集权体制。国家的公权力渗透到社会的各个领域，国家与社会处于高度重合状态。党和政府对经济和社会进行直接干预，形成了非政治领域政治化的现象。在这种情势下，党和政府对 1949 年前存在的社会组织进行接管、整顿和改造，依法取缔带有反动性质、浓厚封建色彩和部分宗教性质的社会组织。一部分具有政治色彩的社会组织在党的引导下，转化成为具有政治倾向的党派，从社会组织中脱离出来，成为政党组织。经过清理整顿，社会组织数量大大减少，由党和政府自己创办的共青团、工会和妇联则作为群众组织发展起来，但是数量和种类也十分有限。

"文革"开始后，社会制度遭到严重破坏，社会组织的发展基本处于停滞状态，大部分社会组织成为各级党政机关的附属部门，被纳入正式的科层制结构管理之中。在新中国成立后"文革"结束前的这一特殊历史阶段，社会组织的成立都是在党和政府的指导下进行的，社会组织严重依附于党和政府，一切行动都是党的安排、执行党的指示，党建工作尚未被提上日程。

改革开放后，社会组织开始复苏和发展，到 80 年代中后期，无论是在数量还是在功能上，社会组织已经成为一支重要的社会力量。如何协调好党和政府与社会组织的关系，成为当时绕不过去的现实问题。1987 年 10 月，中国共产党第十三次全国代表大会首次提出要理顺党组织与人民代表大会、政府、司法机关、群众团体、企事业单位和其他各种社会组织之间的关系，做到各司其职，并且逐步地走向制度化。这是党首次提出正确处理党与社会组织的关系。随后，1992 年 10 月通过的《中国共产党章程》规定在非党组织的领导机关中可以成立党组织。1994 年 9 月通过的《中共中央关于加强党的建设几个重大问题的决定》指出，随着各种新成立的经济组织和社会组织日益增多，党和政府需要从实际出发，在新成立的经济组织和社会组织中建立党的组织，开展党的活动。自此，"两新组织"党建成为党建工作的重要组成部分。

从总体上看，这一阶段属于社会组织党建工作的酝酿阶段，从重视把握社会组织的政治方向到提出在社会组织中开展党建工作，体现了党在规范自身与社会组织关系上的努力和进步。

---

① 参见徐振强:《党和政府推进社会组织党建工作的历史沿革初探(1927～2014)》，载《学会》2014 年第 12 期,第 14—23 页。

二、全面开展阶段:90年代中期—2001年

到90年代中期,社会组织党建工作的思路日益清晰,相关政策陆续出台,党建工作实践也稳步推进。1996年中共中央办公厅、国务院办公厅印发了《关于加强社会团体和民办非企业单位管理工作的通知》,规定业务主管单位应该负责所主管的社会组织的思想政治工作、党的建设等事项。同年,原国家工商行政管理局颁布了《关于1996年私营企业协会工作指导意见》,要求各级私营企业协会重视党建工作,在符合条件的企业中建立党组织,党员要按时参加党组织生活,接受组织的监督和管理,在党团组织的领导下发挥其应有的先锋模范作用。1999年11月,中共中央办公厅、国务院办公厅联合下发《关于进一步加强民间组织管理工作的通知》,规定了社会组织党建工作的责任主体、党组织的职责和建立党组织的标准。为了落实中共中央和国务院关于加强民间组织党组织建设工作的要求,民政部于2000年2月下发了《关于重新确认社会团体业务主管单位的通知》,授权相关组织作为全国性社会团体业务主管单位,并规定业务主管单位负责社会团体的思想政治和党建工作。

2000年7月,中共中央组织部印发了《关于加强社会团体党的建设工作的意见》,将社会组织党组织设置情况纳入社会组织年度检查中。这是党颁发的第一个直接规范社会组织党建工作的政策文件。同年,建设部人教司和卫生部分别印发了《建设部社会团体工作人员管理细则》和《卫生部业务主管社会团体登记管理办法》,规定返聘人员属于党员的,在社团工作期间应按照《建设部社团管理办法》有关规定,将党的临时组织关系转入社团党组织,接受社团党组织的领导,后者要求完成筹备工作的社会团体在申请成立登记时需提交的材料中要有党组织的建立情况。从90年代中期至2000年,有关部门共颁布了17份社会组织党建政策文件(见表7-1)。这些政策共同对社会组织党建作出了明确而具体的规定,主要涉及社会组织党建指导思想(马列主义、毛泽东思想、邓小平理论和"三个代表"重要思想)、党建责任主体(业务主管单位)、建立党组织的标准(可不成立支部委员会,只设书记1名,党员人数超过50名不足100名的,成立党的总支部委员会;党员人数超过100名的成立党的基层委员会)、党组织职责(支持社会组织及其负责人按照社团章程中规定的宗旨、任务开展工作,监督社会组织负责人贯彻党的路线、方针、政策,遵守国家法律、法规;加强对党员的教育、管理的监督,积极开展业务活动,发挥社会组织在社会主义建设中的作用;对社会组织党员进行思想教育工作,使其自觉遵守党的纪律,认真贯彻党的路线、方针和政策,充分发挥党员的先锋模范作用和基层党组织的战斗堡垒作用等)等多方面内容。

表 7-1 1990 年代中期至 2001 年社会组织党建政策汇总表（部分）

发文时间	政策文件	发文单位
1996 年	《关于加强社会团体和民办非企业单位管理工作的通知》	中共中央办公厅、国务院办公厅
	《1996 年私营企业协会工作指导意见的通知》	国家工商行政管理局
1998 年	《关于在社会团体中建立党组织有关问题的通知》	中共中央组织部、民政部
	《关于党政机关领导干部不兼任社会团体领导职务的通知》	中共中央办公厅、国务院办公厅
	《关于印发〈国家机械工业局社团工作暂行规定〉的通知》	国家机械工业局
2000 年	《关于加强社会团体党的建设工作的意见》	中共中央组织部
	《关于在个体和私营等非公有制经济组织中加强党的建设工作的意见（试行）》	中共中央组织部
	《卫生部业务主管社会团体登记管理办法》	卫生部
	《关于加强社会力量举办学校党的建设工作的意见》	中共中央组织部、中共教育部党组
2001 年	《教育部主管的社会团体管理暂行办法》	教育部办公厅

资料来源：作者根据政府网站、法律信息网站、法律法规选编等整理而成。

这一阶段，社会组织党建工作的指导思想、责任主体、建立党组织的标准等逐渐有了明确规定，社会组织党建的制度化水平明显提高，党对社会团体和社会服务机构的组织嵌入、人事嵌入和文化嵌入不断增强。

三、初步成熟阶段：2002 年至今

2002 年中国共产党第十六次全国代表大会通过的关于《中国共产党章程（修正案）》规定，凡有正式党员 3 人以上的社会团体、中介组织应成立相应的党的基层组织。2007 年和 2012 年通过的《中国共产党章程（修正案）》对社会组织党建的规定与 2002 年党章基本一致，除要求社会组织建立党组织外，党章还明确了党组织在社会组织中的作用，主要包括：宣传和执行党的路线、方针、政策和上级组织及本组织的决议，充分发挥社会组织党员的先锋模范作用；组织党员学习；对社会组织党员进行教育、管理、监督和服务；发现、培养和推荐社会组织中的优秀人才；教育和培养入党积极分子；监督社会组织党员、负责人和其他工作人员严格遵守国法政纪等。

2004 年通过的《中共中央关于加强党的执政能力建设的决定》和 2006 年通过的《中共中央关于构建社会主义和谐社会若干重大问题的决定》分别提出加大社会

组织党建的组织覆盖和工作覆盖。"两个覆盖"的提出进一步明确了社会组织党建的工作重点。为了鼓励社会组织自觉开展党建工作,2007年8月,民政部在《民政部关于推进民间组织评估工作的指导意见》中将社会组织党建情况纳入等级评估指标之中,这实际上是将党建与政府对社会组织的资源扶持相挂钩,因为只有达到一定的评估等级,社会组织才有资格参与政府购买服务。

对党组织监督功能的重视近年来日益加强。2014年民政部、财政部联合发布《关于加强社会组织反腐倡廉工作的意见》,规定社会组织党组织要推动党员干部严格执行廉洁自律规定,落实党委监督制度,充分发挥党员干部的模范引导作用。2016年《行业协会商会综合监管办法》特别提出要在与行政机关脱钩和直接登记的行业协会商会中加强党的领导,建立健全党组织,发挥党组织的政治核心作用,将党建监管作为行业协会商会的监督方式之一。此外,该办法还强化了行业协会商会的党建功能,要求将党建写入章程,并将是否支持党建工作作为推荐协会商会负责人成为各级党代会代表、人大代表、政协委员和劳动模范等先进人物入选时的重要条件。

2015年,中共中央办公厅颁布《关于加强社会组织党建工作的意见(试行)》,这是第一份关于社会组织党建的综合性文件,对社会组织党建进行了全面规定,明确要求发挥党在社会组织中的战斗堡垒、政治核心作用,提出了党组织的六项功能(保证政治方向、团结凝聚群众、推动事业发展、建设先进文化、服务人才成长、加强自身建设),提出要健全社会组织党建工作管理体制和工作机制、推进"两个覆盖"、拓展社会组织党组织和党员发挥作用的途径,以及加强社会组织党务工作者队伍建设。

《慈善法》颁布后,民政部《关于社会组织成立登记时同步开展党建工作有关问题的通知》中规定,社会组织在成立登记的同时应成立党组织。由于慈善组织是部分社会组织的另一重身份属性,慈善组织党建要求与社会组织相同。

2002年至今,与社会组织党建有关的政策文件不断出台(见表7-2),社会组织党建的制度化进一步加强,党建的政策依据较为充分,在政策发展的同时,党建实践的内容也不断丰富和发展,这具体体现在:开展党员先锋岗、党员责任区和党员公开承诺等活动;党组织书记通过参加或列席社会组织管理层的有关会议强化对社会组织的政治引领与监管,党组织对社会组织重要决策、重要业务活动、大额经费、捐赠和涉外活动有建议权;实行党建带群建,在符合条件中的社会组织建立工会、共青团、妇联等群团组织,等等。

表 7-2 2002 年至今社会组织党建工作政策汇总(部分)

发文时间	政策文件	发文单位
2002 年	《国家民委社会团体管理办法》	国家民族事务委员会办公厅
2004 年	《国家民委社会团体党建工作和领导干部管理实施细则》	国家民族事务委员会
	《中共中央关于加强党的执政能力建设的决定》	中共中央办公厅
2015 年	《关于加强社会组织党的建设工作的意见(试行)》	中共中央办公厅
	《中国共产党党组工作条例(试行)》	中共中央政治局
2016 年	《关于在全体党员中开展"学党章党规、学系列讲话,做合格党员"学习教育方案》	中共中央办公厅
	《关于改革社会组织管理制度促进社会组织健康有序发展的意见》	中共中央办公厅、国务院办公厅
	《关于慈善组织登记等有关问题的通知》	民政部
	《关于社会组织成立登记时同步开展党建工作有关问题的通知》	民政部
	《行业协会商会综合监管办法(试行)》	国家发展改革委、民政部、中央组织部、中央直属机关工委、中央国家机关工委、外交部、财政部、人力资源社会保障部、国务院国资委、国家机关事务管理局

资料来源:作者根据政府网站、法律信息网站、法律法规选编等整理而成。

从总体上看,这一阶段社会组织党建的政策规定相对完备,"两个覆盖"的比率不断提高,党建实践与社会组织业务的结合也在成立登记和事中、事后监管等环节中得到了体现,社会组织党建已经步入成熟期。

第二节 党建的政策要求

从 1996 年《关于加强社会团体和民办非企业单位管理工作的通知》提出在社会团体和民办非企业单位中建立党组织,到 2016 年《行业协会商会综合监管办法(试行)》将党建作为协会商会监督的方式之一,经过二十年的发展,社会组织党建政策已经比较完善。下面将既有政策中对社会组织党建的具体要求归纳总结如下:

一、党建指导思想

随着社会组织党建工作的不断深入,社会组织党建的指导思想也在不断发展和完善。1949年到90年代，社会组织党建以马列主义和毛泽东思想作为指导思想；2000年，有关部门提出以马列主义、毛泽东思想、邓小平理论和"三个代表"重要思想为党建指导思想。2002年至今，社会组织党建以马列主义、毛泽东思想、邓小平理论、"三个代表"重要思想和科学发展观为指导思想。

二、党建工作目标

党建工作目标同样具有阶段性特征。1998年中共中央组织部、民政部颁布的《关于在社会团体中建立党组织有关问题的通知》规定社会组织党建工作的目标包括：一是在社会组织中建立党组织，二是党组织应贯彻党章规定的基层党组织的职责。2000年中共中央组织部颁布的《关于加强社会团体党的建设工作的意见》提出社会组织党建工作的目标，一是建立健全社会团体党的组织，理顺党组织的隶属关系；二是明确党组织的主要职能；三是做好社会团体党员的教育管理工作，加强对社会团体党的建设工作的领导。2009年9月，中国共产党第十七届中央委员会第四次全体会议通过的《中共中央关于加强和改进新形势下党的建设若干重大问题的决定》规定，新形势下党的基层组织建设的目标一是扩大基层党组织覆盖面，二是推进基层党组织工作创新，三是增强党员队伍生机活力，四是建设高素质基层党组织带头人，五是构建城乡统筹的基层党建新格局。

2015年的《关于加强社会组织党的建设工作的意见（试行）》则规定社会组织党建工作的目标包括：一是明确社会组织党组织功能和定位；二是健全社会组织党建工作的管理体制和机制；三是推进社会组织中党的组织和党的工作有效覆盖；四是拓展社会组织党组织和党员发挥作用的途径；五是加强社会组织党务工作者队伍建设；六是加强对社会组织党建工作的组织领导。

三、党组织的地位和职责

早期政策较多规定的是社会组织中党组织的职责。例如，《关于在社会团体中建立党组织的有关问题》规定，社会组织党组织的职责是支持社会组织及其负责人按照社会组织章程中规定的宗旨和任务开展工作；加强对社会组织党员的教育和管理监督；监督社会组织负责人贯彻党的路线、方针、政策和遵守国家的法律、法规。《关于加强社会团体党的建设工作的意见》在前述文件的基础上增加了领导社会组织精神文明建设和思想建设工作和做好统一战线工作两方面的工作职能。

2015年《关于加强社会组织党的建设工作的意见（试行）》首次明确了社会组织党组织的地位，规定党组织是党在社会组织中的战斗堡垒，发挥政治核心作用。党组织的职责在该意见中被规定为六个方面，分别为保证政治方向、团结凝聚群众、推动事业发展、建设先进文化、服务人才成长、加强自身建设。

综合各项政策规定,可以将社会组织党组织的基本职责概括为六个方面:

一是政治引导。宣传和贯彻党和国家的路线和方针政策,保证党和国家的政策和方针路线在社会组织中得到贯彻和执行,保障社会组织正确的政治方向。

二是监督管理。监督社会组织遵守国家的法律法规和组织章程开展活动,依法经营,照章纳税,推动社会组织依法自治。对社会组织的重大决策、业务活动、大额经费和接收等有建言权。

三是服务和支持。党组织利用自身优势,帮助社会组织争取资源、服务和支持社会组织及其成员合法开展适合自己宗旨和章程的业务活动及日常运作。协调社会组织内部的各方关系,关心和维护职工的合法权益,团结凝聚群众。

四是加强党组织自身建设。创新党组织的设置模式和工作机制,严格执行党组织生活的各项制度,发展社会组织负责人、优秀工作人员和骨干为党员。加强对党员的教育和管理,维护和执行党的纪律,监督党员履行义务,做好党风廉政建设工作和同各种犯罪违法行为作斗争。

五是党建带群建。推动有条件的社会组织建立工会、共青团、妇联等群团组织,并支持工会代表职工对社会组织进行监督。

六是建设先进文化。坚持用社会主义核心价值观组织社会组织开展丰富多彩的文化活动,营造积极向上的组织文化。

四、党组织的设置模式

《关于加强社会团体党的建设工作的意见》曾提出在正式党员不足3人的社会组织中,可与同一业务主管单位的其他社会组织或地域邻近社会组织建立联合支部,或将社会组织中的党员组织关系转入业务主管单位或挂靠单位的党组织中,参加党组织活动。在不具备建立党组织条件的社会组织中,上级党组织可以选派、输送和推荐符合条件的党员,为建立党组织创造条件,或指派党的建设工作联络员负责党建工作。这实际上基于社会组织的实际情况,提出了联合、挂靠和派入党建联络员等党组织的新型设置模式。

2015年《关于加强社会组织党的建设工作的意见(试行)》规定了社会组织党组织的三种设置模式:单位建立党组织、按行业建立党组织和按区域建立党组织。

地方上社会组织党组织的设置模式更具多样性,浙江省的模式主要包括独立式党组织、联合式党组织、临时性党组织和挂靠式党组织四种[①];上海市的设置模式有独立式党组织、行业式党组织、联合式党组织、临时性党组织、挂靠式党组织和派入党建联络员六种[②]。

[①] 参见詹成付、廖鸿:《2015年中国社会组织理论研究文集》,中国社会出版社2015年版,第239页。
[②] 参见许德明:《"两新"组织党建概论》,上海人民出版社2007年版,第93—95页。

综合中央和地方的政策规定，目前社会组织党组织的设置模式主要有七种：

一是独立式党组织。有三名以上正式党员的社会组织，都要按照党章规定，经上级党组织批准，分别设立党委、总支、支部。

二是行业性党组织。行业特征明显、管理体系健全的行业，可依托行业协会商会建立行业党组织。行业党组织对会员单位党建工作进行指导。

三是区域性党组织。在社会组织相对集中的各类街区、园区、楼宇等区域，可以打破单位界限统一建立党组织。

四是联合式党组织。对于正式党员人数不足3人，人员相对不稳定的社会组织或虽有3名以上党员，但个别党员组织关系暂时不便接转，无法单独成立党组织的社会组织，按照业务相近、地域相邻的原则，建立联合党支部。

五是临时性党组织。对于由于各种原因无法建立独立、区域或联合党组织的社会组织，根据实际情况组建临时党组织。临时支部不能接受新党员，但可以培养入党积极分子，在临时任务完成后将其介绍到本人所在的党组织。

六是挂靠式党组织。对于党员人数少、不能独立设立支部或成立区域或联合支部的社会组织，按照"就近就地"的原则，将党员组织关系挂靠到所在地的社区、乡镇或附近其他单位的党支部。在人才市场等人才代理机构成立党组织，对那些有人事档案挂靠关系但其所在民办单位没有党组织的党员实施挂靠管理，等党员所在单位成立党组织后再将组织关系转到该单位党组织。

七是派入党建联络员。对于部分党员人数较少，不具备建立党组织条件的社会组织，通过派入党建联络员推进党建工作。

五、社会组织党组织的形式

《关于在社会团体中建立党组织有关问题的通知》规定社会组织党组织的设置形式根据社会组织中党员人数和工作需要确定，有3名党员以上，但不足50名的社会组织中设立党的支部委员会，在党员人数不足7名的社会组织中可以不设立支部委员会，但是设书记1人。在党员人数超过50人，但不足100人的社会组织中设立党的总支部委员会。在党员超过100人以上的社会组织可以设立党的基层委员会。

目前，社会组织党组织的形式主要有六种：

一是党委。党员超过100人的社会组织可以建立党委，党员不足100人，但因工作需要，经上级党组织批准，可以建立党委。

二是党总支。党的总支部委员会简称"党总支"，凡有党员有50人以上不足100人的社会组织，经上级党委的批准，可以建立党总支。

三是党支部。凡有正式党员3人以上不足50人的社会组织，经上级党组织批准,可以成立党支部。

四是临时支部。临时支部是在两年内,为执行某项任务或临时组建的党的基层组织,临时支部中有正式党员3名以上。

五是联合支部。正式党员不足3名,没条件单独成立党支部的社会组织,可以和同一地域的社会组织组建联合支部。联合支部具有党章规定的党支部的作用、任务和职能。

六是党的工作小组。党小组的人数不少于3人,其中至少有1名正式党员。如果党员不足3人的社会组织,可以和同地域内党员少、工作性质相近和联系方便的社会组织成立党小组。党小组的职责是组织党员实践支部的决议,对党员进行制度化的党组织活动、时事政策学习和政治教育,对党员进行监督和协助支部开展活动等四个方面。

六、党组织的隶属关系

早期多项政策文件规定了社会组织党组织的隶属关系,如《关于在社会团体中建立党组织有关问题的通知》《关于加强社会团体党的建设工作的意见》规定,社会团体的党组织接受批准其成立的业务主管单位或挂靠单位党组织的领导,又如《关于加强社会力量举办学校党的建设工作的意见》规定社会组织举办的中等教育及其以下的学校,由举办单位党组织负责学校党建工作,在公民个人、其他形式举办的学校和举办单位无法负责学校党建工作的情况下,学校党建工作由学校所在地的教育、劳动等有关行政主管部门或乡镇、街道等基层党组织负责。

2015年《关于加强社会组织党的建设工作的意见(试行)》规定全国性的社会组织党建工作归口到中央直属机关党工委、中央国家机关工委、国务院国资委党委进行领导和管理。地方社会组织党建工作由省、市和县级社会组织党建工作机关进行领导和管理。社会组织中建立的党组织,对本单位和直属单位党组织的工作进行领导和管理。

从以上政策可知目前社会组织党组织的管理模式主要包括:

一是属地管理。将社会组织的党组织按其所在地划归街道(社区)党工委和乡镇党委、村支部、开发区管委会或开发公司党委(党组、总支)管理,规模较大、党员人数较多的社会组织党组织也可以直接由所在地(市)、县(市、区)党委领导。

二是挂靠管理。社会组织党组织由挂靠单位党组织管理,挂靠单位党组织负责挂靠在本单位的社会组织党建工作。

三是业务主管单位管理。社会组织党组织接受业务主管单位党组织领导,业务主管单位党组织负责所主管的社会组织的党建工作。

四是行业管理。行业协会商会党组织或行业协会商会上级党组织负责行业协会商会会员单位的党建工作。

五是属资管理。根据"谁出资,谁负责"的原则,出资单位党组织负责所举办的社会组织的党建工作。

第三节 上海市和广州市的党建工作

在中央政策的推动下,地方社会组织党建工作不断发展,且取得了显著成效。受经济基础、社会文化等因素的影响,地方社会组织党建的实现形式存在较大差异,发展也不完全均衡。相比较而言,东部沿海地区社会组织数量多,规模较大,党建基础比较好,党建成效更为突出,能够为其他地区提供借鉴。下面介绍社会组织党建开展得较好的上海市和广州市的基本做法和经验。

一、上海市的党建工作

上海市在社会组织党建方面开展了积极的探索,在与中央政策一致的前提下,不断创新党建的体制机制和工作方式。上海市委立足于党的基层组织建设全局,把社会组织党建工作纳入基层党建范畴,进行了整体规划,理顺了社会组织党建工作的领导体制,形成了市委组织部统筹管理、两新组织党工委具体协调、市有关单位党委分工负责的党建管理体系。上海市的主要做法如下:

1. 制定出台政策,为社会组织党建提供制度保障

1999年,上海市委组织部、市民政局、市社会团体管理局在调查研究的基础上,联合下发了《关于在社会团体中切实加强党的工作的若干意见(试行)》,明确要求在所有市级社团(宗教团体除外)中多形式地建立起党组织,有条件的区县级社团也要积极建立党组织。2002年,上海市委办公厅根据实践中的社会组织所存在的党建问题,专门下发《关于进一步推进本市民间组织参与社区建设和管理的意见》的通知,要求加强社会组织党的建设,发挥党组织的辐射功能,从而进一步增强党对社会的影响力,使社团紧紧团结在党的周围,进一步凝聚党员、凝聚团队、凝聚组织和凝聚社会。

2005年底,按照上海市委"全覆盖、凝聚力、组织化"和"单位党建、社区党建、行业党建"共同推进的要求,市社会工作党委选择在符合条件的部分行业协会开展党建工作试点,并颁发了《关于在本市开展行业协会党建试点工作的意见》,提出依托行业协会平台推进新经济组织党的工作覆盖,进一步增强党建工作的有效性,构建以行业协会党委为纽带,向下领导或管理部分业内经济或社会组织党组织的"属业"管理体系,为推进行业服务、行业监管和行业自律提供政治、思想和组织保证。2006年,上海市出台《关于加强民间组织发展与管理试点工作的意见》,选择市工经

联、市商联会等两家联合会,按照"试党建、试功能、试保障"的工作要求,管理枢纽党组织,加强党对民间组织的领导,形成组织健全、覆盖全面、工作有效的民间组织党建体系。

2009年上海召开全市社会建设推进大会,并以会议文件形式下发了《关于进一步加强本市社会组织建设的指导意见》,明确社会组织是社会建设的重要内容,提出要尊重社会组织的主体地位,顺应社会组织发展规律,分类指导社会组织健康有序发展,着力构建社会组织发展、管理、党建三位一体建设新格局。上海市将社会组织作为社会建设的重要内容,制定了"1+7"的扶持配套政策,着力推进社会组织发展。①

2. 在社会组织党建领导和协调机制上的探索

(1) 加强领导和协调,成立党建工作指导机构。2000年9月上海成立市社团党建工作指导小组。为了进一步加强对社会组织的管理,上海市对社会组织党建实行市社会工作党委、市社团局、各级业务主管单位、工青妇等人民团体以及相关专业单位党组织组成"五位一体"的管理体制。2003年8月,上海市委建立了隶属市委的市社会工作党委(简称社工委),各区县相应建立隶属区县党委的社工委。社工委的主要职责是开展"两新"组织党建工作,与隶属于街道党工委的综合党委一起,形成了具有上海特色的"市区两级党工委、三级管理"格局。街道社会综合党委接受上级党组织的领导,并在街道层面设置基层党支部、专职党务工作者、党建指导员等,从事党的组织化管理工作。同时,依托社团性质的社会组织联合会和民非性质的社会组织服务中心,通过政府委托或授权,对相关社会组织实施归口管理和提供服务。社会组织联合会和社会组织服务中心主要履行三项功能:行使代理登记、注册、年检、变更等常规职能;充当社区非法人的社区民间组织的挂靠单位,间接赋予其合法社团的法律地位;为民间组织提供信息服务、资源供给、沟通渠道,并进行常态性管理。联合会和服务中心负责所管理的社会组织党建工作。

(2) 明确责任主体,实行"双重领导,双重负责"。为了明确社会组织党建工作的责任主体,上海市实行了社会组织党建工作由业务主管单位党组织和登记管理机关双重领导,以业务主管单位党组织为主、登记管理机关配合的"双重负责"模式。社会组织业务主管单位的党组织在社会组织党建工作上负有主要责任。党的组织部门特别是各业务主管单位的党组织,是社会组织党建工作的领导主体和直接责任者,配备专门人员负责社会组织党建工作。新社会组织业务主管单位党建联络员负责所管辖的社会组织党员教育和管理等工作,党建联络员主要由有关部、委、办、局的党委(党组)成员、组织干部或具体负责新社会组织日常管理工作的党

---

① 参见中国社会组织年鉴编委会编:《中国社会组织年鉴2011》,中国社会出版社2012年版,第163页。

员工作人员担任。

（3）登记管理机关在社会组织党建工作中发挥重要作用。为了保证社会组织党组织尽快尽早地建立，上海市委组织部、市社团局和各社会组织业务主管单位逐步明确了新社会组织党建工作的两个重要"关口"：一是准入关，即新成立的社会组织，其核准登记和党组织的建立应同步进行；二是年检关，即社会组织年检中要检查其党组织的建立情况，如果属于应建未建的情况，则应督促其尽快建立。市、区社团局成立以来，将社会组织登记、年检等管理工作同社会组织党建工作相结合，有力地促进了社会组织党的建设。在"双重负责"模式中，业务主管单位和登记管理机关各司其职，分工协同，共同保证了社会组织党建工作的有序推进。

（4）构建管理体制，实行分级和分类管理。上海为加强社会组织党建工作，除"双重管理"模式外，还探索建立了分级和分类管理体制。所谓分级管理，是指市一级的业务主管单位和登记管理机关负责市级社会组织的党建工作；区县级业务主管单位和登记管理机关抓好区县级社会组织的党建工作，同时了解和掌握设在本区的市级社会组织及其分支机构、代表机构、活动站等的党建工作情况，并及时向市级报告；街道党工委则把社会组织党建工作纳入社区党建的工作范围，建立与市区（县）两级社会组织登记管理机关、业务主管单位的双向沟通制度。所谓分类管理，是指对不同类型的社会组织采取不同党建管理模式，社团组织主要以业务主管单位管理为主，社会服务机构是条块结合、以块（社区）为主式管理，群众自发性活动群体则主要以街道、居民区管理为主（以块为主）。

3. 在社会组织党建工作机制上的探索

社会组织党建工作机制上的探索主要做法包括建立社会组织党建与经济组织党建的联动机制，建立社会组织党建与社区党建的联动机制，以及在社会组织党组织设置上的探索。值得一提的是，上海市建立了社会组织党建联络站，提出了"上实下虚"的党建新模式。例如，上海市长宁区华阳街道建立了社团党建联络站，在街道党工委的领导下，组织联系社区内社会团体和社会服务机构及党员开展新社会组织党建活动，通过密切联系、交流情况等做法实现优势互补、资源共享，以促进新社会组织健康发展。联络站由街道的一名党政领导担任站长，社会组织中推选若干名负责人担任副站长，制定活动制度，街道给予经费保证。所谓"上实下虚"的新模式，是指那些有分支机构、代表机构和团体法人会员的大型新社会组织（如各种联合会）在总部、上层建立党组织，其属下的分支代表机构和团体会员并非无论大小、一应俱全地建立党组织，而是视具体情况建立党组织，党建工作方式和工作内容则力求灵活、扎实和有效。

二、广州市的党建工作

广州市十分重视社会组织党建工作，坚持"哪里有党员哪里就有党组织，哪里有党组织哪里就有健全的党组织生活"的工作原则,在扩大社会组织党组织"两个覆盖"工作中取得了很好的成效。截至目前,广州市共有15890名社会组织党员,建立1323个党组织,党的工作覆盖率为100%。① 广州市社会组织党建的主要做法包括:

一是实行"1+N+X"的党建管理体系。② 广州市针对区级社会组织较多、党员人数较少、党员流动性大、党员组织关系转接难、党建工作责任主体不明确、管理体制不顺畅等问题,坚持"分级管理、分类负责"的原则和"依托民政、集中管理、多头推进"的工作思路,积极探索广州市社会组织党建工作的路径和体系。一方面,在市、区两级民政部门成立社会组织党委,作为同级党委的派出机构,具体负责行业协会及没有业务主管单位的社会组织的党建工作,指导、协调同级业务主管单位和区级民政部门登记管理的社会组织的党建工作。另一方面,各业务指导单位、业务主管单位、属地党组织、社区等部门齐抓共管,开展社会组织党建工作。同时,律师、会计师领域按"部门负责、协会协助、会员参与"的模式,由各级司法、财政部门具体负责社会组织的党建工作,各级律师协会和会计师协会各自设立党组织,协助主管部门指导所属律师事务所及会计师事务所的党建工作。

目前,广州市已经形成了社会组织党委负责指导全市社会组织开展党建工作,负责市一级没有业务主管单位社会组织党建具体工作;各区社会组织党委负责指导属地社会组织开展党建工作,负责所在区登记成立的没有业务主管单位社会组织党建具体工作;以教育局、人社局、文广新局、卫生局、科协、文联、社科联等为业务主管(指导)单位的社会组织党建由各自主管(指导)单位负责管理,律师协会、会计师协会自成管理体系,各街道(镇)党(工)委按属地化原则各负其责的"1+N+X"党建管理体系。

二是建立社会组织与党建协同的工作机制。将党建工作嵌入到社会组织登记注册、年检年报、换届、重大事项报告和组织的注销、撤销等各个环节中,做到党建工作与社会组织同步规划、同步开展、同步提升。广州市将党建工作与社会组织考评相结合,将党建工作作为重点内容进行综合评估,将评估结果作为承接政府购买服务的主要依据,在各类评优评先活动中优先考虑党组织和党员作用发挥好的社会组织。③

三是灵活设置党组织形式和开展党组织活动。广州市明确规定有正式党员3名以上的社会组织,无论规模大小,都要组建党组织;积极尝试单独组建、联合组

---

① 参见广州市社会组织管理局:《广州着力构建社会组织党建工作体系引领社会组织健康发展》,载《中国社会组织》2016年第2期,第46页。
② 同上。
③ 参见民政部直属机关党委、民政部民间组织服务中心党委:《广东省社会组织党建工作调研报告》,载《中国社会组织》2016年第1期,第25页。

建、区域组建、行业组建、挂靠组建、委托组建等多种党组织组建方式,要求规模较小、党员较少的社会组织与所属街道、社区党组织实行"挂靠建",依托园区、楼宇等建立党建工作站,并先后成立广州市社会组织培育基地联合党总支、广州市青年社会组织孵化基地党委等。①

四是积极发挥党组织的监督职能。对成立党组织的行业协会商会,要求相应成立纪检组织或明确纪检委员,有专人负责纪检工作;对尚未成立纪检组织的行业协会商会,明确监事会应负责防治腐败工作,初步实现了行业协会商会防治腐败工作的全覆盖。②

五是为社会组织党建工作提供经费、场地和人员保障。2013年2月广州市委印发《关于建立广州市非公有制经济组织和社会组织党建工作经费保障机制的实施意见》,明确规定社会组织党建经费采取"财政拨款、党费支持、企业自筹、社会帮扶"的办法,其中党员活动经费标准为每名党员每年300元,党务工作者工作津贴标准为全职党组织书记每月2000元和兼职书记每月300元,并对新建立的党组织给予至少3000元的党建工作启动经费,对社会组织党组织所缴纳的党费予以全额返还。③ 同时,广州市党建场地实行社会组织党组织与行政办公场所合建合用,与街道党员服务站和社区党员之家共建共享的措施。④

六是建立政治激励机制。从2011年起,广州市逐步把社会组织纳入广州市劳动模范、先进集体评选和全市创先争优表彰等活动中,推荐社会组织党员和骨干人员为省党代表和全国人大代表。⑤

综上所述,上海和广州在推进社会组织党建工作中都采取了灵活多样的措施,从总体上看,虽然两地党建工作的指导思想、目标和工作核心是一样的,但在具体做法上仍然存在一些差异。比如在管理体系上,上海市社会工作委员会是上海市委的派出机构,根据市委授权,负责对全市新社会组织、新经济组织党的工作的指导、协调、研究和督查工作,并有独立的人、财、物权。各区(县)、街道、居民区分别建立了"两新"组织党建工作协调指导机构、社区综合经济党委(党总支)以及"两新"组织党建工作联络站,形成了覆盖全市、上下贯通的"两新"组织党建工作管理

---

① 参见民政部直属机关党委、民政部民间组织服务中心党委:《广东省社会组织党建工作调研报告》,载《中国社会组织》2016年第1期,第26页。
② 参见《广州市社会组织管理办法》,http://hzmz.haizhu.gov.cn/MZYW_547/SKZZS_994/201505/t20150508_293208.htm,2016年12月30日访问。
③ 参见《关于建立广州市非公有制经济组织和社会组织党建工作经费保障机制的实施意见》,http://www.gzns.gov.cn/artide/show.asp?id=717,2016年12月30日访问。
④ 民政部直属机关党委、民政部民间组织服务中心党委:《广东省社会组织党建工作调研报告》,载《中国社会组织》2016年第1期,第26页。
⑤ 参见广州市社会组织管理局:《广州着力构建社会组织党建工作体系引领社会组织健康发展》,载《中国社会组织》2016年第2期,第47页。

体系;广州市社会工作党工委作为广州市委的派出机构,日常工作受广州市民政局党委领导,负责行业协会及没有业务主管单位的社会组织党建工作,指导、协调同级业务主管单位和区级民政部门登记管理的社会组织的党建工作。可以看到,上海市社会组织党建工作由市委负责,而广州市社会组织党建工作主要由市民政局负责和业务主管(指导)单位负责。尽管如此,上海和广州两地在社会组织党建工作中都取得了有目共睹的成绩,它们的做法和经验值得其他地方学习和借鉴。

第四节 评 述

党和政府一直重视社会组织党建工作,将党建视作保证社会组织坚持正确的政治方向、凝聚组织人才、促进业务发展、营造先进组织文化的重要手段,经过多年探索,社会组织党建工作的制度化和规范化不断增强,党建也已经成为社会组织工作的重要内容。从总体上看,社会组织党建工作取得了巨大成效,具体表现为:

第一,社会组织党组织覆盖率显著提高。社会组织党组织和党员人数不断增加。截至 2015 年底,全国共有社会组织 662425 个[1],社会组织党组织 10.2 万个,社会组织党员 81 万名,占全国党员总数的 0.9%[2]。

第二,社会组织党建工作的管理体制逐步理顺。随着全国各地对社会组织党建工作开展积极探索,社会组织党建工作隶属关系逐步理顺,形成不同的党建模式。一是"依托民政、集中管理、多头推进"模式。这种模式在各级民政部门成立同级党委派出机构的社会组织工作党委,负责社会组织以及没有业务主管单位社会组织的党建工作,指导、协调同级业务主管单位与下级民政部门登记管理的社会组织的党建工作,业务主管单位、属地党组织、社区等各方面力量齐抓共管,形成共同促进社会组织党建工作的合力。二是"单设机构、以条为主、枢纽管理"模式。这种模式在市委层面成立作为派出机构的社会组织建设工作委员会,负责社会组织建设、管理与服务和社会组织党建工作,社会组织党建的具体业务由业务主管单位、挂靠单位和行业协会商会开展,登记管理机关在登记、年检中协助,街道社区属地管理配合。三是"组织部门牵头、业务主管单位负责、民政部门协助"模式。各级组织部门牵头、协调,业务主管单位主要负责所主管的社会组织党建工作,民政部门给予配合,在社会组织登记时要求建立党组织,并在年检时对党建工作进行监督。四是"主管部门负责、行业主管协助和会员参与"模式。这种模式主要运用在律师

---

[1] 参见《2015年社会服务发展统计公报》,http://www.mca.gov.cn/article/sj/tjgb/201607/20160700001136.shtml,2007年7月29日。
[2] 参见谢玉峰:《加强社会组织党建工作 推动社会组织健康发展》,载《中国社会组织》2016年第24期,第9页。

和会计领域,这些领域行业协会的党建由各级司法行政部门、财务部门具体负责,在行业协会中设立党组织,由各级律协、会计师协会协助主管部门,并具体承担指导所属律师及法律事务所、会计师及会计事务所的党建工作。①

第三,社会组织党建提升了社会组织合法性。高丙中提出我国社会组织有四种合法性,一是社会合法性,即由于社会组织符合文化传统、社会习惯等组成的民间规范而具有合法性;二是法律合法性,即社会组织满足了法规、规则而获得合法性;三是政治合法性,即社会组织符合国家的思想价值体系而被承认享有的合法性;四是行政合法性,即社会组织由于遵守行政部门及其代理人确立的规章和程序而拥有的合法性。② 社会组织具有民间性和非政府性,在追求社会目标和利益的过程中,并未肩负广泛的代表职责,而是带有一定的狭隘主义和功利色彩,甚至有时还会从事一些非法违规的活动,进而会影响中国改革和现代化建设所需要的稳定。党组织一方面通过宣传和引导,使社会组织更加了解党的路线、方针政策,使社会组织发展同党的方针政策相一致,另一方面通过对社会组织日常活动进行监管,帮助社会组织保持正确政治方向和依法开展自治活动。

第四,党建增加了社会组织的社会资本。社会资本是指社会组织的某种特征,如信任、规范和网络,它们可以通过促进合作行动而提高社会效率。③ 社会资本是一种资源,它以社会关系中的信任、网络和规范为载体,包括社会关系中的制度、规范和网络化等组织结构特征。通过人际关系的协调、互动能力与合作潜力的开发,社会资本能发挥提高社会效率,增加物质资本和人力资本收益的功能。作为与社会、经济领域各方面联络的一个结点,社会组织不是孤立的行动个体,社会组织通过构建广泛的社会网络结构来实现资源摄取,进而促进其自身成长。对于社会组织来说,社会资本的积累是要通过构建起有效的社会网络来实现的。党组织由于自身所具有的社会资本优势,成为社会组织积累社会资本,构建社会网络的重要支撑。一是党组织与政府职能部门及上级党组织保持密切联系,社会组织可以通过党组织将同级党组织及更高层级的党组织纳入自己的社会网络,从而获得更加充足的资源保障,为社会组织积累社会资本提供广阔的空间。二是党组织为社会组织提供了更广阔的社会联系,社会组织通过联合支部与社区的互动,建立起社会网络,能够获得更多的社区资源支持。三是社会组织将党组织联系的群团组织纳入自己的社会网络,并为组织提供有效的帮助。四是社会组织通过党组织与其他社会组织建立起社会网络,与其他社会组织一起开展活动,能够实现资源互补。

---

① 参见石国亮、廖鸿:《社会组织党建的现状、难题与对策——基于一项全国性调查的深入分析》,载《长白学刊》2012 年第 3 期,第 36—37 页。
② 参见高丙中:《社会团体的合法性问题》,载《中国社会科学》2000 年第 2 期,第 103—107 页。
③ 参见〔英〕罗伯特·D. 帕特南:《使民主运转起来:现代意大利的公民传统》,王列、赖海榕译,江西人民出版社 2001 年版,第 195 页。

虽然社会组织党建工作取得了显著成效,但是依然存在一些不足,主要体现在以下几个方面:

首先,多头管理与责任缺位。① 目前,社会组织的登记注册由民政部门统一管理,业务主管或指导则归属到各类不同的行政职能部门,民政部门和业务主管或指导单位都对党建负有管理责任。此外,由于存在诸多不同的党建模式,多个党委、多家组织都参与到党建工作之中,这种情况导致社会组织党建的多头管理和责任模糊,也在某种程度上加重了社会组织的党建工作的负担。

其次,社会组织党员发展、教育和管理难度大。② 由于社会组织具有规模小、人员流动性大、全职工作人员少等特点,相比于具有一定规模的、相对稳定的党组织来说,社会组织党组织发展新党员、壮大党的队伍、有效开展党员管理和教育的难度更大。此外,大量社会组织处于组织发展期,需要大量精力实现组织使命和宗旨,无暇也无资源开展党员发展和教育等工作,对社会组织党建工作的热情不高。③

最后,社会组织党建保障机制滞后。经费不足④和人才不足⑤一直是社会组织党建面临的重要问题。虽然有党费返还和上级党组织下拨的经费,但是这些经费有限,难以满足社会组织开展党建工作的实际需求。政府或事业单位退休官员和军队转业人员是社会组织党务工作者的主要来源,他们有丰富的党建工作经验,能够为社会组织党建带来资源,但是社会组织党建与政府、事业单位党建不同,有其自身特点,更需要既熟悉党建工作又熟知社会组织运作和发展规律的专门性人才。但目前这类人才十分缺乏,导致党组织的服务能力与社会组织党员的诉求出现失衡⑥,难以满足社会组织党建的实际需求。

基于以上分析,本书就将党建与社会组织成长有效结合,以社会组织党建促进社会组织发展,以社会组织发展提升社会组织党建的活力,提出以下几点建议:

第一,明确党的作用边界。中国共产党是我国的执政党,是中国特色社会主义事业的领导核心,这决定了在政治上党与社会组织是领导与被领导的关系,在社会组织中开展党建工作具有必要性,党通过党建加强对社会组织的监督和管理也具有合理性。但是,在社会组织中开展党建,首先要明确党的作用边界,建立合理的党与社会组织关系模式。党建应主要发挥引领政治方向、发展党员和加强党员管

---

① 参见陈家喜:《我国新社会组织党建:模式、困境与方向》,载《中共中央党校学报》2012年第2期,第36—40页。
② 同上。
③ 参见钱付良、陈肖、张群:《社会组织党建工作研究》,载《哈尔滨市委党校学报》2013年第6期,第54页。
④ 参见严宏:《近年新社会组织党建研究述评》,载《学习论坛》2009年第11期,第25页。
⑤ 参见王辉:《"两新"组织党建工作:困境及路径》,载《求实》2010年第6期,第26页。
⑥ 参见吴新叶:《走出科层制治理:服务型政党社会管理的路径——以上海社会组织党建为例》,载《理论与改革》2013年第2期,第58页。

理、教育和服务等功能,在开展党建工作、扩大"两个覆盖"的同时,一要保证社会组织的自主治理权,二要保证行政部门对社会组织的监督管理权,要正确处理好党务与社会组织业务、管理与服务、创新与守法之间关系。

第二,增强党建服务功能。社会组织党建既是增强党对社会组织的影响力和渗透力,保证党对社会组织政治领导的需要,也是社会组织自身健康发展的内在需要。社会组织具有特殊的组织结构与行为方式,社会组织党建也不同于企业或机关的党建,党需要重视社会组织的实际需求,将党建工作与满足社会组织需求、解决社会组织问题、促进社会组织发展相结合,不断创新工作方式,提升党建的服务功能。社会组织的健康发展是开展党建工作的前提条件,目前社会组织普遍存在资源汲取能力弱,经费短缺和专业人才匮乏等问题。[①] 因此,党组织需要发挥自身的资源、政策和信息优势,运用党组织核心、骨干的作用,为社会组织尽可能地争取资源,支持和帮助社会组织解决资金短缺、人才缺乏和内部治理不完善等问题。

第三,创新党组织工作方式。党对社会组织的嵌入是否有效,受党的嵌入意愿和能力、社会组织受嵌意愿等因素影响。[②] 为了实现社会治理的现代化,党在嵌入社会组织的过程中必须充分考虑社会组织受嵌的意愿,采取科学、合理的嵌入方式。例如,可以对社会组织党员实行分类教育,根据不同职业和政治素养实施差别化的教育。再如,可以采用协调和疏导等方式发挥社会组织进行利益整合和利益表达的作用。

第四,加强党务工作者的队伍建设。目前,我国基层党务工作者存在结构不合理、工作能力和工作方法有待提高、党务工作体制机制不够完善、队伍不稳定、人才短缺和作用难发挥等问题。[③] 社会组织党建工作要实现可持续发展必须有专业化、职业化的党务工作者作支撑。党和政府要加强对党务工作者的教育和培养,建议每年按一定的比例把社会组织的党务工作者送到高校、党校、政府有关部门和优秀党支部中进行培训和学习,加强党务工作者的职业化和专业化建设;要选拔和培养社会组织党务工作者后备力量,将具备一定条件的政府职员和社会组织从业者作为后备力量进行培养,确保党务工作者队伍的可持续性;要建立健全党务工作者的激励保障机制,落实和提高党务工作者的经济待遇,并提供一定的政治激励。

---

① 参见程芳:《我国社会组织发展面临的主要问题及其对策》,载《陕西社会主义学院学报》2016年第1期,第6—9页。
② 参见罗峰:《社会组织的发展与执政党的组织嵌入:政党权威重塑的社会视角》,载《中共浙江省委党校学报》2009年第4期,第31—37页。
③ 参见潘立魁:《全面从严治党:基层党务工作者队伍建设存在的突出问题与对策思考》,载《学习论坛》2015年第12期,第24—25页;管恩琦:《试论非公有制企业党务工作者队伍建设》,载《广西社会主义学院学报》2011年第6期,第54—57页。

本章小结

本章主要总结和梳理社会组织党建的发展历程、当前社会组织党建工作的基本要求,介绍了上海市和广州市社会组织党建的主要做法,最后分析了社会组织党建的主要成效和不足,并针对不足提出了改善建议。

新中国成立后,社会组织党建经历了酝酿、全面开展和初步成熟三个发展阶段。各项政策共同明确了社会组织党建的指导思想、社会组织党组织的基本职责、党组织的设置模式、党组织的形式、社会组织党组织的管理模式等重要内容。

虽然社会组织党建成效显著,但仍然存在多头管理与责任模糊、党员发展和教育困难等问题,特别需要进一步明确党的功能边界、增强党建服务功能、创新党建工作方式,以及加强党务工作者队伍建设。

思考题

1. 社会组织党建工作经历了哪几个发展阶段?
2. 社会组织党建工作的指导思想和目标是什么?
3. 社会组织党组织的设置模式有哪几种?
4. 简述社会组织党组织的主要形式。
5. 简述社会组织党建管理体制的主要形式。
6. 分别简述上海市和广州市社会组织党建的主要经验。
7. 思考社会组织党建工作中存在的问题及解决思路。

拓展阅读书目

1. 马庆钰、廖鸿主编:《社会组织发展战略》,社会科学文献出版社2015年版。
2. 刘强:《新社会组织党建研究》,中国社会科学出版社2015年版。
3. 高国舫主编:《新经济社会组织党建研究》,中共中央党校出版社2006年版。
4. 施南昌主编:《探索实践 破解难题:上海社会建设和"两新"组织党建工作调研文选(2010)》,上海三联书店2011年版。
5. 管廷莲:《社会组织中的党建研究:基于温州的实证分析》,知识产权出版社2012年版。
6. 张书林:《论党的建设的顶层设计》,载《社会科学》2011年第3期。
7. 檀雪菲:《关于新社会组织党建研究的若干问题》,载《当代世界与社会主义》2007年第1期。
8. 刘庄:《党组织建设与新社会组织的契合过程》,载《中共四川省委党校学报》2009年第1期。

9. 张波:《我国新社会组织党建工作若干问题研究——基于2000—2013年相关文献的分析》,载《长白学刊》2014年第1期。

10. 张圣友:《社会治理视角下的基层党建创新》,载《求实》2008年第8期。

11. 周长生:《应切实加强基层社会组织党建工作》,载《中国社会组织》2009年第7期。

12. 张书林:《围绕培育壮大公民社会 推进新社会组织党建工作》,载《重庆社会主义学院学报》2009年第11期。

13. 陈家喜、左瑞婷:《强化组织渗透性:社会组织党建的发展方向》,载《中国党政干部论坛》2015年第10期。

第八章　社会组织与慈善组织的法人治理结构

本章要点

1. 了解社会组织与慈善组织法人治理结构的理论基础。
2. 掌握社会团体法人治理结构的含义、特征和基本框架。
3. 掌握社会服务机构法人治理结构的含义和框架。
4. 掌握基金会法人治理结构的含义、分类和框架。
5. 掌握慈善组织法人治理结构的特点和框架。
6. 了解社会组织与慈善组织法人治理结构存在的不足和完善的建议。

导语

　　政府职能的转变和国有企业的改制给社会组织与慈善组织的发展提供了生存和发展的机会。自1992年，中国政府着手建立社会主义市场经济体制，中国的经济和社会发展取得了举世瞩目的成绩。社会主义市场经济体制的逐步建立和完善，政府机构改革的不断深入和现代企业制度的建立，社会组织与慈善组织的法制和政策环境的逐步改善，都为建立各类社会组织提供了较大的发展空间。在政府机构精简和重组的背景下，"小政府，大社会"的新结构逐步形成，因此社会组织与慈善组织能够在政府机构改革后发挥新的作用。改革背景下，社会组织与慈善组织的内部治理能力是影响社会组织承接政府职能转移的关键。因此，政府对社会组织与慈善组织的法人治理结构越来越关注。2016年8月21日，中共中央办公厅和国务院办公厅印发《关于改革社会组织管理制度促进社会组织健康有序发展的意见》，提出要加强社会组织自身建设，着重强调社会组织内部治理结构及治理能力的建设，同时，在《行业协会商会与行政机关脱钩总体方案》明确提出要完善行业协会法人治理结构。上海市民政局、社团局在2016年6月连发《关于开展社会组织内部治理自查自纠工作的通知》和《关于加强本市社会组织内部治理工作的若干意见》两个文件，对社会组织内部治理提供指导性意见。可见，政府层面对行业协会内部治理的重视非同一般。然而,就社会组织与慈善组织法人治理结构的相关具体政策而言,目前还有待细化和完善。本章主要分类介绍社会组织与慈善组织法人治理结构的基本框架,目前社会组织与慈善组织法人治理结构存在的问题及完善措施。

第一节　法人治理结构概述

"法人治理结构"(corporate governance)一语最早于 20 世纪 70 年代初由美国经济理论界提出,是基于公司所有权与控制权分离,为实现股东与利害相关者的利益而形成的一整套权力和利益分配与制衡的法律体系和制度规范。法人治理结构作为一种权力制衡机制已成为现代企业制度的核心,被证明是一种解决所有权与经营权相分离及由此带来的委托代理问题的有效制度安排,并逐渐被引入到西方非营利组织和公立机构治理领域。近年来,法人治理结构被我国学者引入社会组织[①]领域,作为社会组织内部治理研究的一部分。

一、治理与治理结构

(一)治理的提出与应用

"治理"(government)一词的英文源于拉丁文和古希腊语,具有控制、引导和操作的意思。长期以来,"治理"与"统治"交叉使用,并主要用于与国家的公共事务相关的管理活动和政治活动。1989 年,世界银行在其报告《撒哈拉以南的非洲:从危机到可持续增长》中首次使用了"治理"一词,此后治理理论得到快速的传播,逐渐形成较为完备的理论框架,并在许多国家的政治、行政和社会管理改革中得以应用。治理理论的主要创始人之一罗西瑙(Rosenau)将"治理"定义为一系列活动中的管理机制,这些管理机制得到授权能有效发挥作用。[②] 20 世纪 90 年代以来,"治理"一词被政治学家和经济学家赋予了更广泛的定义。其中,联合国全球治理委员会对"治理"的定义具有较强的权威性和代表性,根据该委员会的定义,治理是各种公共的或私人的人员和机构管理共同事务的诸多方式的总和。不管如何定义,治理的核心在于权力的行使、利益的分配与责任的归属,目的是维护正常的秩序。[③]

事实上,治理最早应用于公司治理,即探讨公司应该如何治理的问题。奥利

---

① 在法人治理结构方面,慈善组织与社会组织情况类似,本章主要就社会组织问题进行分析。
② 参见〔美〕詹姆斯·N.罗西瑙主编:《没有政府的治理》,张胜军、刘小林等译,江西人民出版社 2006 年版,第 5 页。
③ 参见张冉:《非营利组织管理》,北京大学出版社 2014 年版,第 151 页。

弗·哈特认为,组织中只要存在两个条件,治理问题就会必然产生:第一个条件是代理问题,确切地说是组织成员间存在利益冲突;第二个条件是交易费用之大,不能通过合约解决代理问题。① 也就是说,代理问题和合约的不完全性是治理存在于营利组织的条件和理论基础。相比较"统治"一词,"治理"在加强社会管理或促进经济发展中少了许多政治色彩,并在政府不能发挥主导作用但社会组织却有独特优势的领域中"治理"的概念被广泛应用。

(二) 社会组织的自治权与依法自治

社会组织的自治权是社会组织为实现组织目标,按照章程对组织及其成员进行组织和管理的权力。② 从世界各国立法来看,社会组织进行自我管理、自我服务、自我发展的自治权被普遍承认。我国《社会团体登记管理条例》也规定,社会团体是中国公民自愿组成,为实现会员共同意愿,按照其章程开展活动的非营利性社会组织;国家保护社会团体依照法律、法规及其章程开展活动,任何组织和个人不得非法干涉。

1. 社会组织的自治权

社会组织自治权是结社权发展的必然结果和理性延伸,但它在权利主体、权利内容上与结社权相区别,是一种社会组织自我管理、自我服务、自我发展的权利,具有独立性的特征。社会组织为什么能拥有自治权？社会组织的自治权是与生俱来的,还是国家权力授予的？若根据洛克"政治国家(公民社会)先于国家而存在"的观点,自治权则是社会组织与生俱有的。然而,在相当长的历史中,"黑格尔式"的国家占主导,社会是国家的附庸,社会组织被国家权力排斥,只有获得国家的特许才可以成立。直到近代,国家与社会开始分离,社会的自治权逐渐得以确认,社会组织自治权与国家权力在法理上实现了统一,即他们都是人民主权的实现形式,前者是人民自己管理公共事务,后者是人民委托国家机关管理公共事务,二者本源皆是人民。时至今日,社会组织自治权与国家权力对立的历史基本结束,大多数国家支持和培育社会组织发展,到 20 世纪 70 年代,被誉为与民族国家的兴起具有同样意义的"全球结社革命"出现;到 20 世纪 90 年代前后,以社会组织为重要主体的"多元共治"的新公共治理格局在世界范围内基本形成,社会组织的自治权受到充分尊重。③

有学者甚至认为,社会团体的自治权是人民主权的实现形式,是人类"群分"的本性得以满足的重要保障,与公民的人格尊严密切相关,而且是一种普遍性的权利诉求,因此具有作为一项独立的基本宪法权利的特征,理应由宪法和法律加以保障

---

① 参见〔美〕奥利弗·哈特:《公司治理:理论与启示》,王勇德译,载《经济学动态》1996 年第 6 期,第 60—63 页。
② 参见罗豪才主编:《行政法论丛(第 7 卷)》,法律出版社 2004 年版,第 144 页。
③ 参见周俊:《社会组织管理》,中国人民大学出版社 2015 年版,第 136 页。

和约束。① 可以说,自治权现在被公认为社会组织固有的自由权,但它能否实现取决于国家权力是否作为,当国家权力侵蚀或者侵吞社会权力时,社会组织的自治权就会萎缩或者荡然无存。因此,对社会组织自治权的理解必须基于两个基本维度,一是社会组织自治权与国家权力之间的关系,二是社会组织自治权与其成员权利的关系。

2. 社会组织依法自治

社会组织的自治权存在于与国家权力和成员权利的关系之中,自治权的实现需各方恪守权力(利)底线,而要做到这一点,尤其需要法律发挥保障和制约的作用。首先,自治权需要法律加以确认,以成为社会组织的一项独立的自由权;其次,自治权需要法律加以保障,以排除其他权力的干预;最后,自治权需要法律加以约束,以减弱其负面影响。可以说,法律是社会组织自治权得以实现的基础,在这种意义上,社会组织的"依法自治"就是其自治权实现的过程。进一步讲,所谓"依法",一方面就是使社会组织的自治有法可依;另一方面就是使各种力量对社会组织自治权的干预有法可依。

从社会组织自治权与国家权力、会员权利的关系中可以看到,自治权的实现必须以法律为基础,但有法律的保障还不够,作为自治权的主权,社会组织也需要加强自身建设,其中最为重要的是要建立起完善的法人治理结构,在内部实现决策权、执行权和监督权的平衡,以及提升组织能力,使组织在面对内外干预时有能力保持独立性和自主性。

案例 8-1　社会组织的依法自治

十八大报告把社会组织体制改革作为社会建设和社会体制改革的四大重要目标之一。建立现代社会组织体制,关键就是要在法律的框架下,建立健全以章程为核心的法人治理结构,使社会组织实现自我管理、自我服务、自我教育、自我发展,成为独立的法人主体。为加快形成政社分开、权责明确、依法自治的现代社会组织体制,理清政府、市场、社会关系,2015 年 7 月 8 日,中国政府网公布《行业协会与行政机关脱钩总体方案》,积极稳妥推进行业协会与行政机关脱钩,厘清行政机关与行业协会的职能边界,加强综合监管和党建工作,促进行业协会成为依法设立、自主办会、服务为本、治理规范、行为自律的社会组织。创新行业协会管理体制和运行机制,激发内在活力和发展动力,提升行业服务功能,充分发挥行业协会在经济发展新常态中的独特优势和应有作用。但脱钩管理后,部分行业协会出现会长未经理事会讨论,擅自挪用组织资产等违法违规现象,如 2016 年上海市光电子行业

---

① 参见李海平:《社团自治与宪法变迁》,载《当代法学》2010 年第 6 期,第 19—26 页。

协会会长未经理事会讨论私开账户私自借款给企业的行为和上海电子元器件行业协会会长不正当报销巨额费用,引发了社会对行业协会自主治理的质疑和对社会组织内部治理的深入思考。

资料来源:http://stj.sh.gov.cn/node2/node3/n5/n80/u8ai10818.html;http://stj.sh.gov.cn/node2/node3/n5/n80/u8ai10820.html,2017年1月20日访问。

(三)从"公司法人治理结构"到"社会组织法人治理结构"

"公司法人治理结构"一语正式出现是在20世纪80年代的经济学文献中,用来描述公司内部的一种组织框架。对于"公司法人治理结构"的定义,因研究者的研究角度和看问题的侧重点不同而众说纷纭。其中较有权威性和代表性的是1995年经济合作与发展组织在《公司治理原则》中的定义,即"公司法人治理结构明确了董事、经理、股东和其他利益相关者之间的权利和责任的分配,规定了公司决策的规则和程序,并提供了制定公司目标的组织结构,以及达到这些目标和监督绩效的手段"。这一定义一般被称为广义的"公司法人治理结构",而狭义的"公司法人治理结构"仅关注所有者与经营者之间的利益均衡关系,从而把公司法人治理结构界定为股东、董事会和高层经理人三者之间的一种组织机构和均衡机制。

"法人治理"一词最早是由英国学者率先引进公共部门的,并且引进的初衷是希望把这种有效率的治理方法应用到公共部门以提高公共部门的效率。在中国,1994年研讨国有企业改革时,吴敬琏首次把"法人治理"这一词与公共部门的改革联系起来,而官方则是在1999年9月中共十五届四中全会通过的《中共中央关于国有企业改革和发展若干重大问题的决定》中提出,即"完善公司法人治理结构,是建立现代企业制度的核心"。[①]

社会组织是非营利法人,非营利法人与企业等营利法人在组织宗旨、设立程序、治理原则上有很大差异,它们的法人治理不尽相同,但两者都是要解决组织内部的权力配置与制衡问题,也具有极大的相似性。因此,本节将狭义的(公司)法人治理概念引入到对社会组织的讨论中,将社会组织的法人治理界定为社会组织的决策权、执行权和监督权之间的关系及其运行机制。社会组织建立健全法人治理的根本意义是通过实现"三权"间的制衡以防止内外力量对组织自治权的侵犯。[②]

建立现代社会组织体制,关键就是要在法律的框架下,建立健全以章程为核心的法人治理结构,使社会组织实现自我管理、自我服务、自我教育、自我发展,成为独立的法人主体。与公司法人类似,社会组织的法人治理结构一般为"会员大会

---

① 参见王清旺:《行业协会的法人治理结构研究》,安徽大学2012年博士论文,第15页。
② 参见周俊:《社会组织管理》,中国人民大学出版社2015年版,第119页。

(或会员代表大会)—理事会(常务理事会)—监事会—秘书处"[①]。如果是非会员制的社会组织,上述法人治理结构中则没有"会员大会(或会员代表大会)"。

二、社会组织法人治理结构的理论基础

社会组织法人治理结构是基于组织所有权与控制权分离的法律体系和制度规范,其理论基础是产权理论。产权经济学属于自由主义学派,是新制度经济学的一个分支,产生于19世纪末20世纪初,到20世纪80年代中期基本形成了较为成熟的理论体系,包括企业产权结构理论、企业性质理论、制度变迁理论等多个分支。产权理论内容丰富,不同时期不同经济学家从不同角度论及产权问题。概括来讲,产权理论讨论的核心问题是以交易费用和产权为概念基础的外部性问题,主要研究产权及其结构安排对资源配置及其效率的影响。

在讨论社会组织产权问题之前,需要明确一下概念:

第一,公益产权。在社会发展过程中,存在着一种特殊形式的财产,它既不是私人财产也不属于国有财产,而是由捐赠和其他社会资源形成的一种新的财产形式。它属于社会公众,但不能由某一个人或某一群人来界定它的产权性质,它是一种社会虚拟产权。王名将这种产权形式称为"公益产权"。[②] "公益产权"是从我国社会组织与慈善组织公益性的视角对我国社会组织产权的一种界定,可以定义公益产权是一种区别于私人产权和国家产权的特殊产权形式,表现为基于捐赠等形成的公益财产,以委托权、受托权、收益权相分离并相互独立的形式存在,由基金会、社会团体、民办非企业等社会组织及慈善组织受托管理,并按照公益宗旨提供公共物品和公共服务,接受社会监督。[③] 这里提到的公益财产,是公益产权的外在表现形式和载体,其来源主要有四个途径:各种形式的社会捐赠和志愿服务;各级政府通过拨款、补贴和政府采购等形式提供的公共资金;社会组织与慈善组织以减免税等形式获得的优惠待遇;组织在公益财产运作过程中所获得的各种收益。

第二,剩余控制权和剩余索取权。这两个概念源于现代企业理论,现代企业理论认为企业是一系列契约的联结,是不同的资产所有者通过契约形式合作组成组合资产,并把组合资产的索取权与控制权在所有者之间进行分配的组织。这些契约中不仅包括完全契约,而且包括不完全契约。社会组织治理与公司治理安排相似,是不完全契约。它所影响的不仅仅是组织财产的分配,而且也是组织所有的参与者必须从事于财富创造活动的一种激励。契约的不完全性直接导致了剩余控制

[①] 王想平、宗君:《加快完善现代社会组织法人治理结构的行动策略》,载《社会与公益》2013年第7期,第88—91页。
[②] 参见王名、贾西津:《基金会的产权结构与治理》,载《经济界》2003年第1期,第43页。
[③] 参见王菲:《我国非营利组织"公益产权"研究》,载《山东行政学院学报》2012年第4期,第40页。

权的产生,即在合同未说明的情况下的权力归属和行使问题。哈特(Hart)和莫尔(Moore)第一次明确地给出了剩余控制权的定义,指出剩余控制权是事前没有在契约中明确界定如何使用的权力,是决定资产在最终契约所限定的特殊用途之外如何被使用的权力,是资产所有者"可以按任何不与先前的合同、习惯或法律相违背的方式决定资产所有用法的权利"。同时,由于组织要素契约的不完备性,组织的总收入不可能是一个固定的量,组织的收入也不可能通过每一个人的固定收入分配完毕,必定留有一定的剩余,则也就必定有人会成为这一剩余的索取者,即享有企业的剩余索取权。剩余索取权就是指对企业收入在扣除所有固定的合同支付的余额或利润的要求权,它是相对于合同的收益权而言的,具有状态依存性的特征。[1]

产权问题是社会组织法人治理结构面临的一个核心理论问题。现代企业产权关系主要涉及两方面的内容:一是出资者的财产所有权;二是企业的法人财产权。换言之,首先明确财产的归属,在此基础上,明确由谁来运营财产,这是现代企业产权制度中的两个基本点。同样,在社会组织中也要先明确财产所有权归属即终极所有权,另外就是法人财产权即经营权。从产权关系看,公司制企业产权明晰,财产的终极所有权及其收益权均归股东所有,经营者只拥有公司财产的经营权。

然而,对于社会组织,产权关系相对模糊,出资者的目的并非营利,而是出于公益或互利,并且出资者一旦将资金投入到社会组织便随即失去了财产的终极所有权和控制权,其依附于财产所有权中的剩余收益权也随之消失。出资者投入的资金和众多捐赠者捐赠的资金凝聚成社会组织的法人财产整体,并且没有任何个人和组织拥有社会组织的财产所有权和剩余收益权。其法人财产使用权和控制权被牢牢地控制在社会组织的管理者手中。由此可见,社会组织的财产所有权、剩余收益权和财产使用权是分离的,社会组织的捐赠者、管理者、受益者均不是社会组织产权的完全拥有者,即社会组织产权不存在一个完整产权所有者。

三、社会组织法人治理结构的特征

1. 模式选择的外在约束性

社会组织权力的获得为社会组织治理提供了一定的基础,因为社会组织的法人治理结构设计实质上是组织内部的权力分配过程。然而,社会组织法人治理结构不应局限于组织内部权力的合理配置,这是因为在现代化社会中,一切组织面临的外部环境是不断发展变化的,组织内部诸要素也要处于动态变化之中。因此,任何组织包括社会组织必须将外部环境变化的要求纳入法人治理结构的基本框架,

---

[1] 参见谢德仁:《企业剩余索取权:分享安排与剩余计量》,上海人民出版社 2001 年版,第 1—2 页。

以适应环境变化来适时地自我调节、自我发展。社会组织属于外部环境依赖型组织,因而其治理结构要与外部环境的匹配更显重要。因此,社会组织法人治理结构模式选择就具有较强的外部约束性。[①]

2. 利益相关者的不确定性

与公司法人治理相比,社会组织法人治理受到更多元化且不确定的利益相关者的影响,这主要体现在三个方面:一是来自政府的影响。大多数社会组织的正常运行依赖于政府的财政拨款,经济上的依赖关系决定了政府意志的渗透,而政府意志很大程度上又决定了社会组织法人治理结构的构成。二是来自捐赠者的影响。捐赠者对社会组织法人治理结构的影响是通过其捐赠意图、对捐赠品使用的监督及对组织领导人的影响而发生作用的。三是受益者及社会公众的影响。受益者及社会公众通过对社会组织提供公共需求的评价来参与治理过程,并以需求的实现程度(满意度)来影响社会组织的治理。当然,无论是政府、捐赠者还是受益者、社会公众,他们都是不断变化的,参与社会组织的治理过程也是不确定的,这必然导致治理结构中的利益相关者具有不确定性。

3. 治理结构优劣的社会影响

社会组织的经营管理无法依赖利润动机,只能依靠组织使命的凝聚和目标的引导,并通过反映社会和公众的需求来获得社会方方面面的支持和赢得组织生存的空间。因此,一方面,社会组织必须有一个明确的任务和目标,必须把这些抽象的目标变成可操作的目标和可实施的方案;另一方面,社会组织大部分带有慈善性或公益性的使命。一般而言,营利性组织若治理不善,其后果也只是企业倒闭,并不会引起更多社会问题。但对社会组织而言,若治理不善,会辜负社会公众对其的支持与信任。尽管社会组织丑闻屡见不鲜,但社会组织的责任缺失和败德行为更易引起公众的不满,甚至影响到社会和谐。可见,治理问题对社会组织尤为重要,而治理结构的优劣直接影响治理效率,影响到社会组织的社会公信力,因而具有深远的社会后果。

4. 治理结构的法律规定性

社会组织法人治理结构是由相关行政管理条例规定,如《社会团体登记管理条例》第10条规定,"有相应的组织机构"是社会团体成立的条件之一。《社会服务机构登记管理暂行条例》也规定成立民办非企业应该有必要的组织机构。《基金会管理条例》在第三章对组织机构的规定比较具体,规定基金会要设立理事会和监事会,并规定了理事和监事的任职资格限制和职责。

从社会组织法人治理结构安排来看,我国目前尚无专门法律对社会组织法人

[①] 参见程昔武:《非营利组织治理机制研究》,中国人民大学出版社2008年版,第86—88页。

治理结构进行明确说明,只是在有关行政管理条例中零星提到。2016年3月第十二届全国人民代表大会第四次会议通过《慈善法》也仅是提及"慈善组织应当根据法律法规以及章程的规定,建立健全内部治理结构"。可见,社会组织法人治理结构在法律规定性上存在明显的不健全性,法律规定缺乏效力。

第二节　社会团体法人治理结构

一、社会团体法人治理结构的含义及特征

社会团体法人治理结构是指社会团体内部的组织机构,以及决策、执行、监督等职权在各机构之间的分工与协作过程的总称。社会团体法人治理结构具有三个特征:

第一,具有规范性和弹性。社会团体法人治理结构反映的是社团内部的行政管理关系,不同于一般非法人组织,必须受到法律的调整。各类社会团体法人治理结构的基本原则、基本精神应统一规范,并具有相对稳定性。与此同时,社会团体法人门类众多,且跨度较大,其治理结构应当能够适应多行业,富有预防性和弹性。[①]

第二,决策体系相对独立、民主和科学。社会团体法人应具有相对独立的决策权。鉴于社会团体公益性的性质,社会团体法人治理要充分反映各方意见,需有较为多元的决策主体,充分体现科学决策、民主决策的要求。

第三,监督体系具有广泛代表性。社会团体的活动领域较为广泛,其服务质量和服务水平高低关系社会大众利益。因此,社会团体法人治理结构必须突出监督层的作用。强化监督作用,提高监督地位,这需要社会团体的监督由具有广泛代表性的相关人物参与,使社会团体的内部监督和外部监督有效结合,形成有效的监督体系。

二、社会团体法人治理结构的基本框架

现代企业制度最大的特点就是两权分离。同样,实行两权分离的社会团体也有必要建立一个科学、合理、有效的社团法人治理结构。社会团体治理的目标是保证会员利益的最大化,防止经营者行为与组织宗旨和使命的背离。总体上,社会团体法人治理结构主要由会员大会、理事会、办事机构所构成。

---

① 参见何卫平、刘谦:《上海市社会团体内部治理结构研究(上)》,载《上海企业》2009年第2期,第37页。

(一) 权力机构——会员(代表)大会

会员(代表)大会由全体会员组成,是具有法人资格的社会团体的议事机关和最高权力机关,是协会民主管理的基础。讨论确定社会团体重要事项由协会章程予以明确。《社会团体章程示范文本》规定,会员(代表)大会作为组织的权力机构,其主要职权包括制定和修改章程,选举和罢免理事,审议理事会的工作报告和财务报告,决定终止事宜和决定其他重大事宜。基于社会团体是互益和自治组织的特点,社会团体应强化类似于公司法人治理结构中的股东会的机构即社会团体会员大会的功能与作用,并且其功能、权力和运作都可借鉴公司治理中的股东大会。某些社会团体规模巨大,所涉及的地区和企业众多,有的还包括数量众多的分支机构,因而可以考虑成立会员代表大会,以在某些情况下代替会员大会行使职能。为保障会员代表大会的公正性和代表性,会员代表的数量应占会员总数的一定比例。

(二) 执行机构——理事会

理事会是会员(代表)大会的执行机构。当社会团体理事人数较多时,可设立常务理事会。理事会对整个社团的协调、发展、监督等重大问题进行决策和领导,是社会团体法人治理结构中的核心。作为执行机构的理事会,其主要职权包括执行会员大会(或会员代表大会)的决议,选举和罢免理事长(会长)、副理事长(副会长)、秘书长,筹备召开会员大会(或会员代表大会),向会员大会(或会员代表大会)报告工作和财务状况,决定会员的吸收和除名,决定设立办事机构、分支机构、代表机构和实体机构,决定副秘书长、各机构主要负责人的聘任,领导本团体各机构开展工作,制定内部管理制度以及决定其他重大事项。

鉴于理事会是社会团体一切权利、责任和义务的中枢,理事会成员的组成应遵循以下两个原则:第一,理事会成员代表的多样化,这样就确保中小企业、个体经营者和科研机构等,这些利益相关群体在理事会中也有自己的代表,以实现理事会决策执行事务的公平;第二,理事会的人员构成在年龄、性别、学历、社会经济地位等方面应保持均衡,以有利于充分发挥人才互补优势,使社会团体的决策机构更具专业性,更好地应对多变的政治经济环境。

理事会在社会团体治理中的功能相当于公司内部治理中的董事会。为了充分体现社会团体的公益性、增强决策代表、优化理事会成员知识结构和充分发挥理事会职责,理事会的理事可由三部分组成:第一部分即主体部分由大会选举产生;第二部分为社会团体秘书长;第三部分可由会员大会聘请少量社会代表理事如服务对象、利益相关者代表。

另外,根据实际需要,社会团体可以设立会长办公会。会长办公会同样作为社团的执行机构,可以讨论确定社团具体事项的执行方式,但不得对社团的人事、财务、活动等问题进行决策。

(三) 办事机构——秘书处

秘书处是社会团体的日常办事机构,负责处理社团的日常事务性工作。社会团体秘书处一般设秘书长一人,副秘书长若干人。秘书长负责主持秘书处日常工作。

《社会团体章程示范文本》规定秘书长行使下列职权:主持办事机构开展日常工作,组织实施年度工作计划;协调各分支机构、代表机构、实体机构开展工作;提名副秘书长以及各办事机构、分支机构、代表机构和实体机构主要负责人,交理事会或常务理事会决定;决定办事机构、代表机构、实体机构专职工作人员的聘用;处理其他日常事务。

值得注意的是,虽然《社会团体登记管理条例》规定了会员大会、会员代表大会在社会团体治理中的核心地位,但无论是《社会团体登记管理条例》还是《社会团体章程示范文本》,均未对具体执行机构的设置、社会团体监事会的设立及职权做出明确规定,大部分社会团体的监事会还处于空白状态。监事会的缺位造成了社会团体治理结构的不完整,缺乏相应的监督机制,并由此引发了一些问题。从 2014 年起,各种形式的社会团体开始重视监事会的作用,并在章程中作了补充,在组织内增加监事会的设置。

> **案例 8-2** 上海市留学人员联合会的机构概况

上海市留学人员联合会(英文简称:SORSA)是上海市留学归国学人自愿组织的民间团体,也是一个覆盖面广的高层次人才团体。本会宗旨是广泛团结海内外学人,增进友谊、交流学术、沟通信息、开展协作,发挥纽带和桥梁作用。

《上海市欧美同学会章程》于 2013 年 5 月 18 日第九次会员代表大会通过,同学会的各机构产生方式、工作模式、职责范围如下:

1. 会员代表大会:是同学会的最高权力机构。会员代表大会的会员代表通过民主推荐的方式产生,会员代表可以委托其他会员代表在授权范围内行使表决权。会员代表大会的职责是:制定和修改章程;选举和罢免理事;审议理事会的工作报告和财务报告;决定更名、终止等重大事项。

2. 理事会:是会员代表大会闭会期间的执行机构,对会员代表大会负责。会员代表大会选举产生理事,组成理事会,每届任期五年,理事会每年召开一次,必要时可临时召开,理事最高当选年龄一般不超过 70 周岁。理事会的职责是:筹备召开会员代表大会,向大会提交工作报告和财务报告;执行会员代表大会的决议;选举和罢免本会会长、副会长、常务理事;调整理事;决定其他重大事项。

3. 常务理事会:常务理事会由理事会理事选举产生。在理事会闭会期间行使下列职责:筹备召开理事会,向理事会提交工作报告;执行会员代表大会及理事会的决议;决定其他重大事项。

4. 会长会：会长、副会长由理事会选举产生，并由会长、副会长组成会长会。会长、副会长任期五年，可连选连任，但担任同一领导职务一般不超过两届。会长会根据需要每年召开若干次，行使下列职权：筹备召开常务理事会，向常务理事会报告工作；执行理事会、常务理事会的决议；建议调整理事会、常务理事会、会长会成员；决定设立办事机构、分支机构，并领导办事机构、分支机构工作；决定其他重大事项。

5. 秘书处：为同学会常设的执行机构。秘书长由会长提名，经理事会讨论通过。经会长批准，秘书长可聘请若干副秘书长协助工作。秘书处下设办公室和若干业务部门，根据工作需要聘用专、兼职工作人员。秘书处在秘书长领导下负责处理日常事务，组织实施年度工作计划，贯彻本会各项决定。

资料来源：http://www.china-sorsa.org/shtxh/node14/node149/index.html，2017年1月9日访问。

第三节　社会服务机构法人治理结构

一、社会服务机构法人治理结构的含义

社会服务机构的法人治理结构应该包括社会服务机构的组织机构设置以及组织机构的运行规范两方面。因此，社会服务机构的法人治理结构一方面是指通过其决策机关（董事会、理事会）和执行管理机关以及监察机关（监事会）之间形成权责明确、相互制约、协调运转和科学决策的一整套依照法律法规和法人章程等规定予以制度化的统一机制；另一方面则要求组织接受外在的监督，包括捐赠者和接受服务对象，还有公共利益的代表者——政府的监督。也就是说，社会服务机构的法人治理结构就是其组织内部权力进行合理分配，使组织内部各机关权责分明，形成互相协调、互相制衡的关系，同时要向各方利益相关者负责，接受外来监督，以保证社会服务机构运行平稳、健康，使各方利益（包括董事、监事、出资人、受益人）得到平衡和保护，最终实现社会服务机构的宗旨。

国内外治理理论及实践表明，无论是公司法人治理结构还是社会组织法人治理结构，其重点环节均在于建立法人财产制度、健全法人内部治理结构、完善法人外部治理环境三大方面。其中，建立法人财产制度是实施法人治理的基础，健全法人内部治理结构是实施法人治理的关键，完善法人外部治理环境则是有效实施法人治理的保障，由此可见社会服务机构的法人治理结构的重要性。

二、社会服务机构法人治理结构的基本框架

2016年的《社会服务机构登记管理条例》和2005年的《民办非企业单位章程示范文本》对社会服务机构(或民办非企业单位)的治理结构进行了详细的规定。按相关规定,社会服务机构的法人治理结构主要包括理事会、秘书处和监事会。

(一)决策机构——理事会

理事会是社会服务机构的决策机构,由举办者(包括出资者)、职工代表(由全体职工推举产生)及有关单位(业务主管单位)推选产生,理事会成员数为3—25人。第一届理事由申请人、捐赠人共同提名、协商确定。继任理事由理事会提名并选举产生。理事任期由章程规定,每届任期不得超过5年。理事任期届满,可以连选连任。理事会设理事长1人,可以设副理事长。

理事会的主要职权包括:修改章程;制订业务活动计划;制订年度财务预算、决算方案;增加开办资金的方案;决定本单位的分立、合并或终止;确定法定代表人人选,任免执行机构负责人;决定理事长、副理事长、理事任免事项;制定内部管理制度;审议年度工作计划、财务预算、决算报告、年度工作报告和财务会计报告等。

(二)执行机构——秘书处

社会服务机构可以设立执行机构。执行机构在秘书处负责人领导下开展工作,负责组织实施理事会决议和章程规定的其他职权。

负责人相当于社会服务机构的首席执行官,由理事会聘任。社会服务机构的法定代表人依照章程的规定,由负责人担任。负责人的主要职权包括:主持办事机构开展日常工作,组织实施年度工作计划;协调各分支机构、代表机构、实体机构开展工作;提名副秘书长以及各办事机构、分支机构、代表机构和实体机构主要负责人,交理事会或常务理事会决定;决定办事机构、代表机构、实体机构专职工作人员的聘用;处理其他日常事务。

(三)监督机构——监事会

监事会是理事会决策和运行的监督机构,监事会由3人以上组成。登记或者认定为慈善组织的社会服务机构应当设立监事。监事在举办者(包括出资者)、本单位从业人员或有关单位推荐的人员中产生或更换,其中,监事会中的从业人员代表由单位从业人员民主选举产生,有关单位主要指业务主管单位。并且,本单位理事、院长(或校长、所长、主任等)及财务负责人,不得兼任监事。监事任期与理事任期相同,可以连任,但不得超过2届。理事、负责人、财务人员以及上述人员的近亲属不得兼任监事。

作为内部监督机构,监事会的职权具体包括:检查本单位财务;对本单位理事、院长(或校长、所长、主任等)违反法律法规或章程的行为进行监督;当本单位理事、

院长(或校长、所长、主任等)的行为损害本单位的利益时,予以纠正。2016年《社会服务机构登记管理条例》规定监事应履行以下职责:依法监督社会服务机构按照章程开展活动;列席理事会会议,有权向理事会提出质询和建议;监督法定代表人的工作,检查财务和会计资料;有权向业务主管单位、登记管理机关以及税务、会计主管部门反映情况;章程赋予的其他职权。

从我国目前的立法状况来看,1998年的《民办非企业单位登记管理暂行条例》和2016年的《社会服务机构登记管理条例》均没有明确社会服务机构(或民办非企业单位)是否必须设立监事会,只是在2005年的《民办非企业单位(法人)章程样本》中规定民办非企业单位(法人)设立监事会,但其职权仅局限于对业务的监督,缺乏激励机制和责任机制。尽管有学者主张取消监事会而成立独立董事制度,但无论是设立独立董事还是监事会,其制度的目的都是为了在法人内部设置必要的监督机关。为了更好地使监事会发挥其应有的功能,应该赋予监事会更大的权力。例如,授权监事会可以代表单位起诉违法董事和高级管理人员;由监事会来决定聘请会计事务所;监事会可以召集董事会等等。鉴于目前社会服务机构监督机构普遍缺乏的情况,在构建社会服务机构的法人治理结构时,需要科学合理地设置既有权威又有效率的监督机构,建立健全决策、执行和监督三位一体的权力配置和制衡机制。[①]

第四节 基金会法人治理结构

一、基金会法人治理结构的含义及模式分类

我国《基金会管理条例》作为非营利基金会管理的基本规范,明确指出了理事会、监事会和执行机构是基金会的法人治理结构的主要构成。作为基金会的最高决策机构,理事会是基金会受社会捐赠者委托以实现公益资产和公共责任的代言人。监事会代表着受益人的利益对受托的资产进行监督,发现受托人违背受托目的处理资产或者受益人的利益受到伤害时有权为受益人的利益实施制约行为,监事依照章程规定的程序检查基金会财务和会计资料,监督理事会遵守法律和章程的情况。执行机构主要包括基金会秘书长和直接指导的工作部门。

良好的治理结构是实现基金会功能预期的核心制度装置,既包括内部治理即法人机关权力的合理分配,也包括外部治理即利益相关者权力和利益的平衡。从立法模式看,基金会的治理结构可归纳为三种类型:

---

① 参见方文进:《民办非企业单位治理结构问题探讨》,载《社团管理研究》2010年第11期,第46—48页。

一是以美国法和德国法为代表的"理事会中心"一元结构模式,即理事会为唯一的法定机关,其他法人机关为意定机关,即可自由决定是否设立的机关。基金会不存在成员,故无会员大会。在该模式下,监督机制来自理事会下设的财务和审计部门以及外部的税务机关和州检察官,监事会仅为意定机关。

二是以我国法律为代表的"理事会—监事会"二元结构模式,及理事会和监事会均为法定机关。与一元结构模式相比,二元结构模式的目的在兼顾基金会的内部监督和外部监督。

三是以日本法为代表的"评议员—理事会—监事会"三元结构模式,评议员、理事会、监事会均为法定机关。与德国的一元结构模式强调的外部监督不同,三元结构模式着重强调基金会的内部监督。①

二、基金会法人治理结构的基本框架

基金会与出资人的委托—代理关系,以及社会组织"三权分离"的存在,使得代理者的诚信问题以及委托者资产的效率和风险问题成为基金会活动面临的主要问题,因此,建立完善的法人治理结构对于基金会健康运营显得尤为重要。基金会是社会组织治理结构相关法律制度规定最为详尽的类型,并从法律上也确立了基金会内部理事会、监事会的权力分配以及制约机制。根据《基金会管理条例》和《基金会章程示范文本》的相关规定,基金会的法人治理结构主要包括理事会、监事会、秘书处。

(一)决策机构——理事会

理事会是基金会的决策机构,根据法律法规和章程开展活动,对基金会负责。《基金会管理条例》规定,基金会设立理事会作为决策机构,理事会理事人数为5—25人,具体人数由章程规定。理事每届任期不得超过5年,可以连选连任;用私人财产设立的非公募基金会,相互间有近亲属关系的基金会理事,总数不得超过理事总人数的1/3;其他基金会,具有近亲属关系的不得同时在理事会任职;在基金会领取报酬的理事不得超过理事总人数的1/3。理事会设理事长1人,可以设副理事长1人至3人,从理事中选举产生。理事长是基金会的法定代表人。

理事会的主要职权包括制定、修改章程;选举、罢免理事长、副理事长、秘书长;决定重大业务活动计划,包括资金的募集、管理和使用计划;年度收支预算及决算审定;制定内部管理制度;决定设立办事机构、分支机构、代表机构;决定由秘书长提名的副秘书长和各机构主要负责人的聘任;听取、审议秘书长的工作报告,检查

---

① 参见张志宇、沙飞莲、刘俊杰:《我国非营利基金会治理结构问题探讨》,载《中国集体经济》2016年第1期,第95—96页。

秘书长的工作;决定基金会的分立、合并或终止;决定其他重大事项。理事会会议应当由理事本人出席。理事因故不能出席,可以书面委托其他理事或者他人代为出席,委托书中应载明授权范围。

（二）监督机构——监事会

监事会是基金会的监督机构。基金会设监事,监事任期与理事任期相同。理事、理事的近亲属和基金会财务人员不得兼任监事。基金会理事长、副理事长和秘书长不得由现职国家工作人员兼任。基金会理事遇有个人利益与基金会利益关联时,不得参与相关事宜的决策;基金会理事、监事及其近亲属不得与其所在的基金会有任何交易行为。监事和未在基金会担任专职工作的理事不得从基金会获取报酬。《基金会章程示范文本》对基金会理事和监事的产生作出了更为详细的规定,基金会的第一届理事由业务主管单位、主要捐赠人和发起人分别提名并共同协商决定;监事由主要捐赠人、业务主管单位分别选派,登记管理机关也可根据工作需要选派监事。监事会的主要职权包括两方面:一方面,依照章程规定的程序检查基金会财务和会计资料,监督理事会遵守法律和章程的情况;另一方面,监事列席理事会会议,有权向理事会提出质询和建议,并应当向登记管理机关、业务主管单位以及税务、会计主管部门反映情况。

（三）执行机构——秘书处

秘书处在秘书长领导下工作,组织实施理事会决议和章程赋予的其他职权。秘书长及其直接指导的工作部门是基金会的执行机构。基金会的秘书长是组织中的一个核心人物,基金会秘书长从理事中选举产生,秘书长是基金会的专职人员,不得由现职国家工作人员兼任。《基金会管理条例（修订草案征求意见稿）》补充规定,秘书长不能由理事长兼任。不担任理事的秘书长列席理事会。一般情况下秘书长在掌控机构运营、资源配置及人员调度等方面有重要职权和责任。具体而言,理事长的其他职权和秘书长的职权从以下选项中确定,理事长和秘书长的职权不能重叠,基金会可根据实际情况细化或进行补充：主持开展日常工作,组织实施理事会决议;组织实施基金会的年度公益活动计划;拟订资金的筹集、管理和使用计划;拟订基金会的内部管理规章制度,报理事会审批;协调各机构开展工作;提议聘任或解聘副秘书长以及财务负责人,并由理事会决定;提议聘任或解聘各机构主要负责人,并由理事会决定;决定各机构专职工作人员聘用;章程和理事会赋予的其他职权。

第五节　慈善组织法人治理结构

一、慈善组织法人治理结构的特点

我国慈善组织的结构设计并不复杂,通过分析我国具有代表性的慈善组织,可以发现其在部门设计上一般采用职能制、直线制,层级上偏向于高耸型设计,上下级分工明确。[①] 通常具备的部门有理事会、秘书处、办事机构(包括宣传部、资金部、项目部等)等。其中理事会是慈善组织的核心机构,掌握决策权和领导权,通过定期会议任免组织中的领导人物,制订组织的发展计划;秘书处,在有些组织中被称为办公室,主要负责起草文件、负责接待、管理档案等辅助工作;办事机构负责管理资金、对外宣传、联系项目等具体事宜的落实。

值得一提的是,由于中国慈善组织与政府的特殊关系,一些规模较大的慈善组织,如中国红十字会、宋庆龄基金会,设有机关党委,宣传和执行党的路线、方针、政策,负责组织内部党员的学习和管理,这是十分具有中国特色的。

中国慈善组织的特点在中国红十字会身上体现得尤为明显。中国红十字会由全国会员代表大会指导,下设理事会、常务理事会、执行委员会,层级明显,总会对分会是"指导"关系。由于红十字会数量大、覆盖范围广,总会对分会的影响力有限,缺少对分会的管理和监督,呈现组织结构的顶端小而有力、底端大而薄弱的现象。[②]

二、慈善组织法人治理结构的基本框架

慈善组织法人治理结构同社会组织法人治理结构,皆指组织的机构设置和权力配置。《慈善法》第 11 条规定,慈善组织可以采取基金会、社会团体、社会服务机构等社会组织形式。由此,慈善组织可分为会员制慈善组织(社会团体类)和非会员制慈善组织(基金会和社会服务机构类)两种。随之,慈善组织法人治理结构可分为会员制法人治理结构和非会员制法人治理结构两类。

(一)会员制慈善组织法人治理结构基本框架

会员制慈善组织主要是指社会团体为组织形式的慈善组织,此类组织由会员组成。会员大会或会员代表大会是该类慈善组织的权力机构,拥有最高决策权,由

[①] 参见李莉、宋蕾放:《中国慈善组织结构的"趋同性"分析及反思——基于制度学派的视角》,载《学会》2011 年第 11 期,第 3—9 页。
[②] 参见戴长征、黄金铮:《对比视野下中美慈善组织治理研究》,载《中国行政管理》2015 年第 2 期,第 143—144 页。

选举产生理事会;理事会或常务理事会是该类慈善组织的执行机构,由会员大会或会员代表大会产生,对会员大会或会员代表大会负责,并执行会员大会或会员代表大会的决议;监事会是该类慈善组织的监督机构,负责监督组织财务和章程的执行情况;秘书处是该类组织的日常办事机构,由秘书主持开展组织日常事务,处理组织各类日常事务。

(二) 非会员制慈善组织法人治理结构基本框架

非会员制慈善组织主要是指有基金会和社会服务机构(原民办非企业单位)两种组织形式的慈善组织。此类慈善组织没有会员,因此被称为非会员制慈善组织。对于无会员的慈善组织,作为权力机构的会员大会就不存在了,其权力机构的职能由理事会行使,故该类慈善组织的权力机构为理事会,规模较大的组织会在决策机构下设若干专业委员会,以提高决策效率和效果;对于监督机构,非会员制慈善组织会设置监事会、审计委员会;对于执行机构,不同类型的非会员制慈善组织具有不同的设置,如社会服务机构的执行机构由组织负责人直接领导,而基金会则由秘书长领导秘书处开展组织日常事务管理。

会员制和非会员制慈善组织法人治理结构的共同之处是都有理事会和监事会,这两个机构也是法人治理结构的核心组成部分。

慈善组织的理事会主要行使三大核心职能:确定宗旨、战略规划和监督控制。理事会的首要职责是确定一个具有普遍适用性和强大凝聚力的宗旨或使命,并将其贯彻到组织运行的全过程。以此为基础,董事会必须站在战略的高度对组织的活动进行规划,这是确定宗旨的逻辑延伸和必然要求,既要以宗旨为导向立足长远进行远景规划,又要根据具体的内外环境提出短期规划,从而使得各个部门在具体事务的运作过程中有章可循。此外,理事会还直接领导执行部门,并对业务人员执行决策的情况进行监督和控制,对高级管理人员进行业绩评价与考核,对于执行人员违反组织章程和法律的行为给予处罚和寻求法律救济,同时对于监事怠于行使职权的行为可以独立的诉讼主体地位进行司法诉讼。

监事会作为慈善组织内部专门的监督机构,其基本职能是代表捐助人监督理事会和执行部门等机构以及个人的决策和执行行为,确保其依法合理地行使职权而不滥用职权。监事会监督的重点是财务审计监督。具体来说,主要包括两项内容:第一,检查和审计组织的财务状况,监事会有权对组织的财务会计报表进行查核,由自身或聘请专业会计人员予以审计,包括资产负债表、损益表、财产情况变化表等内容;第二,监督理事和执行人员的业务活动,检查其是否遵守章程和法律、行政法规,并对其报酬状况进行审查。与理事会相同,当违法状况出现时有权以独立的诉讼主体地位提起诉讼。[①]

[①] 参见郭大林:《我国慈善组织管理能力提升的障碍与突破》,载《天津大学学报(社会科学版)》2015 年第 2 期,第 180—181 页。

案例 8-3　中国红十字会法人治理结构

中国红十字会诞生于上海,上海市红十字会成立于1911年9—10月,初名为中国红十字会沪城分会,1920年改称中国红十字会上海市分会。上海市红十字会法人治理结构在第八次会员代表大会后,得到进一步的梳理,形成了较为完善的治理结构,包括全市红十字会会员代表大会、理事会、常务理事会和执委会,同时还包括工作机构设置常务理事会与执委会合并,反映出权力集中于执委会而不是理事会,执委会成员基本为常务理事会成员,因此,才有了将常务理事会下移与执委会合并的治理结构。

上海市红十字会的法人治理结构分为会员代表大会、理事会及执行机构三部分,相较于企业法人治理结构缺少了监事会这一部分。在实际运行中,会员代表大会每五年召开一次,主要职能在于选举新一届理事会成员,讨论及通过过去五年工作报告及未来五年工作规划。理事会每一年召开一次,主要职能包括选举会长、常务副会长、副会长,讨论及通过过去一年工作报告、人道救助基金使用情况报告及未来一年工作计划,同时对重大事项进行表决。理事会下设常务理事会,主要针对来不及召开全体理事的理事会而需对年度中重大事件进行决策。执行机构分为执委会及办事机构,执委会的主要职能是对日常事务的决策,办事机构分为综合办公室、信息传播部、赈济救护部、志愿服务部及青少年工作部,执行办理日常事务。

上海市红十字会作为社会团体,理应有一套与之相对应的非政府、非营利组织的运行架构,类似与企业的法人治理结构。但如今的上海市红十字会法人治理结构中存在的问题,直接导致了理事会功能的弱化和缺失,不能完全反映绝大多数会员(利益相关者)的意志。

资料来源:路琮玮:《上海市红十字会法人治理结构及其改革方向研究》,上海交通大学2014年MPA学位论文。

第六节　评　　述

近年来,在政策的引导和自身的努力下,社会组织法人治理结构建设取得了显著进步。大多数社会组织都将章程中载明的组织和制度建设落到了实处,设置了相应机构,配套了人员,建立了权力运行机制。但从总体上看,由于《基金会管理条例》的规定比较详明,基金会的法人治理相对完善;《民办非企业单位管理暂行条例》虽然没有对社会服务机构的法人治理作出规定,但因为社会服务机构的运作与企业非常相似,因此,大多都仿效企业建立了"三权四会"的法人治理结构,内部权力关系较为清晰;相对而言,因为《社会团体登记管理条例》仅对法人治理作出了原则性规定,而《社会团体章程示范文本》没有强制力,虽然社会团体都在章程中载明了法人治理的要求,但其实现情况却是最为落后的。

法人治理的不完善在社会组织中的表现情况不一,比如在基金会中,最为突出的问题是监督机构难以有效发挥作用;在社会服务机构中,则是出资人把持理事会,而在社会团体中,更多的是决策机构虚设。但概括地看,各类社会组织法人治理中的不足主要表现在以下几个方面:

首先,社会组织难以享有完整的决策权。根据《民政部关于重新确认社会团体业务主管单位的通知》的规定,业务主管单位不仅负责社会团体筹备申请、成立登记、变更登记、注销登记前的审查,还负责社会团体的思想政治工作、党的建设、财务和人事管理、研讨活动、对外交往、接受境外捐赠资助等工作。不但如此,为加强对社会团体的管理,业务主管单位还会派成员参与某些社会组织的理事会,直接影响其决策。对决策权的干扰也常常来自社会组织内部。社会组织的发起人和创立者通常会以贡献大、业内影响力强等原因,在决策中拥有更多发言权,一旦出任会长或理事长,或为社会组织提供办公场所或工作经费等资源,其影响力会更加凸显。

其次,执行机构僭越决策机构权力的情况比较常见。除国字号和其他承担了行政管理功能的社会组织外,大多数地方性和民间性社会组织在组织发展上都还处于初级阶段,既缺乏经费和人员,也缺乏服务项目,很多处于半休眠状态。这种社会组织的会员(代表)大会、理事会多为象征性机构,没有多少决策事务需要处理,甚至常年不开会,由秘书处全权负责大小事务,秘书长因此成为社会组织的实际决策者。即使在权力制衡机制相对健全的社会组织中,由于委托—代理关系中的信息不对称,对执行机构的有力监督也不容易做到。在社会组织中一直存在秘书长的能力高低决定社会组织发展前途的说法,这也表明了秘书长对社会组织影响的重要性。

再次,监督机制不完善。在企业中,设置由股东(代表)大会和企业员工民主选举产生的理事组成的监督机构(监事会)是法定要求,但在社会组织中,政策仅对基金会和社会服务机构有设置监督机构或监督人员的要求。社会组织中即使建立了监事会或设立了监事,大部分也处于"虚位"状态,难以发挥应有的作用。这主要是因为大多社会组织的监事任命不规范、监事本人专业性不强,监事利益与社会组织利益相一致也是重要原因。社会组织的监事主要由捐赠人、业务主管单位和登记管理机关选派,而大多监事会成员与董事会或者秘书长间有着千丝万缕的联系,甚至监事会人员的组成还要征求董事会成员或秘书长的意见,这样董事会或秘书长会间接地控制着监事会,使监事会无法发挥其监督作用。监事通常应具有专业的监督能力,但许多社会组织的监事无法律、财务等专业技术,不熟悉社会组织的具体运作,无力进行有效监督。监事本身也是社会组织成员,他们本身也站在社会组织利益的基本立场上,其监督作用主要限于保护成员利益,对社会组织侵犯外部权益的监督难以起到有效作用。

最后,治理机制设计不尽合理。治理机制包括决策、执行和监督权之间的具体关系和各项权力自身的运作方式,比如理事会的决策机制、理事会对执行机构的监督机制等。治理机制的设置是否合理直接影响社会组织的治理效果。以理事会决策机制的设计为例,为实现决策效率,理事会的人员数量通常有所控制,但部分社会组织却建立了理事达百人的大规模理事会。中国儿童少年基金会、中国宋庆龄基金会、中国青少年发展基金会的理事会人数最多时都超过了200人。由于理事人数众多而且分散在全国各地,召开一次理事会并不容易,实际上,很多理事会大致是每次换届的时候才召开,也就是说差不多4年一次。而一个庞大的理事机构,也造成许多的弊病:由于每个理事都具有建议权和表决权,使得理事大会经常流于闲谈的形式;就某项事务进行决策,往往难以取得统一意见,理事会根本无法真正议事和决策。

社会组织尚未能全面建立起完善的法人治理结构,这与社会组织的总体发达状态有直接关系,我国社会组织在改革开放后开始发展,到20世纪90年代才进行蓬勃期,在法人治理建设上尚无丰富经验,而且受"政会不分""行政化"等因素影响,独立性不够,对治理能人、外部力量等的依赖性强。在建立现代社会组织体制的要求下,这些不利因素都需要得到克服。

由于影响因素众多且复杂,完善社会组织的法人治理是一项综合性工程,需要社会组织、政府和其他利益相关者的共同关注和努力。政府需要从社会组织的自治领域中退出,使社会组织能够自主设置治理结构和治理机制;社会组织的出资者、捐赠者等要尊重社会组织的非营利属性,不得以出资、捐赠为由控制社会组织的产权与活动;等等。当然,最为根本的影响法人治理的因素存在于社会组织内部。一方面,社会组织需建立起完善的法人治理结构,厘清决策、执行和监督权之间的关系;另一方面,社会组织需具备一定的自治能力,能够使法人治理结构有效运作。关于第一个方面,本节提出以下几点建议:

第一,增强权力机构的行为能力。在会员制社会组织中,会员大会是社会组织的权力机构。但由于会员数量庞大、地理分布分散等原因,会员大会的权力常常由会员代表大会来行使。于是,会员代表应具何资格、如何产生、如何保证会员代表具有真正的代表性,以及会员代表大会的决策范围等成为非常重要的问题。社会组织的非营利属性决定了会员代表资格不应与企业规模、企业知名度等因素挂钩,而应平等地赋予所有会员选举和被选举权。会员代表应由会员大会民主选举产生,如若不便召开会员大会,则应由会员依认可的程序推荐产生,通常的做法是,先由一定数量的会员推荐一名会员代表,再依被推荐会员的得票高低确定代表人员。会员代表大会的议事程序更需遵照《罗伯特议事规则》精心设计,以保证每位代表都有平等的发言权,同时又能体现一定的议事效率。由于会员(代表)大会的筹备工作是由理事会组织,因此,理事会所制定的会议议程和议事规则至关重要,而且这些内容都应在会员(代表)大会上提交审议,并经通过后方才生效。

在职权问题上,会员(代表)大会除按政策规定拥有制定和修改章程,选举和罢免理事,选举理事长,审议理事会的工作报告和财务报告,决定终止事宜等权力外,还应享有制定选举办法和会费规则等权力,这主要是因为,选举办法实则是一种程序权力,它直接影响到会员(代表)大会的实体权力能否有效实现;会费是作为互益性组织的社会组织的生存基础,对会费标准、会费收缴程序、减免会费、特别会费的规定直接关系到会员利益和协会商会整体利益,是尤为重大的事务,只应由最高权力机构来决定。

在非会员制社会组织中,设立人不拥有组织产权,不存在会员制社会组织中的会员大会或会员代表大会,没有意思形成机关,其理事会仅是意思表示机关。由于非会员制社会组织通常具有公益性,因此,理事应具有社会代表性,由发起人、投资人、捐赠人、业务主管单位等提名和协商产生理事会,是政策的规定,也符合理事会代表性的要求。在此基础上,还需注意理事的任职资格,以保证理事有业务和时间为社会组织工作,并承担忠实义务和注意义务,即理事不得牺牲社会组织利益去谋求自己或第三人利益,应当勤勉、谨慎、善意地履行职责。

第二,建立有效的决策机制。无论是会员制还是非会员制的社会组织,理事会都是重要的决策机构,为保证决策的民主和效率,首先,要保证理事会成员数量和结构的合理性。有研究揭示,理事会规模和组织价值之间存在负相关关系,规模小的理事会比规模大的理事会更有效。[①]通常认为,15—25人之间的机构或会议具有最强的决策能力,因为过少的人数不利于产生新的意见和形成意见碰撞,而过多的人数则不利于集中建议和形成共识。基金会理事会的规模已经被规定为5—25人,其他社会组织理事会的规定也应参照此规定。理事会成员要既能够体现会员代表性和社会代表性,同时又具有公益心和决策能力。其中,理事长的角色非常重要,应通过民主选举的方式产生,由秘书长游说"出山"的理事长,通常难以服从,不利于理事会工作的开展。成员结构的合理性还体现在理事会规模上。

其次,要完善理事会的决策程序,可以参照《罗伯特议事规则》对会议各环节作出具体安排,做到既尊重多数决定原则,又尊重少数人的意见;既保证会议的民主

---

① David Yermack, Higher Market Valuation of Companies with a Small Board of Directors, Journal of Financial Economics, 1996, 40(1): 185—212.

性，又能实现会议的效率。

最后，若有需要，可设立常务理事会以在不需要或不可能召开理事会议时代行理事会职权。为防常务理事会僭越权力，理事会需明确常务理事会的决策范围，并规定常务理事会的重大决策必须经下一次全体理事会议的通过才可生效。理事会还可设置顾问委员会，以为理事会和员工提供专业性或技术性咨询，也可设置专门委员会，比如筹资委员会、评估委员会等，以指导协会商会具体工作的开展。

第三，加强监督机制建设。监督权在社会组织中具有不可或缺性。社会组织可以根据组织规模设立监事或监事会。监事应由会员（代表）大会选举产生，以使其获得与理事会相平等的权力，在社会团体中可以设立独立监事，以加强监督权的独立性。为保护监督权的公正行使，应建立监事资格认定制度，监事应具有足够的能力、专业水平和经验。理事、理事的亲属、秘书长不得兼任监事，监事的报酬应由会员（代表）大会而非秘书处决定，非专职监事不领取报酬。监事的主要职责是监督理事和管理人员有无违反法律法规和组织章程的情况，检查组织业务、财务状况和查阅账簿及其他会计资料，负责核查理事会提交给会员（代表）大会的财务资料和工作报告，协助政府和审计机构对组织的检查工作等。

第四，完善秘书长任用制度。秘书长是社会组织日常工作的负责人，也是社会组织的代言人，对社会组织发展的意义重大。目前政策规定社会服务机构应聘任院长，社会团体和基金会应从理事中选任秘书长。聘任制可以帮助社会服务机构选择到合适的管理人才，适合其发展要求。基金会的理事因为是各方推荐产生的，从理事中产生的秘书长有可能是专业的基金会管理人才，而且也可以将秘书长的合适人选纳入理事会，因此，选任制也不妨碍基金会招揽到专业的管理人才。但是在社会团体中，选任的秘书长却不一定能具备执行长应有的专业知识和能力，因此，从执行机构的专业性要求出发，社会团体应该建立秘书长聘任制度，通过公共招聘的方式选择专业人才出任秘书长，并明确秘书长的职责，建立激励、考核和监督等机制，最大限度地发挥秘书长的作用。

综上所述，法人治理是社会组织实现依法自治的组织基础，但是，厘清了内部权力关系，建立起权力均衡机制，还要能够让各种机制有效运转起来，才可能实现对会员权利和"公益产权"的保护，防范自治权被组织内外力量侵犯，因此，与法人治理同样重要的还有加强社会组织的能力建设。

本章小结

本章主要对社会组织与慈善组织法人治理结构的基本内涵、各类组织的法人结构框架进行了较为详细的介绍。

社会组织的自治权是社会组织为实现组织目标，按照章程对组织及其成员进行组织和管理的权力。从社会组织自治权与国家权力、会员权利的关系中可以看到,自治权的实现必须以法律为基础,但有法律的保障还不够,作为自治权的主权,社会组织也需要加强自身建设,其中最为重要的是要建立起完善的法人治理结构。

建立现代社会组织体制,关键就是要在法律的框架下,建立健全以章程为核心的法人治理结构,使社会组织实现自我管理、自我服务、自我教育、自我发展,成为独立的法人主体。与公司法人类似,社会组织的法人治理结构一般为"会员大会(或会员代表大会)—理事会(常务理事会)—监事会—秘书处"。

思考题

1. 社会组织法人治理结构的特点是什么?
2. 社会团体法人治理结构的基本框架是什么?
3. 民办非企业法人治理结构的基本框架是什么?
4. 基金会法人治理结构的基本框架是什么?
5. 慈善组织与其他社会组织相比有哪些特性?
6. 联系实际,思考如何完善社会组织法人治理结构。

拓展阅读书目

1. 曾韶华:《基于产权理论的非营利组织委托代理关系》,载《发展研究》2009年第3期。
2. 胡建锋:《基于利益相关者理论的我国非营利组织治理机制的构建》,载《湖北社会科学》2012年第4期。
3. 俞可平:《治理与善治》,社会科学文献出版社,2000年版。
4. 康晓光:《转型时期的中国社团》,载《2005年度中国汽车摩托车配件用品行业年报》。
5. 何卫平、刘谦:《上海市社会团体内部治理结构研究(上)》,载《上海企业》2008年第10期。
6. 方文进:《民办非企业单位治理结构问题探讨》,载《中国社会组织》2010年第11期。
7. 李莉、陈杰峰:《中国公益基金会的法人治理结构及其体制创新》,载《广西经济管理干部学院学报》2009年第4期。
8. L. M. Salamon, Global Civil Society: Dimensions of the Nonprofit Sector, The Johns Hopkins Center for Society Studies, EH. NET press, 1999.

第九章 社会组织与慈善组织的战略规划

本章要点

1. 掌握社会组织与慈善组织战略规划的含义、特征和作用。
2. 掌握社会组织与慈善组织战略规划的设计。
3. 掌握社会组织与慈善组织战略规划的实施。
4. 了解社会组织与慈善组织战略规划存在的问题和完善的建议。

导语

20世纪90年代以后,战略规划和战略管理在西方发达国家的企业中被广泛应用,营利性组织通过战略规划对组织拥有的内外部资源进行有效的配置,提高资源效用,以实现利润最大化的目的。作为承担社会使命的社会组织与慈善组织身处社会组织管理改革的浪潮中,也应着眼长远,将组织的发展提升到战略层面,明确组织发展方向,增进组织生命活力。社会组织实行战略规划,不是追求营利目的,而是将组织使命与组织行动有机结合,实现组织与社会的共生共长,美国学者马克·穆尔(Mark H. Moore)认为社会组织战略规划的作用是"创造社会价值",寥寥数字便道出社会组织战略规划的真正意义。因此,本章将从理论和实践两个层面介绍社会组织规划的相关内容,首先,详细介绍社会组织战略规划的概念、特征和作用等基本内涵;其次,介绍社会组织进行战略设计的基本流程;最后,分析社会组织战略规划的实施过程。

第一节 战略规划概述[①]

一、社会组织战略规划的含义

（一）社会组织战略

"战略",最早源于军事领域,是一个相对于战术或策略而言的概念。其中,"战"主要指战争与战斗,"略"则主要指韬略、策略。在西方,战略后来被广泛地应用于企业管理领域,产生了大量的理论和方法,并逐渐发展成为一门学科,即战略管理。对于社会组织来说,战略管理还是一个较新的词语,大多是借鉴企业战略管理的定义、方法和工具等。当然,在将营利领域的"战略"引入社会组织过程中,需要注意将其与社会组织自身的特殊属性和组织使命相结合。

社会组织战略,是指社会组织未来长远目标与发展方向,以及实现组织长远目标的策略和途径。通常,战略对于营利组织来说已经比较复杂,涉及组织内外多个层面和内容,这对于社会组织来说更是如此。为了简化对社会组织战略的认识,我们使用组织战略的四层次分析,即将社会组织战略简化为愿景、战略目标、业务战略和职能战略四个部分(如图9-1)。当然,不是所有的社会组织战略都包括这四个部分,有的社会组织战略可能只包括一个部分或者是几个部分的组合。

图 9-1　社会组织战略结构图
资料来源:张冉:《非营利组织管理》,北京大学出版社 2014 年版。

1. 愿景

愿景,即社会组织未来要成为一个什么样的组织,或者说,社会组织希望实现

[①] 社会组织与慈善组织两类组织在战略规划的基本内容上并无差异。为使文字简洁、便于阅读,本节使用"社会组织"一词代替"社会组织与慈善组织"。后面几节同此。

的理想或者未来的发展宏图。值得注意的是,使命或宗旨是社会组织的核心概念,然而,社会组织的愿景与后文提到的使命既有区别又有联系。

两者区别在于:愿景是解决"社会组织是什么"的描述,告诉人们社会组织将做成什么样子,是对组织未来发展的一种期望。通常,只有清晰地描述组织的愿景,社会公众、员工、捐赠者、受益者、合作伙伴等才能对社会组织有更为清晰的认识。一个美好的愿景能够激发人们发自内心的感召力量,激发人们强大的凝聚力和向心力。使命,则是社会组织存在的理由和价值,即回答社会组织为谁创造价值,以及创造什么样的价值。简单说,社会组织的使命就是,社会组织必须做的大事、一定要完成的任务。可以看出,社会组织的使命并非等同于组织的愿景,因为使命很少有人能够精确地界定谁会从社会组织活动中受益、以何种方式受益以及付出的成本。从中国科学技术大学新创校友基金会和安利公益基金会的愿景与使命便可以看出两者间的区别(见表9-1)。

表9-1 社会组织愿景与使命举例

中国科学技术大学新创校友基金会的愿景与使命
——愿景 支持中国科大"创寰宇学府,育天下英才"之努力,促进中国科大创建教育、研究之卓越品牌。 ——使命 以专业团队,通过可操作途径筹集校友基金;以实质性资助,在招生与学生培养、一流师资的建立与激励、新学科设置和品牌传播等方向促进科大发展;以校友捐赠为种子,以有效的项目设计与实施获取高效成果,进而在条件成熟时多方面拓展资金来源,争取成长为教育基金会,参与中国未来可期望之教育改革。

安利公益基金会的愿景与使命
——愿景 帮助人们拥有更美好的生活,成为中国新时代公益事业的实践者和倡导者。 ——使命 致力于促进社会和谐,帮助每个人实现参与奉献、共同分享的美好生活; 聚多方力量,帮助贫困儿童获得更好的生活、教育和发展机会,为他们的未来创造无限可能; 通过开展志愿服务活动,传递志愿精神,倡导负责任的生活态度; 通过开展研究、合作和交流等形式,引领公益组织的能力提升,推动中国公益事业的可持续发展。

资料来源:http://www.ustcif.org/,http://www.amwayfoundation.org/,2017年1月9日访问。

当然,对于社会组织来说,愿景与使命两者存在一定的联系。构筑愿景,是社会组织发展战略规划的重要支撑点,是组织做强、做好的不竭动力。而一个社会组织要想实现可持续性发展,实现美好的愿景目标,第一重要的是全体员工(包括志愿者)的使命感不衰。如果缺少这一条,社会组织就会失去成功的希望。总体上,愿景是使命在组织发展层次方面的未来期望,提供了组织和员工在完成使命过程中的动力;而使命则是组织愿景实现过程中必须遵从的要素,组织愿景的实现要以使命为基础。

2. 战略目标

这主要指社会组织未来要实现一个什么样的发展目标。或者说,是对组织战略经营活动将取得的主要成果的期望值。战略目标的设定,是社会组织愿景的展开和具体化,是组织愿景中确认的组织运作目的和社会使命的进一步阐明和界定,也是组织在既定战略经营领域展开战略经营活动所要达到的水平的具体规定。当然,在具体表达中,各个社会组织的战略目标可能长短和所包括的内容有所不同(见表9-2),但总体上,相对于组织愿景来说,战略目标更为具体化,并且时间较长,而不是一个短期的目标或计划。通常,战略目标具有七个基本特点:

(1)宏观性:战略目标是对组织全局的总体设想,着眼点是整体而不是局部。

(2)长期性:战略目标是关于未来的设想,并需要组织员工通过长期奋斗而达到,是一个长期任务,不是一蹴而就的。

(3)相对稳定性:战略目标的总方向、总任务在一定时期内相对不变。当然,并不排斥因客观需要和情况变化而对战略目标进行修正。

(4)全面性:战略目标是对组织整体性的要求,是现实利益与长远利益、局部利益与整体利益的综合反映。

(5)可分解性:战略目标可以分解为某些具体目标、任务和要求。

(6)可接受性:战略目标能够被组织的主要利益相关者所认同和接受。

(7)可检验性:战略目标是具体的,可以检验的。

表9-2 社会组织战略目标举例

• 中国残疾人福利基金会的战略目标(2011—2025年):作为中国首批5A级全国性公募基金会,基金会将继续高举人道主义旗帜,坚持走"职业化建设"道路,以"二次创业"为重点,以"集善工程"为载体,力争通过10至15年的努力,将基金会建设成"公开、透明、高效率、高公信力的世界一流基金会"。
• 壹基金的战略目标(2011—2013年):"一个平台+三个领域"的战略模式:搭建专业透明的壹基金公益平台,专注于灾害救助、儿童关怀、公益人才培养,并进一步明确壹基金的公益愿景:尽我所能,人人公益。

资料来源:http://www.cfdp.org/,http://www.onefoundation.cn/,http://www.nsf.gov/,2017年1月9日访问。

3. 业务战略

业务战略,是社会组织的未来重点发展方向,主要是明确社会组织重点在哪些领域、哪些区域发展，以及重点提供什么样的产品和服务。通常，业务战略包括产业战略、区域战略、产品战略和客户战略等。

(1) 产业战略。即明确未来社会组织在哪些产业运作。20世纪80年代的中国青少年发展基金会主要在教育产业运作，如实施了著名的面向贫困女童的"春蕾计划"。本世纪始，中国青少年发展基金会则在更为多元的产业上运作，除教育产业外，也关注于儿童医疗产业，如2000年实施了以儿童安全健康为资助重点的"安康计划"，以改善贫困地区儿童营养状况为资助重点的"消除婴幼儿贫血行动"等。当然，社会组织通过产业战略确定方向时，要根据发展重点明确哪些产业是核心产业、辅助产业，要根据未来发展前景，明确哪些产业为新兴产业或边缘产业。

(2) 区域战略。即未来社会组织在哪些区域或地域经营。同样，区域也分为核心区域、辅助区域、新兴区域和边缘区域。例如，各地成立的农业发展基金会，其主要经营区域是在农村地区；而在一些大城市如上海成立的农民工帮扶基金会，则是将城市地区视为其重点的区域战略。

(3) 产品战略。即未来社会组织重点发展哪些产品。社会组织的产品也分为核心产品、辅助产品、新兴产品和边缘产品。例如，在向农村儿童提供教育援助时，有的社会组织的核心产品以资金、实物给予或建设为主（如建设希望小学），有的社会组织的核心产品则以提供非实物性的产品为主（如派教师到农村支教）。

(4) 客户战略。即未来社会组织重点发展哪些客户。当然，对于社会组织来说，客户一般分为两类。一类是服务的对象，另一类是筹资的对象（即捐赠者）。例如，一些社会组织在筹资时将企业财力作为其核心客户，而另一些社会组织则将老百姓视为其筹资的核心客户。

4. 职能战略

职能战略，是支持社会组织愿景、战略目标和业务战略实现的职能性活动的战略。对于社会组织来说，根据组织职能划分，职能战略一般可以分为营销战略、人力资源战略、财务战略、研究与开发战略和生产战略等。例如，对于一所非营利性的民办高校（社会服务机构）来说，营销战略包括学校宣传、融资与筹资、招生等方面；人力资源战略则包括师资发展、人事制度改革策略；生产战略，则是教学质量管理、学术管理等；研究与开发，则包括课程开发、专业建设等。当然，每个社会组织，都需要制定适合其组织特征和组织宗旨的职能战略。例如，经济类社团如行业协会，在研究与开发职能战略过程中，应更关注能否开发出满足会员服务和会员需求的产品；而对于慈善组织，由于组织的公益性，其更应该关注能否开发出满足社会公众和其具体服务的特殊群体（如残疾人）需求的产品。

(二) 社会组织战略规划

所谓战略规划，就是制定一个组织长期目标并将其付诸实施的活动和过程。

对于社会组织而言,战略规划则是在明确组织宗旨和目标的基础上,根据组织外部环境和自身条件的状况及其变化来制订和实施切实可行、针对未来的长期发展计划并对其进行实施、控制、调整的动态过程。

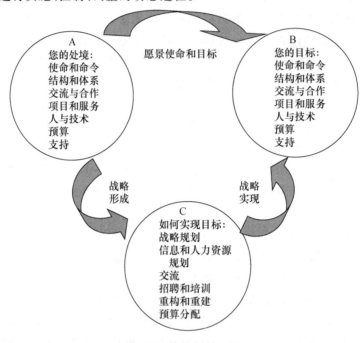

图 9-2　战略规划 ABC

资料来源:J. M. Bryson & F. K. Alston, Creating and Implementing Your Strategic Plan. A Workbook for Public and Nonprofit Organizations, Second Edition, San Francisco, CA: Jossey-Bass, 2005.

图 9-2 所展示的是战略规划的 ABC 程序,是对战略规划含义的一个简单总结。其中,A 表示组织所处的处境,B 表示组织的目标,C 表示组织如何实现目标。具体来说,A 和 B 是指组织当前的或是新的使命、结构和体系、交流与合作、项目和服务、人与技术、预算以及其他支持;C 是指战略规划,包括人力资源规划,重新设计、组织和建造的途径,预算分配,以及其他变革的手段。从 A 到 C 是战略形成过程,从 C 到 B 是战略实现过程。

社会组织的战略规划,是社会组织未来发展方向和社会组织资源配置的整体策略,是一项面向全体的、长期的、宏观的规划,为组织描绘了长期目标和发展远景。从系统观角度来看,社会组织战略规划,是指社会组织制订和实施战略规划,以及战略规划实施过程中的监督、控制、反馈、评估、调整等的一系列活动与过程,其主要目的是确保战略规划制订的科学性和战略实施的有效性。在具体实践中,由于战略规划往往着眼于组织未来,因此,它可以作为社会组织理事会、员工指导和组织评估等各个方面的管理工具,成文的战略规划还可以作为对公众、合作伙伴、理事会成员、志愿者和捐赠人使用的对外文件。

社会组织战略规划水平的高低不仅决定了社会组织战略规划实施效果的好坏,更直接关系到社会组织甚至所在领域和社会的可持续性发展。面对复杂多变的环境和各种各样的机遇挑战,我国社会组织在成长发展过程中有必要加强战略规划能力,采取积极有效的战略管理方法和对策,以应对环境的不断变化,促使社会组织更好地实现自身的宗旨和目标。

二、战略规划的特征

由于部门之间的差异性(非营利部门与政府和私人部门间的差异性)和部门内部组织间的差异性(指不同社会组织之间),社会组织战略规划在做到与组织资源和环境的良好匹配的同时,还需要考虑该战略规划是否适合于该组织的管理过程和活动要求。通常,对于社会组织来说,一个有效的战略规划通常具有以下基本特征:

1. 组织宗旨的投射性

社会组织与企业最大区别在于宗旨的重要性。社会组织战略规划的核心目的,就是反映和明确组织宗旨并与之保持一致,为组织未来的活动确定整体方向,这是因为非营利领域内市场化运作如战略管理的兴起可能会使社会组织商业化和营利化,并分割它们用于首要宗旨的精力。因此,社会组织必须清晰地界定组织宗旨,并使其投射于战略规划之中,以使战略规划获得真实有效表达,帮助实现组织期望。

2. 目标的明确性

战略规划的目标应当是明确的,不应是二义的。其内容应当使人得到振奋和鼓舞。目标要先进,但经过努力可以达到,其描述的语言应当是坚定和简练的。

3. 执行的可行性

好的战略规划的说明应当是通俗的、明确的和可执行的,它应当是组织各级领导、管理者和员工的向导,使各级领导、管理者和员工能确切地了解它、执行它,并使自己的战略和它保持一致。

4. 人员的参与性

组织人事落实,即确定制订和参与战略规划的人。一个好的战略规划只有有了好的人员来制订和执行,它才能实现。具体来说,社会组织高层领导一般会把确定好的战略规划以方向和约束的形式告诉管理层,管理层接受战略规划指明的任务后并以同样的方式再告诉给执行层,战略规划得以层层向下分解,使得所有员工都得以参与战略规划的实施。让员工参与战略规划制订和执行,本身也是激发员工工作积极性的一种常用手段。当然,有时候,社会组织人员规模数量较小,战略规划的人员参与性较容易实现,战略规划制订者往往也是战略规划执行者。

5. 运作的灵活性

一个组织的目标可能不随时间而变,但它的活动范围和组织计划的形式无时无刻不在改变。现在所制订的战略规划只是一个暂时的文件,只适用于现在,社会组织在战略规划执行过程中应当进行周期性的校核和评审,适时根据变化的情况使得战略规划执行能够进行"航道改变"。例如,我国在2013年十八大上提出的建立社会组织直接登记制度,就是对社会组织带来较大变化的外部环境。如面临更多政府公共服务承接机会,就需要社会组织能及时、灵活地调整战略规划。

案例 9-1　**中国青少年发展基金会的战略规划**

中国青少年发展基金会的使命是通过资助服务、利益表达和社会倡导,改善青少年成长环境。为实现这一使命,中国青少年发展基金会作出了清晰的战略规划并根据情况进行战略规划的调整。1991年,中国青少年发展基金会作为一个仅有注册资金10万元的弱小组织,动员民间财力资源为青少年服务作为组织主要目标,并把救助贫困地区失学儿童作为首选项目。1992年到1994年,基金会救助失学儿童突破百万,援建希望小学近千所。1999年是"希望工程"的第10年,中国青少年发展基金会进行了较大的战略性转型。"希望工程"由对贫困地区失学儿童的普遍救助转移到对优秀受助生的跟踪培养和对希望小学的后续扶持上来。2001年至今,中国青少年发展基金会进入制度化建设阶段,组织注重加强筹资管理,逐步解决了因工作经费无法列支而造成的负债问题。基金会目前的规划目标是:社会公益捐助保持稳定规模,组织品牌的社会认知度持续提升,基金结构调整有明显成效,资产达到安全、合法、有效的良性状态。在此基础上,基金会制订了详细的工作计划,包括大力实施"希望工程远程教育计划",全面推进"希望医院""保护母亲河"行动等等。

资料来源:http://www.cydf.org.cn/Abouts/,2017年1月5日访问。

6. 实施的长远性

通常,社会组织战略规划的实施是一个具有阶段性的规划实施,需要确定每个战略规划实施阶段的目标和规划。同时,战略规划的实施时间跨度较长,有时候甚至是一个长达十年或更长时间的规划。

三、战略规划的基本作用

战略规划水平的高低直接影响着社会组织未来长远、健康的发展。通常,战略规划对社会组织来说具有以下几个基本作用:

1. 有利于帮助社会组织明确未来发展方向

社会组织实施战略规划的过程,就是一个组织不断认知自我的过程。通过这一过程,社会组织回顾自身发展历程、分析当前形势和预估今后发展趋势,从而使组织更加明确自身的发展方向和目标。可以说,长期的、具有前瞻性和可行性的战略发展规划,能够为社会组织指明发展方向,对社会组织的发展起到重要的指导性作用。

2. 有利于帮助社会组织增强凝聚力

战略规划为社会组织描绘了发展目标和未来远景,而社会组织全体管理人员和普通员工在参与制订战略规划的过程中,加深了自身对于组织战略目标和任务的认知与理解,拉近了与组织的距离。同时,社会组织的管理者和普通员工在理解并支持了组织的战略目标和任务之后,会更加具有积极的创造力和战斗力,会为了实现组织的宗旨和目标更加团结协作,从而增强他们对组织的责任感和使命感,大大增加组织的凝聚力。

3. 有利于帮助社会组织应对内外环境变化

环境的不断变化和不确定性使得社会组织的管理活动变得更加复杂困难,同时也使其战略规划能力的建设面临更大的挑战。加强战略规划管理,有利于帮助社会组织有效应对内外部环境的动态变化,促使组织的领导者和管理者密切关注内外部环境的变化,及时抓住各种机遇促进发展。可以说,通过战略规划,社会组织能够有效建立一个更具有适应性的战略反应系统,保证组织与其内外部环境之间做到良好的战略配合,从而有效地实施动态的战略管理。

4. 有利于帮助社会组织应对未来挑战和竞争

2013年党的十八大后以及我国政府职能转移脚步的加快,我国社会组织面临一系列的发展机遇,但同时也面临许多挑战,例如,社会组织缺乏高效承担政府委托的公共服务所需要的专业人才,我国社会组织的数量和布局还不能满足现实需要等。战略规划要求社会组织对运作环境的变化保持高度的敏感,社会组织的领导者和管理者需要预先感知政府和市场需求的变化,从而及时地对战略规划作出调整,以便更好地满足政府和市场需求,这是应付种种严峻挑战的有效措施之一。可以说,战略规划的有效实施,能够有效提升社会组织参与竞争的能力和适应市场迎接挑战的能力。

案例 9-2 美国公共图书馆协会战略规划

成立于1944年的美国公共图书馆协会,是美国图书馆协会下属部门之一,其核心使命是巩固公共图书馆在社区中的地位。其未来愿景就是让借阅证成为每个人钱包里最有价值的卡片。美国公共图书馆协会的重要工作之一就是制订协会战略规划。该协会于2002年开始着手制订长远的战略规划,并于2005年6月在美国图书馆协会年会得到批准。美国公共图书馆协会战略规划分为四个阶段,分别为10—30年未来愿景、5—10年关键因素、3—5年战略规划和1—2年行动计划。其中,10—30年未来愿景中强调指导思想;5—10年规划中强调未来愿景实现涉及的关键因素,包括发展的设想、发展中的大量问题;3—5年规划涉及具体的战略规划,包括目标策略和团体策略;而1—2年行动计划则是具体的工作流程。

资料来源:于迎娣、胡海燕:《美国公共图书馆协会战略计划的启示》,载《图书馆学研究》2010年第4期。

第二节　战略规划的设计

社会组织战略规划设计的基本流程由战略规划准备与战略规划制订两个阶段。

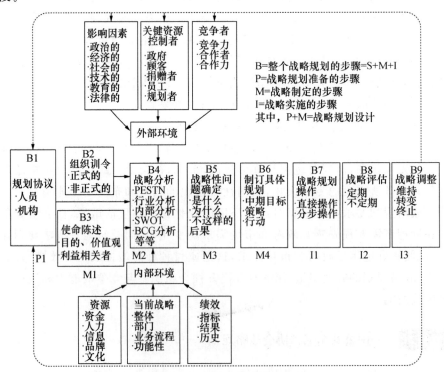

图9-3　社会组织战略规划循环

资料来源:张冉:《非营利组织管理》,北京大学出版社2014年版。

一、战略规划的准备阶段

与企业相比,社会组织的规模相对较小,战略规划对组织的价值并未受到领导们的重视。同时,由于战略规划是一个需要大量时间、经济投入和努力付出的过程,社会组织的领导者也倾向于将战略规划视为大型组织尤其是企业的工具。正是因为如此,社会组织战略规划的准备尤为重要。通常,我们可以把社会组织战略规划准备阶段分为两个基本过程,即发起和达成战略规划过程的协议;确定组织的训令。

(一)发起和达成战略规划过程的协议

一个组织的战略规划要想获得成功,来自关键决策者和主要执行者的支持与认可是非常重要的。通常,在社会组织战略规划启动之前,组织的主要领导者、管理者以及战略规划发起者需要考虑以下几个问题:

(1)本组织的领导层(如理事会)是否一致同意,愿意付出努力来制订和实施组织规划?

(2)本组织内部文化与沟通建设是否良好,管理层与员工间不存在破坏性冲突和矛盾,能够协同为组织宗旨和目标努力?

(3)本组织战略规划的制订和实施能否得到组织利益相关者(尤其是关键利益相关者如员工、政府部门、资金捐赠者)的支持?

(4)本组织是否具有相关人员、机构和资金来支持战略规划的制订与实施(如战略分析人员、资金的可获性等)?

基于上述问题,我们可以看出,发起和达成战略规划过程的协议主要是指,在社会组织战略规划制订活动正式开始之前,关键的组织内部(可能还包括外部)决策者之间或是各持己见的领导者和员工之间达成的一个整体战略规划活动,以及关键战略规划步骤的谈判协议,简而言之,是指在有关战略规划制订活动的基本流程和框架方面大家达成一致的约定。通常,一个组织战略规划的初始协议应涵盖以下内容:(1)行动的目的;(2)程序的优先步骤;(3)报告的形成和时间;(4)任何被授权来监督整体行动的组织或委员会的角色、职能和成员资格,如组织的战略规划协调委员会;(5)战略规划队伍的角色、职能和成员资格。

为了有效发起和达成战略规划的协议,社会组织需要实施以下两个步骤:

步骤一:发起社会组织战略规划及其决策者的确定

无论任何事项,都需要有发起者,社会组织的战略规划也不例外。通常,发起者既可由自上而下或自下而上两种方式产生。自上而下产生的发起者,通常是社会组织在职位系统中被明确确定为负责战略规划职能的群体;而自下而上的发起者,更多是社会组织自发向组织的谏言者。在组织确认战略规划发起者的战略规划初步建议和设想后,社会组织需要明确战略规划的关键决策者。

步骤二:确定社会组织战略规划协议达成的参与者或机构

组织需要确定哪些人、群体、单位或组织参与到社会组织战略规划初始协议的达成和确定。通常,初始协议至少由一些决策者、群体、单位或组织来进行协商。相比较营利组织而言,社会组织具有更为多元的利益相关者群体。通常,一个社会组织至少有个人捐赠者、机构捐赠者、员工、志愿者、受益者和潜在合作者六个利益相关群体。在确定谁要参与到社会组织战略规划初始协议时,需要做一些利益相关分析的工作,即确定哪些是被界定为影响到社会组织战略规划实现的主要主体,并且战略规划的实现主要目的就是令这些关键的利益相关者满意。

(二) 确定组织的训令

社会组织在发起和达成战略规划过程的协议后,组织战略规划的制订者、参与者紧接着需要思考以下几个问题:

(1) 我们组织可以做什么,哪些事情不能做?

(2) 影响战略规划制订和实施的重要障碍如政策、限制是否已经得到解决?

(3) 本组织的性质决定了我们未来应该朝着什么方向发展?

(4) 民众、捐赠者、政府对本组织的最重要要求和期望是什么?会不会与战略规划的总体方向相矛盾?

上述这些问题,都是涉及社会组织训令的相关问题。组织训令,旧指上级机关对所属机关带有命令性的指示。在这里,主要指社会组织所面对来自组织内外各种正式或非正式的"必须",即各种因素对社会组织的需求、规定、期望、压力与限制。例如,社会组织需要面对"盈余非分配"的训令(限制),社会公众认为其"纯洁""慈善"的训令(期望),以及外部施加在组织身上的"公信力"的训令(压力)等。

通常,正式训令更多是法律和政策层面的要求与限制,而非正式训令是基于组织性质和外部环境的要求与限制。然而,对于组织自身来说,很多社会组织都不太清晰地或明确地知道自己的正式训令是什么,很少花大量时间和精力去研读立法、政策、条例、宪章、条款以及合同之类能够刻画出组织正式训令的文件。即使研读了这些材料,其组织的战略规划也很可能不能体现出哪怕一部分的组织训令,或者这些内容很可能被忽视。[①] 即使对于非正式训令,也很少有社会组织能够研究民众、外部环境(如政治、文化环境)给组织所施加的要求和限制。例如,民众一旦发现社会组织从事了不符合其期望和需求的行为,声誉的脆弱性将直接导致社会组

---

① See Suzanne J. Piotrowski & David H. Rosenbloom, Nonmission-Based Values in Results-Oriented Public Management: The Case of Freedom of Information, Public Administration Review, 2002, 62(6): 643—657.

织多年积累下的声誉受损和流失。"郭美美事件"便是一个典型的例子。因此,组织训令确认的忽视将很可能导致一个严重的后果,即社会组织决定要实施的战略规划可能不符合法律规定或伦理规定,或者是直接走向错误的方向,误入歧途。

二、战略规划的制订阶段

社会组织战略规划的制订,是指社会组织确定组织长期发展的战略目标和战略规划的具体过程。战略目标,是社会组织在一个战略期限内开展经营管理活动所要达到的水平和预期取得的主要成果,它是社会组织宗旨的进一步具体化。战略目标应当是清楚明确的,尽量用坚定简练的语言进行描述。战略规划,是社会组织确定战略目标之后,确定采取何种手段、措施、方法和行动方案等来实现这一目标。战略规划应当具有良好的灵活性,适应环境的变化和组织变革的需要,还应进行周期性的评价和审查。

通常,社会组织战略规划制订具有以下四个基本步骤:步骤一:明确和陈述组织使命;步骤二:进行战略分析;步骤三:确定战略性问题;步骤四:制订具体规划。

(一)明确和陈述组织使命

组织使命(Mission),有时也称为"组织宗旨",反映了一个组织之所以存在的理由或价值,回答的是"我是谁"这一根本性的问题。对于社会组织来说,其组织使命就是组织的存在宣言,它阐明某个特定组织存在的理由和根据,同时揭示组织存在的目的、发展方向以及生存手段等根本性问题。由于社会组织的使命一般涉及多方利益,如政府、社会公众、捐赠者等各方利益的主次轻重必须在使命陈述中明确。如果使命不明确,当各方利益发生冲突时,社会组织就会无所适从。值得注意的是,也有一些社会组织会使用"宗旨"这个词代替社会组织使命。

案例 9-3 美国女童子军协会使命的明确

当弗朗西斯·赫塞尔本(Frances Hesselbein)接任美国女童子军协会全国秘书长时,正值它的业务逐渐走下坡之际。这个组织的多数成员来自白人中产阶级家庭,然而由于当时美国已转型为一个多元文化的社会,所以它不管是在吸收新会员还是寻找志愿者领袖时都遇到许多困难。于是赫瑟尔本自问:"美国女童子军协会的核心业务应该是什么?究竟谁是我们服务的对象?他们所重视的价值又是什么?"为了解答这些问题,赫瑟尔本重新思考美国女童子军协会的定位。她认为,美国女童子军协会既非一个争取女权的团体,也非一个宗教信仰或以沿门兜售物品为业的廉价劳力组织,而应该是一个"帮助女孩或年轻妇女发挥潜能"的组织。赫瑟尔本认定这就是它的使命之所在。以这个明确界定的使命为焦点,赫瑟尔本提出了新的战略规划,为美国女童子军协会构思了许多新的工作方向和计划,并用了相当短的时间,使该协会得以重整旗鼓,发展为一个十分成功的社会组织。

资料来源:〔美〕罗伯特·T.戈伦比威斯基、杰里·G.史蒂文森主编:《非营利组织管理案例与应用》,邓国胜等译,中国人民大学出版社2004年版。

通过上述案例可以看出,一个原本岌岌可危的社会组织在彻底地检讨和重新明确自己机构的使命之后,可以焕发活力。这就是使命的作用。社会组织不以营利为导向,正因为这一点,社会组织在管理中通常容易迷失方向。如果一个组织的内部成员,对本组织的使命没有达成共识,那么这个组织将是涣散的。社会组织的管理,不是靠利润动机的驱使,而是靠使命的凝聚力和引导,经由能反映社会需要的使命,以获得社会各方面的支持。美国管理大师彼得·德鲁克大师(Peter F. Drucker)说,募款的目的,是支持社会组织可以顺利实现自己的使命,而不是将使命置于募款之下。①

社会组织,作为非营利性的社会组织,是一个宗旨和价值观驱动型的组织,这也是社会组织与企业最大的区别。社会组织在宗旨内容空洞并缺乏实际指向的情况下制订的战略规划往往也较为模糊,并常会偏背于组织宗旨。因此,社会组织必须清晰界定组织宗旨,并将其投射于战略规划的制订中,使得战略规划能够真实有效表达组织的期望与思想。通常,一个组织使命应包括以下三个基本要素:

(1)组织存在的目的是什么?为谁服务?
(2)支配组织运作的价值观是什么?
(3)实施组织使命和宗旨的方法和策略是什么?

上述三个要素中,第一个要素是最核心的要素。在具体陈述过程中,使命包含的要素可能有所不同。一些社会组织为了更方便向组织内外利益相关者进行宣传与沟通,可能只包括第一个要素,如美国律师协会、美国心脏协会、中国南都基金会等(见表9-3)。

表9-3 社会组织宗旨(使命)举例

- **美国管理物流协会的宗旨**:通过发展、升级和传播物流知识来服务于物流行业。
- **日本商工会议所的宗旨**:通过持续不断地帮助会员企业及其员工和所在社区来培育勇敢的创新精神,使每一个成员企业拥有自身独特的特点,进而鼓励个人突破灵感,不断创新。
- **美国律师协会**:加强公众对律师职业的信心与信任。
- **美国心脏协会**:帮助人们避免、预防和处理紧急事件。
- **中国南都基金会**:支持民间公益。
- **中国国家医学中心儿童医院**:成为社区内最出色的供应者,为婴儿、儿童和青少年提供高质量的健康护理服务。

资料来源:从上述六家组织的官网中获取。

---

① 参见 Peter F. Drucker:《非营利机构的经营管理之道》,余佩珊译,远流出版公司1994年版,第3—7页。

通常,社会组织与政府和企业的组织使命存在本质的差别(见表 9-4)。彼得·德鲁克指出,社会组织的首要目标在于"改变人类",第二个同等重要的目标是"创造了公民的义务与责任……作为社会机构的志愿者,个人能够再次发挥重要作用"①。然而,在我国社会转型期,一些社会组织(包括草根组织)把自己的使命定位在政府工作的拾遗补漏上,如捐资助学、救助弱势群体等,这些本应由政府的教育部门和行政部门等来完成的工作,因为管理上的问题而交给了社会组织来承担。在这种背景下,社会组织成为政府的附属,未能成为社会管理的主体。

以孩子接受教育为例,让孩子接受教育是政府的责任,让孩子有教养却是每个人(包括社会组织)的责任。政府的主要责任是分配资源,保证社会的程序公平与正义,所以让每个孩子公平地获得受教育的机会是政府的责任。例如,在我国一些大城市由政府开办的农民工子弟学校。然而,让这些农村孩子"有教养",接受高等教育,就超出了政府的能力和责任之外,因为它需要全社会每个人的行动和参与,政府本身也没有足够的资源去实现这样的目标。在这样的领域,恰恰可以让社会组织大展拳脚。例如,一些公益社团出资供一些贫困的农民工子女接受高等教育。此时,社会组织就是把目标设定为"让孩子有教养",正是在某种程度上"改变人类"。而如果社会组织把资金主要投入到农民工子女的中小学教育,尽管社会组织也可参与,但如果代替政府成为此方面的主要承担主体,这就相当于做了政府应该做的事,成为政府的补充,难以成为未来我国创新社会治理体系的核心主体。

表 9-4 非营利部门、政府部门与营利部门的使命区别

	使命的核心价值	使命的实现准则	使命的目的
政府部门	公平	程序正义	为民服务
营利部门	自由	管理效率	创造利润
非营利部门	博爱	社会正义	改变人类

资料来源:张冉:《非营利组织管理》,北京大学出版社 2014 年版。

(二)进行战略分析

战略分析,是指社会组织为了作出切实可行的战略规划,对组织自身所处的外部环境和内部环境,以及组织的发展历史、现状和未来趋势等进行的深入、细致的判断与评价。社会组织在战略规划的制订过程中,通过对组织面临的内外环境的分析,了解内外环境对社会组织的影响,做到战略规划与组织内外环境相匹配。通常,社会组织战略分析的方法包括专业分析与综合分析两类(见表 9-5):

---

① 〔美〕彼得·德鲁克:《非营利组织的管理》,吴振阳等译,机械工业出版社 2009 年版。

表 9-5 社会组织战略分析方法

专业分析	分析层面	综合分析
PESTN 分析	宏观分析	利益相关者分析
行业分析	中观分析	SWOT 分析
组织内部分析	微观分析	BCG 矩阵分析

资料来源:张冉:《非营利组织管理》,北京大学出版社 2014 年版。

1. 专业分析

专业分析,即主要对社会组织的某一个方面(如组织外部、组织内部、组织所面临的行业)专门进行的战略分析。

(1) PESTN 分析。这里主要是指组织在外部运作过程中要面临的宏观政治与法律环境(Political)、经济环境(Economical)、社会与文化环境(Social)、技术环境(Technical)、自然环境(Natural)。[①] 这里,我们应尤为注意政治环境的分析,因为社会组织与政府之间关系密切,一些社会组织还有"二政府"之称。PESTN 分析是社会组织外部环境战略分析的基本工具,用于分析所处宏观环境对于组织战略的影响。

(2) 行业分析。这里所指的行业,主要指社会组织具体运作的专业领域。例如,某青少年基金会所处的行业为与青年人相关的慈善行业,某民办医院所处的行业为医疗行业,某信息服务行业协会所处的行业为信息工业等。通常,社会组织对所处行业的分析,介于一般环境分析(PESTN)和利益相关者分析之间,主要是对社会组织所处行业的一般特征的分析(包括结构性分析和周期性分析),并在此基础上对发展现状和未来发展趋势等进行分析和总结(见表 9-6)。

表 9-6 行业分析的一般特征分析

分析构成		含义
行业结构性分析	行业市场结构	对行业进行划分,包括完全竞争、垄断竞争、寡头垄断和完全垄断
	行业竞争结构	对行业的潜在进入者、替代品、供给方、需求方以及行业内现有竞争者进行分析
行业周期性分析	行业经济周期	根据行业景气状况与国民经济总体关系来分析,可分为增长性行业(如信息技术行业)、周期性行业(如旅游行业)和稳定性行业(如食品和药品行业)
	行业生命周期	可分为成长期、成熟期和衰退期。例如,园林绿化行业协会所在行业为朝阳产业,处于行业成长期

资料来源:张冉:《非营利组织管理》,北京大学出版社 2014 年版。

[①] 参见李维安主编:《非营利组织管理学》,高等教育出版社 2005 年版,第 49—50 页。

(3) 组织内部分析。这主要是指对社会组织自身的组织文化、资源和能力等进行分析。社会组织在制订战略规划的过程中应当考虑到组织文化,必要时还要采取措施培育相应的组织文化以配合战略规划的实施。社会组织资源分析,则包括对组织有形资源(如金融、人力、物质等)和无形资源(如声誉、关系、技术、信息等)的分析。社会组织能力分析,则是对组织各类运作与管理能力的分析,如应急管理能力、品牌运作能力等。

2. 综合分析

与专业分析不同,综合分析是一种同时涉及社会组织内部与外部要素的分析。主要包括利益相关者分析、SWOT 分析和 BCG 矩阵分析(修订)三种方法。

(1) 利益相关者分析。利益相关者分析用于分析与组织利益相关的在组织内外的所有个人和组织,在战略制定时有助于识别重大利益相关者对于战略的影响。通常,社会组织的外部利益相关者主要包括政府、公众、捐赠者、会员单位与个人、其他社会组织等;内部利益相关者则主要为员工。

(2) SWOT 分析。SWOT 模型主要分析组织面临的威胁和机会(外部评价——OT),以及组织本身的优势和劣势(内部评价——SW),充分体现了组织内外部关系对制定战略的重要性。SWOT 分析被大量用于战略分析过程中,但它同时也是一个有效地进行战略制定的工具。在使用 SWOT 分析法制定战略时,组织试图将战略建立在自身优势的基础上进而消除劣势。当一个组织不具备利用机会去避免威胁所需的技能时,可以从 SO、ST、WO、WT 匹配分析中识别必要的资源,并采取措施获得优势而减少劣势。

当然,在实际操作上,与企业一样,社会组织也可以使用 SWOT 分析来同时进行外部环境分析(包括 PESTN 分析、行业分析和利益相关者分析)和组织内部分析。

(3) BCG 矩阵分析。即波士顿咨询集团矩阵(Boston Consulting Group Matrix),是为促进有多个经营部门的组织制定战略而专门设计的决策方法。波士顿矩阵可以把全部经营业务定位在四个区域中,分别为高增长、强竞争地位的"明星"业务,高增长、低竞争地位的"问题"业务,低增长、强竞争地位的"现金牛"业务,以及低增长、弱竞争地位的"瘦狗"业务。然而,由于社会组织并不追求经济回报,因此,商业模式下的 BCG 矩阵很难直接运用到社会组织的战略分析中。

根据 BCG 矩阵分析理念,本书对社会组织战略分析进行了修正。我国社会组织多为 20 世纪 70 至 80 年代成立,但也有一些社会组织随着国家政策的放开与社会管理体制所创造的良好环境,为 21 世纪以来甚至近 5 年新成立。由于成立历史与体制等多方面因素影响,社会组织战略分析不仅需要考虑组织层面所具有的基础实力,也要考虑组织外部所面临的市场潜力。为此,在改造后的 BCG 矩阵图中,用"基础能力""市场潜力"来分析社会组织的建设水平。该模型的意义在于,通过对两个纬度的考察,更加贴切地描述社会组织能力建设的状态。根据"基础能力""市场潜力"的两维指标,社会组织建设水平可以分为四种类型(见图9-4)①:

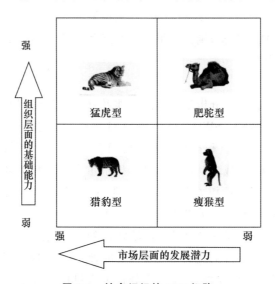

图 9-4　社会组织的 BCG 矩阵

资料来源:张冉:《非营利组织管理》,北京大学出版社 2014 年版。

猛虎型:此类社会组织具有较强的基础能力和较强的发展潜力,在社会组织间的竞争与比较中如同猛虎,发展有力并有势。例如,中国青少年发展基金会、中国慈善总会等。

肥驼型:此类社会组织具有较强的基础能力和较弱的发展潜力。尽管此类社会组织由于历史传统原因具有较强的基础性能力,如较强的资源筹集能力,但面对未来的发展潜力较弱,如同肥胖的骆驼一样,发展缓慢,目前发展情况较好主要出于组织原有储备和基础较好。通常,一些自上而下生成、多依托于政府但服务创新与产品开发不足的社会组织属于肥驼型社会组织。

猎豹型:此类社会组织具有较弱的基础能力和较强的发展潜力。例如,一些社会组织由于体制性限制造成制度建设、法人治理、资源筹集等方面尚需强化,但此类组织发展速度较快,面向未来的发展能力较强,如同猎豹一样,成长空间较大。以行业协会为例,园林绿化行业协会所在的行业为朝阳产业,此类组织未来发展潜力较大。

瘦猴型:此类社会组织表现为较弱的基础能力和较弱的发展潜力。由于组织自身基础薄弱,面对未来发展潜力缺乏,这一类社会组织往往是一种贫乏型或维持

---

① 参见张冉:《行业协会能力建设》,上海交通大学出版社 2013 年版,第 127—128 页。

生存型行业协会,如同瘦猴一样"营养不良""形象不佳"等。随着我国社会组织领域中竞争机制的引入,此类型的社会组织最终的命运将是被社会和会员所淘汰。

(三)确定战略性问题

在明确组织宗旨与战略分析和评估后,社会组织需要做的就是确定战略性问题并找出应对策略。战略性问题,是社会组织根据内外环境分析等战略分析,在组织宗旨规制下组织面对的基本政策问题或关键挑战,这些问题或挑战将影响组织训令、使命、服务水平、使用者或付费者、成本、财务、结构、程序和管理等。对于任何一个战略性问题,每一个战略规划团队应该首先回答下列三个问题:

(1)战略性问题是什么?

(2)什么因素(训令、使命、外部和内部影响)使其成为战略性问题?

(3)不能解决战略性问题的后果是什么?

通常,社会组织对战略性问题的一个有效陈述,包括以下三个要求:

(1)简洁性的要求。即要求战略规划团队能够将战略性问题用一句话概括。这是因为社会组织的资源和注意力是有限的,不能将其浪费在组织不能有效解决的问题上。

(2)明细性要求。即要求战略规划团队能够把那些带来战略性问题的各种因素列出一个明细单。例如,带来战略性问题的组织训令是什么?组织优劣势、内外机会与挑战中哪些会导致战略性问题?

(3)强调性要求。即要求战略规划团队能够对战略规划失败后所带来的后果和问题进行强调和陈述。这主要帮助组织领导者确定不同问题的战略性或重要程度并进行抉择。

一旦准备好关于战略性问题的陈述,社会组织就会知道其在战略规划实施中将面临什么样的问题以及所采取的战略应该是什么。以下列举几类常见的战略性问题:

(1)能够改变组织尤其是核心事务的问题;

(2)不需要组织立即采取行动但又必须予以持续关注的问题;

(3)那些刚浮出水面,需要组织采取行动的问题;

(4)常规方式无法解决,需要立即采取措施的问题。

(四)制订具体规划

制订具体规划即策略化的过程。这一阶段的主要任务是,在战略分析以及战略性问题识别的基础上,结合组织的战略目标,根据确定的战略议题,社会组织战略规划团队可以确定应对战略问题的具体策略,提出处理战略议程中的每个议题的具体实施策略与行动,与策略、行动相对应的目标、政策、项目、决策,以及资源配置等。这实际上是在战略规划的具体实施过程中组织是什么、组织做什么以及为什么做等方面进行相关的确定。在这里,策略是战略规划的具体化,是为达到目标而采取的组织行动的准则,同时也必然会涉及组织有限的资源分配,因此需要组织在目标、资源和方法间找到最佳匹配;行动方案,则是在策略下部署为达到组织战略目标而采取的具体步骤和方法。表9-7就是某社会组织中期计划的具体体现。

通常,在战略规划(包括战略目标和战略计划)的具体化过程中,社会组织战略规划团队应该经过充分的沟通交流,协调各方利益,达成理解共识,争取广泛的支持。此外,社会组织战略规划团队还应当尽可能听取组织内部人员和外部相关单位的意见和建议,通过广泛的参与可以更加有利于战略的实施。需要注意的是,战略规划应形成一份书面材料,以备以后进行评估和审查。值得一提的是,相比较政府机构和企业,由于项目制在社会组织战略规划实施中的普遍实施,员工尤其是核心员工在社会组织战略规划未来执行和实施中起着非常重要的作用。战略规划能否获取社会组织员工对组织战略规划执行的热情,是社会组织战略规划的关键,并且相比较于政府,社会组织显示出较少官僚层级化,管理参与是组织活动执行效率的关键决定因素。换而言之,"与员工一起"是社会组织战略规划制订和未来实施能否成功的重要因素。因此,社会组织有必要在战略规划制订过程中争取实现员工协商机制、决策参与等,以培养员工对组织战略规划的统一认知以及对战略性价值的理解。

表9-7 某社会组织的中期目标及其策略与行动方案

组织中期目标之一:加强筹款能力,年度筹款额达到1000万元
【策略一】加强理事会的筹款功能,协助秘书长策划并推动筹款
(1) 成立筹款委员会
(2) 吸收媒体等知名人士加入理事会
【策略二】加大宣传力度,开拓小额筹款的多源渠道
(1) 与银行合作,探讨捐款自动转账与信用卡捐款等事宜
(2) 制作10分钟介绍本组织的宣传片,并通过电视播放
(3) 设立国际互联网主页,并建立广泛的链接
【策略三】引进捐赠人数据库等软件,加强资料建档、统计分析和后续服务
组织中期目标之二:提高组织的服务绩效,建立项目评估制度
【策略一】年度计划必须与战略规划相结合
【策略二】建立项目评估制度

资料来源:萧新煌主编《非营利部门——组织与运作》,巨流图书公司2000年版,第198页。

当然,为了制订出比较可行、科学的具体战略规划,通常社会组织在制订战略规划的过程中需要召开多次战略规划研讨。通常,战略规划研讨的主要议题包括:关于组织宗旨、愿景的讨论;关于组织发展中长期目标的讨论;关于组织策略与行动方案的讨论;组织战略规划书的起草与讨论。此外,为了较好地进行战略规划研讨,社会组织还需要做好研讨会的准备工作(见表9-8)。

表 9-8　社会组织战略规划研讨的准备事项

序号	社会组织战略规划研讨的准备事项	是	否
1	是否建立战略规划小组,负责组织和实施战略规划(包括成员构成、责权)		
2	是否进行战略规划的外部引智(包括政府代表、高校专家、企业领导等)		
3	协会理事会领导是否承诺战略规划制订和实施过程中时间和资源的投入		
4	用于战略规划的相关信息是否已收集和初步整理		
5	战略规划研讨的参加对象(理事会代表、秘书长、捐资者、员工代表等)		
6	战略研讨的安排(包括研讨会类型、时间与场地安排、研讨会的组织者等)		

资料来源:根据温洛克民间组织能力开发项目参考系列之七"战略规划"改编而成。

第三节　战略规划的实施

制订一个好的战略规划很重要,同样,科学地执行好战略规划,也是社会组织战略规划管理中的一个主要内容。社会组织战略规划的实施,是社会组织根据已经制订的战略规划,优化配置组织的内外各种资源并根据组织所面临的内外环境进行调整、适应,最终实现组织战略规划所制定的目标的过程。总体上,社会组织战略规划的实施,主要包括战略规划的操作和控制两个基本过程。

一、战略规划的操作

(一)战略规划操作的含义

战略规划的操作,是社会组织总体上按照预先设计的战略规划要求进行操作和实施的过程。或者说,战略规划的操作,就是通过具体实施把战略规划的设想转化为组织行动的过程。成功的战略规划制订,并不意味着成功的战略规划操作,这是因为战略规划操作与实施过程中社会组织往往会遇到许多意想不到的困难和阻力。

作为社会组织战略规划管理的核心步骤,战略规划操作与战略规划设计存在典型的区别,具体如下:

(1)活动性质。战略规划设计是一个设想与思想,是对组织未来长远目标的总体想法,而战略规划操作是一个组织设想付诸实际行动的过程,以操作化与可行性的行动为主导。

(2)负责人员。战略规划设计主要由社会组织战略规划团队及核心领导与管理人员进行,并适当邀请外部专家和相关人士,仅有少数人参与此项活动。然而,战略规划操作却需全体员工参与,尤其是具体负责战略规划实施的人员,参与人数规模较大。

(3) 技能需求。作为一个思想型主导的活动,战略规划设计主要涉及战略分析,更强调统观全局、面对复杂多变的环境并分析、判断、抽象和概括的概念技能。相比较而言,由于战略规划操作过程需要全体人员的合作与配合,因此,战略规划具体操作人员需要具备能够与其他人一起有效开展工作的人际关系技能。同时,由于操作本身就是一个技术性活动,战略规划操作也十分强调规划操作人员能够运用特定的程序、方法、技巧处理和解决实际问题的能力,即技术能力。

(4) 价值判断。战略规划的设计,是以未来战略目标的收益与成本的综合效果分析为评价依据,即不仅考虑目标价值,也考虑目标可行。相比较而言,战略规划操作,则强调操作的效率,要求能够按照组织的预期战略目标按时、按质完成。

(5) 控制属性。从管理过程来看,战略规划设计多为事前控制或预先控制,强调防患于未然。战略规划操作则更多体现为事中与事后控制(见表9-9)。

表 9-9 战略规划设计与战略规划操作的比较

内容	战略规划设计	战略规划操作
活动性质	思想型主导	行动型主导
负责人员	战略规划团队、组织领导为主	全体员工,尤其是基层员工
技能需求	概念技能为主	人际关系技能与技术技能为主
价值判断	以效果为先	以效率为先
控制属性	多为事前控制	多为事中与事后控制

资料来源:张冉:《非营利组织管理》,北京大学出版社2014年版。

通常,社会组织战略规划的操作有两种基本途径:直接操作和分步操作。直接操作是将变革推行到所有相关领域;分步操作,则是逐步在各个集中领域中推行变革。[1] 通常,当外部环境较为有利如政治环境阻力较小,而组织资源如财务、人力资源较为充分时,战略规划可以直接操作;相反,在复杂的环境中,并且组织资源相对短缺时,战略规划的实施应分步操作。

当然,无论战略规划做得多么完美,如果不能实施它将毫无用处,因此要避免规划流于形式。通常战略规划比较广泛,为了实施好规划,还要在规划的基础上对其进行具体化。通常来说,战略规划的具体化包括制定政策、设置年度目标和配置资源等活动。

(二) 战略规划操作的基本要求

在战略规划操作过程中,社会组织需要具有战略规划操作中的控制能力(包括事前控制、中间控制和事后控制)、协调能力、反馈能力等。同时,战略规划实施效

---

[1] See John M. Bryson & André L. Delbecq, A Contingent Approach to Strategy and Tactics in Project Planning, Journal of the American Planning Association,1979,45(2):167—179.

果与社会组织所拥有的各种资源、组织文化、组织结构、操作程序、领导者和管理者的胜任力和领导风格等都有密切关系,并受到环境动态变化的影响。为了实现预期的战略规划目标,社会组织通常需要做到以下几点:

第一,全员参与。即社会组织要面对社会组织全体相关人员(包括外部利益相关者)进行宣传,让各类人员了解组织战略规划的价值,使各类人员均能加入到战略规划的实施中。组织战略规划团队要努力让组织高层人员知道吸收外部人员参加规划的好处,要善于把制订规划的人的意图让执行规划的人了解。例如,召开规划研讨会;让具体部门负责人人手一份战略规划书,以便随时参考。

第二,连续管理。这主要指把规划设计活动当成一个连续的过程。一方面,在规划制订和实施的过程中要不断进行规划的再设计与调整,使组织规划实现柔性化管理,从而与外部环境进行动态性互动。另一方面,具体实施规划的部门和人员应依据战略规划制订包括目标、行动步骤和责任等内容的下一年度的工作计划。从这个意义上看,长期的战略规划就是由一个个年度计划所连接构成的。

第三,卓越氛围。战略规划的实施必然会引起原有体制、制度和工作习惯的改变。为此,社会组织应努力创造有利于战略规划操作的宽松组织氛围,改变员工因战略变革可能带来的压抑心情,并促进和优化改变企业的精神面貌。例如,社会组织领导应加强与下级员工的思想沟通;奖励员工创造性的操作行为与思想。

二、战略规划的控制

社会组织战略规划的控制由战略规划实施的评估和战略规划的调控两个阶段组成。

(一)战略规划实施的评估

这是指社会组织以战略规划的实施过程及其结果为对象,通过对影响并反映战略规划的各要素的总结和分析,判断战略规划是否实现预期目标的过程。值得注意的是,对于社会组织而言,战略规划是一个动态监测和评估的过程。因此,在战略规划评估基础上的战略调整能力,是社会组织实施和评估过程中的重要能力。

通常,在战略规划进入实施阶段后,社会组织战略规划团队已完成其使命,可以解散,但其功能应以某种形式延续下去,目的在于推动战略规划的实施、监控与评估。例如,社会组织可以在理事会中建立常设的战略规划委员会,也可利用理事会议、员工会议或会员大会等定期追踪和评估组织战略规划的实施成效。

社会组织应定期(至少每年一次)评估组织战略规划的实施情况,并研究是否应该作出修正和调整。通常,社会组织战略规划评估内容涉及三个方面:(1)对制订战略规划的背景情况进行评估。即分析社会组织战略规划实施的内、外部环境是否变更,评估组织在新形势下的机会与风险;同时,战略规划的实施必然导致一定程度的变革,而这些变革本身又会对战略规划提出新的要求。(2)对战略规划实施方案本身的评估。即对战略规划实施后存在的问题与不足的评价。(3)修正后的战略规划的评估。即在社会组织需要调整或修正现有战略规划的背景下,对修正后战略规划的可操作性进行评估。例如,是否符合社会组织宗旨的要求,新修订的战略规划是否可与员工的态度、兴趣与观念(即组织文化、形象)和谐。

(二)战略规划的调控

这是指组织根据战略规划实施的评估结果,对战略规划进行调整与控制的过程。经过战略规划评估后,社会组织会面临三种战略方针的选择:第一,战略规划维持方针。这主要指社会组织维持现有战略,或现有战略总体方向不变,仅稍作修改。第二,战略规划转变方针。即对原有战略规划的总体方向或核心内容与战略进行变更。当然,在实施战略规划转变方针的同时,也需要处理好原有战略规划继承与变革的平衡问题。第三,战略规划终止方针。即社会组织终止现有战略规划的实施。战略规划终止方针被视为社会组织有战略规划后所采取的一种极端形式。通常,这种方针往往出现在社会组织所面对的现有内外环境出现重大调整或原有战略规划存在重大问题的情况下。

表 9-10　某社会组织战略规划的监测与评估计划

• 组织战略规划监测与评估的 X 负责机构及人员构成
• X 负责机构及相关人员负责根据每项具体目标和活动监测组织战略规划实施进展,每月向秘书长报告
• 秘书长在每次理事会上通报战略规划的实施情况
• 组织及各部门的工作例会上要交流规划中各自负责事项的实施情况并讨论
• 定期邀请行业部分会员单位和相关专家就战略规划实施情况进行研讨并总结
• 组织各部门每季度向 X 负责机构交流部门规划实施现状与问题并提出相关建议
• 理事会每年对规划进行一次总评估和调整

资料来源:张冉:《非营利组织管理》,北京大学出版社 2014 年版。

战略规划的评估与调控,意味着社会组织需要具有较强的战略调整能力,即能够在战略规划实施中,由于内外部环境的动态变化、战略执行效果不符合预期目标,或者发现更加适合的战略选择等情况,对战略规划进行的相应的调整或者重大转变的一种应变能力。根据不同的实际情况,社会组织有时需要对战略规划进行局部性的调整,有时需要进行重大转变,甚至全部抛弃,重新制订新的战略规划,但无论进行何种调整,事先都必须进行充分的论证和相应的成本收益分析等。总而言之,面对瞬息万变的环境,社会组织必须根据战略规划的实施情况,不断调整战略规划,只有这样才能保持社会组织可持续的竞争优势和持久发展的动力。

第四节 评　　述

　　在我国,战略规划一定程度上能够强化社会组织与慈善组织的独立性,使它们能够依靠自身的力量获取、调配和利用资源,为社会组织与慈善组织的资源整合提供较为可靠的参考依据。对于我国的社会组织与慈善组织而言,在多元化的市场环境下,科学合理的战略规划是企业可持续发展的有力支撑,但现阶段我国社会组织与慈善组织面临着诸多机遇和挑战。

　　首先,战略眼光短浅,行为短期化。战略规划是组织面向未来发展的着力点,也是组织构建可持续发展的重要保障。组织战略眼光短浅,战略规划就会表现出较大的局限性。于是,组织战略规划下的行为更多地指向于短期化,战略规划的制订与贯彻落实,难以形成具有长期性、战略性的指导,不利于组织"又好又快"地发展。战略的时间性主要体现在规划过程中应确定为实现一定的战略目标所需要的期限,即战略期,一般不能少于5年。同时,由于战略任务的不同,一个战略期又需要分战略阶段,也称为"战略步骤"。例如,在战略目标的制定上,许多组织忽视了目标实现的时间性。虽然战略期只是一个预计期限,同实现一定战略目标所实际需要的时间不可能完全相同,但目标定位不能过于远离战略期。战略规划的可行性与时间性存在着某种关联,有时忽视时间性会导致文本缺乏可行性。如某些组织的规划制订者就认为,虽然明知现在的战略目标是一个甚至几个战略期都无法实现的,但为了激励人心,还是将目标定得很高,这就使目标失去了可行性。

　　其次,战略理念模糊,组织定位不清晰。现阶段,很多快速成长的社会组织与慈善组织,由于内部建设缺乏完备性,导致组织战略理念比较模糊,缺乏清晰的组织定位,进而出现发展步伐错乱。基于高度多元化的发展道路,不仅不利于组织有效地整合资源,而且容易削弱组织的市场竞争力。尤其是新建慈善组织在我国非营利组织系统中处于起步阶段,它们除了面临和其他社会组织一样的挑战以外,还急需克服更多的困难:一方面,它暂时没有成立较早的行业协会等社会组织那样的资源积累;另一方面,老牌的社会组织在内部治理、政策完善程度、外部知名度等方面比新建慈善组织拥有一定的竞争优势。面对如此激烈的竞争状况,组织必须有一个能使自身在竞争中生存并借此契机获得超越的战略理念。但遗憾的是,多数社会组织与慈善组织的规划并不真正具备竞争力,这一点从文本表述的过分趋同化就可以看出来。诚然,社会组织与慈善组织的战略规划文本要体现规划的一般构成要素,必然关注组织的基本构成单元,这必然会导致战略规划在某些方面上的"求同"。但具有竞争性的战略应该是在体现战略规划一般性内容的同时,能根据自身实际拓展特色,做到既"求同"又"存异"。然而,绝大多数社会组织与慈善组织在战略规划文本中很少体现出"异",将目标定得较高,虽然体现了规划者的良好愿望,但由于各组织的业务内容和职能不同,不可能所有组织都能在短时期内发展成为一流。

最后,战略规划脱离实际,战略目标流于形式。组织战略规划的有效性在于立足实际,为组织的发展提供契合实际的战略目标。当前,诸多社会组织与慈善组织的战略规划流于形式,脱离实际的战略目标难以起到相应的作用。一些组织在没有了解市场、缺乏客户需求的条件下,制订有着良好愿望的战略规划。另外,在规划的贯彻落实中,仅是喊喊口号,缺乏实质性的落实。其主要原因是组织战略的规划过程缺乏民主。组织战略规划大都由理事会和秘书处完成规划研究、文本制定等一系列前期工作。这样的规划过程决定了规划程序上的弊端,导致以下一些问题的出现:(1)对外部的信息察觉能力弱,敏感性不足。(2)对内部信息缺乏敏感性,了解组织内部微观情况的能力不足。(3)战略的制定与操作脱节,导致战略指导不了操作。(4)制定战略时,没有考虑相应的战略管理能力,致使战略被架空,导致实施时成为无战略的"随机战""游击战"。规划制订工作是一项重大的消耗时间和资源的组织活动。如果认识不到它的重要性,如果不是积极鼓励人们投身进去,如果不是像管理别的组织活动那样仔细地加以管理,规划工作就做不好。

目前,社会组织战略规划面临着战略意识较为薄弱、战略目标不够清晰、实施效果不理想、重视和了解度不够等问题。为了应对这些挑战并提高组织战略规划水平,社会组织需要做到:

第一,重视战略认同的建立。无论是社会组织的员工还是组织的其他利益相关者,都会对组织战略规划的实施产生一定的影响,如果他们对战略目标和战略规划的理解有偏差,没有达成正确一致的认识,必然会不利于战略规划的顺利实施。例如,一直给某慈善组织提供资金的机构如果不认同该慈善组织的战略规划,则该慈善组织未来将很难获得来自此资金提供者的捐赠。因此,在战略目标和战略规划的制订和实施过程中,要在广泛而充分的沟通交流的基础上,尽可能让领导者、管理者、全体员工甚至一些重要利益相关者如捐赠者、服务对象等都参与进来,协调各方面的利益关系,确保组织各方面都对战略目标和战略规划具有高度的认同感,达成战略共识,有效减少可能发生的冲突和矛盾,进而形成对战略规划实施的支持和拥护,为战略规划实施奠定良好的群众基础和思想基础。

第二,重视战略思维的培养。培养组织领导者、管理者以及全体员工的战略思维能力,是提高社会组织战略规划能力的关键途径和要求之一。如果缺乏战略思维能力,社会组织很有可能会陷入只顾眼前利益而忽视长远利益,只顾局部利益而忽视整体利益的歧途。例如,某社会组织为了及时地获得活动资金,在与某企业合作过程中同意该企业在一些商业活动中挂名使用该社会组织的Logo,从而被企业利用作为营利性的工具而导致组织声誉受损,严重影响了该组织长远的筹资甚至发展能力。因此,社会组织领导者和管理者应当养成战略思考的习惯,运用战略的眼光和气魄,从战略的角度和高度去观察、思考、解决社会组织遇到的各种问题。具体来说,要做到以下几点:(1)必须及时更新原有的思维方式,实现思维方式的转变,以战略的视角和思维模式思考和处理问题;(2)必须提高宏观决策水平,做到立足现在,着眼未来,整体考虑,统筹兼顾;(3)必须重视战略思维的普及和教育,将战略思维贯穿于组织管理的全过程。

第三,重视战略规划的投入。为提升组织战略规划的整体能力,社会组织应该适当增加战略规划资金投入。在实践中,社会组织可以投入一些资金用于聘请一些战略规划专家,运用其专门的战略规划知识帮助组织开展战略规划工作,提高组织战略规划能力。同时,社会组织也可以借专家参与组织战略规划的过程学习先进的战略规划理论和实践方法,实现战略规划的专业化。当然,社会组织也可将战略规划资金投入到组织员工培训中,即主要是培训领导者、管理者以及全体员工的战略分析能力、规划能力、实施能力和调整能力等,将战略规划工作落到实处。

第四,重视学习型组织的构建。为适应动态变化的环境,社会组织需要建立学习型组织,不断学习先进的管理经验和技术。建立学习型组织的要素之一即建立共同的愿景。在战略规划的制订和实施过程中,通过建立广泛认同和支持的战略目标,形成明确一致的努力方向,提高社会组织全部工作人员的凝聚力和责任感,使其为了组织宗旨和目标而奋斗奉献。对于社会组织而言,建立学习型组织是新鲜事物,因此,社会组织可以积极开展一些学习型组织建设的相关培训,增强组织员工对学习型组织的认识,强调终身学习、全员学习,不断提高他们的学习、创新和自我完善能力等。总之,建立自由开放的学习型组织,不断学习接受适合促进组织健康发展的层出不穷的新知识、技术和观念,是提升战略规划水平的一项有效的措施。

总之,社会组织与慈善组织要想在当今的大环境下求得生存和发展,必须要通过战略规划和战略管理,对组织本身到底是什么、责任是什么,以及怎样去实现目标等方面有宏观全面的说明。

本章小结

本章主要对社会组织战略规划的概念、特征、作用等基本内涵,以及战略规划的设计和实施的具体流程和内容作了较为详细的介绍。

作为组织未来发展方向和组织资源配置的整体策略,社会组织战略规划具有组织宗旨投射性、目标明确性、执行可行性、人员参与性等特征,能够帮助组织明确未来发展方向、增强组织凝聚力、应对内外部环境变化及未来挑战与激烈的竞争等。

社会组织战略规划设计的基本流程主要由战略规划准备与战略规划制订两个阶段构成。其中，准备阶段由发起和达成战略规划过程的协议、确定组织训令两个步骤构成，而制订阶段则包括明确和陈述组织使命、进行战略分析、确定战略性问题和制订具体规划四个步骤。

社会组织战略规划的实施，主要指战略规划的操作和控制两个过程。其中，战略规划控制还由战略规划实施的评估和战略规划的调控两个阶段组成。可见，由设计和实施两个阶段构成的战略规划，是一个系统化、流程化的策略过程。

思考题

1. 社会组织的愿景与使命有何区别？试举例说明。
2. 社会组织战略规划的特征是什么？
3. 社会组织战略规划的流程是什么？
4. 社会组织战略规划中常用的分析手段有哪些？
5. 请使用一种综合分析方法来对某个具体的社会组织进行战略分析。
6. 试区分社会组织战略规划设计与战略规划操作。
7. 社会组织战略规划建设的基本要求有哪些？

拓展阅读书目

1. 黄浩明：《非营利组织战略管理》，中国人民大学出版社 2003 年版。
2. 陈晓春：《非营利组织经营管理》，清华大学出版社 2012 年版。
3. 〔美〕约翰·布赖森：《公共与非营利组织战略规划：增强并保持组织成就的行动指南（第三版）》，北京大学出版社 2010 年版。
4. 〔美〕保罗·C.纳特、罗伯特·W.巴可夫：《公共和第三部门组织的战略管理：领导手册》，陈振明等译，中国人民大学出版社 2001 年版。
5. Thomas A. McLaughlin, Hoboken, NJ: Nonprofit Strategic Positioning: Decide Where to Be, Plan What to Do, Hoboken, NJ: John Wiley & Sons, Inc., 2006.
6. Sharon M. Oster, Strategic Management for Nonprofit Organizations, New York, NY: Oxford University Press, 1995.
7. B. Gidron, R. Kramer, & L. Salamon, Government and the Third Sector, San Francisco, CA: Jossey-Bass, 1992.
8. J. M. Bryson & F. K. Alston, Creating and Implementing Your Strategic Plan: A Workbook for Public and Nonprofit Organizations, Second Edition San Francisco, CA: Jossey-Bass, 2005.

第十章　社会组织与慈善组织人力资源管理

本章要点

1. 理解社会组织与慈善组织人力资源管理的内涵。
2. 掌握社会组织与慈善组织人力资源管理的构成体系。
3. 掌握社会组织与慈善组织员工的就业动机与激励方式。
4. 理解社会组织与慈善组织的志愿精神、志愿者和志愿服务的概念。
5. 掌握社会组织与慈善组织的志愿者人力资源管理体系。
6. 了解社会组织与慈善组织人力资源管理面临的挑战和发展方向。

导语

改革开放以来,随着计划经济形成的"总体性社会"逐步解体,①市场经济的发展和社会转型促使各类社会组织兴起。2013年,我国社会团体、社会服务机构、基金会等类型的社会组织规模达到54.05万个,社会组织从业人员达到600多万人。社会组织数量不断增多,实力逐渐增强,除满足公民个人交往和利益集结需求之外,还介入和参与到公共生活中,其作用日益显现,这一趋势对社会组织的运行能力提出了更高的要求。然而,目前我国社会组织与慈善组织大多按照政府系统或者依托项目进行管理,其工作岗位、人事安排多基于行政系列或项目化管理进行设置,缺乏与社会组织、慈善组织特点相适应的人力资源管理制度,从而无法提供面对公民社会工作人员的制度性激励,造成相当普遍的人力资源管理困境,与社会组织、慈善组织发展相适应的人力资源管理制度亟待建立。本章将系统介绍社会组织与慈善组织人力资源管理的基本内涵、特点、性质、指导思想、构成体系,以及社会组织与慈善组织员工激励和志愿者管理,并简要讨论社会组织与慈善组织人力资源管理面临的挑战和未来发展趋势。

---

① 参见孙立平:《改革开放以来中国社会结构的变迁》,载《中国社会科学》1994年第2期,第47—62页。

第一节　人力资源管理概述

一、人力资源的基本内涵

（一）人力资源的定义与构成

社会组织与慈善组织的人力资源就是在一定时期内，推动社会组织与慈善组织发展的具有智力和体力劳动能力的人的总和，同时也是整个社会人力资源的一个重要组成部分。为社会组织与慈善组织工作的劳动力都可称为"社会组织与慈善组织的人力资源"。从社会组织与慈善组织的发展历程来看，社会组织与慈善组织的人力资源不论是在质量上还是在数量上都在日益增长，针对社会组织与慈善组织的人力资源管理这一课题显得尤为迫切和重要。

通常，社会组织与慈善组织的人力资源一般由有酬员工与志愿者两部分组成。有酬员工是组织内职位较固定并领取薪酬的长期工作人员，既包括领导层、管理层等人员，也包括一线的内部员工；志愿者，则是根据组织使命与工作任务的需要，招募而来为组织提供志愿服务的人员。从组织层次来看，本书将社会组织与慈善组织的人力资源主要分为三类：

1. 领导成员

主要指理事会成员，一般由出资人、社区居民代表、会员代表、社会工作者和一些领域的专家构成。这一类成员在某种程度上说也属于"志愿者"，愿为组织的发展进行"劳动捐赠"，领取的薪酬也多为极低的名誉薪酬，或者是无薪酬。

2. 管理成员

主要指组织秘书长或某些中高层专职员工。在我国，一些受政府主导较大的社会组织的管理层以往多来源于政府部门或政府部门退居二线人员。近几年，随着我国政社分开进程的加快，公职人员在社会组织中任职受到了极大的限制甚至被严禁。那些专业性较强或民间生成的社会组织与慈善组织，管理层多为面向劳动力市场进行公开招聘的专职经理人。

3. 执行成员

主要指组织基层专职员工或志愿者。通常，此类专职员工多为从人才市场招聘或退休人员返聘的各类专业人才。志愿者，则是出于自由意志而非基于个人义务或法律责任，不以获取报酬为目的提供劳动的人员。值得注意的是，志愿者也是社会组织与慈善组织重要的人力资源构成，组织许多活动都是依靠志愿者来完成的。当然，这部分人力资源相对不固定，往往要根据具体的组织活动而进行招募。

在我国，一些社会组织与慈善组织在成立之时就初步确定了领导和管理成员，如一些官办的社会组织与慈善组织,另一些草根或民间生成的社会组织与慈善组织在人力资源选择上则较为独立。总的来说,一个社会组织与慈善组织拥有不同的人力资源,他们各司其职、各尽其能,并扮演不同的角色,发挥着不同的作用。

(二) 人力资源的特点

1. 来源的广泛性

组织的人力资源系统具有开放性,有酬员工包括最高理事会成员及志愿者的招聘与吸纳都面向全社会公开进行,尤其是志愿者,只要符合条件一般是"来者不拒"。

2. 目标的非逐利性

社会组织与慈善组织员工,多具有为社会"有所作为"的渴望、自我牺牲和利他主义的意图,更多地表现为内激励而非薪酬的外激励。有酬员工努力工作并非是获取高收入,这是因为组织的盈余不能用于收入分配,而是用于非营利事业的扩大,而志愿者加入组织是基于志愿、奉献与爱心,多提供无偿劳动。

3. 关系的平等性

社会组织与慈善组织的结构较为扁平化,没有严格的等级制度,员工追求高度灵活性和自由度的工作,以及更为分散性的决策权及较少的监督和控制体系等。因此,员工与领导及员工之间更多的是基于共同的使命感、责任感的合作伙伴,为实现组织宗旨而共同努力。

二、人力资源管理的基本内涵

(一) 人力资源管理的定义

社会组织与慈善组织的人力资源管理,是为了实现组织宗旨和员工自身发展目标,满足组织当前及未来发展的需要,运用管理理论与职能,进行规划、录用、任用、保障等管理活动和过程的总和。

作为一种组织形态,社会组织与慈善组织也遵循着政府和企业人力资源管理的一些基本内容,具体表现为管理思想、职能和环境三个方面。第一,从管理思想看,三类组织人力资源管理都遵循共同的管理原则,即人本原则。也就是说,人力资源是组织的核心资源,在管理中以人为中心,关注员工的需求,推进员工的成长,以发挥员工人力资源的最大潜能。第二,从管理职能看,包括以下几项基本职能:(1) 获取(招聘、甄选);(2) 开发与培训;(3) 绩效评估;(4) 劳动关系管理(包括升迁、辞退等);(5) 激励;(6) 劳动安全与社会保障。第三,从管理环境看,三类组织的人力资源管理都受内外部环境的制约,如组织目标、制度、文化、国家政策等。

人力资源管理这一领域的发展与成熟一直都在商业领域的土壤中进行,这直接导致人力资源管理的某些基础理论和思想更加偏向于以企业发展为目的,理论建立更多是关注组织效益的最大化。然而,作为活跃在公域的组织,社会组织与慈善组织提供社会服务,构建社会资本,组织不仅仅是为了自身的存续,更是为了组织宗旨与使命得以实现,这决定了其具有不同于企业的效益目标,如更强调社会利益,而加入社会组织与慈善组织的人也更偏好利他主义和社会福利促进。因此,社会组织与慈善组织人力资源管理的方式和内容需要适当地调整来适应组织的特性与目标。

(二)人力资源管理的基本属性

社会组织与慈善组织的人力资源管理作为组织人力资源管理的一个重要分支,既有一般人力资源管理的基本特征,又有自己的特性,这是由社会组织与慈善组织自身的特点决定的。

1. 公开性

企业人力资源管理主要只对组织内部负责,整个运转流程为企业最终营利目标而服务。但是,对于社会组织与慈善组织而言,其主要致力于社会公益,管理活动需具较强的公开性。为此,社会组织与慈善组织的人力资源管理活动应向其利益相关者和社会公开,不仅仅是面向组织内部理事会、监事会,更多是面向组织外部的捐赠者、媒体等。例如,员工招聘、理事成员的薪酬、高层管理者离职的外部审计等,都是社会组织与慈善组织人力资源管理公开透明的具体事务。

2. 灵活性

随着现代社会中政治文明的推进,公民自治的主动性不断提高,因此,结社需求也呈现出多样化的特点,这就要求社会组织与慈善组织能更加灵活多变地进行员工招聘、培训、使用,以满足不同类型组织形态的需求。同时,相比较政府和企业,社会组织与慈善组织规模较小,雇员数量较少,并且还有不断流动的外部志愿者的"劳动捐赠",这也决定了社会组织与慈善组织在人力资源管理上要摆脱传统组织的"官僚"特征,根据组织发展需求进行灵活多变的人力资源管理。

3. 复杂性

社会组织与慈善组织员工要拥有较强的社会责任感和使命感,要有奉献精神和团队合作精神。然而,员工的非货币化需求不向货币化激励那么直接和可衡量,员工的产出也多为无形的服务,难以有效评估,这也使得社会组织与慈善组织的人力资源管理较为复杂;同时,员工本身可能就带着不同利益诉求的目的来到组织,这也使得组织员工管理和激励更为复杂,既要保质保量地完成工作任务,也要激励他们对工作的热情。

(三)人力资源管理的指导思想

1. 宗旨驱动的指导思想

社会组织与慈善组织是宗旨驱动型组织,人力资源管理策略更为强调员工的价值观和使命感。人们是基于对社会组织与慈善组织使命的认同才被吸引并选择留在组织中并完成相关事业的。社会组织与慈善组织员工愿意为公益而非私利服务，他们为社会生产或提供富有意义的服务和产品，享受能够给社会带来利益增进的机会。这样一群具有公共价值观的员工更加需要社会组织与慈善组织人力资源管理者关注他们的从业动机、亲社会行为和激励方式等。这同时也暗含了价值体系和使命感对组织凝聚力的支撑，通过对员工的有效管理才能保障组织长远发展。

2. 员工回应的指导思想

与政府和企业员工相比，社会组织与慈善组织员工有着不同的职业需求，如偏好于高度灵活性、自由度的工作，喜欢管理参与和较少的监督等。为此，社会组织与慈善组织人力资源管理者需要有效地回应员工工作动机以激发员工为非营利事业而努力，如强调管理参与、工作丰富化。同时，社会组织与慈善组织是一个传递"正能量"的组织，这不仅面向社会，也要面向内部员工。为此，在人力资源管理过程中，组织需要面向员工加强情感建设，持有"以人为本"的理念，如加强沟通、关怀员工身心健康等，从而强化员工在组织中的"劳动捐赠"，激励他们为实现组织宗旨而努力。

3. 管理伦理的指导思想

作为服务于公域并以公益服务为宗旨的组织，社会组织与慈善组织处在道德伦理的制高点上，管理的伦理性要求应更为"苛刻"。通常，社会组织与慈善组织的人力资源管理应遵循的基本伦理包括三个方面：(1) 德行伦理，即管理者在日常的管理中是否符合伦理规范的自身德行水平，如招聘员工时是否有歧视现象，是否对员工进行德行培训与考核。(2) 责任伦理，包括内部和外部责任两方面。前者意味着组织管理过程中需对内部员工负责，如组织进行合理规模调整时对员工去留进行责任规划等；后者意味着组织成员要对社会和服务对象负责，如不做假账、不贪污善款等。(3) 利益伦理。与责任伦理相关，要求组织为其多方利益相关者负责，如捐赠者、受益者、所在社区等。①

部门的异质性决定了部门人力资源管理在部门间的差异化。基于上述三个基本属性和三个管理思想，本书进一步从比较视野对社会组织与慈善组织的人力资源管理同政府和企业的人力资源管理进行了总结和梳理，具体如下：

表 10-1 非营利部门与政府和营利部门人力资源管理的比较

比较项目	政府部门	营利部门(企业)	非营利部门
人事管理广度	涉及宏、中和微观三个层次	主要关注微观层次	主要关注中、微观层次
理论来源	主要受法学、政治学和哲学等学科影响	主要受管理学、经济学、心理学、工程技术等学科影响	主要受管理学、政治学、心理学、社会学等学科影响

---

① 参见张霞、张智河、李恒光：《非营利组织管理》，山东人民出版社 2005 年版，第 128 页。

(续表)

比较项目	政府部门	营利部门（企业）	非营利部门
主导价值取向	政治回应与社会公平	利润最大化	兼顾社会公益和特殊群体的私益
利益判断标准	公共利益优先	个人利益优先	公共利益和个人利益兼顾
队伍判断标准	稳定优先	效率优先	稳定与效率同步
员工管理方式	硬管理	软、硬兼有	软管理
人事关键环节	招考录用和监管环节	开发和使用环节	绩效考核和薪酬管理环节
员工获取路径	有限	广阔	受限较小
员工招聘程序	需要上级批准	自主管理	高层管理者需上级批准，中层和基层员工以自主管理为主
招聘公开性	公平、公正、公开	自主、隐秘进行	一般要求公平、公正、公开，同时可以隐秘进行
员工素质要求	忠诚度、责任心	专业能力、创造力	责任心、奉献精神和专业能力
员工考核	标准多元、模糊	标准明确、集中	受组织类型、发展水平和任务特征影响，无固定的模式

资料来源：张冉：《非营利组织管理》，北京大学出版社2014年版。

由于我国现在正处于经济体制的转型时期，虽然市场经济体制已经逐步确立，但以往高度计划的人事管理思想仍旧对社会组织与慈善组织的人力资源管理造成很多影响，阻碍了社会组织与慈善组织人力资源管理改革的进程，制约了社会组织与慈善组织的发展。因此，如何建立新型、创新的人力资源管理理念，已经成为当前我国社会组织与慈善组织面临的重要问题。

第二节　人力资源管理的构成体系

社会组织与慈善组织的人力资源管理以"人"为中心，并且以人力资源优化与实现人的发展为最终目标，旨在实现人力资源存量建设和增量建设两个目标，并分别表现为人力资源基础性管理、数量性管理、质量性管理、结构性管理和外部性管理五个方面。其中，基础性、数量性和质量性的人力资源管理，就是传统人力资源管理的基本职能。

一、基础性的人力资源管理

基础性的人力资源管理，是指为组织人力资源管理核心活动如招聘、培训、绩效考核等提供基础的管理活动,主要包括人力资源规划和工作分析。

(一) 人力资源规划

1. 人力资源规划的界定

人力资源规划,是组织根据战略发展目标与任务要求,科学地预测、分析自身在变化的环境中的人力资源的供给和需求情况,制定必要的政策与措施,以确保组织在需要的时间和需要的岗位上获得各种需要的合格员工的过程。

作为一种社会中的组织形态,社会组织与慈善组织需要根据环境和自身资源不断进行调整,使之能够按照规划来实现组织目标。通常,人力资源规划,是社会组织与慈善组织人力资源各项管理活动的一个蓝图,规划的前期制订需要尽可能考虑多方因素,充分保障规划的完整性与全局性,因为任何组织都是处在动态的环境之中,可以适当保障规划的实施有灵活的调整空间来适应各种挑战和变化。人力资源规划既有自身的有机组成部分,也有具体的各项业务规划。

2. 社会组织与慈善组织人力资源规划的影响因素

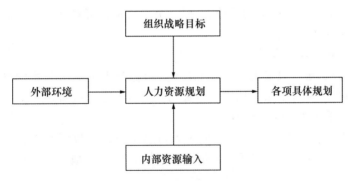

图 10-1 人力资源规划影响因素图

资料来源:根据文献资料整理。

(1) 组织战略目标

社会组织与慈善组织战略目标,对其人力资源规划有着决定性的影响。通常,对组织的整体战略进行分解,可以得出人力资源管理的战略目标,再对这个目标进行横纵向分解,可以得出更加具体的各项职能的任务。例如,某慈善组织的三年战略目标是在全国范围内提高品牌知名度,以争取更多的善款。此时,慈善组织就要通过一系列的项目开展和各项宣传来提供知名度,相应地,为了符合项目的开展,未来三年的人力资源政策就必定要进行调整,如招募公关方面的工作人员。

(2) 内部资源输入

组织本身内部资源输入对人力资源规划也有着优势条件或劣势限制。内部资源的支持主要是资金预算和组织目前的人力资源。在我国,社会组织与慈善组织资金主要有三个来源：慈善捐赠及会费；政府资助及补贴；各种运营收入。① 从组织实际运行来看，组织的资金资源其实受到限制且不稳定。如何在有限的资金资源情况下保证人力资源的供给与存续，也是人力资源规划需要重点考虑的地方。

(3) 外部环境

与营利组织一样，社会组织与慈善组织人力资源也面临着政治、经济、社会、科技等外部环境。如劳动力市场，由于企业开始涉足原本属于社会组织与慈善组织控制的传统性服务领域，吸引和转走了大量专业人才和劳动力，进一步恶化了非营利部门所面临的人力资源竞争和短缺状态。② 因此，人力资源规划者需要考虑到组织外部环境状况，合理地确定人力资源管理方案。

3. 人力资源规划的步骤

(1) 环境分析

分析组织所处的外部环境及行业背景，从而对组织未来发展目标以及目标达成所采取的措施和计划进行澄清和评估，以提炼对于组织人力资源的需求和影响。

(2) 人力资源现状分析

包括员工数量、质量、结构等静态分析，员工流动性等动态分析，以及人力资源管理关键职能的效能分析。

(3) 人力资源需求预测

通过对组织、运作模式的分析，以及各类指标与人员需求关系的分析，提炼组织人员配置规律，以对未来实现组织目标的人员需求进行预测。

(4) 人力资源外部供给预测

外部人力资源供给预测涉及本地区人口总量、构成、教育水平、劳动力价格与竞争力、劳动力择业心态与模式、劳动力工作价值观、对外地人口吸引力、外来劳动力数量与质量等。

(5) 人力资源供求平衡

通常，组织人力资源供求结果大致有三种，即冗余、短缺和均衡。人力资源供小于求时，可采取招聘、培训、延长工作时间、业务外包等措施；供大于求时，可采取裁员、缩短工作时间、共享工作、岗位调整等策略。社会组织与慈善组织应结合组织人力资源供求情况提出相应对策，如未来因承担某项公共服务而产生人力资源短缺时就要考虑招聘或培训计划。

(二) 工作分析

1. 工作分析的界定

工作分析，是有关人员依据组织发展的目标，通过观察和研究，全面收集组织

---

① 参见王名：《社会组织论纲》，社会科学文献出版社 2013 年版，第 109 页。
② 参见张冉等：《非营利部门员工从业动机研究：利他主义的反思》，载《浙江大学学报（人文社会科学版）》2011 年第 7 期，第 99 页。

某项工作的基本信息,明确每一项工作在组织中的位置及相互关系,然后确定组织最需要的工作职位及其权责和任职条件的过程。通常,组织通过工作分析,旨在丰富数据的基础上对职位设计、职员的招聘和选用、报酬和福利制度、培训和发展项目等方面作出决策,可以说,工作分析是人力资源管理活动的起点和基石。

对于社会组织与慈善组织,工作分析是否有必要值得商榷,因为界限清晰的工作任务可能本身就不是社会组织与慈善组织人力资源管理所要承担的任务。一方面,社会组织与慈善组织倡导扁平化、权利分散和灵活自由等特征的组织结构,扁平化削减了组织管理层级,增加了管理幅度,意味着员工拥有更多的工作内容、责任和权利,组织也因此可能走向工作内容无边界的特点,使得原本清晰的工作任务与岗位界限变得模糊。然而,这却符合社会组织与慈善组织本身事务繁杂、琐碎的特点,员工从而承担更多丰富化的工作内容,具有更多的工作权利和承担更大的工作责任。另一方面,社会组织与慈善组织规模较小,工作人员数量很少,这样一来,组织更看重的是有限人力资源的个人专业优势和相互间的合作能力,而此时工作分析可能显得毫无用处,员工也根本不会存在清晰的工作界限。

当然,由于工作分析是人力资源管理其他活动的基础,工作分析在社会组织与慈善组织人力资源管理活动中有其存在的合理性,因此,社会组织与慈善组织要根据组织实际情况和具体目标来确定工作分析的地位并实施符合组织特征的工作分析。

2. 工作分析的实施

(1) 工作分析的具体流程

具体来说,工作分析主要包括以下四个阶段:

① 前期准备。主要是完成工作分析前期工作,如分析方法的确定、对分析人员的适当技能培训、员工对工作分析重视度的提高。值得重视的是,工作分析应该放在组织这样一个系统和工作流程这样一个动态的大背景下来对待,脱离了工作分工和组织背景的工作分析都是片面的。

② 收集信息。主要包括确定工作分析信息用途;收集与工作有关的背景信息,如组织图、工作流程图等;同承担工作的人共同审查所收集到的工作信息等。信息的来源主要有书面资料、任职者报告、直接观察、口头描述等。在这个信息收集过程中,常用的方法有观察法、访谈法、问卷法等。

③ 分析。主要是对前一阶段所收集到的信息进行深入全面的分析,将其提炼成工作岗位描述性语句与要求性语句。初步完成后可以进行反馈调整,使工作分析团队(包括在职者等)提出修改意见,确保完整性。

④ 完成。主要指制定正式的工作分析结果,即工作描述和工作规范。

(2) 工作分析的结果

工作分析结果一般包括两个方面：一是工作说明书，即工作描述，确定工作的具体特征，如工作内容、任务、职责流程、环境等；二是职务说明书，即工作规范，确定工作岗位对任职人员的具体要求，如技能、学历、经验、体能等。

3. 工作设计

工作设计，是指为了有效达到组织目标与满足个人需要而进行有关工作内容、工作职能和工作关系的设计。通常，工作设计方法主要有以下四种：

(1) 工作专业化。即把工作划分成单一化、程序化、专业化的较小的工作单位，通常提高了员工的生产率。

(2) 工作扩大化。即将工作内容横向扩展，扩大工作数量或范围，与以前内容较为相似，目的是在一定程度上避免工作专业化带来的单调。

(3) 工作轮换。即让员工在不同部门或者同一部门担任不同工作，从而让员工保持新鲜感，并增加其工作技能。通常，这属于员工职业的横向发展。

(4) 工作丰富化。即纵向拓展员工工作内容，让员工工作内容更加丰富多样，使得员工拥有更多自主权、自我管理与责任，有利于激励员工。

相比较于政府和企业，工作设计对于社会组织与慈善组织来说更为重要。通常，社会组织与慈善组织可以采取提高工作自主性、进行工作丰富化等方式来提高员工工作积极性。普雷斯顿（A. E. Preston）认为，在非营利部门中，工作自主性、丰富化等已经成为员工低薪酬的一种有效补偿。[1] 例如，让员工管理参与的工作丰富化，是社会组织与慈善组织激励员工的一个有效手段，正如坎宁安（I. Cunningham）指出的，非营利部门的员工更倾向于关心组织是如何运作的，更期望能够有机会参与组织的决策制定。[2]

二、数量性的人力资源管理

(一) 员工招募

1. 员工招募的界定

员工招募，是指组织确定人力资源需求，吸引候选人来填补岗位空缺的活动。除获得候选人外，对于社会组织与慈善组织，招聘也是组织对外宣传的一个过程，通过招募来扩大组织的声誉和知名度。由于社会组织与慈善组织主要依靠人力资源来提供公共和社会服务，如何获得优秀、合适的人才，已成为社会组织与慈善组

---

[1] See A. E. Preston, The Nonprofit Worker in a For-profit World, Journal of Labor Economics, 1989, 7(4): 438—463.

[2] See I. Cunningham, Sweet Charity! Managing Employee Commitment in the UK Voluntary Sector, Employee Relations, 2001, 23(3): 226—239.

织实现组织宗旨和目标的重要决定因素。因此,社会组织与慈善组织需要建立一套科学、现代的招募体系,以获得组织所需的人才。

2. 员工招募应遵守的原则

通常,社会组织与慈善组织在员工招募过程中需遵守以下三项基本原则:

(1) 公开公平原则

社会组织与慈善组织在员工招募中不仅要遵守相关法律,也要秉持伦理原则。例如,在招募广告中不带有歧视性语言,对待应聘者要一视同仁等。有时候,作为一个公共服务部门,社会组织与慈善组织甚至需要承担社会公共责任,吸引那些弱势群体来组织从业,只要他们富有爱心、愿为社会有所作为。社会组织与慈善组织人力资源招募的公开化和多元化是未来的总体趋势。

(2) 因事择人原则

这主要指根据工作任务、岗位特征和需求来寻找和确定人才,而不是因人设岗。可以说,根据岗位要求和描述来寻找最匹配的人,可以避免人岗不匹配造成的人力资源冗余和绩效不如人意的结果。

(3) 成本控制原则

受利润非分配性约束,社会组织与慈善组织难以进行盈余分配并给予员工较高的薪酬水平。同时,社会组织与慈善组织的资金更多用于对外服务而不是组织管理活动,并且政府和捐赠者对组织在行政管理(包括人事)花费上有严格的控制和要求。因此,在社会组织与慈善组织人员招募过程中,应有效地控制招募成本,不是通过高薪酬来与政府和企业进行人才招募的竞争,而是通过组织公益宗旨的彰显、人们奉献的倡导和有效的工作设计来吸引人才。

3. 员工招募的渠道

(1) 内部招募

内部招募,主要指从组织内部挑选、获得岗位候选人的过程。在考虑空缺岗位时,组织首先可以考虑从内部进行招募。通常,内部招募的途径主要有:公开招募、内部提拔、横向调动、岗位轮换、员工返聘等。内部招募有利于工作的稳定性,激励组织成员的进取精神,提高员工对组织的忠诚度等。同时,对于组织而言,内部招募可收回前期员工培训投资,节省招聘成本和时间,同时可避免对外部员工缺乏了解而带来的招募风险。当然,内部招募也有一些不足,如挑选面过窄,不利于新鲜思想传入等。在我国,受传统社会组织管理体制影响,非营利部门与政府部门关系较为紧密,一些社会组织与慈善组织为获得政府支持,往往让渡了其人事权,由政府直接选派人员到社会组织与慈善组织任职,成为另一种我国特有的内部员工选拔的现象。

通常,企业在进行内部招募时,会使用人事替代表或员工继任计划来实现空缺岗位的填补。不过,该方法的运用是建立在具有一定规模、后备人员充足且人力资源已有长期规划的前提下。当然,这种方法可以为一些规模较大的社会组织与慈善组织进行人力资源管理尤其是为内部招募提供借鉴。

人事替代图,主要特别适用于组织高层人员的任命。图 10-2 展示了员工目前绩效成绩与每个岗位潜在的上升可能性。通过人事替代表,我们可以清晰看出员工可能的替代性和当前绩效、培训与提升潜力。

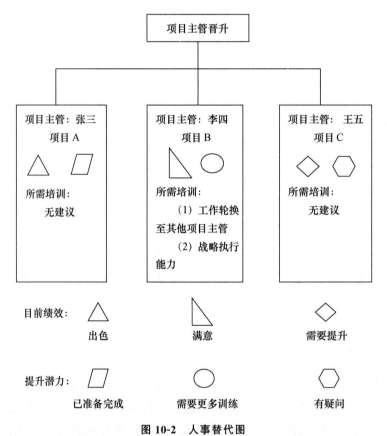

图 10-2 人事替代图

资料来源:张冉.《非营利组织管理》,北京大学出版社 2014 年版。

(2) 外部招募

这主要指通过外部渠道来获得岗位候选人的过程。常见的外部招募渠道有:校园招聘、媒体招聘(报纸、杂志、网站等)、员工推荐、人力资源市场、猎头公司等。组织在进行外部招募过程中,要与外部有关人力资源供给方(如学校、人力资源市场等)保持良好关系,做好宣传工作,真实、客观介绍组织情况和应聘要求,组织好接待应聘者和有关人员。

案例 10-1　X 志愿服务中心的招聘广告部分内容

X 志愿服务中心是中国领先的企业志愿服务支持和咨询机构，致力于搭建中国企业志愿服务最大的支持平台和最专业的咨询机构，成为中国志愿服务行业的旗舰和标杆，打造中国公益领域的百年老店。

至今，与该志愿服务中心合作的企业已超过 300 家，其中世界 500 强企业 100 多家，每年超过 10 万名志愿者贡献超过 100 多万个志愿服务小时，累计帮助了数千个 NGO 组织及基层志愿服务项目。直接服务老年人、儿童、残障人士等弱势群体 10 余万人次，间接受益人群达到数百万人次。

目前，中心设有北京和上海两个办公室，广州及成都办公室正在筹建中。

因机构发展壮大，现面向社会招聘以下全职类的员工：

……

三、岗位名称：项目主管

所属部门：事业发展部

招聘人数：1 名

办公地址：北京朝阳区　上海静安区　广州越秀区

岗位职责：

1. 项目的执行及管理

……

2. 资源维护

……

3. 团队管理

……

任职要求：

1. 本科及以上学历，社会学、心理学、社工及公共关系等相关专业。
2. 2—3 年企业/公关公司/NGO 项目管理经验或公益慈善领域工作经验。
3. 热爱并关注公益慈善事业的动态发展。

……

资料来源：张冉：《非营利组织管理》，北京大学出版社 2014 年版。

从上述案例可以看出，社会组织与慈善组织进行外部招募时，首先需介绍组织概况、涉及的相关领域及发展前景；然后，提出详细的岗位职责和任职要求。分条列出岗位职责和工作有利于潜在应聘者了解工作岗位的要求。同时，从这个招聘广告可以看出，社会组织与慈善组织对员工的素质有着一些特殊的要求，尤其是从事公益慈善的态度和能力方面。此外,在社会组织与慈善组织外部招募中较少看到组织清晰明了地提供关于薪酬福利的内容,这既有行业非营利性的原因导向,也有组织自身的考虑。

值得一提的是,雇主品牌的理念在社会组织与慈善组织中也渐渐兴起。这个理论强调雇主自身组织文化的独特领先、组织价值的高端追求,增加了组织对优秀应聘者的吸引力,在招聘过程中变被动为主动,增加了在劳动力市场中的话语权,也增加了组织品牌的无形资产。为此,社会组织与慈善组织在进行人员招募时可有一段介绍组织发展境况和品牌的内容,将雇主品牌思想借鉴到社会组织与慈善组织招募过程中,加强组织的内外声誉建设,以此获得品牌溢出效应,吸引优秀人才。

（二）人才甄选

人才甄选,是对候选人进行甄别和筛选,以确保最合适的人进入到组织任职的过程。甄选,是一种预测行为,要求具有一定的信度和效度。同企业比较而言,社会组织与慈善组织的应聘候选人在一定程度上需要更强的利他主义、亲社会的动机以及社会使命感。为此,社会组织与慈善组织所提出的工作要求和待遇就已经起到了一种甄选作用。例如,对于社会组织与慈善组织来说,低薪酬能有效发挥人才反向筛选(negative screening)功能[①],即排除那些期望获取高收入而保留愿为组织宗旨的实现而奉献的个体。总体上,社会组织与慈善组织对应聘者的考察要"精心设计",既要测试出真正适合的员工,也要避免打击应聘者对公益事业的热情。

通常,人才甄选的方法多种多样。根据甄选流程看,分为初步选拔与复试。初步选拔一般包括资格审查与申请表初选,复试包括笔试、面试、心理测试和评价中心。其中,面试和评价中心是现代组织最常使用的复试方法。以面试为例,根据面试内容固定化程度,可以把面试分为结构化、半结构化、非结构化面试;根据面试内容的压迫力度,可以把面试分为非压力性和压力性面试。当然,采取哪种面试,主要取决于组织事先的安排和考虑。而评价中心,则包括无领导小组讨论、管理游戏、公文筐测试等。

此外,人才甄选的后续工作需要进行背景调查和相关信息核实。

（三）员工录用

员工接到录用通知后,就被确认为组织的一分子。通常,员工录用的程序包括：

(1) 签订正式合同。明确双方在法律上的权利和义务。当然,我国许多社会组

---

① See H. B. Hansmann, The Role of Nonprofit Enterprise, The Yale Law Journal, 1980, 89(5): 835—901.

织与慈善组织使用退休人员,不能与其订立劳动合同,而应订立劳务协议。

（2）员工适应管理。新员工进入组织后,需要对组织工作环境进行了解和适应。安排带教导师、举行迎新会、进行新老员工座谈、带领员工参观等都是这个环节组织人事常采用的方法。

（3）岗前培训。即对新加入组织的新员工进行上岗前培训。通常,社会组织与慈善组织岗前培训的主要内容包括组织宗旨、组织面临的环境、组织利益相关者和岗位的具体业务要求方面。

（4）员工试用。员工最初上岗的一段时间就是试用期,试用期的长短依据劳动法和组织的具体安排来定。

（5）正式任用。通常,员工在试用期结束后就进入了正式任用期间,试用期将直接算入正式签订的劳动合同的期限。

由于历史原因,我国不少社会组织与慈善组织仍然保留着浓厚的行政色彩,在人员招募方面,一直深受业务指导部门的影响,使得组织选拔自主性较差和员工类型的固化。同时,社会组织与慈善组织对于劳动者而言也缺乏吸引力。随着我国非营利事业的不断发展,社会组织与慈善组织要适时地对组织的招聘人员机制进行调整,争取招聘人员的来源多元化,并建立员工的合理流动机制,为组织未来发展获取优秀人才。

三、质量性的人力资源管理

质量性的人力资源管理,是指社会组织与慈善组织对现有存量性员工进行综合性的内涵建设与管理,包括培训、绩效评估和薪酬管理三个方面。

（一）员工培训

1. 员工培训的界定

员工培训,是指通过教育、培养和训练,提高员工知识技能并改善员工的价值观、工作态度与行为方式,使他们能胜任现有或未来的工作岗位,从而实现组织预期目的和员工个人发展的过程。

对于个人而言,培训意味着更多的机会和更好的前途。如何为社会组织与慈善组织的员工创造学习和发展的机会和条件,如何培养提高他们的知识和技能,是一个吸引、激励和留住社会组织与慈善组织中优秀人才的重要问题。同时,在社会组织与慈善组织中,组织结构的扁平化使得员工晋升空间受到制约,因此,员工培训往往能够成为一种弥补和激励手段,使员工得到职场上的横向发展,保持工作的积极性和对组织的忠诚度。然而,现实中,一些社会组织与慈善组织员工在正式入职后经过简单培训或无培训就匆匆上岗,对于某些特定项目和特定工作任务缺乏相应的技能与能力。

通常,员工的培训内容包括基础知识技术、专业知识和工作价值观。然而,社会组织与慈善组织的培训不同于一般组织的培训,培训内容除了技能、知识培训及岗位培训外,更侧重于使命感培训、责任感培训、道德感培训和忠诚感培训等方面的工作价值观培训,这是因为社会组织与慈善组织本身就是一个价值观驱动型的组织。

2. 员工培训的类型与流程

(1) 员工培训的类型

员工培训的类型多种多样。根据培训对象,可分为针对管理人员的培训和针对基层业务人员的培训;根据培训内容,可分为员工技能培训和员工素质培训。本书主要根据培训与岗位的关系和时间安排的分类标准,简要介绍员工培训的分类:① 岗前培训。岗前培训主要针对的是进入组织的新员工,帮助新员工尽快适应新的环境,加强其对组织的归属感。常见方法有:带领员工参观、发放员工手册、新老员工交流与座谈、讲座等。② 在岗培训。简单来说,在岗培训就是不脱离工作岗位进行培训,主要的方法有职务轮换、学徒制等。③ 离岗培训。又称"脱产培训",是指员工脱离工作岗位去接受培训,主要的方法有外派培训、课堂讲座、模拟训练(如案例分析、角色扮演)、仿真训练。

案例 10-2 "中国公益慈善人才培养计划"离岗培训课程简介

培训对象: 在全国范围内公益慈善组织中担任中层以上管理职务,年龄在 25 岁以上,从事公益慈善工作至少三年。

培训课程: 以培养公益慈善组织负责人的资源拓展能力为核心,分为课堂授课和实战演练两个部分。课堂授课包括三大内容,分别为:"认识自己,完善内部治理结构""了解别人,沟通各种外部资源""掌握获取资源的工具",主要教学员从机构内部资源向外部资源拓展,并最终实现各项资源的有效整合。实战演练则是在学员掌握了各种资源获取工具之后,在导师的辅导下实际操作,提升实践水平。

培训强调实践与理论能力同时提升,教会学员如何设计公益慈善项目,如何挖掘潜在公益慈善资源,并学会如何调动公益慈善资源。同时,在国内首次采用"1+1双导师制",除为每位学员配置公益慈善领域的导师以外,还增加媒体导师,以便为公益慈善组织负责人提供更全面的机构及个人发展辅导。

培训背景: "中国公益慈善人才培养计划"是在民政部指导下,由中民慈善捐助信息中心、安利公益基金会共同发起的项目。项目为期三年,由安利公益基金会出资 1000 万元,通过实战培训、专家指导、机构资助、海外考察交流、专业论坛与行业课题研究等形式,对接公益慈善人才需求,支持公益慈善领军人物个人成长,探索公益慈善人才培养新模式。

资料来源:http://www.chinadevelopmentbrief.org.cn/sortinfoview.php? id=9147,2017年1月9日访问。

这样一个专门针对慈善人才的脱产培训课程,虽然我们无法跟踪其培训效果,但是我们可以从中一窥我国现实生活中针对社会组织与慈善组织的培训项目是如何开展的。另外,在我国,针对社会组织与慈善组织员工和志愿者的培训机构也开始兴起。我国社会组织与慈善组织大可充分利用社会相关的培训资源来促进自身的人才建设。

案例 10-3 我国首家志愿服务学院——青岛志愿服务学院

2014年8月1日,青岛市志愿服务学院在青岛职业技术学院成立。据悉,学院成立后,将按照每年培训1000人的目标,由政府和职业技术学院共同出资,并相应接受社会捐赠,对志愿者骨干进行培训。获得培训的志愿者,不仅在心理矫治、文明礼仪、应急救援、健身指导、水电气修等专业性较强的岗位能够获得专业化指导,而且可以作为专业技能培训,获得专业资质证书,使培训同时成为志愿回馈的一项重要内容。这是我国首座政府与高等职业技术院校联合成立的志愿服务学院,也体现了我国各地全面推进志愿服务制度化建设的重要举措。

资料来源:贾臻:《青岛成立志愿服务学院》,载《青岛日报》2014年8月2日。

(2) 员工培训的流程

① 培训需求分析。即采用科学方法,确定培训的必要性及培训内容的过程,或者说是弄清谁最需要培训、为什么要培训、培训什么等问题的过程。通常,培训需求分析是培训工作正式开展的前提。

② 培训方案设计。培训方案设计要全面,具体内容可借鉴"6W1H"的思想即 where(何地开展)、when(何时培训)、why(培训目的)、who(培训者)、whom(受训者)、what(培训什么)及 how(如何培训)来进行培训方案设计。

③ 培训过程的展开。培训的具体实施过程,可以借鉴企业员工培训的相关方法,在培训过程中可以借鉴控制理论,保证培训质量。

④ 培训效果评估。培训效果评估,主要是判别组织和个人是否从培训中受益。通常,效果评估可从四个方面进行:反应即受训者满意程度,学习即受训者在知识、技能、态度、行为方式方面的收获,行为即工作行为的改进,结果即工作业绩是否上

升。对培训效果进行全面总结和评价,有利于找出需改进和可借鉴之处。

(二)员工绩效评估

1. 绩效评估的界定

绩效评估,是指考评主体按照考核标准,通过科学的考核方法,评定员工绩效水准和任务完成情况的过程。绩效评估的目的是帮助组织分辨高绩效者和低绩效者,保证员工不偏离组织宗旨与目标,并为薪酬、培训、激励提供准确的信息。

当然,社会组织与慈善组织本身的特点也决定了其员工绩效评估也比企业更具有挑战性和有更多的问题要面对,这是因为:一方面,绩效评估多以财务为标准,而社会组织与慈善组织员工提供的多为社会服务类产品,具有无形性、难以测量性、易变性、延迟性等特征,这使得员工绩效考核标准制定更加困难;另一方面,绩效评估的结果大多需要与物质激励挂钩,而社会组织与慈善组织的盈余非分配性也使得绩效评估结果难以通过物质激励如薪酬体现。另外,社会组织与慈善组织追求多样目标,员工工作任务具有灵活性,跨度较大,这使得过于死板和固定的考核体系不适用于社会组织与慈善组织员工,如某些社会组织与慈善组织员工在向外部顾客提供社会服务时,又担任组织法律咨询工作。可以说,社会组织与慈善组织在进行绩效考核过程中需要结合自身组织特征而设计合理的绩效评估体系。

2. 绩效评估的体系

(1)绩效评估主体

绩效评估主体包括上级、同级、下级、自己、顾客、外部独立性评估机构等。当然,社会组织与慈善组织在进行员工绩效评估时,可以借鉴"360度"考核中的思想评估主体,灵活、综合组合。本书以社会组织与慈善组织常见的三类评价方式为例进行了比较(见表10-2)。

表10-2　不同评价方式的比较

方式	评价主体	条件	应用	工具
独立评估	组织外的专业评价人员	所有社会组织与慈善组织,特别是规模较大、经济状况良好,尤其是需要获得一些独立性意见的组织	获取专业、独立的建议,建立组织独立系统的HR体系	问卷调查、小组访谈、个人访谈、案例研究
组织自评	组织内的领导、员工共同参与	所有社会组织与慈善组织,人力资源规模小、经济实力弱的组织更偏好	通过内部立体式评价、学习以达成对人力资源改进意见	小组讨论、非正式个人交流、评分、研讨会
同事互评	组织内同事	小型的社会组织与慈善组织	注重相互学习,在评价中就能引入改进的意见	问卷调查、个人访谈、案例

资料来源:张冉:《非营利组织管理》,北京大学出版社2014年版。

(2) 绩效评估的客体

绩效评估的客体,即绩效评估的内容指向。在实际量化性的操作中,我们通过使用评价指标作为绩效评价内容的载体来外在性地表现出绩效评估的客体内容情况。一般而言,绩效评估指标即评价客体的外在表现,有多种分类如软指标和硬指标、行为与结果指标分类。由于社会组织与慈善组织员工缺乏财务绩效这个重要硬指标,故这里主要对结果和行为指标作一简要说明。

结果指标,一般与公司目标、部门目标以及个人的指标相对应,如项目成本降低5%。行为指标一般与工作态度、能力相对应。根据组织的员工与绩效之间的相互关系,员工层次越高,关键绩效越高,越偏向于结果指标。反之,越是处于组织基层,结果指标越少,行为指标越多。

从评估客体角度划分,李小云等在研究中提出了针对社会组织与慈善组织的人力资源评价模式,并设计了一个评价框架,如图10-3:

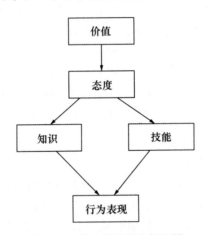

图 10-3 员工绩效考核框架图

资料来源:李小云等:《非营利人力资源评价模式开发及应用》,载《中国行政管理》2006年第7期,第79页。

评价模式的改进点是针对社会组织与慈善组织所特有的价值理念进行评价,评价在其自身价值理念的影响下的行为、态度等。所以,该评价模式就包括了对价值取向、态度、知识、技能这几个客体的评价。

(3) 绩效评估的方法

在营利组织中,已经有很多成熟的具体的绩效评估方法,这些方法都可以在社会组织与慈善组织的绩效评估中参考使用。这些方法有:评分表法、关键事件法、行为锚定法、配对比较法、强制分布法、自我考核法、目标管理法以及平衡计分卡法等。具体的考核方法需要结合组织的具体情况来进行选取。

(4) 绩效面谈

绩效面谈,是就绩效评估结果与员工进行深层次沟通,以便更好地指导员工工作和激励员工。通常,绩效面谈主要包括对员工工作业绩的肯定,关注他们的行为表现,提出改进措施和共同制定新的目标。在面谈中有很多方法可以使用,也有一些值得注意的问题,但本书仅介绍两种方法:

第一种:汉堡法。简单来说就是,汉堡最上面的一层面包如同表扬,中间夹着的馅料如同批评,最下面的一块面包最重要,即要用肯定和支持的话语结束。因此,在绩效面谈时,首先,应当肯定员工取得的业绩;其次,诚恳地提出需要改进的行为,提出改善要求;最后,以肯定和支持结束,一起制订改进计划,表达个人期望。

第二种:"BEST"法。其中,B 是行为(behavior description,即描述行为),即描述第一步先干什么事;E 是(express consequence,即表达后果),表述干这件事的后果是什么;S 是(solicit input,即征求意见),问员工觉得应该怎样改进,引导员工回答;T 和汉堡法的最底层面包一样,是以肯定和支持结束(talk about positive outcomes),管理者对员工的改进想法表示支持并鼓励。

总体上,社会组织与慈善组织需要根据组织特征建立区别于政府和企业的员工绩效评估体系。例如,员工绩效评估过程中,定性方法一般要多于定量方法;对于员工贡献的评价,不应看重短期收益,而是要看重长远贡献;绩效评估主体应该让社会成员加入,其评估内容与指标应该以社会公益为核心等。

(三) 员工薪酬管理

1. 员工薪酬管理的界定

薪酬管理,是社会组织与慈善组织人力资源管理最为特殊的一个环节。薪酬,对于营利组织的员工而言是一个举足轻重的考虑因素和驱动因素,但是对于社会组织与慈善组织的员工而言却没有那么重要,因为薪酬所带来的激励作用没有想象中那样有效。张冉在研究中指出,社会组织与慈善组织的利他主义被视为社会组织与慈善组织宗旨所带来的专享魅力,因为学界普遍认为,是社会组织与慈善组织所运作的这个领域以及组织使命本身,而不是其他相对次要因素如组织所能提供的薪酬、晋升空间等吸引人们选择到非营利领域就职。[①] 由于社会组织与慈善组织是不以利润追求为目标的实体,受"盈余非分配"的约束,那些选择从业于非营利部门的员工本质具有非货币导向,且内激励地(如表现为认同组织的宗旨)而非外激励地(如表现为注重薪酬水平)被吸引到非营利部门去工作。另一些实证研究也表明,许多在社会组织与慈善组织工作的员工主要受为他人和社会服务这一动机

[①] 参见张冉等:《非营利部门员工从业动机研究:利他主义的反思》,载《浙江大学学报(人文社会科学版)》2011 年第 4 期,第 101 页。

而非经济报酬所激励。①

可以说,与工作在其他部门相比,非营利部门的员工们更愿意进行劳动捐赠,更忠于组织,很乐意用他们的薪酬去兑换与他们自身价值相符的工作,并希望能够对社会"有所作为"。学者也指出,工资本身具有负筛选功能,能够过滤掉那些寻求高薪加入组织的人们。

2. 薪酬的构成

一个完整的薪酬构成体系主要包括以下几个方面:

(1)基本薪酬。即组织根据员工所承担或完成的工作本身或者员工所具备的完成工作的技能和能力,而向员工支付的相对稳定的经济性报酬。这一部分是薪酬的主体,通常由基本工资、岗位工资等组成。

(2)可变薪酬。即薪酬体系中与绩效直接挂钩的经济性报酬,有时也被称为"浮动薪酬"或"奖金",形式多样。

(3)间接薪酬或福利与服务。这不是以员工为企业工作的时间作为计算单位的。它一般包括向员工个人及家庭提供的服务、健康医疗保健、法定和组织所提供的保险等。

3. 薪酬的决策

(1)薪酬体系决策

当前,比较通用的薪酬体系主要有三种,即岗位薪酬体系、技能薪酬体系和绩效薪酬体系。岗位薪酬体系,是组织根据员工所承担的工作岗位价值来确定员工薪酬水平的方法;技能薪酬体系,是以员工自身的技能水平以及员工所具备的胜任能力来确定员工薪酬水平的方法;绩效薪酬体系,即根据员工的劳动贡献或绩效产出来确定员工薪酬水平的方法。

值得注意的是,社会组织与慈善组织强调知识共享、相互启发,很难划清团队成员的具体职责。因此,以岗位为主的薪酬体系通常不太适用,应由基于岗位的薪酬体系向基于绩效、能力的薪酬体系转化。社会组织与慈善组织在提高员工工作效率过程中,不能把员工工作拘泥于特定的职位描述,而应鼓励他们尝试更多工作,钻研工作方法的创新,这就要求员工不断学习。目前,我国一些非营利性医院和学校已经开始改变原有岗位薪酬体系,把个人拥有的技术、技能和实现的业绩、贡献作为决定薪酬的基础。

(2)薪酬水平决策

这是关于组织中各职位、各部门以及整个组织的平均薪酬水平的决策。通常,薪酬水平决定了组织的外部竞争性。当然,与政府组织和企业相比,社会组织与慈

---

① See Jenny Onyx & Madi Maclean, Careers in the Third Sector, Nonprofit Management & Leadership, 1996, 6(4): 331.

善组织员工的薪酬相对较低,作为公益价值驱使的社会组织与慈善组织往往也持有经济激励厌恶感,不愿意通过高薪酬吸引和保留员工而更为偏好采取以非货币化为主的内在激励[①],因此,薪酬水平决策在社会组织与慈善组织中并非是一个核心决策。

案例 10-4   上海浦东新奇社工薪酬水平

2013年5月,上海浦东新区社会服务机构专业人员薪酬指导价终于出台。薪酬指导价中,一名工作5年的社工税前收入将近6000元。而2013年4月上海公布的2012年上海市职工平均月工资为4692元。

表 10-3   上海市浦东新区社工薪酬指导价

平均薪酬	聘用岗位		
(元/月)	基础社工	专业管理类	行政管理类
3500	社工员		干事级
4000	助理社工师(二级)		
4500	助理社工师(一级)	助理督导	
5200	中级社工师(三级)	督导	部门主任级
5800	中级社工师(二级)		
6500	中级社工师(一级)		
	高级社工师	高级督导	副总干事(副秘书长)
	总干事(秘书长)		

备注:* 以上薪酬指导价包括个人缴纳的社会保险费、住房公积金和个人所得税部分。
　　　 * 高级职位(含高级社工师、高级督导、副总干事、总干事)的薪资由机构理事会决定。

资料来源:上海市浦东新区社会工作协会:《上海市浦东新区社会服务机构专业人才薪酬指导方案》,第7页。

(3) 薪酬结构决策

这是关于相对固定的基本薪酬部分的等级数量与等级差距的决策。在组织总体薪酬水平一定的情况下,薪酬等级与薪酬水平差距之间成反比例,等级越少,薪酬水平差距就会越大。薪酬结构的合理与否,会对员工积极性产生很大的影响。

在20世纪90年代,宽带薪酬是作为一种与企业组织扁平化、流程再造等新的管理战略与理念相配套的新型薪酬结构而出现的。所谓宽带薪酬设计,就是在组织内用少数跨度较大的工资范围来代替原有数量较多的工资级别的跨度范围,将

---

① 参见张冉等:《非营利部门员工从业动机研究:利他主义的反思》,载《浙江大学学报(人文社会科学版)》2011年第4期,第98—109页。

原来十几甚至二十几、三十几个薪酬等级压缩成几个级别，取消原来狭窄的工资级别带来的工作间明显的等级差别。同时，将每一个薪酬级别所对应的薪酬浮动范围拉大，从而形成一种新的薪酬管理系统及操作流程。宽带中的"带"意指工资级别，宽带则指工资浮动范围比较大。

由于社会组织与慈善组织等级层次相对于一般的营利组织较少，宽带薪酬主要适用于参与式的管理风格的组织，因此，宽带薪酬在社会组织与慈善组织中有更好的发展空间。在社会组织与慈善组织中，宽带薪酬有利于管理人员和执行人员的岗位轮换。同时，即使在同一薪酬宽带中，由于薪酬区间的最高值和最低值之间的变动比率至少有100%，因此，给员工薪酬水平的界定留有很大空间。在这种情况下，组织主管就会对员工的薪酬拥有更多的权利，掌握更多激励员工的手段，而不是完全由行政级别和岗位工资来决定。

四、结构性的人力资源管理

1. 人员年龄结构

主要涉及组织中老、中、青员工的相对比例。由于体制性原因，我国一些社会组织与慈善组织往往异化为政府内部的组织，退休返聘员工居多，导致一些社会组织与慈善组织整体年龄偏大。在未来，我国社会组织与慈善组织应不断加大员工年龄优化力度。相比较而言，一些民间发起的社会组织与慈善组织如温州商会，则拥有更多人事自主权，在年龄结构方面更具优势。

2. 人员学历结构

主要涉及组织中不同学历如研究生、本科生、大专生等的相对比例。在我国，由于还有较多的就业人群对社会组织与慈善组织不甚了解，加之社会组织与慈善组织本身吸引力不大，所以大部分社会组织与慈善组织缺乏较高层次的人才。为此，我国社会组织与慈善组织在未来发展过程中，综合利用各种吸引和激励措施来获得高层次人才是组织紧迫的人力资源任务。

3. 人员职称结构

主要涉及组织中高、中、初级职称人才的相对比例。受限于我国特殊的人事体制，社会组织与慈善组织从业人员多缺乏职称评定的正式渠道，加之组织人才吸引力不足，员工职称总体水平较低，中高级技术职称数量缺口较大。

4. 人员专职结构

主要涉及团队中专、兼职人才的相对比较。通常，专职性比全职更为狭义，仅指与组织建立了劳动关系的雇员，而不包括退休全职工作于社会组织与慈善组织的人员。有些社会组织与慈善组织正在实现或业已实现了员工专业化，这种专职性更有利于保障员工的稳定，保证工作效率。在我国，社会组织与慈善组织工作人员职业化、专业化是未来的重要趋势之一。

案例 10-5　壹基金转型公募基金后的高层管理者构成

2011年1月11日,在深圳市民政局成功注册的"深圳壹基金公益基金会"正式挂牌成立,这意味着壹基金从此具备独立法人资格。新成立的深圳壹基金由非公募性质的上海李连杰壹基金公益基金会、老牛基金会、公益慈善基金会、万通公益基金会、万科公益基金会5家基金会发起。北京大学国家发展研究院院长周其仁为其法定代表人,并担任理事长,万科集团董事长王石任副理事长,前阿拉善生态协会秘书长杨鹏任秘书长。理事会成员包括:冯仑、李连杰、马云、马化腾、马蔚华、牛根生、王石、杨鹏、周其仁、周惟彦,深圳市民间组织管理局局长马宏将担任基金监事长。

"周其仁是世界著名的经济学家、北京大学国家发展研究院院长,他是最没有利益冲突而又德高望重的人选,所以,最适合当理事长和法人代表;杨鹏则有非常好的管理能力,能够按部就班地做好事情,所以适合当秘书长;王石则是有非常出众的务实和坚忍的性格,所以最适合当执行委员会主席。"曾任壹基金执行主席的周惟彦这样评价新的团队,而这位自称为"乱拳打死老师傅"的女性初创者,则由于快要当妈妈的特殊情况,在新的基金会里只担任理事一职。

资料来源:黄英男:《壹基金转型公募基金深圳挂牌》,载《京华时报》2011年1月12日。

五、外部性的人力资源管理

通常,外部人力资源获取主要指专家资源获取和志愿者资源获取。

(一)专家资源获取

通常,获取一定量的专业和资深的外部专家资源,是社会组织与慈善组织能否有效开展工作的重要影响因素。主要原因有三:第一,社会组织与慈善组织的组织规模较小,组织内部人才数量较少,因此,社会组织与慈善组织有必要扩大组织资源边界,挖掘和利用外部人力资源开展工作;第二,社会组织与慈善组织主要为社会利益服务,需要广泛地嵌入社会网络之中,业务也涉及多样化的领域,这决定了社会组织与慈善组织只有通过外部才能获取丰富的人才;第三,社会组织与慈善组织以非营利和志愿性为特征,以社会利益促进为导向,这决定了其有较强的优势去吸引那些有志于"为社会有所贡献"的专家、学者等参与到活动之中。

在实践中,社会组织与慈善组织通常会建立专家库来发挥外部专业人才优势。社会组织与慈善组织专家库的专家一般由政府、会员、高等院校、研究院所等多个渠道推荐产生。在专家库正式建立后,社会组织与慈善组织可通过政府授权,组织专家参与非营利项目评审、业务咨询(如法律)等工作。当然,还有些社会组织与慈善组织的专家资源是通过引入理事成员的丰富化得以壮大的。

(二)志愿者资源获取

志愿者是社会组织与慈善组织最重要的人力资源之一,招募和保持一定数量且质量较高的志愿者是落实组织项目,实现组织目标的必备条件之一。鉴于志愿者资源的重要性,我们将会在本章第四节专门对志愿者进行详细介绍。

第三节 员工的从业动机与激励

一、员工的从业动机

(一)利他与利己动机

利他动机,是一种增加他人福利如社会福利的动机,而利己动机则是一种增加个人福利的动机。通常,学者和实践者普遍认为,社会组织与慈善组织员工更具有利他动机、自愿精神以及亲社会行为等,更愿意去传递一种社会价值,对公共利益具有一种强烈的使命感,这种利他动机建立在有意愿作用于公共事务、服务公利和追求社会公平之上。

然而,社会组织与慈善组织员工的从业动机,并非排斥利己动机,是一种利己与利他的结合。正如一个硬币的两面,社会组织与慈善组织的员工在组织中实现利他动机、实现社会价值的同时也可以实现个人发展、职业追求或者平衡工作和生活。在主动的利他之下,员工也实现了自觉的利己,或者在自觉的利己之下员工又收获了利他的满足感。为社会和公益作出贡献同自身依托组织来发展是可以并行的,并不一定要纠结于到底是个人牺牲还是有意去帮助他人,最重要的是致力于一份既可以实现社会价值又可以实现个人追求的一份工作[①],而且这份工作恰恰是社会组织与慈善组织可以提供的。

(二)公共服务动机

公共服务动机(public service motivation),最初是公共选择理论和新公共管理运动将自利性假设引入公共部门的反思与批判,着重探讨公共服务行为中自利动机之外的利他动机。西方学界主要采用的定义认为,动机是人们渴望消除或满足的一种"心理匮乏或需求",公共服务动机则是"主要或完全基于公共制度或公共组

---

① 参见张冉等:《非营利部门员工从业动机研究:利他主义的反思》,载《浙江大学学报(人文社会科学版)》2011年第4期,第98—109页。

织的动机所驱使的个体倾向"。

公共服务动机是个体从事与公共服务相联系的行为的内在需求和价值取向，主要体现为公共利益服务的内生的、利他的动机。通常，该动机是一种内生动机而不是外生动机，内生动机主要是由行为本身所激发的，包括使命激励、胜任感激励、精神激励、声誉激励、自主性质的授权激励。

同样，社会组织与慈善组织员工也存在公共服务动机，原因是：一方面，社会组织与慈善组织员工的"公共价值取向""利他动机"与"亲社会"是有目共睹的；另一方面，社会组织与慈善组织所活动的领域就是公共领域，所进行的活动和服务就是为公众而执行，甚至在某些领域，社会组织与慈善组织比政府部门更具公益，更具公共意识。

事实上，社会组织与慈善组织在公共服务动机方面更具优势。组织的公益属性、志愿精神和生成自发性强调了民众自发利益的特征，也强烈吸引着具有高公共服务动机的从业人群，组织特定的使命与利益追求吸引着与其价值观匹配的人群。因此，对社会组织与慈善组织员工公共服务动机的重视要贯穿在人力资源管理的全过程。

（三）员工从业动机模型

根据服务约束性和服务导向性，我们可以构建出一个员工从业动机矩阵的理论模型（如图10-4）。前者主要指个人在从业选择时所受的客观性限制程度，决定着个人从业选择中主观拥有的自由度和话语权大小，可用积极性和被动性来衡量与界定；后者主要指个人在从业选择中所提供服务指向的目标或定位，可用利他性和利己性来衡量与界定。

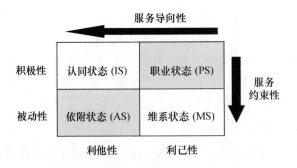

图10-4 非营利部门员工从业动机矩阵

资料来源：张冉等：《非营利部门员工从业动机研究：利他主义的反思》，载《浙江大学学报（人文社会科学版）》2011年第4期，第98—109页。

（1）认同状态。即个人因认同组织宗旨，主动选择在社会组织与慈善组织工作的从业动机。此时，员工处于一种高利他和低约束（积极性）的从业状态，因此在组织内具有较高的组织承诺。通常,作为以热衷于亲社会行为而著称的社会组织与慈善组织比较容易吸引此类员工,即对组织宗旨充满热情并致力于实现它的员工。

(2) 职业状态。即个人以自我职业成长与收益为从业动机,把非营利部门的工作视为自身致力于奋斗的一种职业而不仅仅是谋生的工具。此时,员工处于一种高利己和低约束(积极性)的从业状态,他们主要是为了自我职业成长如经验获取、技能提升而主动从业于非营利部门。

(3) 维系状态。即受自身素质和能力等条件限制,个人被动性地为了有份谋求收入的工作而选择到非营利部门从业的动机。此时,员工处于一种高利己和高约束(被动性)的从业状态。通常,由于社会组织与慈善组织入职门槛相对较低,那些处于受到歧视或为了暂时获得工作的人就会进入到非营利部门中去。当然,这些求职者通常会有高离职率和流动率,这也常常困扰着社会组织与慈善组织。

(4) 依附状态。即受特殊的契约关系如政治、社会规范等约束,个人被动地在非营利部门实施利他行为的动机。例如,我国过去一些非营利部门高层管理者本身是政府或事业单位的人员,被组织行政性地委派到社会组织与慈善组织中从业,而不是出于个人主观的工作意图,尽管他们不为个人谋私益。

值得注意的是,有时一个社会组织与慈善组织员工的从业动机是多个状态的组合。

二、激励方式

通常,社会组织与慈善组织对员工的激励方式多样,有物质激励、精神激励、升降激励、民主激励、调迁激励、许诺激励、荣誉激励等。从激励手段的货币性角度出发,这里将社会组织与慈善组织激励方式分为货币化和非货币化激励两个方面。

(一) 货币化激励

这主要指通过薪酬来激励员工。虽然社会组织与慈善组织低薪酬具有"反向筛选"功能,组织从业员工对高薪酬没有明显偏好,并且由于受公益价值驱使,社会组织与慈善组织常持有经济激励厌恶感,不愿意通过高薪酬吸引和保留员工而更偏好采取以非货币化为主的内激励,但为了保持人力资源的存续性,在组织资源允许的情况下,有必要实现员工对薪酬最基本的公平感,实现员工保健因素的满足。

(二) 非货币化激励

非货币化激励是相对于组织采取以薪酬与福利为核心的货币化激励之外的激励手段。通常,社会组织与慈善组织的非货币化激励可分为以下四类[①](见

---

① 参见张冉等:《非营利部门非货币化激励建构及其对员工离职意愿的影响》,载《甘肃社会科学》2013年第3期,第191—194页。

表10-4）：

1. 个人成长激励

这主要指促进个人发展的职业机会和工作特征方面的激励。通常，个人成长激励可通过个人专长发挥、培训与学习机会、工作挑战性、管理决策参与、工作丰富化、工作经验积累等多种形式实现，使个人在技能与知识、职业发展和人际关系等方面得到成长。

在个人成长激励中，社会组织与慈善组织最为典型的激励方式是管理决策参与。管理决策参与，又称"管理参与"，是组织在不同程度上让员工参与组织决策过程和各级管理工作的策略。从组织层面来说，社会组织与慈善组织具有较少官僚层级化，使得员工能够享有较好的民主决策机制和较多参与组织管理的可能。对于个人而言，认同组织宗旨的员工更为关心组织是如何运作的，更期望参与组织的决策制定，使得员工承担更多的工作责任，实现自身的工作追求。

2. 工作氛围激励

这主要指通过个人面临的工作环境和境遇的调整与创造来对员工进行的激励。通常，社会组织与慈善组织工作氛围激励可以通过组织人际关系氛围、周边同事、沟通渠道、信任与公平的氛围等涉及有关组织工作环境方面的改善和良好建构来实现。

3. 价值认可激励

这主要指社会组织与慈善组织员工在社会、组织和他人对其工作价值的认可基础上获得的激励。通常，决定社会组织与慈善组织员工是否可以获得价值认可的影响因素有多个方面，主要包括：组织声誉、组织未来前景、被组织需要、领导认可和工作自主性认可。

其中，工作自主性认可多是由于社会组织与慈善组织信任和认可员工，而给予员工工作中的充分自主性，这也是社会组织与慈善组织目前激励员工的一个重要法宝。具体来说，工作自主，是工作中允许员工进行时间计划、决策制定、选择完成行动程序和方法的自由和独立性。社会组织与慈善组织面向基层和认可员工价值的机构设计，让员工有机会具有较高工作自主性，使员工感知到高独立、自主的工作所带来的责任感，有效弥补低薪酬给员工带来的激励不足。

此外，组织的社会声誉也是激励社会组织与慈善组织员工的重要方面。社会组织与慈善组织是具较强亲社会性和利他性声誉的组织。这一特性激励着希望为社会有所贡献和有机会做一些对社会富有意义事情的员工积极投身到具有良好社会声誉的社会组织与慈善组织中工作。

4. 生活促进激励

这主要指能够促进个人家庭生活平衡的工作安排的人事激励策略。在社会组织与慈善组织中它通常是指工作生活平衡和弹性工作时间。其中，工作生活平衡是公共部门包括社会组织与慈善组织和政府部门在对抗企业高薪酬激励时常采取的一项非货币化激励。

大量实践和研究证明，社会组织与慈善组织能够比其他组织提供更丰富的家庭友好政策是实现员工工作生活平衡并吸引和保留员工的一个主要原因，弥补了员工低薪和福利的缺失。特别是对于女性就业者而言，为了照顾家庭，社会组织与慈善组织提供的灵活性岗位刚好符合了她们的就业需求。

表 10-4 激励谱系及测量指标

激励模块	测量指标
个人成长激励	工作中我的个人专长得以运用
	工作中我经常获得培训与学习机会
	我的工作富有挑战性和趣味性
	我经常有机会参与和影响组织决策
	我的工作富有创造性、内容丰富化
	工作使我的社会关系和工作经验得以丰富和拓展
	我对工作富有责任感和使命感
工作氛围激励	所在组织具有和谐、融洽的人际关系
	所在组织具有一群优秀、良好品性的员工
	我能与领导建立较好的交流与沟通的渠道
	我能与同事们相互信任并共享信息
	我在组织中能受到公平、公正的对待
价值认可激励	所在组织具有良好的社会声誉
	所在组织在未来具有良好的发展前景
	我能帮助组织宗旨的实现并感到被组织需要
	我的个人努力能及时得到领导反馈和认可
	我在工作中具有较好的工作自主性
	我的工作能被社会所尊重和肯定
生活促进激励	我的工作时间富有弹性
	我的工作是家庭友好型，利于促进工作生活平衡

资料来源：张冉：《非营利部门非货币化激励建构及其对员工离职意愿的影响》，载《甘肃社会科学》2013 年第 3 期。

第四节 志愿者管理

志愿者是社会组织与慈善组织的中坚力量，是社会组织与慈善组织使命与宗旨落地的实践者。在今天，世界上许多社会组织与慈善组织都在努力吸收和使用志愿人员，志愿者的数量已经超过非营利部门就业人数的 1/3。选择并保留最合适的志愿者,激活人力资源,从而将志愿者价值最大化,这些对社会组织与慈善组织的发展至关重要。

一、志愿精神、志愿者和志愿服务的概念

(一)志愿精神

志愿精神,是指一种自愿的,不计报酬和收益而参与人类发展、促进社会进步和完善社区工作的精神,是公众参与社会活动非常重要的方式,是公民社会和公民社会组织的精髓。德鲁克对志愿精神进行了总结:志愿服务组织产品的本质与特性,主要在于改善人类生活,以及提升生命品质的一种无形的东西,使人获得新知、使空虚的人获得充实与自在。其精神是仁爱的、利他的、为公益着想的,其做法应兼具系统性、持续性与前瞻性。

(二)志愿者

志愿者,即志愿精神的实践者,是指那些具有自愿精神、能够不计报酬、主动帮助他人、为公益促进而努力的人群。可以看出,总体上,志愿者具有公益性、自愿性和非报酬性三个特点。他们致力于公益促进,但既不像有偿性服务那样追求物质利益的回报,也不会像强制性劳动那样存在权利义务的限制(见图10-5)。通常,志愿者在不同地区有不同的称谓,如"义工""志工"等。当前,我国志愿者数量庞大。根据《慈善蓝皮书:中国慈善发展报告(2017)》,截至2016年12月,中国目前志愿者总数为13480万人,占全国人口的9.75%。其中,注册志愿者为7259.08万人,注册率为5.25%,非注册志愿者为6221.13万人。此外,在注册与非注册志愿者中,有5806.61万名活跃志愿者通过116.17万家志愿服务组织参与了帮老、助残、扶贫、社区等18种主要领域的志愿服务活动,捐赠服务时间达15.97亿小时,志愿者贡献经济价值495.65亿元。①

图 10-5 志愿者的特点

资料来源:根据相关文献自绘。

---

① 参见杨团主编:《慈善蓝皮书:中国慈善发展报告(2017)》,社会科学文献出版社2017年版,第79、80页。

（三）志愿服务

志愿服务，是指民众出于自愿意志而非个人义务或法律责任，秉承以知识、体能、劳力、经验、技术、时间等贡献于社会的宗旨，不以获得报酬为目的，以提高公共事务效能及增进社会公益为己任所进行的各项辅助性活动。志愿服务是践行志愿精神的过程与结果，通过个人和组织的社会活动来促进公益和公域的发展，为社会和广大民众的福利而服务。

志愿服务，是一个对社会、组织和个人都有益的行为。首先，从社会层面看，志愿服务为社会创造了价值，增加了社会资本减少了社会交易中的消耗和成本，促进了公民与公民之间、公民与社会之间的归属感；其次，从组织层面看，志愿服务有利于组织建立良好的组织形象，创造了组织价值，提升了组织凝聚力；最后，从个体层面看，志愿者通过志愿服务满足了自身的需求，不论是满足实现自我的需求还是通过志愿服务来获得其他外在的报酬，如工作技能或者良好的人际关系。

二、志愿者的人力资源管理体系

志愿者由于属于社会组织与慈善组织的外部人员，其人力资源管理体系有着自己的特殊内容。

（一）志愿者的招募与甄选

1. 确定志愿者招募目标

为什么要使用志愿者？这个问题就包含服务对象需要什么样的帮助、需要为志愿者设计怎样的工作内容、如何确定志愿者的责任。为此，社会组织与慈善组织需要评估服务对象的需求和确定志愿者岗位，了解服务对象是哪些人、最需要什么才能确定工作内容。在知晓服务对象和工作内容后，组织接着需要考虑志愿者工作类型。通常，因志愿者目标、活动方式选择，以及资源配置的不同，志愿者工作内容也多样。

2. 确定志愿者潜在群体

即找到那些愿意参与社会组织与慈善组织的志愿者群体。通常，社会组织与慈善组织在人口特征（如年龄、性别、地理分布、学历）考量的基础上，重点要考虑到志愿者的从业动机。

志愿者动机分类多样。本书主要从内部和外部两个层面的志愿者动机进行简单划分：

（1）内部回报。多为内心感受下的动机，主要是指工作本身所带来的满足感、成就感、归属感、接受挑战的感觉。例如，为了追求人生的价值与目标而从事志愿活动。

（2）外部回报。多为外在显性的动机，是指组织给予志愿人员的利益。如外部和社会承认、工作技能和人际交往。

通常,志愿者行为动机是内部回报与外部回报的综合,主要来源于利他主义、丰富生活经验、家庭因素、新技能的获得等因素。表 10-5 是学者对志愿者动机所做的模型:

表 10-5 关于志愿者动机的模型

双因素模型	利己动机
	利他动机
三因素模型	利他动机
	社会动机
	物质动机
线性模型	多种动机的联合
多因素模型	价值功能
	理解功能
	增强功能
	职业功能
	社会功能
	保护功能

资料来源:羊晓莹:《国外志愿者动机研究及其启示》,载《当代青年研究》2011 年第 1 期。

志愿者的参与行为与他们的动机息息相关,如果能深入研究志愿者的动机并结合组织的实际情况,在招募志愿者的时候更能有的放矢。

3. 考虑志愿者角色

志愿者角色,即志愿者在组织中所扮演的角色。通常,志愿者的角色可分为四种:

(1)领导者。志愿者一般对做一名组织领导者的兴趣相对较少。

(2)直接提供服务者。即直接面对服务对象,从帮助对方的过程中获得满足。

(3)一般支持者。主要提供辅助性工作,如后勤、保健等。

(4)赞助者。主要提供资源,但不从事具体志愿服务工作。

表 10-6 是来自我国香港地区义务工作发展局的志愿者角色简介,可以对工作角色及内容进行了解。

表 10-6 志愿者不同角色工作内容

工作类型	工作内容
助理	担任部分日常文书工作,如打字、书信整理、图书管理、翻译等
扶贫支教	服务对象通常是一些青少年,志愿者深入偏远山区,在中小学担任任课教师
义务劳动	任何涉及体力的志愿服务都属这类活动,其服务对象包括社会福利机构,需要援助的福利院和协助家居清洁及维修等工作

(续表)

工作类型	工作内容
心理咨询	志愿者与成长中的儿童或青少年接触,辅导其身心发展
社会调查	通常是实地为机构搜集所需的资料,范围多为社会环境方面,但也有为机构编排已有的数据或档案的工作
会务接待	不少机构在筹办活动时需要人手协助联络,以使计划能按期举行;而在正式举行期间,更需要人手接待以便活动能顺利进行
策划大型活动	该类活动通常为综合晚会、游艺会或志愿服务计划,规模较大
专业服务	提供专业知识如参与医疗义务工作协会、给伤残人士制作合适的康复用具

资料来源:北京志愿者协会编著:《志愿组织建设与管理》,中国国际广播出版社2006年版,第51页。

4. 确定招募方案

主要指从物资到工作流程,再到招聘方案的制订。需要注意的是,招聘时是一般招聘还是目标招聘。一般招聘是指招募岗位简单、技术性不强的志愿者,招聘范围较广,可通过大众传媒、志愿者口头宣传与推荐进行。如果是目标招聘,就要根据岗位特点进行有针对性的招聘宣传,如扶贫支教工作,组织可以考虑直接到大学中进行定点宣讲。

5. 选拔志愿者

志愿者的选拔可以参照人力资源管理流程中的选拔功能,选拔方式与流程都是类似的。但结合志愿者特征,有两点值得关注:工作态度和志愿精神。一方面,志愿者的工作本身就是一种传递社会"正能量"的过程,志愿者的工作态度直接决定了正能量的传递效果、组织的使命与宗旨的完成程度,所以对工作态度的考量是十分有必要的;另一方面,志愿者本身就是特殊的无薪或低薪工作,来参加志愿者招聘的劳动者本身或多或少带有奉献精神,烦琐或者过难的选拔程序可能让怀有热忱之心的劳动者退却,因此,只有其具有较强的志愿精神才能支持其未来长期的"劳动捐赠"。

(二)志愿者的绩效考核

绩效考核是为了提高绩效,评估志愿者在一段工作时间内的工作表现和成效,来确定志愿者的工作成果得失,同时既为激励提供信息,也为保留核心志愿者提供依据。通常,在参考一般人力资源考核的同时,志愿者考核也有着一些特有方法,常见方法如下[①]:

1. 自我目标评价法

这一方法要求用志愿者进行自我设定的目标来进行考核。在评价过程中,主

---

① 参见北京志愿者协会编著:《志愿组织建设与管理》,中国国际广播出版社2006年版,第245页。

要使用过程资料评价及联系人印证法,即由志愿者提供约定的工作资料,对这些资料的质量和实际需要的工作量进行评估;要求对工作牵涉人士提供相应联系方式,由考核者进行回访,以进行真实性评估。例如,清华大学数名志愿者在 2005 年暑期向零点公司申请 AIDS 患者关怀项目,并在其资助申请中自主提出的目标为:某省某县两个乡的 4 个 AIDS 村庄,每村走访 HIV 阳性患者家庭 4—5 个,共形成 16—20 个走访记录,并最终形成一份对这些村庄 AIDS 患者分布情况的分析报告等等。在此项目中,在规定时间内的访问量即志愿者自己提出的工作目标。

2. 设定目标评价法

其他相关主体设定工作目标,志愿者或志愿群体以竞标、议标、申请并承诺的方式参加工作,则以此设定目标作为评价标准。这意味着资助者或组织者应告知比较明确、具体、细致的评估与衡量标准。

3. 实地评估方法

此方法是由志愿组织或相关的机构派出一些社会工作督导或管理专家去志愿者工作或服务的岗位上进行观察,并与其直接主管进行交谈,系统且较全面地去搜集志愿者工作绩效的材料,然后撰写报告,并将报告内容报告给主管。

4. 开放式成效评价法

该方法要求在评估过程中不要事先对志愿者工作绩效的具体指标和要求进行明确规定,而是结合志愿工作的实时情况及其影响因素对志愿者工作成效的评价进行灵活性、开放性的探索。这是因为志愿者个体的工作绩效水平可能会受到多方面因素的影响,如组织提供的支持、志愿者团队领导者的领导力水平等。

从被考核对象的角度来说,考核都是不受欢迎的,但为了传达组织自身的目标和标准,绩效考核却又是十分必要的手段。所以,绩效考核的过程也是组织与工作人员相互博弈的过程,特别是志愿者这样一个特殊的劳动群体,即使是不以营利为目的,只要组织具有存在的目标,就要依靠以目标为追求的绩效考核。这样一来,对组织和合格的志愿者而言绩效考核是具有责任感表现的措施。

(三) 志愿者的激励

社会组织与慈善组织是一个有机整体,只有当个人的需要在组织中得到满足且不断被激励时,组织和个人才会达到最佳的运作状态。有关激励的内容虽然在上文已经提及过,但是针对志愿者的激励仍然有可以探讨的地方。管理学中关于激励的理论很多,但是结合志愿者本身的特点,我们介绍目前几种常见的志愿者激励方式:

(1) 荣誉激励。即授予志愿者相应的荣誉或称号的激励,如"优秀志愿者"。荣誉既可来自于政府部门,也可来自于民间机构或媒体。

(2) 自我发展激励。即给通过志愿者提升成长和发展的空间和机会进行的激励。这主要针对希望提升自身能力(如沟通能力、协调能力、英语水平)、扩展经验和人际关系的志愿者。

(3) 成就激励。即志愿者通过志愿服务找到成就感,愿意从事艰巨、挑战的任务,在志愿活动过程中找到自我实现的价值,获得对社会有所贡献的成就感。

(4) 社会回馈激励。即政府和企业等通过某种形式来回馈志愿者付出的形式。如"时间银行",即将志愿者为他人提供的服务折成小时数,存储在"时间银行"里。将来一旦需要,可以获得其他相等时间的志愿服务。

案例 10-6　对"小白菜""小蓝莓"的激励举措

志愿者"小白菜"和"小蓝莓"是上海世博会上一道靓丽的风景线,他们的工作成就有目共睹。为了感谢他们服务世博的无私奉献,共青团上海市委员会、上海市人保局、世博局等有关单位,携手上海东浩人力资源有限公司,为他们制订了为期3年的世博会志愿者职业发展服务计划。该计划于2010年10月启动,服务对象为参与世博会志愿服务的高校学生志愿者和离校未就业的毕业生志愿者。计划内容主要是实施"三项行动计划",包括世博志愿者职业辅导计划、世博会志愿者岗位见习计划、世博会志愿者职位招聘计划。其中,第一场为服务世博志愿者提供的专场招聘会于11月3日在源深体育馆举行,共有200家企业为他们提供2000个岗位。

资料来源:裘颖琼:《沪11月初举办首场世博志愿者招聘会 提供2000个岗位》,sh. eastday. com/qtmt/20101018/u1a813470.html,2017年1月9日访问。

第五节　评　　述

一、社会组织与慈善组织人力资源管理面临的挑战

随着社会经济体制改革的深化,我国正处在经济和社会的转型期,社会矛盾加剧,社会冲突增多,具有弥补政府提供供给不足,承接政府职能转移功能的社会组织与慈善组织迎合了时代发展的要求,将发挥越来越重要的作用。人力资源管理在社会组织建设和管理中有着举足轻重的地位,是社会组织健康发展,提高影响力的关键所在。然而,由于我国社会组织与慈善组织对政府的先天依赖,导致其在人力资源管理方面面临着较大的挑战:

1. 组织管理官僚化的挑战

一方面,我国社会组织与慈善组织中很大一部分是由政府有关部门发起成立的,挂靠政府部门的社会组织与慈善组织在管理和人事上由"上级部门"决定,管理

体制和组织架构也多沿用政府部门的人事管理模式,人事自主权方面未实现完全的独立,缺乏一套标准的规范化的人力资源管理体系。另一方面,我国社会组织与慈善组织的发展还处于完善和变革阶段,社会公众自下而上的力量与强大的政府力量远远没有形成有效平衡,从而在面对政府权力时社会组织与慈善组织处于一种弱小的状态,这导致政府官员在社会组织与慈善组织内任职、兼职,一部分政府改革中精简的人员被分流到社会组织与慈善组织中等现象的出现。[①]

2. 员工激励的挑战

一方面,我国正处于经济转型时期,公众的社会意识与志愿者精神等还没有培养起来,对社会组织与慈善组织也知之甚少。从整个社会经济环境来看,公民意识和社会观念的缺失,导致了以公共利益为导向的社会组织与慈善组织在人才吸引方面不占优势。另一方面,尽管参加社会组织与慈善组织的员工在一定程度上是基于组织品牌感召力以及自身的价值追求,但仍然需要薪酬和福利制度的激励。然而,社会组织与慈善组织的资金主要来源于国家拨款、社会捐赠、资助、会费收入等,这些不定期的、有限的资金只能用于为社会公众提供优质的公共服务,而不是像企业一样可以进行利润分配。此外,社会组织与慈善组织工作人员的薪酬和福利待遇没有统一的规定和政策,激励标准流于形式,激励目标不够明确,激励机制无法体现员工的个人能力、职位贡献和服务产出。同时,由于社会组织与慈善组织结构大多比较简单,组织规模比较小,且多以项目为依托运行,这样的组织形式以及项目运作方式使得社会组织与慈善组织员工短期化管理导向明显,员工职业发展通道相对狭窄,导致员工职业生涯路径不明晰、职业倦怠明显[②],职业稳定性降低。

3. 员工质量的挑战

社会组织与慈善组织员工多来源于政府机构的离退休人员,这导致社会组织与慈善组织员工素质无法得到有力的保证与提高,难以开展管理和服务工作,影响其发挥应有的社会作用。随着社会组织与慈善组织越来越多地参与到公共事务,并承接更多的政府职能,社会组织与慈善组织较低质的人力资源如人才老龄化必然难以适应社会的变化。例如,像IT行业、半导体行业等新兴领域的行业协会需要为社会和企业及时提供行业信息,对其在完善行业服务等方面的要求更高。然而,这些行业所覆盖的领域却是社会组织与慈善组织现有年龄层的大部分工作人员从未涉及的领域,因此他们很难在专业上作出正确决策。[③] 要使社会组织与慈善

---

① 参见魏於钰:《我国社会组织人力资源开发与管理研究》,浙江大学2012年硕士论文,第32页。
② 参见唐代盛、李敏、边慧敏:《中国社会组织人力资源管理的现实困境与制度策略》,载《中国行政管理》2015年第1期,第62—67页。
③ 参见冯宇:《我国行业协会人力资源配置问题研究》,中国地质大学2006年硕士论文,第43页。

组织更好地参与公共治理,承接政府职能,就必须要有一批业务水平高的年轻工作人员为组织发展注入活力。

4. 员工专业化的挑战

当前我国社会组织与慈善组织从业人员专业化程度普遍不高,这表现为人员远未达到专业化所需要的"特殊技术、专业伦理、组织机构、社会认可"的要求。社会组织与慈善组织从业人员学历和实际工作水平较低,多数未接受过社会工作专业教育,工作思维和方法比较落后,应对和解决新的、复杂的社会问题以及多样化社会需求的能力较为缺乏。2013年四川社会组织机构的调查也证实了这一点,认为社会组织与慈善组织从业人员专业素质非常滞后的比例达到9.1%,比较欠发达的比例达到72.7%,而认为基本胜任的为15.6%,认为表现良好的仅2.6%,这反映出社会组织与慈善组织从业人员素质和专业技能仍然具有较大的提升空间。社会组织与慈善组织的发展需要各方面的专业人才,包括领导人才以及熟练掌握专业技术的专业技术人才和高技能人才,但目前我国社会组织与慈善组织的工作人员中专业性人才严重不足,往往造成组织缺乏活力,缺少创新意识。

二、社会组织与慈善组织人力资源管理的发展方向

社会组织与慈善组织的发展与完善影响着我国社会领域的进一步变革,由于其所提供的服务多属于劳动密集型,劳动力成本在组织运作总成本中占有显著比重。[①] 因此,为健全社会组织与慈善组织职能,有效发挥其应有的社会作用,必须完善社会组织与慈善组织人力资源管理体制,优化人员结构,提高人力资源的素质与能力。

1. 人力资源管理的自治化

人力资源管理的自治化,强调社会组织与慈善组织能够自主实施人力资源管理,避免受到政府或相关部门在人事管理方面的干涉或影响。在我国政社分开的大背景下,各级政府部门应进一步加快社会组织与慈善组织"人事脱钩"改革,切实放下自己手中的权力,将人事权回归到社会组织与慈善组织。尤其是社会组织与慈善组织的领导人,很大一部分来自上级部门的指定或者选派,人事权回归要从社会组织与慈善组织的领导层做起,要让其依据组织章程并按照自治民主的方式产生组织的领导人。我国在这方面已作出了一定的限制,如《中共中央办公厅、国务院办公厅关于党政机关领导干部不兼任社会团体领导职务的通知》规定,县级以上各级党政机关领导干部不得兼任社会团体领导职务;2004年出台的《基金会管理条例》也规定,基金会理事长、副理事长和秘书长不得由现职国家工作人员兼任;2015

---

① See A. Passey, I. Hems, & P. Jas, The UK Voluntary Sector Almanac, NCVO Publications, London, 2000.

年出台的《行业协会商会与行政机关脱钩总体方案》明确指出,厘清行政机关与行业协会商会的职能,明确现任党政领导干部不得在行业协会商会兼任职务。①

2. 人力资源管理的异质化

与营利和政府部门相比,社会组织与慈善组织在组织、员工和外部环境上存在诸多差异,决定了社会组织与慈善组织人力资源管理不会是其他两个组织简单的复制。一方面,非营利部门性质方面的特征包括自愿性、自治性和非营利性等,决定了一个非营利性环境给予员工一种不同的工作情境,并由此决定员工不同的工作态度和动机。另一方面,三个部门从业员工在个性、价值观方面存在本质区别,因此,不同个性品质的个体将被吸引到不同的部门中就职。例如,在政府部门工作的员工具有典型的官僚人格,而这恰恰与非营利部门所倡导的扁平化组织结构以及较少的等级制度相违背;政府部门的员工所拥有的一些特质包括高安全性需要、程序性活动的偏好、密切监督和厌恶风险的倾向等,也与非营利部门的管理精神背道而驰,因为后者的员工致力于追求高度灵活性和自由度的工作、更多冒险和分散性的决策权以及较少的监督和控制体系等。可以说,实行异质化人力资源管理是社会组织与慈善组织进行有效员工管理的核心。例如,以灵活性工作安排和家庭友好为核心特征的工作生活平衡,是社会组织与慈善组织保留员工的一个主要原因②,也是促进员工满意度、工作效率和职业忠诚度的有效工具③。事实上,目前上海一些经济类社团已普遍采取了弹性工作时间、在家办公、灵活休假申请等措施吸引人才、降低缺勤率等。④再如,在工作分析和人岗匹配的基础上,社会组织与慈善组织尽可能地考虑员工能力与个人特点,给予其较高的工作自主权,即允许员工进行时间计划、决策制定、选择完成行动程序和方法的自由和独立性。

3. 人力资源管理的专业化

专业化,是社会组织人力资源管理的未来重要特征之一。总体上,社会组织与慈善组织人力资源管理的专业化主要围绕吸引、培养、激励人才三个环节展开。首先,建立人力资源市场化配置机制。例如,2003年上海市人才中介服务行业协会以数万年薪面向社会公开招聘行业协会的秘书长。消息一经公布,各方贤士蜂拥而

---

① 参见冯蕾:《脱钩改革:行业协会的痛点与拐点》,http://news.ifeng.com/a/20150710/44140378_0.shtml,2017年1月9日访问。

② See Emma Parry, Clare Kelliber, Tim Mills, & Shaun Tyson, Comparing HRM in the Voluntary and Public Sectors, Personnel Review, 2005, 34(5): 588—602.

③ See Alan L. Saltzstein, Yuan Ting, & Grace Hall Saltzstein, Work-Family Balance and Job Satisfaction: The Impact of Family-Friendly Policies on Attitudes of Federal Government Employees, Academic Journal Article from Public Administration Review, 2001, 61(4): 452—467.

④ 参见张冉:《相似还是不同?非营利部门与政府部门员工职业激励的跨部门比较》,载《管理评论》2013年第6期,第84页。

至,通过个人自荐和业内推选的候选人中有 1/3 以上都拥有硕士学位。① 可以看出,通过市场公开招聘的方式,可以扩大社会招聘来源,较高的物质激励,可以增加社会组织与慈善组织在劳动力市场的吸引力。这不仅为就业者提供了公开公平的竞争环境,而且能有效促进社会组织与慈善组织的职业化和专业化,是社会组织与慈善组织人才结构调整的必然趋势。其次,建立社会组织与慈善组织工作人员专业教育培训体系。一方面,社会组织与慈善组织自身应为其从业人员提供多样化的培训,鼓励员工参加进修、实习、函授等,获得相应的职业资格,进而不断提高其职业素质和专业水平。另一方面,社会培训机构包括普通高校等应开设社会组织与慈善组织从业人员的专业课程,为社会组织与慈善组织人才培训提供平台。例如,普通高校可以开设公共管理硕士(社会组织管理方向)的在职研究生培训课程,以为那些社会组织与慈善组织中高层管理者和领导者提供专业的受教机会。最后,建立客观的人才评价和激励体系。例如,社会组织与慈善组织可以通过专业内部人员的互动评价和服务对象的反馈式评价综合考量业绩,建立优胜劣汰的淘汰制度②;社会组织与慈善组织可以对其工作人员实行目标管理,通过工作成果来考核和激励员工;社会组织与慈善组织可以实施弹性工作制、参与管理等方式来对员工进行有效的激励。

本章小结

本章主要对社会组织与慈善组织人力资源及其管理的基本内涵、人力资源管理构成体系、员工从业动机、激励方式及志愿者管理等多个内容进行了较为全面的介绍。

对于社会组织与慈善组织而言,其人力资源一般由有酬员工与志愿者两部分组成,并具有来源广泛性、目标非逐利性、关系平等性等特征;相比较于企业和政府,社会组织与慈善组织人力资源管理有着自己特有的属性,如公开性、灵活性和复杂性,需要将特殊的管理思想贯彻于其具体管理活动之中。

社会组织与慈善组织人力资源管理旨在实现人力资源存量建设和增量建设两个目标,并表现为人力资源的基础性管理(人力资源规划、工作分析)、数量性管理(招募、甄选、录用)、质量性管理(培训、绩效评估)、结构性管理和外部性管理(外部专家与志愿者)五个方面。

人们从业于非营利部门既有利己性,也有利他性,并且与政府部门员工一样,他们也存在公共服务动机。在现实中,社会组织与慈善组织员工的从业动机可依

---

① 参见陆一波:《上海行业协会:15 万年薪招"管家"》,载《解放日报》2003 年 6 月 12 日。
② 参见郭娇璐:《构建专业化、职业化社工队伍体系的对策与建议》,载《中国民政》2009 年第 6 期,第 51 页。

据由认同、职业、维系和依附四个状态构成的从业动机模型来判断分析,并可通过货币化和非货币化两个层面来对他们进行激励。

志愿者是社会组织与慈善组织人力资源的核心构成,具有志愿性、非报酬性和公益性等特征,在招募甄选、绩效评估和激励等人力资源管理体系中有着自己的特殊内容。

基于我国产生与发展的环境,社会组织与慈善组织在转型时期将面临的挑战有:官僚体制的惯性、人员激励的问题、人员结构老龄化以及专业化程度低等问题。随着经济社会体制改革的深化,社会组织与慈善组织在参与公共治理,提供公共服务方面将发挥越来越重要的作用。而有效的社会组织与慈善组织人力资源管理是提高其服务能力的关键,政府也在逐步放开对社会组织与慈善组织的管理。总体来说,社会组织与慈善组织人力资源管理的发展趋势是:人力资源管理的自治性、异质化以及专业化。

思考题

1. 社会组织与慈善组织人力资源具有哪些特点?
2. 社会组织与慈善组织人力资源管理的基本属性有哪些?
3. 联系现实讨论社会组织与慈善组织人力资源管理同政府和企业人力资源管理的区别与联系。
4. 联系现实讨论社会组织与慈善组织工作设计的方法。
5. 社会组织与慈善组织员工招募的渠道有哪些?试举例说明。
6. 社会组织与慈善组织员工绩效评估的困难是什么?
7. 联系现实讨论一个具体的社会组织与慈善组织的薪酬构成。
8. 联系现实讨论社会组织与慈善组织员工的从业动机模型。
9. 联系现实设计两套不同的激励体系,分别用来激励社会组织与慈善组织的专职员工和志愿者。

拓展阅读书目

1. 丁元竹、江汛清:《志愿活动研究:类型、评价与管理》,天津人民出版社2001年版。
2. 北京志愿者协会编著:《志愿组织建设与管理》,中国国际广播出版社2006年版。
3. 〔美〕罗纳德·克林格勒、约翰·纳尔班迪:《公共部门人力资源管理:系统与战略》,孙柏瑛等译,中国人民大学出版社2001年出版。
4. E. P. Joan, Human Resources Management for Public and Nonprofit Or-

ganizations, Jossey-Bass, 1997.

5. J. E. Susan, The Volunteer Recruitment Book, Energize, Inc, 1996.

6. C. F. James, M. C. Kathleen, Leadership and Management of Volunteer Programs, Jossey-Bass, 1993.

7. M. Zimmeck, To Boldly Go: The Voluntary Sector and Voluntary Action in the New World of Work, London: Royal Sociey for the Arts, 1998.

8. A. E. Preston, The Nonprofit Worker in a For-profit World, Journal of Labor Economics, 1989, 7(4): 438—463.

9. J. Oynx, & M. Maclean, Careers in the Third Sector, Nonprofit Management and Leadership, 1996, 6(4): 331—345.

10. P. H. Mirvis, , & E. Hackett, Work and Work Force Characteristics in the Nonprofit Sector, Monthly Labor Review, 1983, 106(4): 3—12.

第十一章　社会组织与慈善组织的财务管理

本章要点

1. 掌握社会组织与慈善组织财务管理的概念和作用。
2. 了解社会组织与慈善组织预算管理的意义、原则、程序和方法。
3. 了解社会组织与慈善组织筹资的程序、渠道和方式。
4. 掌握社会组织与慈善组织投资的分类、投资的风险防范和投资的限制。
5. 了解社会组织与慈善组织财务报告的概念、分类、编制和分析。
6. 掌握社会组织与慈善组织财务审计的类型、必要性、目标和需要注意的问题。
7. 了解社会组织与慈善组织财务管理的现状、存在的问题和发展对策。

导语

社会组织与慈善组织因为起步晚、发展时间短,财务管理方面一直比较薄弱。部分社会组织与慈善组织还存在认为非营利组织不应强调财务管理等认识误区。大量事实和研究表明,财务管理能力不足是社会组织与慈善组织发展中遭遇的最大瓶颈,不少组织因此陷入财务危机,甚至面临组织瓦解的风险。而与此同时,随着信息技术的不断进步,组织投融资的渠道日益多样化,网络募捐、公益创投等新的筹资方式层出不穷,社会组织与慈善组织面临新的发展机遇和挑战。在新时期下,社会组织与慈善组织更加需要增强财务管理能力,以促进组织的可持续发展。

第一节　财务管理概述

一、财务管理的概念和作用

(一)财务管理的概念

财务管理作为组织管理的重要组成部分,其内涵有广义和狭义之分。广义的财务管理是指根据财经法规制度,按照财务管理的原则组织财务活动,处理财务关系的一项经济管理工作。① 其中,组织的财务活动包括资金的筹集、投放、运营和分配,所涉及的财务关系包括组织与投资者、受资者、组织成员之间的关系。

狭义的财务管理是指根据财务资料、财务报告分析组织的经济行为预测未来,主要包括成本分析、投资管理和财务分析,构成了财务管理的基础。②

(二) 财务管理的作用

良好的财务运作系统不仅能够提高组织运行效率,还能够保证组织的可持续发展。对于社会组织与慈善组织来说,财务管理的作用主要体现在以下几个方面:

1. 实现组织收支平衡

资源是组织运行的基础,收支平衡是组织运行的基本保障。财务管理活动从资源的筹集出发,经过筹资管理,为组织募集活动必需的资源。在日常运作中,经过日常资金管理,保证组织财务活动对内有规可循,对外有迹可查。投资管理对于社会组织与慈善组织亦十分重要,社会组织与慈善组织筹得资金的保值增值需要组织科学的投资策略。财务报告为一段时期组织收支情况的直观数据说明,通过对财务报告的分析,组织内外可对组织收支情况和运作效率作出评价。财务管理活动的全过程为实现组织收支平衡提供了保障。只有建立了良好的财务制度,编制科学合理的预算,高效地实施项目活动,稳定收支平衡,组织才能更好地实现其宗旨。一个好的财务管理系统,不仅能够保障项目所需资金的收支,使组织处于安全运作状态,而且能够通过成本分析、预算监督等工作提高项目资金的运作效率。

2. 控制组织投资风险

社会组织与慈善组织财务管理的风险主要来源于投资风险。不当的投资策略不仅阻碍组织的发展扩大,而且影响组织日常活动的展开。财务管理的基础是成本分析、投资管理和财务分析,三者共同作用保证组织资金安全。成本分析不仅是财务管理的基础,更是组织所有经济活动的基础,通过计量各项活动的成本构成,找寻降低成本的方法,从资金使用源头保证资金安全。投资管理通过营运资金、固定资产及年度结余,在组织原有资金基础上实现保值增值。财务分析以组织会计、报表等资料为依据,分析组织过去以及当前的盈利能力、营运能力、偿债能力和增长能力状况。

3. 提高组织公信力

社会组织与慈善组织的资金主要来自会费、捐赠及财政补贴,因此每一笔资金支出都应该符合政策规定和捐赠人的意愿。为了保证组织能够持续获得社会资金

---

① 参见陈昌龙主编:《财务管理》,清华大学出版社、北京交通大学出版社 2007 年版,第 8 页。
② 参见王名编著:《非营利组织管理概论》,中国人民大学出版社 2002 年版,第 101 页。

的投入,组织自身需要有良好的资金运作能力,保证资金使用的效用,另外保持一定的公信力有助于组织获得社会的支持。良好的财务管理系统能够按政策要求实现财务信息的公开,从而使组织的利益相关者、媒体和社会公众等了解组织的真实运作情况,为接受外部力量对组织的监督提供信息基础,从而提升组织公信力。

二、财务管理的特征

财务管理是指组织在运作过程中所涉及的所有的资金管理事务,包括资金计划管理(预算管理)、资金来源管理(筹资管理)、资金支出管理(日常资金管理、投资管理),以及资金管理涉及的报告分析、审计等事务。

社会组织与慈善组织的财务管理与企业、政府等其他组织的财务管理相似,都要遵从基本的财经制度、会计制度,并基于相同的财务管理理论,但也有一些不同之处。社会组织与慈善组织财务管理的特殊性主要表现在以下几个方面:

(一)财务管理目标的非营利性

财务管理的目标服从于组织目标。社会组织属于非营利组织,只能追求互益性或公益性目标,慈善组织的目标是开展公益慈善活动,因此,社会组织与慈善组织财务管理的首要任务是维持组织财务的稳定和可持续性,而不是像企业那样追求利润和发展。

(二)资金来源的独特性

与企业资金主要来源于向市场销售产品和提供服务所获得的利润收入不同,社会组织与慈善组织的资金来源具有多样性,但其主要来源是会费、社会捐赠及政府资助。随着社会的发展,社会组织与慈善组织在筹资方式上有了更多的选择,也能够进行一些投资活动,但是从总体上看,社会组织与慈善组织的资金主要还是来源于社会各界的投入,这决定了社会组织与慈善组织在使用资金时,除了需要遵守各项法律法规和规章制度外,还要符合捐赠人的意愿。

(三)产权形式的特殊性

在企业里,企业财产的所有权和受益权都是由企业所有者拥有和行使的,管理权则由企业所有者交由职业经理人行使,因此出现了管理权与所有权和受益权的分离。与企业相比较,社会组织与慈善组织的财产所有权、控制权和受益权三者都是分离的,比如对捐赠人而言,他在将财产捐赠给社会组织或慈善组织后,被捐赠财产的所有权是一种"公益产权",即全社会共同拥有产权,与此同时,财产的控制权被移交给社会组织或慈善组织,财务的受益权则为不特定的受益人。所有权、控制权和受益权的分离,给社会组织与慈善组织的财务管理带来了极大的复杂性,也提出了更高的要求。

三、财务管理的内容

社会组织与慈善组织的财务管理主要由三个层面构成,分别为会计、狭义财务管理、财务预算,具体包括预算管理、筹资管理、日常资金管理、投资管理、财务报告与分析、审计等事务。2004年颁布的《民间非营利组织会计制度》为社会组织与慈善组织等民间非营利组织的会计制度提供了政策依据。

(一)会计

会计是以货币为主要计量单位,运用专门的方法,核算和监督一个单位经济活动的一种经济管理工作。会计反映收入与费用的配比,反映经济资源的分布状况和来源渠道,以便为相关决策提供必要的信息支持。简而言之,会计是计量一个组织的财务和报告财务情况的工作。

1. 财务会计和管理会计

会计按照报告对象的不同,可分为财务会计和管理会计。

财务会计的报告对象是组织外部捐赠人和其他利益相关人。财务会计要求组织定期对外公布组织的财务报告。民间非营利组织对外提供的财务会计报告的内容、会计报表的种类和格式、会计报表附注披露等主要内容,由政策统一规定。社会各界可以通过财务会计提供的信息了解组织的资金运作情况,从而作出是否捐赠等决定。

管理会计的目的是向组织内部管理层提供财务信息,包括预算的编制、资金安排、成本控制等。《民间非营利组织会计制度》第67条规定,民间非营利组织管理会计报表由单位自行规定。

2. 会计内容

会计内容包括财务记录和财务报告两部分。

财务记录是会计活动的基本内容,主要包括原始凭证、日记账、过账和对账、结账。原始凭证包括自制原始凭证,如工资结算单、费用分配表、货物领取单等,以及外来的原始凭证,如银行进账单、各种发票等。对于慈善组织来说,公益捐赠票据[①]是重要的原始凭证,也是财政、税务、审计、监察等部门进行监督检查的基本依据。

财务报告的目的是为了展现组织在一个特定时期的整体形象,也为组织的管理决策提供重要的依据。财务报告的内容主要包括:填写资产负债表、损益表等财务报表,提供有关注释,如收入报告、捐赠人报告,如有必要,还包括注册会计师审

---

① 我国于2011年7月1日开始施行《公益事业捐赠票据使用管理暂行办法》,办法对捐赠票据使用作出了详细的规定。

计意见书等其他报告。其中,财务报表是财务报告中最主要的组成部分,主要包括资产负债表、业务活动表和现金流量表。

3. 会计科目

民间非营利组织的会计科目主要有资产、负债、净资产、收入、费用等。

资产是指过去的交易或者事项形成的,并由民间非营利组织拥有或者控制的资源,该资源预期会给民间非营利组织带来经济利益或者服务潜力。资产应当按其流动性分为流动资产、长期投资、固定资产、无形资产和受托代理资产等。

负债是指过去的交易或者事项形成的现时义务,履行该义务预期会导致含有经济利益或者服务潜力的资源流出民间非营利组织。负债应当按其流动性分为流动负债、长期负债和受托代理负债等。

净资产是指资产减去负债后的余额。净资产应当按照其是否受到限制,分为限定性净资产和非限定性净资产等。

收入是指民间非营利组织开展业务活动取得的、导致本期净资产增加的经济利益或者服务潜力的流入。收入应当按其来源分为捐赠收入、会费收入、提供服务收入、政府补助收入、投资收益、商品销售收入等主要业务活动收入和其他收入等。

费用是指民间非营利组织为开展业务活动所发生的,导致本期净资产减少的经济利益或者服务潜力的流出。费用应当按照其功能分为业务活动成本、管理费用、筹资费用和其他费用等。

(二) 狭义的财务管理

狭义的财务管理是指根据财务资料和财务报告,分析组织的经济行为并预测未来,主要包括成本分析、投资管理和财务分析。

1. 成本分析

成本分析不仅是财务管理的基础,更是组织所有经济活动的基础,计量各项活动的成本构成,寻找降低成本的方法是成本分析的主要目的。成本按照是否可以直接分配到成本要素,可分为直接成本和间接成本。社会组织与慈善组织提供的服务通常难以量化,选择合适的计量单位可以适当简化服务成本的计量。下面是四种常用的服务计量单位[①]:

(1) 受益者数量。计算所提供服务的受益者人数。

(2) 服务种类。计算工作人员所提供的服务种类,如巡回医疗、家访、特殊治疗、电话咨询、中介服务等。

(3) 服务数量。计算工作人员所完成的服务数量,如在一周时间内进行了 3 次

---

① 参见王名编著:《非营利组织管理概论》,中国人民大学出版社 2002 年版,第 101 页。

巡回医疗等。

(4) 服务时间。计算受益者所获得服务的总时间。比如,一个由 7 个人组成的小组为社区居民开展了一个小时的团体劳动,即可折算成 7 个小时的服务时间。

行政和管理费一般按项目所占的费用比率,分摊到各个项目的成本之中,计算为间接成本,其中包括房屋租赁费、邮资、清洁费、电话费、人事费、公关费等。

2. 投资管理

投资管理指的是如何应用营运资金、固定资产及年度节余去投资,使资产增值。社会组织与慈善组织可以利用资产进行投资,但是须符合法律规定。

《基金会管理条例》第 28 条规定,基金会开展保值、增值活动,应当遵守合法、安全、有效的原则,确立投资风险控制机制。

《慈善法》第 54 条规定:"慈善组织为实现财产保值、增值进行投资的,应当遵循合法、安全、有效的原则,投资取得的收益应当全部用于慈善目的。慈善组织的重大投资方案应当经决策机构组成人员三分之二以上同意。政府资助的财产和捐赠协议约定不得投资的财产,不得用于投资。……"

3. 财务分析

财务分析是以会计核算和报表资料及其他相关资料为依据,采用一系列专门的分析技术和方法,对组织过去和现在的有关筹资活动、投资活动、经营活动、分配活动的盈利能力、营运能力、偿债能力和增长能力状况等进行分析与评价的经济管理活动。[1]

财务分析可分为动态分析和静态分析。动态分析又称为"纵向分析",是根据连续几期的财务报告,比较前后期各项目的增减方向和幅度,从而揭示财务和经营上的变化和趋势。静态分析又称"横向分析",是将同一期财务报表上的相关数据进行比较,以说明财务报表上所列项目之间的相互关系。

(三) 财务预算

预算是国家机关、团体和事业单位等对于未来一定时期内收入和支出的计划,财务预算是组织经过法定程序作出的关于资金的计划,预计为完成组织目标将怎样最科学合理地配置资源。对于社会组织与慈善组织来说,财务预算是各项事业发展计划和工作任务在财务收支上的具体反映,财务预算是财务管理的起点,完善的预算管理系统对组织具有重要意义。

---

[1] 参见徐春立主编:《财务分析》,天津大学出版社 2006 年版,第 33 页。

第二节 预算管理

一、预算管理概述

(一) 预算与预算管理

预算,即组织对未来一定时期内收入和支出的计划。预算是进行财务管理的起点环节,为保证预算编制,应有配套的财务管理体系,包括专业的财务管理人员,完整清晰的前一阶段各种财务信息作为数据资料、明确的财务管理目标和相对稳定的财务环境等。《民间非营利组织会计制度》第72条规定,组织所提供的财务报告中,财务情况说明书必须包括"民间非营利组织业务活动基本情况,年度计划和预算完成情况,产生差异的原因分析,下一会计期间业务活动计划和预算等"。编制预算和完善预算管理,不仅是为了遵守政策规定,更是为了保证组织内部财务活动的规范化和资金使用效益最大化,以实现组织的可持续发展。

(二) 预算管理的意义

1. 有利于规范财务资源的获取与使用

社会组织与慈善组织的财务管理是组织利用预算对组织财务资源进行全方位的管理,是组织为了正确设计其预算和全面实现预算报表,借助于科学的理论和方法,对预算的编制、审批、执行、调整、监督过程实施计划、组织、控制、分析、评价的一系列活动。[①]

2. 有利于明确组织内部权责

预算管理具体规定了社会组织与慈善组织筹集资金和使用资金的权利、责任、范围,使组织内部各方面在财务上权责分明。

3. 有利于组织接受内外监督

预算管理是各项活动和工作任务的货币化表现,也是进行绩效评估特别是财务绩效评估的依据和基础。预算不仅是管理者进行管理的依据,对于社会组织与慈善组织来说,预算的编制和执行是理事会的重要职责,而且理事会也可以依据预算方案对组织各个项目进行决策规划。

(三) 预算编制的原则

1. 依据政策,统一编制

社会组织与慈善组织的各项事业均是为了社会公益,资金也大部分来自政府资助和社会的无偿捐赠,因此预算编制必须以国家有关方针政策和各项财务制度

---

① 参见张彪:《非营利组织财务研究》,湖南人民出版社2010年版,第37页。

为依据,按照国家和有关部门的统一要求、统一设置的预算制度编制。特别是与财务会计报告相关的部分,需要按照民间非营利组织会计制度的规定,统一口径、程序及计算依据编制。

2. 公开透明,编制完整

公开透明是对社会组织与慈善组织财务管理的总体要求。预算是组织工作任务和事业计划的货币化表现,是组织活动开展、收入与支出的依据。在编制预算时,收支项目要完整,全部的收支内容都必须纳入预算范围之内,不得遗漏,更不得隐匿。

3. 科学合理,编制可靠

社会组织与慈善组织的预算管理同其他组织的预算管理有相似之处,都必须遵循科学的程序,由具备专业知识且了解组织战略规划的专业人士进行编制。要做到统筹兼顾,正确处理好整体与局部的关系、需求与资源能力的关系,进行科学合理的编制。同时,要注重可行性,实事求是,不得随意编造。

二、预算管理程序

预算管理是一个动态循环的过程,它主要包括编制、审批、执行、调整、决算五个阶段。

(一) 编制

预算编制是对未来一段时间内组织的收支进行测算和计划的活动。[①] 从时间上看,有年度预算编制和中长期预算编制两种类型。年度预算编制为有效期一年的预算,现在世界各国普遍采用公历年制和跨历年制。公历年制指从公历1月1日到12月31日止的编制,跨历年制指从上年跨越到次年的编制。在进行预算编制前,需要做好相关准备工作,包括成立预算编制小组,做好调查论证工作,确定预算目标、收支标准等指标。实际编制时,需按照《预算法》《民间非营利组织会计制度》《慈善组织开展慈善活动年度支出和管理费用标准》等政策法规,依据科学合理的原则严格地进行编制。

(二) 审批

按照我国《预算法》的规定,各单位年度预算需经过主管部门审批才能生效。《基金会管理条例》和《社会服务机构登记管理条例》规定,理事会审议年度工作计划和财务预算。《民间非营利组织会计制度》规定,民间非营利组织需在向外公开的年度财务会计报告中,提供有关年度计划和预算完成情况及产生差异的原因分析,下一会计期间业务活动计划和预算等情况。通过审核的预算方案可作为组织

---

① 参见陈振明主编:《公共管理学》,中国人民大学出版社2005年版,第372页。

预算执行的依据。

(三) 执行

预算执行是预算计划付诸实施的过程,在此过程中工作的重点是监督和控制,主要包括两方面的内容:一是收入执行,要监督各项预算收入及时足额到位;二是支出资金安排,根据各项预算指标额度,按规章制度安排各项支出。预算执行阶段往往比编制涉及更多的利益相关者和参与者,在变动的环境中保证执行与预算目标的一致性十分重要。

(四) 调整

预算调整是指组织在执行预算过程中,通过改变预算收入来源,指出用途和收支规模等方法,组织新的预算平衡,以适应经济形势变化需要。预算发生调整的条件,一是项目活动目标发生了变化,二是政治或政策环境发生了变化。预算调整必须在多方调查和科学论证且证据充足的前提下进行,必须按法定程序并按照权限行事。

(五) 决算

决算是对预算结果的总结和评价,目的是反映年度预算活动执行的基本情况和项目的总体进展情况,并且为新的预算编制提供参考依据。社会组织与慈善组织均需向主管部门报送年度工作报告和财务报告,包括预算计划和预算完成情况,以便主管部门对组织工作进行全面审查。从预算编制到决算,预算过程完成了一个循环,新一轮的预算准备和编制也将随即开始。

三、预算管理方法

随着预算管理的发展,预算管理的方法有了很大进步,从最简单的分项排列预算模式到规划预算模式,再到零基预算法、绩效预算法,至今各种组织依据各自目标和情况的不同,分别选择适当的预算方法进行预算管理。社会组织与慈善组织常用的几种预算方法包括递增预算法、项目预算法、零基预算法和弹性预算法等。

(一) 递增预算法

递增预算法通常也称为"增量预算法",是在上一年度预算方案的基础上,根据本年度需要新增或去除的项目活动,适当作出调整制定本年度预算。这种预算方法应用十分广泛,其优点是采用渐进优化的原则,编制比较简单,实施人员也较为熟悉。但在实际操作中,这种预算方法存在许多弊端,如环境突变或组织目标改变使之前的计划不再适应当前境况。另外,在遵循上一年度预算规则时,往往会忽略当前的实际需求。

（二）项目预算法

项目预算法将现有资源按比例分配于不同的项目，并将预算过程与评估过程紧密地结合在一起，以考察项目运作效果，并检查组织是否实现其宗旨与目标的预算编制方法。① 项目预算编制时可采用自下而上和自上而下两种操作方法。自下而上的编制方法优点是基层人员更清楚具体活动所需资源，而且因为预算处于基层人员之手，在执行过程中也更容易被接受和理解。但基层人员容易局限于单个项目，无法顾全大局。自上而下的预算方法则在统筹整体组织资源方面更具优势，但是容易在执行中遭到扭曲。

（三）零基预算法

零基预算法与递增预算法相对，它是以零为基础的编制预算方法，不是在上一年度预算计划上的修修补补，而是对本预算期内所有预算项目进行严格审核、分析、测算、评估基础上进行预算编制的方法。零基预算法摒弃了增量预算的"渐进主义"理念，更加关注当期预算项目的实际情况，关注环境变化带来的影响，在增量预算法广受抨击时却受大量组织的青睐，但零基预算法在编制时较为复杂，特别是对于大中型组织来说，从零开始的考察需要耗费大量的人力物力，并且对预算编制人员的专业素质要求较高。

（四）弹性预算法

弹性预算法就是把未来的收支预算值看作一个概率分布，并且对应若干种方案。在组织处于不稳定状态下，宜于采用可经常调整的弹性预算法。弹性预算法在可预见的业务量范围内确定多个业务量水平以保证适应性。组织预算调整通常需要经过一定的程序，如果经常调整，预算也就失去了效力，所以弹性预算法避免了在不确定情况下多次调整预算。弹性预算更能适应快速变化的环境，在确定预算水平的范围时，组织已经考虑了环境变化带来的影响；在遭遇突变时，弹性预算能够以较小的成本应对。

第三节　筹资管理

一、筹资概述

财务管理的核心内容就是资金的管理。资金筹集、运作与分配构成组织财务管理的基础工作，资金的筹集是资金管理的起点。

筹集的资金在会计科目上体现为收入，依据《民间非营利组织会计制度》，收入

---

① 参见王名编著：《非营利组织管理概论》，中国人民大学出版社 2002 年版，第 112 页。

是指民间非营利组织开展业务活动取得的、导致本期净资产增加的经济利益或者服务潜力的流入,收入应当按照其来源分为捐赠收入、会费收入、提供服务收入、政府补助收入、投资收益、商品销售收入等主要业务活动收入和其他收入等。

《民间非营利组织会计制度》将民间非营利组织的收入限定为货币收入。实际上,除了货币收入外,社会组织与慈善组织还常常需要通过筹资行为获得物资和劳务等资源,只不过这些内容在会计制度中暂时无法体现。对社会组织与慈善组织而言,筹资的直接目的是为了获得资源,但获得资源的目的却是为了把这些资源用于需要的对象,换言之,筹资的最终目的是"花钱"。因此,与其他组织的筹资不同,社会组织与慈善组织的筹资是一个联结资源方与受益方的过程,筹资人在一开始就需要做好筹资规划,明确资金用途和信息反馈渠道。这就是说,社会组织与慈善组织的筹资需要以一套相对完备的方案和程序为支撑。

二、筹资程序

筹资程序包括筹资前的准备、确立和实施筹资计划、筹资的绩效评估三个主要环节。

1. 筹资前的准备

筹资的成功与否关系到公益组织是否能够顺利开展项目,甚至决定了组织的存亡。在开展筹资之前要做好充分的准备工作。一般而言,筹资前的准备工作包括成立筹资小组和筹资的市场分析。

(1) 成立筹资小组。筹资小组的人员应该包括专职人员、机构负责人及志愿者,这是大体的构成。在进行市场分析、确定筹资计划之后,还应该根据筹资方案的特点有针对性地调整小组成员的结构和职责,如进行公开募捐筹资。筹资小组的志愿者应占较大比例,并应被授予职权;如果是进行大客户劝捐,机构负责人及专职筹资人员负责筹资小组,还应根据大客户的性格特点挑选合适的劝捐者。

(2) 筹资的市场分析。筹资的市场分析即用科学的方法,分析市场的需求和特点,为营销和募捐提供依据。[①] 公益组织进行筹资市场分析时与企业市场分析有不同之处,对于企业来说,除其自身的产品外,最重要的就是考察消费者的需求和特点。但是,公益组织的消费者和受益者是分离的,因此必须同时顾及两者的需求和特点。在进行募捐时,捐赠人是核心,公益组织针对捐赠人的需求特点设计筹资方案;而在项目实施中,应以受益者为中心,以受益者的需求和特点来设计项目方案。[②]

---

① 参见褚蓥:《新募捐的本质:新理念、新方法、新募捐》,知识产权出版社2015年版,第66页。
② 同上。

2. 确立和实施筹资计划

在完成筹资市场分析后,由筹资小组确立并实施筹资计划,并根据计划适当调整小组成员。在筹资计划实施过程中,应当给予筹资小组成员一定的权限,充分发挥成员个人的才智,因为大多数筹资活动是由筹资志愿者与捐赠人直接接触,拥有自由裁量权能够提升志愿者筹资效益。筹资计划不是一成不变的,应当根据活动进行的情况及时作出调整。

3. 筹资的绩效评估

筹资计划完成后需要对本次筹资活动进行总结评估。评估标准应该在计划制订时一同确定,评估内容一般包括筹资目标的完成情况和筹资小组成员的绩效表现。筹资活动需要花费一定的成本,包括业务开展费用、人员补贴费用等,筹资评估中最基础的评估项目是进行成本收益分析,分析本次筹资活动的经验和教训,绩效结果可以作为之后制订筹资计划的重要参考。

三、筹资的渠道及方式

基于资金来源的不同,可将社会组织与慈善组织筹资渠道划分为个人、市场和企业、基金会、政府、联合劝募组织、网络募捐等。

(一)个人

来自个人的资金包括会费和捐赠两种。

会费收入是指社会组织与慈善组织根据章程等的规定向会员收取的会费,通常属于非限定性收入。2014年《关于取消社会团体会费标准备案规范会费管理的通知》取消了社会团体会费标准备案的程序,社会团体可依据自身情况自行制定合适的会费标准。

个人捐赠是社会公众根据自身的生活水平和意愿,自愿向组织提供的捐赠,捐赠可以是货币资金,也可以是各种物品、设备等实物资产。需要特别注意的是,组织在吸引个人捐赠时,要特别注意大客户的获取。[1]

募捐领域也适用"二八法则",即在募捐所获得资产中,80%来自20%的大客户,剩余20%是由80%的小客户捐赠。大客户的重要性不言而喻。公益组织在获取大客户的募捐时,有相应的技巧和步骤。

首先,注重获取大客户的信息。公益组织在举办各种活动时,可以采集参加活动人员的日常信息,从中寻找潜在的大客户。另外,公益组织负责人通常也有许多有效的人脉,募捐人既可以通过自身组织的负责人获取信息,同时也可以多参加业内活动,争取获得大客户信息。在如今的信息时代,通过媒体和网络获取信息也是

---

[1] 参见褚蓥:《新募捐的本质:新理念、新方法、新募捐》,知识产权出版社2015年版,第30页。

常用并有效的方法。

其次,通过列举捐赠人信息分析客户需求。成功的商业营销是建立在充分了解客户需求基础上的,募捐也不例外。公益组织募捐人需要在获取信息之后,通过对信息进行整合分析,从中选择最有可能成为组织捐赠人的大客户,针对其具体需求,制订特定的募捐方案。

最后,在进行大客户募捐筹集时,要特别注意专业人士的选派和技巧的运用。

(二)市场和企业

来自市场和来自企业的资金是有区别的。社会组织与慈善组织通过向市场出售产品和提供服务、变卖资产、投资等方式获取资金,属于利用市场渠道筹资,通过直接向企业募捐、与企业合作进行公益营销、接受企业公益创投等方式获得资金,属于向企业筹资。下面介绍几种重要的向市场和企业筹资的方式:

1. 销售产品和提供服务

虽然属于非营利性组织,但社会组织与慈善组织同样可以从事不以营利为目的、不对营利所得进行分红的营利性行为,比如公开销售产品和提供服务。社会组织与慈善组织向社会提供产品服务时可以收取较为低廉的费用作为成本补贴。这样的公益组织提供产品的模式较为传统,目前仍有许多社会组织与慈善组织采用此种方式筹资,如慈善超市以低廉的价格为弱势群体提供食物生活必需品等。

2. 投资

社会组织与慈善组织可以利用资产进行投资,但是须符合法律规定。社会组织与慈善组织都可以通过购买债券等方式进行投资,也可以直接参与投资活动,如基金会进行公益创投,投资其他公益组织进行的项目,基金会也可以直接参与项目,并对项目有一定的指导权。

另外,社会组织与慈善组织可以设立营利性机构或法人,进行资金筹集和投资活动。例如,2016年12月30日发布的《营利性民办学校监督管理实施细则》第2条规定:"社会组织或者个人可以举办营利性民办高等学校和其他高等教育机构、高中阶段教育学校和幼儿园,不得设立实施义务教育的营利性民办学校。社会组织或者个人不得以财政性经费、捐赠资产举办或者参与举办营利性民办学校。"

3. 公益创业

公益创业也称"社会创业",是将传统慈善和商业创业相结合,运用商业模式解决社会问题,实现社会使命。这一概念最早由阿苏迦基金会(Ashoka)的创始人德雷顿(Bill Drayton)在20世纪80年代使用,爱默森(Jed Emerson)等和塔克(Stephen Thake)等在90年代末开始在学术界使用"公益企业家"一词。狄兹(J. Gregory Dees)在 1998 年发表了《公益企业家的含义》,最早明确了"公益创业"的概念。①

公益创业中的非营利组织不同于传统的公益组织,它不依赖捐款和政府财政支持,而是应用商业机制和市场竞争创造经济效益,实现组织的可持续发展,进而创造更多的社会价值。比如,著名的孟加拉乡村银行(Grameen Bank,也译作"格莱珉银行")就是公益创业的成功典型。1974 年,穆罕默德·尤努斯(Muhammad Yunus)在孟加拉创立小额贷款,1983 年,正式成立孟加拉乡村银行。它的主要特点为:瞄准最贫困的农户,并以贫困家庭中的妇女作为主要目标客户;提供小额短期贷款,按周期还款,整贷零还;无须抵押和担保人,以五人小组联保代替担保,相互监督,形成内部约束机制;按照一定比例的贷款额收取小组基金和强制储蓄作为风险基金;执行小组会议和中心会议制度,检查项目落实和资金使用情况,办理放、还、存款手续,同时还交流致富信息,传播科技知识,提高贷款人的经营和发展能力。

乡村银行打破慈善与商业企业的界限,将其融合在一起,既保证了公益组织的可持续发展,又创造了全新的商业模式。传统银行体系往往着眼于大企业家,对小额贷款需求者不屑一顾,乡村银行模式颠覆了几百年银行业的法典:借贷给无抵押担保的穷人,同时又能够保证赢利,支持组织可持续发展。孟加拉乡村银行模式创造了资金回收率 100%的奇迹,是当今世界规模最大、效益最好、运作最成功的小额贷款金融机构。几十年来,乡村银行贷款给 639 万余人,其中 96%是女性,从而使 58%的借款人及其家庭成功脱离贫穷线。2006 年 10 月,尤努斯因其成功创办孟加拉乡村银行,荣获诺贝尔和平奖。

4. 向企业募捐

向企业募捐可以采取直接和间接两种形式。直接形式即直接请求企业向组织进行捐赠,间接形式是指与企业合作进行公益营销,以获得企业的捐助。所谓公益营销,是指企业与非营利机构特别是慈善组织相结合,将产品销售与社会问题或公益事业相关联,在为相关事业进行捐赠、资助其发展的同时,达到提高产品销售额、实现企业利润和改善企业社会形象的目的。② 成功的公益营销案例比如农夫山泉矿泉水的"饮水思源"项目,自 2006 年 1 月 1 日起,每销售一瓶农夫山泉矿泉水就有一分钱用于帮助水源地的贫困孩子。这种形式的企业认捐不仅能够获得公益筹款,宣传公益项目,而且能够为企业做宣传,实现企业营销的目的。在互联网时代,许多社会组织与慈善组织同企业充分利用微博、微信等网络平台开展公益营销。例如,企业可以通过在网络平台上发起话题,号召转发,以每转发一次捐款一元的

---

① 参见〔美〕胡馨:《什么是"Social Entrepreneurship"(公益创业)》,载《经济社会体制比较》2006 年第 2 期,第 23—27 页。
② 参见李伍荣、卢泰宏:《营销新策略:事业关联营销》,载《经济管理》2002 年第 9 期,第 58 页。

形式为公益活动筹款。

(三) 基金会

基金会作为一种特殊的公益慈善组织,既担负着为自身筹资的责任,同时担负着"生财""散财"的重任。① 基金会以自愿的方式集聚了大规模的可用于社会公益的社会资产。② 成熟的基金会不仅将资金用于组织自身的项目,还将更大一部分资产用于投资和支持其他公益组织的项目。社会组织与慈善组织通常可以通过竞争获得基金会公开招标的一些公益项目。

国内最早开展公益招投标的基金会是中国扶贫基金会。③ 2005 年 12 月,受国务院扶贫办和江西省扶贫办委托,中国扶贫基金会开展了财政扶贫资金的招投标工作。2008 年 6 月,中国红十字基金会首次尝试利用社会捐赠资金开展公益项目公开招标。"5·12 汶川地震"发生后,中国红十字基金会累计接受社会捐款人民币 11.4 亿元,接受捐物折合人民币 7800 多万元。为了更加有效透明地使用救灾资源,支持更多公益组织持续开展救灾工作并发挥更大作用,地震发生后一个月,中国红十字基金会决定首批安排 2000 万元捐款,面向民间公益服务组织公开招标灾后重建项目,同时成立"5·12"灾后重建公开招标项目评审委员会对投标申请的项目进行评审。此次公开招标历时近半年,共有国内 70 多家民间公益组织参与竞标,最终有 15 个公益组织申报的 16 个项目中标。

社会组织与慈善组织在争取基金会资助前,要深入了解基金会的资助范围,在申请资助时要按照基金会的要求撰写项目申请书。例如,2016 年 9 月 1 日敦和基金会推出"2016 敦和种子基金计划"④,在全国范围内评选 20 家处于成长期的公益组织,每年资助 20 万元,连续资助三年,以支持其长足发展。公益组织在尝试申请此资助项目时,首先要对敦和基金会及其资助方向有清晰了解,可以通过浏览敦和基金会官方网站了解基金会的运行宗旨、价值观、资助领域等信息,通过与其资助的项目接触以了解基金会对项目运作的具体要求和管理策略等,开展这些工作可以帮助公益组织判断自身活动是否与基金会的资助方向相契合,初步判断自身是否符合资助条件。在撰写项目申请书时,要重点阐明组织的使命和宗旨,实现组织宗旨和目标的战略和策略,以及资源配备情况等,以体现组织的独特性和成长性。

(四) 政府

政府资助社会组织与慈善组织的方式通常有补助、奖励、购买服务和公益创

---

① 参见褚莹:《新募捐的本质:新理念、新方法、新募捐》,知识产权出版社 2015 年版,第 10 页。
② 参见杨团:《关于基金会研究的初步解析》,载《湖南社会科学》2010 年第 1 期,第 53—59 页。
③ 参见谢佳琛等:《公益慈善组织运行新模式研究》,http://www.chinanpo.gov.cn/700105/92466/newswjindex.html,2017 年 2 月 14 日访问。
④ 资料来源:http://www.dunhefoundation.org/charityDetail.aspx?id=1303,2017 年 2 月 3 日访问。

投等。

1. 补助

政府财政补助是社会组织与慈善组织资金的重要来源。政府财政补助一般有直接补助和间接补助。直接补助一般是财政拨款,例如,中国青基会在成立的时候,其筹办、注册与慈善活动的资金均来自团中央的行政经费;部分地方为鼓励社会组织发展,为初创的社会组织提供财政补助等。间接补助主要是对社会组织与慈善组织实行税收优惠政策,主要包括企业所得税、营业税、增值税等的减免,符合条件的社会组织或慈善组织可以向税务机关申请所得税减免。①

2. 奖励

奖励是指行政奖励,是国家行政机关为了鼓励先进、鞭策后进,激励人们奋发向上、积极为国家和人民作贡献而对于严格遵纪守法,认真完成国家规划和任务,在一定领域为国家和人民作出了重要贡献的先进单位和先进个人所给予的精神鼓励和物质鼓励。② 为促进社会组织与慈善组织健康有序发展,我国在许多法规、条例中均规定对优秀社会组织与慈善组织实施奖励。例如,《社会组织评估管理办法》第28条规定,获得3A以上评估等级的社会组织,可以优先接受政府职能转移,可以优先获得政府购买服务,可以优先获得政府奖励。地方政府对社会组织的奖励更为常见。例如,深圳市罗湖区2016年1月出台的《罗湖社会组织激励扶持暂行办法》规定,罗湖每年举办一次年度突出贡献社会组织、年度最具创意公益项目评选活动,对有突出贡献的社会组织每家奖励2万元,最具创意公益项目每个奖励1万元。③

3. 政府购买服务

政府购买服务是指政府将部分公共服务事项交由有资质的社会力量提供,并为此支付一定费用的过程。④ 社会组织与慈善组织可以通过承接政府购买服务项目解决自身发展资金不足等问题,在履行合约的过程中,也能够增强自身的管理能力和与政府合作的能力。我国政府早在20世纪90年代就开始向社会组织购买服务。⑤ 进入新世纪,地方政府购买社会组织服务的范围进一步扩大,2007年以来,广东、上海等省市及杭州、成都、无锡等30多个地市出台了购买社会组织服务的政策文件。2013年9月,国务院办公厅正式印发《关于政府向社会力量购买服务的指导

---

① 参见毕素华、张萌:《联合劝募:慈善组织管理与运行的新机制研究》,载《南京师大学报(社会科学版)》2015年第6期,第65—72页。
② 参见姜明安:《行政法概论》,北京大学出版社1986年版,第226页。
③ 参见《社会组织获评"5A"最高可获3万奖励》,http://epaper.oeeee.com/epaper/H/html/2016-01/08/content_1688.htm,2017年2月15日访问。
④ 参见周俊:《社会组织管理》,中国人民大学出版社2015年版,第106页。
⑤ 参见胡薇:《政府购买社会组织服务的理论逻辑与制度现实》,载《经济社会体制比较》2012年第6期,第129—136页。

意见》,2014年12月,财政部、民政部、国家工商总局印发《政府购买服务管理办法(暂行)》,政府购买社会组织服务的制度化建设不断加强,社会组织有更多的机会参与政府购买服务,获得政府资源。2016年颁布的《慈善法》规定,"各级人民政府及其有关部门可以依法通过购买服务等方式,支持符合条件的慈善组织向社会提供服务",从此,慈善组织参与政府购买服务也获得了法律依据。

4. 公益创投

公益创投是一种在公益领域的资助模式,这种资助不是简单地提供资金,而是以风险投资方式,向具有社会目标的组织提供资金和非资金的综合支持。高效实现社会使命是公益创投的根本目标。公益创投一般是以初创期和中小型的社会组织为投入对象,对其提供资金、管理、技术支持,强调与被投资方构建长期的合作伙伴关系,是一种新型的社会组织的培育模式。① "硅谷公益风险投资中心"将公益创投与风险投资相结合,进一步提出了"公益风投"概念,并认为"公益风投"有五项基本特征:一是以推动社会变革为目的的长期投资;二是投资者与被投资者之间的伙伴关系;三是"对结果负责"的过程;四是既提供资金也提供专业经验;五是具有退出策略。

公益创投于20世纪90年代在西方国家得到快速发展,我国的公益创投出现相对较晚。2009年,上海市政府从福利彩票基金中拨出1000万专款资助由上海市民政局主办、恩派公益组织发展中心承办的社区公益创投大赛,这是政府首次开展公益创投活动。

基金会是公益创投的重要主体。许多基金会改变传统的直接资助公益组织的做法,通过开展公益创投招募公益项目。比如,"爱佑益+"项目是爱佑慈善基金会基于自身战略发展角度开展的一项长期性、大型公益创投项目,该项目2016年计划招募70家机构,资助2500万元。

企业开展公益创投也比较普遍。2007年,联想集团启动公益创投计划,为初创和中小型的公益组织提供创业及发展资助,包括综合性能力建设及员工志愿者在内的全方位协助。第一期计划资助了16家民间公益组织,发放近300万元创投款。2009年启动的第二期计划主要是支持建设公益孵化器,让初创期的民间公益组织除了资金以外,还得到包括场地、设备、能力建设、管理咨询等全方位的帮助,以更有效地促进公益组织的发展。

以政府为主导的公益创投具有较强的制度保障和稳定的资金来源,是当前我国公益创投的主要形式。基金会、企业是我国公益创投的重要主体,对公益事业发展的贡献日益增强。

---

① 参见田萍等:《公益创投与社会组织培育的关系研究》,http://www.chinanpo.gov.cn/700105/92464/newswjindex.html,2017年2月15日访问。

（五）联合劝募组织

联合劝募是指通过一个专门的募款机构,有效地集结社会资源,通过合理的统筹分配,将慈善资源给予需要的社会福利机构,对慈善资源分配的效果进行评估的募款和管理方式。这种方式既能公开、透明地汇集资源,使资源利用最大化,又能及时有效地将资源用于所需之处,提高资源的使用效率,还能通过专业的问责制度,提升公益组织的社会公信力和公众参与度,故而可以称之为社会慈善资源的专业经理制度。

联合劝募最早起源于1873年的英国利物浦,当时有20余家社会团体合办慈善劝募活动,形成了联合劝募的雏形。① 1887年,美国丹佛市的10家健康、福利机构发起了一项联合劝募活动,并在之后成立了第一个"联合之路"组织——"慈善组织协会(Charity Organizations Society)"。这个类似于第三方的中介机构统一为当地的22家慈善会员组织筹集资金,并协调救灾服务、提供咨询和推荐客户等系列服务,聚焦在教育、稳定的收入和健康三大领域。1948年,"美国联合之路"在此基础上成立,有超过1000家社区团体加入。1974年,"国际联合之路(United Way International)"宣告成立,并在世界各地成立分支组织。2009年,"美国联合之路"和"国际联合之路"合并成为"全球联合之路(United Way Worldwide)",这是目前全球最大的非营利组织。目前,"全球联合之路"在45个国家和地区设有近1800个社区组织,每年动员志愿者250余万人。

联合劝募在我国也经历了很长的发展过程。民国时期上海慈善界善堂林立,以上海慈善团为中心形成了一个规模巨大的慈善组织网络,它们共同筹集善款,互帮互助,实现了慈善资金筹集的网络化。例如,民国时期的中国救济妇孺会曾组织"同济慈善会"与其他慈善团体共同筹款。这些可视为我国联合劝募的雏形。

2009年12月17日,上海公益事业发展基金会(简称"上海联劝")宣告成立,其后举办了一系列有影响力的联劝活动。2013年5月28日,全国第一个公益组织的联合劝募平台即中国社会福利基金会联合劝募中心(简称"中国联劝")在北京成立,开始招募符合条件的公益机构,为其提供全国性公募平台,并组织劝募培训等活动。2016年,中国联劝更名为"NGO伙伴计划",更有针对性地为合作方拓展筹款渠道、设计筹款产品、筹划线下活动。

案例 11-1　NGO 伙伴计划

为深度扶持民间公益成长,2013年5月,中国社会福利基金会成立了首个全国

---

① 参见毕素华、张萌:《联合劝募:慈善组织管理与运行的新机制研究》,载《南京师大学报(社会科学版)》2015年第6期,第65—72页。

性公益组织联合劝募平台——中国社会福利基金会联合劝募中心。2016年,该联合劝募中心更名为"NGO伙伴计划"。以下内容为《公益时报》采访中国社会福利基金会副理事长兼秘书长缪力的内容节选。

《公益时报》:基金会为什么要成立联合劝募中心?是不是和自身谋求转型有关系?

缪力:我接触过很多小型NGO组织,它们在自己的领域内做得非常好,但普遍面临募款难的问题,"瓷娃娃"就是其中之一。当时"瓷娃娃"已经联系过20多家公益组织,但没有一家愿意接纳。我们和理事长商量,觉得基金会应该帮助"瓷娃娃",给它一个发展的空间。虽然那时候基金会比较困难,但我们还是从非限定性资金里拿出了10万元帮助它。事实证明,我们的决定是正确的,之后"瓷娃娃"的发展非常快,还在2014年冰桶挑战公益项目中发挥了重要作用。

我觉得这些NGO组织专业水平高,有韧性,执行力也特别强。另外,它们也十分热爱公益事业,唯一缺乏的就是募集资金的权利。所以从那时候开始,我们就希望为这些困难群体提供帮助。基于这些考虑,基金会于2013年成立了联合劝募中心。在第三次改革中,我们把联合劝募中心设置成了一个单独的业务部门。2016年,联合劝募中心更名为"NGO伙伴计划",更有针对性地为合作方拓展筹款渠道、设计筹款产品、筹划线下活动等。

资料来源:《缪力:国字头基金会应扶持民间公益成长》,http://www.xinhuanet.com/gongyi/2016-09/30/c_129307901.htm,2017年1月9日访问。

(六)网络募捐

网络募捐作为借助信息技术发展起来的新型募捐手段,近些年发展迅速,许多公益组织通过网络开展筹资活动,并利用网络公开资金去向。例如,自2003年以来,国内外爱心人士通过云南希望工程网站认捐云南贫困大中小学生资助计划。截止到2007年3月,累计有3000多名贫困大中小学生通过网站得到了资助,在线捐助成交率高达30%(当时电子商务成交率仅为3%)。2008年汶川大地震期间,壹基金通过网络捐赠平台筹集善款4500多万元,其中超过50%的善款是通过腾讯平台筹集的,创下了全球互联网公益慈善事业的最高捐赠纪录。[1]

网络募捐主要有机构网站募捐、门户网站募捐、社交网站募捐和移动网络募捐等形式。[2] 机构网站募捐即公益组织通过自己的机构网站开展募捐活动。门户网

---

[1] 参见侯江红、徐明祥、张侃侃:《基于网络的非营利组织募捐模式研究》,载《四川行政学院学报》2010年第6期,第86—89页。

[2] 参见谢佳琛等:《公益慈善组织运行新模式研究》,http://www.chinanpo.gov.cn/700105/92466/newswjindex.html,2017年2月14日访问。

站募捐指的是公益组织与门户网站合作开展募捐,例如,2006 年中国红十字会与淘宝网合作的"魔豆宝宝爱心工程",以帮助困难母亲在淘宝网开店创业、自立自强为项目宗旨,在不到四个月内吸引了 3500 多万元的网友捐款。社交网站募捐即通过新浪微博、腾讯 QQ、微信等社交网络平台进行募捐。移动网络募捐是随着移动支付的发展出现的新型募捐形式,即利用移动支付平台,随时随地进行募捐,比如支付宝开通了"爱心捐赠"栏目,支付宝用户可以在栏目中选择公益项目进行不限额捐款。

网络募捐虽然创造了便捷高效的募捐方式,广受欢迎,但也存在骗捐、善款管理不善等问题。为了规范网络募捐行为,2016 年 8 月 31 日,民政部发布了《关于指定首批慈善组织互联网募捐信息平台的公告》,指定了腾讯公益网络募捐平台、淘宝公益、蚂蚁金服公益平台、新浪微公益、中国慈善信息平台、京东公益互联网募捐信息平台等 13 家平台为首批慈善组织互联网募捐信息平台。《慈善法》规定,慈善组织通过互联网开展公开募捐的,应当在国务院民政部门统一或者指定的慈善信息平台发布募捐信息,并可以同时在其网站发布募捐信息。

第四节　投　资　管　理

一、投资

投资是指用某种有价值的资产,包括资金、人力、知识产权等投入到某个企业、项目或经济活动中,以获得未来收益的经济行为。[①] 换言之,投资是用当前的资本换取未来收益的活动。投资通常具有两个特征:一是时间的差异性,二是收益的风险性。当社会组织与慈善组织有剩余资金,而不愿将资金闲置造成资产浪费,可以选择进行投资,以实现资产的保值增值。我国社会组织与慈善组织早就存在投资行为。例如,中国红十字会从 1919 年就开始积极投入资金购买公债、股票等有价证券,截至 1921 年,共计投资了鹰洋[②] 7 万元、申规银[③] 5000 两购买有价证券。1933—1935 年,中国红十字会曾经持有中国银行、上海银行、宁绍公司股票,以及沪宁铁路、德发、正六、七长、统一等公债。这些股票和公债部分是受赠而来,部分是出于投资目的而购买。[④]

[①] 参见谢晓霞:《民间非营利组织财务管理理论与实务》,经济管理出版社 2013 年版,第 68 页。
[②] 墨西哥鹰洋,晚清民国年间输入中国最多的外国银圆,因其成色较其他外国银圆佳,且多年不变,在被南京国民政府禁用前,几乎成为中国流通市场上的主币。
[③] "规银"即"规元",近代上海通用的银两计算单位,因此称"申规银"。
[④] 参见张建俅:《中国红十字会经费问题浅析(1912—1937)》,载《近代史研究》2004 年第 3 期,第 101—135 页。

社会组织与慈善组织的投资活动常常被社会认为违背其非营利本性，其实不然，我国当前并没有政策禁止社会组织与慈善组织的投资行为，相反，《基金会管理条例》和《慈善法》都要求基金会和慈善组织对其资产进行"保值、增值"，只不过《慈善法》同时规定了不得进行投资的情况。① 一般认为，社会组织与慈善组织进行投资活动是必要的，为了组织的永续发展，不能仅仅依靠外界资助，要在有余力时积极地对既有资金作投资理财规划。

投资可以分为直接投资和间接投资：②

（1）直接投资是指投资者直接参与资本的形成过程，并在一定程度上对被投资对象拥有经营控制权的投资。项目投资是直接投资的重要形式。

（2）间接投资也称"价值投资"或"权证式投资"，是指投资者通过购买各种金融证券，间接地参与实物和无形资产的形成过程。

社会组织与慈善组织的投资活动涉及直接投资和间接投资。例如，基金会进行公益创投，投资其他公益组织进行的项目，属于直接投资，基金会可以直接参与项目，并对项目有一定的指导权。另外，社会组织与慈善组织也都可以通过购买债券等方式进行间接投资。

二、投资管理和会计核算

投资活动需要较高的专业技能，并且风险较大，因此必须建立健全投资管理制度。投资管理就是对投资的计划、组织、控制进行决策的过程。

对于一般社会组织与慈善组织来说，投资活动主要是进行证券投资，即以货币购买市场上公开发行的股票及债券。按照投资回收期限的长短，有长期投资和短期投资之分。按照《民间非营利组织会计制度》的规定，短期投资是指能够随时变现并且持有时间不超过1年（含1年）的投资，包括股票、债券投资等；长期投资是指除短期投资以外的投资，包括长期股权投资和长期债权投资等。

投资活动作为社会组织与慈善组织一项重要的财务活动，必须在财务会计上按照相关政策规定进行记录。根据《民间非营利组织会计制度》的规定，在投资管理中涉及的会计核算有短期投资、短期投资跌价准备、长期股权投资、长期债券投资、长期投资减值准备、投资收益6个科目。短期投资跌价准备、长期投资减值准备指的是，在年度期末，民间非营利组织应当对短期（长期）投资是否发生了减值进行检查，如果短期（长期）投资的市价低于其账面价值，应当按照市价低于账面价值

---

① 《慈善法》第54条第1款规定："慈善组织为实现财产保值、增值进行投资的，应当遵循合法、安全、有效的原则，投资取得的收益应当全部用于慈善目的。慈善组织的重大投资方案应当经决策机构组成人员三分之二以上同意。政府资助的财产和捐赠协议约定不得投资的财产，不得用于投资。……"

② 参见朱平辉主编：《投资风险管理》，厦门大学出版社2007年版，第1页。

的差额计提短期(长期)投资跌价准备,确认短期(长期)投资跌价损失并计入当期费用。

三、投资的风险防范

投资是一个收益与风险并存的经济活动,投资活动时间的差异性和收益的不确定性使得风险处处存在。社会组织与慈善组织进行投资活动不是单纯为了追求高收益,而是谋求组织的长期可持续发展,因此在选择投资方案时,应当尽量减少投资的风险,这意味着要正确选择投资方向和投资项目,确定合理的投资规模和适当的投资组合。

目前,社会组织与慈善组织进行的投资活动主要有证券投资和公益项目投资等。证券投资所面临的风险与市场上所有的组织与个人所面临的风险相同,若组织中没有专业经验的人员,也可以通过寻找第三方机构进行投资管理,以规避风险。

项目投资是一个复杂的、充满不确定性的过程,在项目实现过程中存在着各种各样的风险,如果不对其进行有效的管理,就会造成巨大的投资损失。项目风险管理就是对项目中可能遇到的风险进行规划、识别、估计、评价、应对及监控的过程。[①]

项目投资的风险管理,其过程通常可以按照投资前、投资执行中分为以下五步:风险识别、风险评估、制定应对措施、实施应对措施、风险管理检查。

进行项目投资前,需要进行风险识别、风险评估和制定应对措施。这一时期的主要工作是进行项目可行性研究,此可行性研究需要在一系列调查研究的基础上进行项目的财务评价、经济评价和社会评价,论证项目在技术上的先进性和适用性、经济上的合理性和赢利性,以及对社会发展起到的作用,从而为投资决策提供可靠的依据。

(1) 风险识别即在进行调查研究时,确定项目存在哪些风险以及这些风险可能造成的影响程度和可能带来的后果,这一部分主要是作定性的估计。

(2) 风险评估则是运用具体的数理统计方法,对风险发生的可能性大小以及后果的严重程度进行定量的估计和描述,并对项目风险管理本身的成本效益进行量化。在作出具体的风险评估之后,就针对项目中可能出现的各种风险制定应对措施。

(3) 应对措施可分为规避风险、防范和控制风险、承受风险、转移风险四种类型。在具体的项目风险管理中,通常需要对各种风险管理技术进行综合分析,根据情况有所侧重。

---

① 参见朱平辉主编:《投资风险管理》,厦门大学出版社 2007 年版,第 178 页。

(4) 风险管理实施即根据选定的应对措施开展项目风险管理,在实施过程中,要严格控制成本,并且对于项目中不断出现的新情况,要及时反馈和跟进,为保证风险管理措施的有效性,必须进行定期的风险管理检查。

四、基金会投资的限制

投资收益是基金会收入的一个重要来源。根据基金会中心网公布的数据,2015 年度我国基金会全部的投资收益达到 35.47 亿元,大致与政府补助收入 37.68 亿元相当。[①] 基金会作为非营利法人,其投资的合法性受到法律的保护,同时也有诸多的限制,根据限制的来源可以分为外部和内部两部分。[②]

1. 限制基金会投资活动的外部因素主要来自政府和社会。

从政府方面看,基金会不同于普通的商业组织,其法人的目的是公益而非营利性的。政府通常从法人身份的确立以及基金会设立的目的来衡量其各类行为的相称性。如果基金会违背了自身设立目的,如相较于社会公益而更热衷于对外投资获益,就会危及基金会的生存。《德国民法典》第 87 条第 1 款直接体现了政府对基金会存续的管制,规定基金会的目的不能达成或造成公共利益危害,主管行政机关可以为基金会另定目的或者撤销基金会。另外,政府也会对基金会对外投资的领域进行限制。

从社会方面看,基金会的收入来源大部分甚至是绝大部分来自于社会捐赠,捐赠者的捐赠动机是多元的,税收减免是其中之一,希望对社会作出有益的改善也是一个重要原因,如果基金会用受赠财产或自有财产进行投资,就会使捐赠者产生对基金会的不信任,进而降低对基金会捐赠的热情。基金会出于维护公信力的考虑,必须对投资行为有所限制。

2. 限制基金会投资活动的内部因素是理事会

投资作为基金会一项重要的活动,必须通过理事会决定。理事会决策的效率与质量的高低直接影响投资活动的成效。为防范理事会决策失当,各国法律从以下两个方面进行规制:一是理事会的选任和行为规制;二是理事的义务与责任。目前,我国《基金会管理条例》对于基金会理事选任的资格条件的规定较为粗糙,此举原意是为了对基金会自身章程中理事资格标准给予更大的权限,但在实际操作中,大多数基金会对于理事的任职条件的规定不够具体,对于理事的责任与义务尚未作出规定。

---

① 资料来源:http://data.foundationcenter.org.cn/data/sjzl.shtml,2016 年 12 月 28 日访问。
② 参见姚海放:《公益基金会投资行为治理研究》,载《政治与法律》2013 年第 3 期,第 12—21 页。

五、慈善组织投资的限制

上述基金会投资会受到的限制，同样适用于慈善组织，而且慈善组织受到的限制更加严格。《慈善法》第 54 条第 1 款规定："慈善组织为实现财产保值、增值进行投资的，应当遵循合法、安全、有效的原则，投资取得的收益应当全部用于慈善目的。慈善组织的重大投资方案应当经决策机构组成人员三分之二以上同意。政府资助的财产和捐赠协议约定不得投资的财产，不得用于投资。慈善组织的负责人和工作人员不得在慈善组织投资的企业兼职或者领取报酬。"

对于慈善组织的投资收益，法律明确规定"应当全部用于慈善目的"。20 世纪 80 年代，亨利·汉斯曼（Henry Hansmann）提出了非营利组织"非分配约束"（non-distribution constraint，或称"禁止分配"）原则，即非营利组织不得向其成员或掌握慈善组织控制地位的机构分配利润。[1] 公益组织作为社会组织的一种必须受这一原则约束，其投资所取得的收益不能用于公益组织成员的福利分配，而是必须无条件地、全部回流公益组织并用于开展公益慈善活动。

同时，由于"重大投资方案应当经决策机构组成人员三分之二以上同意"，慈善组织决策机构效率的高低也影响投资活动开展的进度和成效。投资失误对于一般商事组织而言或可忍受，但是慈善组织用于投资的资产来源于捐赠财产，投资收益也须回归公益慈善项目，一旦投资受损，损害的不仅是慈善组织本身，更是本应受到资助和支持的潜在受助群体。因此，慈善组织对于投资决策有着更高的要求。正确的投资决策除了需要决策机构成员拥有丰富的专业知识和经验，还必须有公正、科学的决策制度，而回避制度是必不可缺的。[2]《慈善法》规定"慈善组织的负责人和工作人员不得在慈善组织投资的企业兼职或者领取报酬"，也是为了保证投资活动与慈善活动的相对独立，保证投资决策的公正、科学、有效。

第五节 财务报告与分析

一、财务报告的概念和分类

财务报告是社会组织与慈善组织会计核算的最终成果，是组织外部了解组织会计信息的主要形式和信息载体。美国财务会计准则委员会（FASB）1980 年 5 月首先对财务报告的目标进行了明确的界定：财务报告应该对现在的、潜在的投资

---

[1] 参见冯果、窦鹏娟：《公益慈善组织投资风险的法律控制》，载《政治与法律》2013 年第 3 期，第 2—11 页。

[2] 同上。

者、债权人、其他使用者提供合理的投资、信贷、决策有用的信息。对于社会组织与慈善组织来说,财务报告的报告对象是组织外部捐赠人和相关利益团体。社会通过财务会计提供的信息,了解组织的资金运作情况,从而作出决策(是否捐赠等),因此,社会组织与慈善组织应定期对外公布组织的财务报告。① 财务报告披露的内容、方式必须具有一定的标准,以便保证会计信息的客观公允,保证会计信息在各种组织间具有可比性。财务报告的重点在于报告财务状况和营运状况,主要是为外部利益相关者提供参考。根据《民间非营利组织会计制度》的规定,民间非营利组织的财务报告应该如实地反映组织的财务状况、业务活动情况和现金流量等信息,所提供的信息应当能够满足会计信息使用者的需要。民间非营利组织的年度财务报告至少应当于年度终了后4个月内对外提供。如果民间非营利组织被要求对外提供中期财务报告的,应当在规定的时间内对外提供。此外,民间非营利组织对外提供的财务报告的内容、会计报表的种类和格式、会计报表附注应予披露的主要内容,由制度统一规定。

案例 11-2　社会组织财务信息究竟该由谁公开

从 2012 年底到 2013 年 2 月,周筱赟先生对嫣然天使基金和嫣然天使儿童医院(以下简称为"嫣然基金"和"嫣然医院")的财务问题提出了一系列的质疑,引发了社会的广泛关注。公益组织的财务透明问题再一次被推到台前。嫣然基金和中国红十字基金会多次作出了回应,厘清了其中部分款项的出入问题,但双方对于两个核心问题仍然相持不下:一是嫣然基金是否可以将 5 000 万元善款捐赠给嫣然医院,而后者的法定代表人李亚鹏正是该基金的发起人。二是嫣然基金和嫣然医院是否有义务公开其所有的财务信息。

第一个问题炮火猛烈,质疑方认为这是一种明显的利益输送,是把钱从基金转移进李亚鹏自己的口袋。在质疑方看来,李亚鹏作为嫣然基金的灵魂人物,通过决策将善款捐赠给自己开办的嫣然医院,有明显的利益冲突,需要回避。在李亚鹏看来,他也觉得非常委屈,一方面因为嫣然医院不是私立医院或营利组织,而是民办非企业组织,受到民政局的监管,不存在赢利分红的问题;另一方面,嫣然基金只是中国红十字基金会监管下的一个计划,本身不足以构成基金会这一法人主体,也就没有嫣然基金理事会的日常运转和决策回避制度。既然并无违法之处,又何来利益输送之说?

第二个关于财产公开的争议,在一定程度上也和法律规定的模糊相联系。就基金会的法律规定而言,《基金会管理条例》关于向社会公众公布年度工作报告(包

---

① 参见王名编著:《非营利组织管理概论》,中国人民大学出版社 2002 年版,第 104 页。

括财务会计报告、注册会计师审计报告,开展募捐、接受捐赠、提供资助等活动的情况以及人员和机构的变动情况)的要求也是针对基金会整体,即应由中国红十字基金会作为囊括各个基金计划的整体公布相关材料,而嫣然基金认为自己也额外公布了捐赠明细以及年度审计报告,并未违反这一法律的规定。就嫣然医院所涉及的民办非企业组织的管理规定,李亚鹏认为没有财务公开义务的主要依据是《民办非企业单位登记管理暂行条例》,即民办非企业组织应当向业务主管单位报告接受、使用捐赠、资助的有关情况,至于向社会公布则采取"适当方式"即可。这种观点可能在以前是正确的,但是嫣然医院可能没有及时跟进 2014 年 1 月 1 日生效的《北京市促进慈善事业若干规定》,其中规定慈善组织应当主动向社会公开"捐赠财产的来源、种类、价值等接受捐赠信息;捐赠财产用途、使用效果等捐赠财产使用信息;年度工作报告、审计报告等专项工作报告"。所以,嫣然医院需要在这方面作出改进。但是,这一规定仍然有模糊之处,即这些公开的财务信息要详细到何种程度?是每一笔开支都要列明,还是以专业机构的审计报告为主,再辅以相关捐赠信息的综述?公益组织的财务公开要求,应该更加明确和科学,既推进机构的透明度建设,接受社会监督,同时也应该充分考虑到公益机构的成本,在两点之间寻求最佳的平衡位置。而目前这样的立法是缺位的,这也加剧了公众期待和公益机构实践之间的落差。

资料来源:张明敏:《社会组织财务信息究竟该由谁公开》,http://gongyi.sina.com.cn/gyzx/2014-09-24/104050318.html,2017 年 1 月 9 日访问;《评论:从嫣然基金事件看公益组织的困境》,http://society.people.com.cn/n/2014/0305/c136657-24533149.html,2017 年 1 月 9 日访问。

财务报告除了向外部公开报送的外部报告之外,还有内部报告。内部报告的目的是向组织内部管理层提供财务信息,包括预算编制、资金安排、成本控制等。根据《民间非营利组织会计制度》的规定,民间非营利组织内部管理需要的会计报表由单位自行规定。

另外,根据报告编制的时间,财务报告还可分为年度财务报告和中期财务报告。以短于一个完整的会计年度的期间(如半年度、季度和月度)编制的财务报告称为"中期财务报告"。年度财务报告则是以整个会计年度为基础编制的财务报告。

二、财务报告的编制

编制财务报告的目的是为了展现组织在一个特定时期的整体形象,也为组织的管理决策提供依据。财务报告由会计报表、会计报表附注和财务情况说明书组成。

（一）会计报表

会计报表是财务记录的综合成果，是根据日常会计核算资料定期编制的反映组织某一特定日期财务状况和某一会计期间业务情况、现金流量的总结性书面报告。《民间非营利组织会计制度》规定，财务会计报告中的会计报表至少应当包括资产负债表、业务活动表和现金流量表。

（1）资产负债表反映组织某一会计期末的全部资产、负债和净资产的情况。对于民间非营利组织来说，净资产科目不同于企业，其净资产分为限定性净资产和非限定性净资产。《民间非营利组织会计制度》第56条规定，如果资产或资产所产生的经济利益（如资产的投资收益和利息等）的使用，受到资产提供者或国家有关法律法规所设置的时间限制和用途限制，则由此形成的净资产即为限定性净资产；国家有关法律法规对净资产的使用直接设置限制的，该受限制的净资产亦为限定性净资产。除此之外的其他净资产，即为非限定性净资产。

（2）业务活动表反映了组织在某一会计期间内开展业务活动的实际情况。

（3）现金流量表反映组织在某一会计期间内现金和现金等价物流入和流出的信息。

（二）会计报表附注

根据《民间非营利组织会计制度》第71条的规定，会计报表附注至少应当包括下列内容：

（1）重要会计政策及其变更情况的说明；

（2）董事会（或理事会或类似权利机构）成员和员工的数量、变动情况以及获得的薪金等报酬情况的说明；

（3）会计报表重要项目及其增减变动情况的说明；

（4）资产提供者设置了时间或用途限制的相关资产情况的说明；

（5）受托代理交易情况的说明，包括受托代理资产的构成、计价基础和依据、用途等；

（6）重大资产减值情况的说明；

（7）公允价值无法可靠取得的受赠资产和其他资产的名称、数量、来源和用途等情况的说明；

（8）对外承诺和或有事项情况的说明；

（9）接受劳务捐赠情况的说明；

（10）资产负债表日后非调整事项的说明；

（11）有助于理解和分析会计报表需要说明的其他事项。

（三）财务情况说明书

《民间非营利组织会计制度》第72条规定，财务情况说明书至少应当对下列情况作出说明：

(1) 民间非营利组织的宗旨、组织结构以及人员配备等情况；

(2) 民间非营利组织业务活动基本情况，年度计划和预算完成情况，产生差异的原因分析，下一会计期间业务活动计划和预算等；

(3) 对民间非营利组织运作有重大影响的其他事项。

民间非营利组织财务报告编制时需要依照相关政策规定，会计政策前后期需保持一致，严格按照民间非营利组织会计制度规定的报表披露时间和计量货币要求、报表的格式规范进行编制。

三、财务报告分析

财务报表提供了社会组织会计核算的基础数据资料，通过财务报告反映的情况，使用者运用专门的分析方法，对组织的财务状况、业务活动情况和现金流量等情况进行综合比较和评价，以获得相关的决策信息，这就是财务分析。

对于企业来说，财务报告的使用者有企业内部的相关人员、投资银行等金融机构。对于上市公司而言，普通的股民也可能查阅企业的会计报表，以便了解企业的运营状况和发展前景。对于社会组织与慈善组织来讲，组织外部的所有捐赠者，甚至其他的社会公众，都有权利了解组织的财务运营状况，通过财务报告分析，可以大致了解组织的活动，特别是资金活动。

财务分析可分为动态分析和静态分析。

(1) 动态分析又称为"纵向分析"，是根据连续几期的财务报告，比较前后期各项目的的增减方向和幅度，从而揭示财务和经营上的变化和趋势。

(2) 静态分析又称为"横向分析"，它是将同一期财务报表上的相关数据进行比较，以说明财务报表上所列项目之间的相互关系。财务报告分析通常运用专门的分析方法，比较常用的有趋势分析法、比率分析法、因素分析法、综合分析法等。不同的分析方法适用于不同的情况，如比率分析法往往用来进行对流动性的分析，而分析发展趋势则可运用趋势分析法。

（一）趋势分析法

趋势分析法是通过连续若干期财务报告中相同的指标或比率的对比，揭示它们的增减变动，根据各期之间的动态变化，以预测财务状况、业务活动情况、现金流量变动趋势的一种分析方法。这种方法属于动态分析。

（二）比率分析法

比率分析法是通过计算指标之间的比率来分析指标之间的关系，进而分析评价组织财务状况和业务绩效的方法。比率分析在财务报告中占有重要的地位，常用的比率有：反映偿债能力的比率，如流动比率、资产负债率等；反映营运能力的比率,如应收账款周转率、流动资产周转率等;反映盈利能力的比率,如净资产收益率、总资产报酬率等;反映现金流动能力的比率,如现金负债比率等。①

(三) 因素分析法

因素分析法是依据某综合指标与其影响因素的关系,从数量上确定各因素对此分析指标的影响方向和影响程度的一种方法。② 因素分析法能够找出影响指标的关键因素,为进一步分析和评价财务状况和业务绩效提供依据。

(四) 综合分析法

综合分析法是在作出一系列分析之后,要对组织财务状况和业务绩效作出综合分析和评价时所采用的方法。③

第六节 财 务 审 计

一、审计的必要性

审计是一项专门的经济监督活动。具体来说,它是由国家授权或接受委托的专职机构和人员运用专门的方法,对被审计单位的财政、财务收支、经营管理活动及其相关资料进行审查和监督,用以维护财经法纪、改善经营管理、提高经济效益的一项独立性的经济监督活动。对社会组织与慈善组织而言,进行财务审计至少有两方面意义。

一方面,进行财务审计是相关法律法规的要求。《社会团体登记管理条例》第27条第2款规定,社会团体在换届或者更换法定代表人之前,登记管理机关、业务主管单位应当组织对其进行财务审计。《民办非企业登记管理暂行条例》第22条规定,民办非企业单位必须执行国家规定的财务管理制度,接受财政部门的监督;资产来源属于国家资助或者社会捐赠、资助的,还应当接受审计机关的监督。民办非企业单位变更法定代表人或者负责人,登记管理机关、业务主管单位应当组织对其进行财务审计。《基金会管理条例》第36、37条规定,基金会公开的年度工作报告内容需包括注册会计师审计报告。登记管理机关在履行监督管理职责时,要对基金会开展活动、内部治理、财务收支和管理、年度工作报告、信息公开等情况进行抽查,并实施财务审计。《慈善法》第72条第2款规定,慈善组织应当每年向社会公开其年度工作报告和财务会计报告,而具有公开募捐资格的慈善组织的财务会计

---

① 参见魏亚平主编:《财务报告分析》,厦门大学出版社2012年版,第18页。
② 同上。
③ 参见谢晓霞主编:《民间非营利组织财务管理理论与实务》,经济管理出版社2013年版,第90页。

报告须经审计。

另一方面,财务审计能够提升组织的财务管理水平,提升组织公信力。现代财务审计的基本特征为独立性、权威性、公正性,这些特征充分体现了审计的地位。在现代市场经济活动中,财务审计对于保证组织财务管理合法、合规、真实、有效至关重要。财务审计发展至今,已经不仅仅包括对财务报表的真实性、合规性进行审查,还能够对组织的财务收支及有关的经营管理活动进行评价并提出建议。权威审计单位给出的审计报告,能够使不同的利益相关者接受,有助于提升社会组织财务管理的合法合规性,提升财务管理水平,并且能够提升组织管理的透明度,从而提高组织公信力。

二、审计的类型

审计按照主体的不同,可以分为政府审计、内部审计和注册会计师审计;按照目的和内容的不同,可以分为财务报表审计、经营审计和合规审计等。[①] 对于社会组织与慈善组织来说,政府审计、独立审计师审计、项目资助方审计是最主要的审计形式。

(一) 政府审计

根据《审计法》,国务院和县级以上地方人民政府设立审计机关。一方面,政府作为社会组织与慈善组织资金来源者之一,有必要对组织的财务活动及财务关系的合法性、合理性、有效性进行监督。另一方面,与其他的监督主体相比,政府拥有公共权力,它对社会组织与慈善组织财务进行监督的效力高,能够起到关键的引导作用。社会组织与慈善组织业务主管机关在年检中对组织进行财务审计;登记管理机关在履行监督管理职责时,要对基金会开展活动、内部治理、财务收支和管理、年度工作报告、信息公开等情况开展抽查,并实施财务审计。社会团体在换届或者更换法定代表人之前,登记管理机关、业务主管单位应当进行财务审计。

(二) 独立审计师审计

独立审计师审计即注册会计师审计。注册会计师作为独立的审计人,拥有独立性、专业性、权威性的特征。《关于规范全国性社会组织年度财务审计工作的通知》指出:"社会组织在接受年度检查时,应当按照登记管理机关的要求报送会计师事务所出具的年度审计报告。登记管理机关为履行监管职责,可以同时出资委托会计师事务所对社会组织进行年度财务抽审","各社会组织应当积极配合会计师事务所的审计工作,及时提供审计所需资料,并对所提供资料的真实性、合法性负责。社会组织应当以年度审计工作为契机,加强项目管理、收支管理和成本核算,

---

① 参见杨荣美主编:《财务审计》,中国税务出版社 2010 年版,第 8 页。

不断提高财务管理水平和会计工作水平。"按照《中国注册会计师审计准则》的规定,对财务报表发表审计意见是注册会计师的责任。注册会计师作为独立的第三方,对财务报表发表审计意见,有利于提高财务报表的可信赖程度。为履行这一职责,注册会计师应当遵守职业道德规范,按照审计准则的规定计划实施审计工作,获取充分、适当的审计证据,并根据获取的审计证据得出合理的审计结论、发表恰当的审计意见。注册会计师通过签署审计报告确认其责任。

(三) 项目资助方审计

项目资助方为了保证社会组织与慈善组织按照其意愿高效、诚信地使用资金,开展项目,可以指定审计人对组织进行审计。对于社会组织与慈善组织来说,不管是政府审计、自主选择的会计事务所审计还是项目资助方审计,都是对组织财务管理工作的挑战和机遇。社会组织与慈善组织应当建立完善的内部财务监督机制,按照理事会、监事会、组织各职能部门和员工按照权责层次划分监督职责,做好日常会计核算工作,对组织财务进行日常监督。外部审计机构的监督是对内部监督职能的有益补充,虽然内部监督机构更加了解组织各方面的信息,开展工作也更容易得到组织内部人员的理解与支持,但是内部监督的有效性较弱,这一方面是因为组织内部缺乏专业人员,另一方面是因为缺乏权威性和强制性。外部审计机构需要借助专业技能、全面考核和监督反馈机制对组织的审计工作进行效果强化。

以上审计均是外部审计,即外部审计机构或人员对社会组织与慈善组织进行的审计,组织同时需要内部的审计。研究认为,社会组织与慈善组织若要防止像美国红十字会在内的一些组织发生的财务丑闻,就必须如营利性组织一样,建立一个强有力的独立组织——审计委员会,以此监测组织的财务管理,帮助组织有效地控制潜在的财务风险。[①] 通过对内部控制制度的审计和评价,可以发现制度本身的完善程度、履行情况及责任归属等问题,并向有关方面反馈信息,以促进内部控制制度的进一步完善和正确的执行。[②]

三、审计目标及需要注意的问题

社会组织与慈善组织的资金主要来源于社会各界的捐赠、政府资助的款项、会员缴纳的会费,以及社会组织服务的对象支付的服务费,因此其财务报表的披露应该满足捐赠人、政府、会员、服务对象等会计信息使用者的需要。审计人员对社会组织与慈善组织进行财务审计时,需保证这一目标的实现。

社会组织与慈善组织的审计工作要以《民间非营利组织会计制度》为会计标准

---

① 参见孙建强、赵鑫、王秀华:《非营利组织财务管理研究综述》,载《财会通讯·综合(下)》2009 年第 8 期,第 56—60 页。

② 参见杨荣美主编:《财务审计》,中国税务出版社 2010 年版,第 12 页。

展开,并按照其要求提供审计报告。另外,在审计工作开展之前,需要做好充足的准备工作,必须先收集被审计组织的各种信息,研究与其有关的法规和政策。例如,与基金会有关的法律政策就有《基金会管理条例》《慈善法》《民间非营利组织会计制度》《公益事业捐赠法》《公益事业捐赠票据使用管理暂行办法》等。

在开展审计工作时,需要注意被审计单位的特殊性。虽然民间非营利组织的会计制度已经实施了十余年,但是在财务会计管理方面,仍然存在不少问题。例如,部分组织未配备专职的会计、出纳人员,因此要采用合适的审计方法。具体来说,在资产审计方面,要注意及时盘点现金,审核银行存款的准确性;在净资产审计方面,由于民间非营利组织有限定性净资产和非限定性净资产之分,要注意审核其划分的准确性;对于其收入审计,要注意审核捐赠收入、会费收入等收据是否合法合规,特别检查是否符合国家对捐赠票据使用的规定等。在支出审计上,要严格按照《慈善组织开展慈善活动年度支出和管理费用标准》的规定[1],核查组织所属的标准,并按照重要性原则抽查大额支出的凭证和附件,与明细账、总账科目核对,确保无不合法支出等。

第七节 评 述

一、财务管理现状

《民间非营利组织会计制度》自 2005 年实施以来,已经走过十几个年头,在这十几年里,社会组织的会计制度环境不断优化,组织自身也在成长壮大,不断地强化组织能力,财务管理水平不断提高。

首先,从外部环境上看,有关社会组织财务规制的法律法规日趋完善,政府监管逐渐到位。除了《民间非营利组织会计制度》,财政部先后出台了《关于非营利组织企业所得税免税收入问题的通知》《关于非营利组织免税资格认定管理有关问题的通知》等规章制度,给予社会组织财务管理指导,在政策上对其财务资金进行支持。在《慈善法》出台之后,民政部又出台了《慈善组织开展慈善活动年度支出和管理费用标准》,对慈善组织相关财务标准作出规定。

在政府监管方面,"三大条例"均有涉及社会组织的业务主管单位及登记管理单位的财务监督职责。例如,《基金会管理条例(修订草案征求意见稿)》第 66 条规

---

[1] 《慈善组织开展慈善活动年度支出和管理费用标准》第 7 条规定:"慈善组织中具有公开募捐资格的基金会年度慈善活动支出不得低于上年总收入的 70%;年度管理费用不得高于当年总支出的 10%。慈善组织中具有公开募捐资格的社会团体和社会服务机构年度慈善活动支出不得低于上年总收入的 70%;年度管理费用不得高于当年总支出的 13%。"另外,该标准在后续条款中,详细规定了不具公开募捐资格的慈善组织年度慈善活动支出和年度管理费用的执行标准。

定:"业务主管单位对基金会履行下列监督管理职责:……(二)负责基金会的思想政治工作、党的建设、财务和人事管理、研讨活动、对外交往、接受境外捐赠资助"。同时,社会组织在年检中均须提交财务会计报告,业务主管单位也可以对其进行专门的财务审计。

其次,从内部管理上看,许多社会组织已经认识到财务管理的重要性,配置了专业的财务会计人员,不断完善组织财务管理系统和建立合适的财务管理制度。部分社会组织还建立了财务信息公开机制,利用互联网技术,主动公开财务信息,接受社会监督。这不仅有利于利益相关者了解社会组织财务管理状况,方便政府管理部门进行监督管理,也彰显了社会组织透明、公开的管理机制,有助于组织公信力的提升。

尽管如此,由于外部制度环境还不尽完善、部分社会组织的理念和能力还难以跟上等原因,社会组织的财务管理状况总体上不容乐观。

二、财务管理中的问题

社会组织不以获取利润为最终目标,这在很长时间内成为社会组织财务管理被忽视的重要原因,但是财务资源是社会组织实现其组织目标的必要手段,不能有效地使用财务资源,就不能实现其为会员、为社会服务的目标,而财务管理是规范组织财务行为的必要手段,缺乏有效的财务管理,组织可能会陷入财务危机甚至财务丑闻,严重的还会出现违法违规行为。近年来,民政部公示的被撤销登记的社会组织中就有大量是在财务管理上出了问题。例如,2016年8月26日,民政部官网通报了对四家慈善基金会和两家社会团体作出行政处罚的决定,其中慈孝特困老人救助基金会被撤销登记的原因之一是在编制财务会计报告中弄虚作假且情节严重。[①]

对于当前我国社会组织财务管理中的问题,学者们从不同角度进行了研究,主要包括以下几个方面:法律制度不完善和法律体系不健全;会计基础工作薄弱,财务管理制度执行不力;没有建立信息披露制度,财务透明度低;财务人员整体素质不高,高素质会计人才匮乏;缺乏有效的监督管理机制和自律机制[②];预算管理薄弱;收支管理随意松散,财务绩效无法评估等。[③]

在资金管理的具体方面,比如筹资管理方面,存在更多也更加艰巨的挑战。随着互联网的普及,网络慈善这种新的慈善模式正在发展壮大,极大地推进了慈善事

---

① 参见《民政部对4家慈善基金会行政处罚涉财务违规》,http://news.163.com/16/0827/02/BVEKSV2L00014AED.html#f=dupdate,2017年1月9日访问。
② 参见宋亚伟、赵宏伟:《我国民间非营利组织财务管理存在的问题及对策研究》,载《财会研究》2013年第8期,第49—51页。
③ 参见马立群:《我国非营利组织财务管理问题研究》,载《探索》2012年第5期,第105—108页。

业的常态化和平民化,慈善组织可以通过网络方便、高效、创新地进行募捐,但是虚拟网络信息的真假难辨、网络监管不力、募捐发起人法律地位模糊等困境也阻碍了网络募捐事业的可持续发展。[①]

不管是财务管理的宏观方面,或是资金管理的具体方面,综合来看,社会组织与慈善组织财务管理中主要存在两方面问题:一是组织自身的问题,二是外部环境及监管的问题。

组织自身的问题主要表现在:(1)财务管理意识不足。对财务管理的重要性认识不够,没有认识到建立完善、透明的财务体系对于组织目标的实现、组织公信力的提升的重要作用。(2)财务管理人才缺乏。人力资源的匮乏是当前我国社会组织与慈善组织所面临的共同问题,财务工作中所涉及的筹资、投资、会计核算、财务报表的编制工作均需专业的人员来担任,但是从目前来看,大多数社会组织与慈善组织都缺乏此类人才,从而缺乏资金筹措等能力。(3)财务管理制度不完善,主要表现为信息披露制度缺乏,财务透明度低,会计核算、票据管理工作薄弱等。

外部环境及监管方面的问题主要包括:(1)财务管理制度不完善。虽然现行法律法规和规章制度对社会组织的财务管理有所规定,《慈善法》及其配套政策的出台对慈善组织的财务管理有较为具体的规定,但从总体上看,社会组织与慈善组织财务管理的政策规定仍然不足,比如对社会组织与慈善组织可以从事何种具体营利性行为的规定一直缺乏,对社会团体是否必须提交年度财务审计报告的规定不明等。(2)财务监管落后。业务主管单位和民政部门惯常通过年度检查的方式监管社会组织与慈善组织的财务行为,由于缺乏专业的财务和审计人员,在年检中通常很难发现问题,财务监管的目的难以实现。不但如此,随着网络募捐、公益创投、公益创业等新的公益慈善新事物的出现,社会组织与慈善组织的财务管理变得更加复杂,如果在利用新技术发展公益慈善事业的同时,加强对组织的财务监管,是监管部门面临的新难题。

总之,提高社会组织与慈善组织的财务管理水平,提升财务绩效,不仅需要组织自身进行意识转变,培养并招揽人才和构建完善的内部财务管理制度,也需要社会各界的共同监督,健全相关法律制度,改革监管机构管理方式,共同为社会的公益慈善事业而努力。

三、发展对策

针对上述问题,本章最后从以下几方面提出改善社会组织与慈善组织财务管理的建议:

---

① 参见汪丹:《我国网络慈善事业的可持续发展研究》,载《社会工作》2014年第6期,第91—98页。

（一）完善相关法律制度

社会组织与慈善组织财务管理需要政府的监督，法律法规是最重要的规制工具，未来可在《民间非营利组织会计制度》的基础上完善细化财务管理政策，并增强对法律执行情况的监督。对于目前有财务管理的法律法规和规章制度中诸多仅有政策框架、缺乏具体规定的内容，应加以完善，制定具体而明确的配套政策和解释办法。例如，通过制定政策进一步明确"非营利原则"，规定社会组织与慈善组织可从事的营利活动及禁止从事的营利活动的具体范围，规定对"非营利原则"的监督措施和违规后果等。

（二）提高财务监管的专业性

完善法律法规仅能够解决"有法可依"，规范社会组织与慈善组织的财务管理，还需要专业执法。鉴于当前政府监管部门专业人员不足的问题，建议登记管理机关和业务主管单位配备专门的财务人员或引入第三方机构对社会组织与慈善组织实施财务监管，提高财务检查能力和检查效果。此外，政府可借助社会力量实现对社会组织与慈善组织更为有效的财务监管，这可以通过将组织的财务报告公之于众来实现。在财务报告公开的情况下，公众可以通过查询和解读组织财务信息发现财务管理中存在的问题，而政府则可以接受公众对组织的举报，并对举报信息进行查证，对确实存在的问题进行处理，从而实现对组织的财务监管。

（三）提高财务管理水平

社会组织与慈善组织需提高自身的财务管理水平。各组织首先应按政策要求，同时借鉴企业、业内优秀组织的财务管理制度，逐步完善预算管理、会计核算、财务公开等制度。其次要转变意识，加强对财务管理重要性的认识，注重财务管理专业人才的引进和培养。目前有许多针对社会组织与慈善组织财务管理能力提升的培训班和研讨会，社会组织与慈善组织可以通过参与此类活动加强人才培养工作。最后要积极推进财务公开工作。财务公开不仅是社会组织与慈善组织提升社会公信力、获取社会资源的重要手段，还能帮助发现财务管理中的问题，应成为组织财务管理工作中的重要内容。

（四）开展财务绩效评估

开展财务绩效评估，公开绩效评估结果，发挥社会监督的作用，是促使社会组织与慈善组织加强财务管理的规范性的重要途径。财务绩效评估不同于财务审计，前者是指应用财务指标体系对社会组织与慈善组织进行评价，后者主要是为了保证组织财务管理的合法、合规、真实和有效。虽然财务审计发展至今，已经不仅仅包括对财务会计报表的真实性、合规性进行审查，还能够对组织的财务收支以及有关的经营管理活动进行评价并提出建议，但是对于组织提升财务管理水平来说，还需要进行财务绩效评估。通过制定财务评价标准体系,组织专门的人员开展财务绩效评估,能够帮助社会组织与慈善组织明确财务管理目标,提升财务管理水平。

本章小结

本章主要介绍了社会组织与慈善组织财务管理的一般理论。资金的筹集、运营、投放和分配是所有组织的头等大事,围绕资金活动开展的管理工作就是财务管理工作。社会组织与慈善组织财务管理的特殊性体现为财务管理目标的非营利性、资金来源的独特性、产权形式的特殊性。社会组织与慈善组织的预算需要根据相关法律法规编制、执行。筹资管理能力不强是许多社会组织与慈善组织遭遇的主要发展瓶颈,招募专业筹资人员和掌握筹资理论知识对于增强筹资能力十分关键。监管部门应加强对违法违规筹资活动的管制。社会组织与慈善组织进行投资的主要目的是实现组织资产的保值增值,在投资管理中应特别注意投资风险的防范。财务会计报告是组织财务管理的书面总结,社会组织与慈善组织应该按照政策规定编制和公开财务报告。对社会组织与慈善组织的审计主要有政府审计、独立审计师审计项目和资助方审计。审计能够从专业角度揭示组织的财务状况,社会组织与慈善组织可利用审计活动提升自身财务管理水平和社会公信力。本章最后基于社会组织与慈善组织财务管理的现状,分析了其中存在的问题,并简要提出了发展建议。

思考题

1. 社会组织的财务管理有哪些特点?
2. 社会组织的财务管理包括哪些内容?
3. 社会组织可以通过哪些方式筹资?
4. 慈善组织筹资有何特殊性?
5. 社会组织与慈善组织进行投资活动需要注意哪些问题?
6. 社会组织与慈善组织进行财务审计的意义何在?有哪些审计类型?
7. 政府对社会组织与慈善组织的财务监管存在哪些不足?
8. 如何提高社会组织与慈善组织的财务管理能力?

拓展阅读书目

1. 王名等:《中国社团改革:从政府选择到社会选择》,社会科学文献出版社2001年版。
2. 刘新玲、吴丛珊:《公益创投的含义、性质与构成要素》,载《福建行政学院学报》2011年第4期。

第十二章　社会组织与慈善组织的绩效管理

本章要点

1. 掌握社会组织与慈善组织绩效管理的内涵、特点和工具。
2. 了解社会组织与慈善组织绩效管理的计划过程及要求。
3. 了解社会组织与慈善组织绩效目标的实施过程及要求。
4. 了解社会组织与慈善组织绩效评估的基本要求和流程。
5. 理解社会组织与慈善组织绩效管理中存在的问题及其发展方向。

导语

　　绩效管理是当代组织管理的重要内容之一，先进的绩效理念和绩效管理系统对组织目标的实现和组织的可持续发展起着不可替代的作用。绩效管理从单纯的绩效考核发展到如今的全面绩效管理，已经形成了较为成熟的理论和实践体系，且已经在企业和政府等公共部门中得到了广泛应用。成功的企业总是有着设计合理、运转灵活的绩效管理系统，高效的公共部门也常常会使用符合自身特点的绩效管理系统。但是，对于多数社会组织与慈善组织来说，绩效管理仍然是一项新鲜事物。那么，社会组织与慈善组织应如何开展绩效管理，提高组织绩效？本章将对这一问题作出讨论。

第一节　绩效管理概述

一、绩效与绩效管理

1. 绩效

绩效的含义在不同学科甚至不同学者的理解中有一定的差别。《牛津现代高级英汉词典》将绩效(performance)定义为"执行、履行、表现、成绩"。从这个解释中可以看出,绩效可以是一种行为,即对任务的执行、履行,也可以是一种结果,即任务或者工作完成之时取得的成绩。学界对绩效的理解有三种比较常见的观点。

(1) 绩效结果观。这种观点被早期的绩效研究者们普遍接受,如伯纳丁(Bernardin)等将绩效定义为"在特定时间范围,在特定工作职能或活动上生产出的结果记录"[①]。他们认为,采用结果导向的绩效管理,能将组织的目标与个人的努力联系起来,关注获得顾客满意度、投资资金收益以及实现战略目标。绩效结果观主要通过对一项工作产生的最终结果来评价个人或组织的价值,但随着人们对绩效问题研究的不断深入,人们对绩效就是结果的观点提出了挑战,渐渐接受了绩效行为观。

(2) 绩效行为观。这种观点认为,绩效是那些与组织目标相关的行动或行为。坎贝尔(Campbell)直接说"绩效是行为,应该与结果区分开,因为结果会受系统因素的影响",他认为绩效是"行为"的同义词,即行为本身。[②] 绩效的行为观的主要理论依据有:许多工作结果不仅仅是由个体导致的,可能还会受到与工作无关的其他因素的影响;另外,如果过分追求结果会导致对行为过程的忽视,造成行为上的不适当性,可能误导员工。伯曼(Borman)和摩托瓦德罗(Motowidlo)提出了绩效二维模型,认为绩效包含任务绩效和关系绩效两个方面,任务绩效是组织所规定的行为或者完成分内工作的熟练度;关系绩效是指组织没有明确规定的员工自发的行为,与工作熟练度无关。

(3) 绩效综合观。绩效结果观、绩效行为观均是从一个侧面来阐释绩效内涵。随着战略绩效管理的兴起,绩效管理越来越成为一个完整的体系,它既包括绩效目标、绩效考核,关注结果,同时也强调绩效沟通、绩效辅导,关注结果形成的过程。绩效综合观全面地包含了员工的个人素质、个人能力的评估,更适合知识经济时代的组织管理。

在不同的学科中,绩效也有不同的内涵。在经济学中,绩效更加强调与薪酬的对等,绩效是员工对组织的承诺,而薪酬则是组织对员工的承诺。在社会学中,绩效意味着每一个社会成员按照社会分工所确定的角色承担其职责。而在管理学中,绩效是组织期望的结果,包括对组织成员个人的期望和组织整体的期望,组织绩效建立在个人绩效实现的基础上,但个人绩效的实现不一定保证组织绩效的实现。如何通过激励使组织成员个人完成绩效目标,并协调推进组织绩效目标的实现,这是绩效管理需要解决的问题。

---

① 转引自王怀明:《绩效管理》,山东人民出版社2004年版,第3页。
② 参见付亚和、许玉林主编:《绩效管理》(第三版),复旦大学出版社2014年版,第5页。

2. 绩效管理

绩效管理,顾名思义就是对绩效的管理。管理本身是一个计划、组织、领导、协调、控制的循环过程,绩效管理作为管理行为的一种,本质上也是这样的过程。绩效管理所具有的特点是:(1) 绩效管理的计划是自下而上的,它将组织的基层员工、上层领导全部纳入绩效目标的制定过程当中,因此它是组织持续交流的过程;(2) 绩效管理的组织实施是系统而全面的,它整合了影响绩效的各种要素和各个环节,力争改善组织绩效;(3) 绩效管理的控制工作具有前瞻性,绩效评估标准在绩效实施之初就已经建立,评估标准就是控制标准,后续的绩效评估结果反馈、绩效改进这些控制工作都是基于设定的绩效目标。

综上所述,绩效管理就是组织为了实现目标和促成员工达成目标的行为,在组织内部进行的由全体成员参与的绩效计划、组织、领导、协调、控制的过程。对于社会组织与慈善组织来说,组织的目标通常是为特定的人群服务,因此社会组织与慈善组织的绩效管理可以界定为:管理者为了达到组织预期的目标,在组织内部建立的以结果为导向、以提高服务质量为宗旨的管理过程。[①]

二、绩效管理的特点

对于社会组织与慈善组织来说,绩效管理与企业等营利性组织有很大的不同,具体体现在:

(一) 绩效标准难以设置

相较于营利性组织,社会组织与慈善组织目标的特殊性、提供产品的特殊性、被服务者期望的特殊性,使其绩效考核标准难以量化和难以统一。首先,目标的特殊性。从总体上看,社会组织与慈善组织的目标十分抽象和模糊,难以衡量;从单个社会组织与慈善组织看,其目标具有多重性、变动性和不确定性。例如,社会团体中的行业协会,它既可以是一个互益性组织,主要实现协会成员的利益,也可以是公益性组织,为整个行业的发展作出贡献。其次,产品的特殊性。许多社会组织与慈善组织不直接生产物品,而是提供服务,如大多数的社会团体和基金会。服务是无形和难以量化的,服务效果是主观感受,难以形成评估标准。最后,服务期望的特殊性。社会组织与慈善组织通常以低于市场的价格或者免费提供服务,其服务对象没有支付与服务对等的费用,即使他们不满意,也不会如同在市场上那样明显地表露态度。

(二) 绩效激励手段的特殊性

社会组织与慈善组织本身获得的收入不得分配,这使得组织有了预筛选机制,

[①] 参见周俊:《社会组织管理》,中国人民大学出版社 2015 年版,第 213 页。

加入组织的人员相较于物质激励往往更加偏好精神激励,因为他们认同组织使命而愿意接受低于市场水准的薪酬甚至不领薪酬。物质激励手段在绩效计划制定时可以通过奖金等明确体现,但是精神激励包含更多个体因素,在设置时更加困难。

(三)绩效评估主体的多元性

社会组织与慈善组织的服务对象是社会大众和特殊群体,资金来源于组织成员、政府、社会捐赠、服务对象等多个渠道,缺乏明确的所有者。这种特性使得组织绩效评估的主体包含了组织运行中的所有利益相关者,相比较于企业来说,社会组织与慈善组织的绩效评估主体更加多元,评估工作也更加复杂。

社会组织自身及其发展环境的特殊性使社会组织绩效管理主体呈现出特殊性。目前,我国社会组织大多仍然实行双重管理体制,活动开展要受到业务主管单位的指导,登记管理机关需要对社会组织进行年检、评估等工作,并且因为社会组织提供的是公共服务,政府有责任进行监督,所以社会组织的绩效管理主体除了其自身以外,首先要包括政府部门。另外,公益性社会组织的服务对象是社会公众,社会公众直接感受社会组织的服务质量,他们也是社会组织绩效管理的重要参与者。因此,社会组织的绩效评估主体主要包括:组织自身、登记管理机关、业务主管单位、服务对象和第三方机构。

三、绩效管理的工具

绩效管理工具是绩效管理过程中采取的系统方法,是绩效管理得以有效实施的保证。绩效评价时期的绩效管理工具是只对员工工作表现进行评价的评价性工具,之后发展为具有完整性,渗透到绩效管理全过程的管理工具,目前已有许多广泛使用的成熟的管理工具,如目标管理、平衡计分卡、标杆管理等。对于社会组织来说,学习系统的绩效管理理念,掌握先进的绩效管理工具,可以在绩效管理工作实施中达到事半功倍的效果。

下面简要介绍几种常用的绩效管理工具:

(一)目标管理(Management by Objective,MBO)

目标管理最初是由美国管理学大师彼得·德鲁克提出的,后来被广泛运用于各种组织的管理实践中。所谓目标管理实际上是一个过程,它通过组织中上下层级员工共同协商,根据组织使命确定组织在特定时期的总目标,再根据总目标确定各个部门、各位员工的职责和分目标,这些分目标就是组织绩效考核中对部门和个人的考核标准。目标管理能够得到推广的重要原因在于它将组织目标和个人目标有机地结合起来。根据德鲁克的观点,管理组织应遵循的一个原则是:"每一项工作必须为达到总目标而展开。"①因此,衡量一个员工的绩效就是看他对总目标的贡献程度如何。目标管理的过程分为以下几个步骤:第一,目标的确定,包含组织总目标的确定和目标的分解。在这一过程中,需要组织高层发动全体成员,共同进行目标体系的构建,特别是对于个人目标的确定,需要上级和下级不断地沟通,最终达成一致。第二,目标的实施。目标管理最大的特点就是自我管理,每个人在高层领导的指导和协助下进行自我管理,达成个人的分目标。第三,评估与反馈。在组织实施的过程中需要进行持续的反馈,在目标管理周期结束时,采用多种方式对目标完成情况进行评估。在评估完成后,根据结果反馈进行下一轮的目标管理过程。社会组织与慈善组织可以利用目标管理将组织使命与组织成员个人追求联系起来,发挥目标的激励作用。

(二)关键绩效指标法(Key Performance Indication, KPI)

当"绩效评估"发展为"绩效管理",管理者们越来越注重绩效管理与组织战略的结合,希望通过评估将工作行为与目标达成结合起来,弥补单纯的结果评估或行为评估的缺陷,关键绩效指标法成为一个突出的代表。② 关键绩效指标是对创造组织价值最有影响的关键因素的归纳和提炼,是用于考核的可量化的或可行为化的标准体系。理解关键绩效指标需要注意两点:第一,关键绩效指标必须是对组织战略有增值作用的指标,它是组织运作过程中最关键要素的集合;第二,指标必须是可量化或可行为化的,它是能明确标明员工所从事的主要工作和当期主要任务的指标,量化考核是关键绩效指标法实施的关键。如果指标是难以量化的,那么也必须是可以行为化的。建立关键绩效指标体系需要遵循五个步骤:(1)详细描述部门和岗位的工作职责;(2)提取工作要点;(3)归纳提炼关键绩效指标;(4)确定各指标的权重;(5)确定绩效标准。

(三)标杆管理(Benchmarking Management, BM)

目标管理与关键绩效指标法的第一步都是设置组织层面的总目标,标杆管理解决的就是组织目标设置的问题。标杆管理最早由美国施乐公司开展实践,大获成功后在全球范围内推行,"标杆"指的是业内最佳实践,组织寻找并实施最佳实践的过程即是标杆管理的过程,其基本理念是通过向最强的竞争对手或公认的领先者学习,促使自己变得卓越。标杆管理是一项持续性的工作,它通过不断将组织流程与最优实践相比,寻找自身差距,采取措施缩小差距并努力超越的过程。将标杆管理应用至绩效管理中,需要以下几个步骤:(1)确定组织需要改进的项目内容,寻找"标杆";(2)将组织现状与"标杆"进行对比,量化差距;(3)依据标杆设定绩效标

---

① 转引自付亚和、许玉林主编:《绩效管理》(第三版),复旦大学出版社 2014 年版,第 309 页。
② 参见方振邦、鲍春雷:《绩效管理工具的发展演变》,载《理论界》2010 年第 4 期,第 204—206 页。

准,进行实施;(4)绩效评估,再次与标杆对比,不断进行突破。

(四) 平衡计分卡(Balanced Score Card,BSC)

平衡计分卡是平衡财务与非财务指标的综合绩效考核方法,由卡普兰(Robert Kaplan)和诺顿(David P. Norton)通过对绩效测评技术领先的12家公司的研究后推出。此方法从四个角度关注企业绩效,分别是顾客、内部流程、学习与发展、财务。财务测评指标是传统的绩效考核指标,能够显示组织的行动成效,顾客、内部流程、学习与发展可以补充财务测评指标,推动未来的财务绩效。[①] 平衡计分卡技术对于社会组织与慈善组织的启示是,绩效管理可以从单一的行动成效考核转向关注服务对象、制订内部成员的学习发展计划,以及优化组织内部流程上来,寻找更加全面、更容易转化为行为的绩效管理模式。

(五) 360度考核

360度考核也称为"360反馈",其理论假设是工作的多面性,不同的人所观察的方面也是不同的,因此在考核中应该将所有的利益相关者都纳入考核主体。对于企业来说,员工的360度考核涉及的主体有员工本身、上级领导、同事、下级员工、对接的客户等,评价内容包括沟通技巧、人际关系、领导能力、行政能力及工作完成情况。360度考核的优点是全面、客观,能够从多个角度反馈信息,减少偏见对考核结果的影响,同时将外部顾客纳入可以推动组织进行全面质量管理。但是,由于考核主体的多元化,可能会导致多方的意见冲突,在综合处理各方反馈信息时比较棘手。另外,员工有可能发生串通作弊的行为。因此,社会组织在建立360度考核系统时,要采取相关防范措施,如进行匿名考核等,确保考核质量。

掌握了绩效管理的工具,在实施绩效管理时也要遵循一定的步骤,通常可以分为三个阶段:绩效计划、绩效实施、绩效评估与反馈。下面将分节阐述每一阶段需要注意的内容。

第二节 绩 效 计 划

绩效管理与绩效评估的区别在于,绩效管理是一个组织中领导与员工共同协商、持续沟通形成的协议过程,绩效评估则仅仅是对结果的评价。因此,绩效管理是一个事前计划、事中管理、事后评估的完整过程,绩效评估仅仅是绩效管理重要的一环。绩效目标设定是绩效计划的重要内容,是绩效管理的第一步。绩效目标决定了绩效评估的指标和标准,也决定了组织和成员的努力方向,绩效目标的确定需要遵循一定的原则和程序。

---

① 参见付亚和、许玉林主编:《绩效管理》(第三版),复旦大学出版社2014年版,第283页。

一、绩效目标

(一) 概念及意义

绩效目标，通俗来讲，就是组织希望通过实施绩效管理达到的效果，绩效目标服从于组织目标，组织目标是由组织使命决定的。组织使命、组织目标既有联系又有区别。组织使命是组织根据社会环境给自己的定位，它描述了组织的基本功能，又是组织存在的原因。目标是使命的具体化，也是促使组织完成使命的动力。例如，对于医院来说，其基本使命是消除疾病和促进健康，为了体现这一使命，某一特定医院可能确定以下目标：提高医生专业水平、改善医院基础设施、提升医护人员的服务质量等。

实施绩效管理的最终目的是为了实现组织目标，因此绩效管理本身的目标就是建立完善的绩效系统，优化绩效流程，更好地为组织目标服务。对于社会组织与慈善组织来说，绩效管理能够帮助组织充分利用自身资源，调动成员积极性，更好地为社会服务，创造更大的价值。

设立绩效目标首先要对组织目标进行操作化处理。操作化，也称作"具体化"或者"分解化"，它是社会调查研究中一种重要的研究方法，也是将抽象的、复杂的事物（通常是概念或命题）通过一定的步骤逐步分解为可测量的指标和可被实际验证命题的过程。绩效目标就是对组织目标操作化的结果，它使组织目标具体化，给予成员更加明确的指引；它是可量化、可观察的，使得衡量组织目标的完成效果成为可能。操作化的目的是形成绩效计划的核心部分，也是绩效评估的依据，即建立一套完整的绩效指标与标准。其中，指标是指衡量或者评估工作的具体方面，标准是指在这些方面上应该达到什么样的水平，指标解决评估"什么"的问题，标准解决被评估者应该"怎样做"或完成"多少"的问题。

绩效目标需要与组织目标具有一致性，因此并非静止不变。组织内外环境变化以后，组织目标、战略甚至结构都要作出调整。此时，绩效目标应该随之变化。

(二) 绩效目标设置的原则

绩效目标需要符合"SMART"原则：

(1) 明确性(Specific)。绩效目标必须是明确具体的，含糊不清的目标没有任何意义。另外，明确性还有另外一层意思，即确保所有成员清晰地了解目标的含义，如果成员对于目标的理解不同，在工作中就会产生不同的努力方向，对于主要目标和次要目标的排序也会不同，这会妨碍组织总体目标的达成。

(2) 可衡量性(Measurable)。绩效目标必须是可衡量的。量化的指标能够使评估工作更加简便，评估结果也相对容易理解。不能量化的指标，要通过其他方式进行可视化操作，这对于社会组织与慈善组织来说十分必要，因为组织通常提供无形的和难以量化的服务。

(3) 可获得性(Attainable)。可获得性指的是目标的可行性。组织在制定目标时要区分基本绩效和卓越绩效,基本绩效是所有员工经过努力均能达到的绩效标准,卓越绩效是个别员工超越组织基本绩效要求,追求卓越的结果。绩效目标是根据组织内外的情况,通过深入了解员工素质及潜能,制定出的既富有挑战性又具有可行性的目标。另外,可行性还意味着目标设定时要注意各个分目标的相互配合。不符合组织情况,好高骛远的目标会挫伤成员的积极性。

(4) 相关性(Relevant)。绩效目标必须是与组织战略相关。有助于整体目标的实现,它是战略目标层层分解的结果,包括两层含义:一是在纵向上,上下级目标需要保持一致性,避免目标重复和断层;二是在横向上,员工个人目标要与所在部门或团队的关键目标职责相联系。

(5) 时间规定性(Time-bounded)。绩效目标是有时间限制的。没有时间要求的目标相当于没有目标。

二、绩效计划信息的准备

绩效计划是领导与员工根据组织目标、阶段业务重点、岗位职责等要素通过共同讨论协商达成的契约,它包括两方面的内容:一是应该达成怎样的绩效目标;二是管理者与被管理者在此期间应该完成什么工作。绩效计划有以下几个特点:(1) 主体是管理者与被管理者;(2) 是关于工作目标和标准的契约;(3) 是一个双向沟通的过程;(4) 十分重视员工的参与和承诺。[①] 为了使绩效计划顺利达成预期的效果,在制订计划之前需要做好充分的准备工作,主要包括两方面:信息的准备和沟通。

信息的准备需要对组织内外环境进行分析和诊断。通过分析诊断,收集充分的信息,在此基础上制订具体的绩效计划。对组织环境的分析通常应用SWOT分析法,充分收集有关组织外部环境中的挑战与机遇的信息,了解组织自身的优势与劣势。具体来说,组织内部的信息包括组织层面、团队层面、个人层面;组织外部的信息包括行业标杆、竞争对手等。

(一) 组织层面

首先,组织的目标与战略。为了使绩效计划能够与组织目标结合在一起,管理者与被管理者需要在制订绩效计划前回顾组织目标,明确组织发展战略,保证绩效参与者充分理解绩效管理应该达到的效果。

其次,组织规模。不同的组织规模所要求的绩效管理模式和绩效评估标准有

---

① 参见王怀明:《绩效管理》,山东人民出版社2004年版,第85—87页。

所差异,绩效管理系统在不同规模的组织中发挥的作用不完全相同。在大中型组织中,组织结构复杂,绩效管理需要建立在完善的岗位工作标准体系、预算管理体系、管理信息体系之上,绩效管理的主要目的是建立竞争激励机制和优胜劣汰机制,通过建设性的绩效评估,不断提高员工个人的业绩能力。小型组织管理结构简单,管理趋于扁平,绩效结果公开透明,但由于缺乏规范化的管理流程,绩效目标很难保证,因此其绩效管理的主要目的是保障组织业绩目标的实现。

最后,组织文化和价值观。组织文化是组织在长期实践中形成的,为全体成员认可的行为规范、工作标准、价值倾向,具有稳定性、传承性和发展性。组织文化通常可分为三层:内隐层、制度层和外显层。内隐层是指组织的价值观、组织精神等蕴含在组织及组织成员内心深处的态度倾向;制度层是指体现了组织理念的工作规范、员工守则及组织的各项规章制度;外显层包括组织的工作环境、所生产的产品、提供的服务等实质性物品,它们都体现了组织文化。组织文化对员工的行为有导向、激励和维持的作用,绩效计划的设置需要与组织的文化相一致。

(二)团队层面

现代组织通常强调组织内部的团队化,团队之间能够形成竞争,团队内部可以充分地合作,能够大大提升组织的效率。对于社会组织与慈善组织来说,最常见的团队即项目团队,即为特定的公益项目而组建的专业团队。团队的绩效管理需要收集和分析的信息有项目背景及前景、项目使命、项目时间限制等。另外,项目的绩效目标不仅要有助于项目的完成,同时要与组织目标具有相关性,保持相对一致性。

(三)个人层面

绩效目标最终会形成具体的项目指标和标准,它将细化到每一个成员身上,因此,为了保证绩效计划的合理性和可行性,必须充分了解组织中成员的素质结构、个人的个性能力、目标期望、潜能等信息。

(四)竞争对手和可比较的绩效标杆

以上信息主要是组织内部的环境,建立绩效管理目标体系,还需要分析相关的外部环境,如组织所处的行业前景、宏观的政策和市场环境,以及可以作为参照和超越体系的绩效标杆和竞争对手。"知己知彼,百战不殆",应分析竞争对手的经营绩效、管理政策和机制,借鉴其成功的做法为自身所用,同时着重分析其不足之处,以此为戒,并努力超越。绩效标杆是行业内最佳绩效实践,通过分析组织自身与标杆之间的差距,能够进一步确立组织努力的目标。

三、绩效计划的沟通与确定

绩效计划是管理者与被管理者对于工作目标和标准的契约,需要在双向沟通的基础上拟定。沟通的目的是,通过管理者与员工的相互交流,使双方对绩效管理期间各自的工作目标和计划达成共识,并修正绩效计划中不合理之处。为了保证沟通目的的达成,需要营造沟通环境,遵守沟通原则,选择合适的沟通形式,按照一定的程序进行沟通。

(1) 营造良好的沟通环境。环境对于沟通效果十分重要,正式庄重的环境能够使当事者摆正态度,严肃认真地对待沟通内容;轻松愉悦的环境容易让双方从心理上得到放松,消除抵触和敌意。因此,需要根据沟通的内容选择合适的环境。比如,沟通内容是管理者与员工之间的分歧,应该选择轻松舒适的环境,消除双方之间的对立和摩擦。

(2) 遵守沟通原则。绩效计划沟通是为了确定绩效目标,形成管理双方一致同意的绩效方案。因此,在这种沟通中管理者需要将自己放在一个与员工平等的地位上讨论问题。在沟通中充分尊重员工意见,让员工能够表达自身的观点和诉求,而不是高高在上,将自己的意志强加于员工。员工自身也应该认识到沟通工作和目的,明白绩效计划对自身工作的影响,畅所欲言,而不是顾忌双方的身份差别,一味地盲目服从。

(3) 选择合适的沟通形式。沟通形式可以按照不同的标准分为书面沟通和语言沟通、定期沟通和随机沟通、单独沟通和团体沟通、正式沟通和非正式沟通等。各种沟通形式都有各自的优缺点,应当根据组织的情况合理选择。通常,多种沟通方式综合地使用能够达到更好的效果。

(4) 沟通的程序。在绩效计划的沟通中,首先需要综合回顾前期准备的信息,然后,在组织目标的基础上,每个员工自己设立工作目标,再经过与上级的讨论最终确定。确定下来的绩效计划不是一成不变的,需要依据组织内外的环境和组织战略的调整进行修改。经过充分的交流,最终确定完整的绩效计划。

第三节　绩效目标实施

绩效实施是绩效管理的中间环节,即使是完美无缺的绩效计划,不进行实施也是毫无用处的。但是,在实际管理中,绩效实施也是最容易被忽视的环节,存在许多误区。例如,一些管理者认为,做好绩效计划,定好绩效评估的指标和标准,员工就会自发地按照计划行动,因此在绩效实施过程中完全置身世外,到了绩效评估阶段又抱怨绩效结果太差。另外,一些管理者又过多地干涉员工的个人行为,不懂得让员工自我负责,造成员工过多地依赖管理人员或者觉得自身不被尊重。还有一种情况,管理者不注重日常记录,到了绩效期末想与员工讨论绩效实施的不足之处,却发现没有真凭实据,无法使员工信服。

为了落实绩效目标和绩效计划,保证组织运作符合绩效计划的要求,绩效实施阶段管理者并非是无事可做,而应该进行持续的绩效辅导、持续的绩效沟通,并且注意收集与记录绩效信息,对绩效实施进行有效监控与纠偏。

一、绩效辅导

(一) 概念及作用

绩效辅导是指管理人员对员工完成工作目标的过程提供帮助和指导,以帮助员工改进工作方法和技能,及时纠正员工行为与工作目标之间的偏离,并对目标和计划进行跟踪和修改。[①] 绩效辅导实际是控制过程,是为了保证员工行为符合绩效计划的规定,为了促成绩效目标的完成。具体来说,绩效辅导属于事中控制,也称为"现场控制",即在计划开始实施之后,对活动中的人和事进行指导和监督。领导者的作用可以简单概括为决策和用人,即在活动开始之前,要确定组织在未来某个时期内的活动目标和行动路线,然后为组织配备适当的人去从事目标活动。但是,如果仅仅制订了计划、配备了必要的人员,却不去检查这些人的工作情况,则难以保证计划目标的实现。

绩效辅导的作用有两个:一是指导员工以正确的方法进行工作。管理者之所以成为管理者,必有其长于下属之处,指导下属的工作,培养下属的能力,就成为管理者的重要职责。管理者可以通过现场监督,当面向下属传授工作要领和技巧,纠正下属错误的工作方法和过程,从而提高其工作能力。二是保证绩效计划的执行和绩效目标的实现。通过进行绩效辅导,管理者保持与员工的紧密联系,可以使管理者随时发现下属在活动中出现的与计划要求相偏离的行为,进行及时的提醒和纠偏,从而可以将问题消灭在萌芽状态,或者避免已经产生的问题对组织不利影响的扩散。

在绩效辅导这一控制过程中,应该注意,控制不是毫无目的和毫无原则的,有效的控制应该遵循一定的原则和步骤。

(二) 绩效辅导的原则

绩效辅导应该遵循以下原则:

(1) 适时原则。组织活动中出现的不利于目标实现的偏差,或是单个员工行为偏差,或是组织活动方向的偏差,都应该及时采取措施加以纠正,才能避免偏差的扩大,防止偏差扩大产生的不利影响的扩散。及时纠偏,要求管理人员及时掌握能够反映偏差产生的信息,这就需要管理人员与员工保持持续不断的沟通,以及建立高效的绩效信息收集与记录系统。现代电子科技的发展,使长距离的即时沟通、信

[①] 参见周俊:《社会组织管理》,中国人民大学出版社 2015 年版,第 217 页。

息的即时共享更加便利。因此,组织应该在绩效辅导工作中充分利用高科技进行辅助。

(2) 适度原则。适度指的是控制的范围、程度和频度要恰到好处。绩效计划明确了管理者和员工分别应该完成什么工作。在绩效实施过程中,管理者需要对下属进行辅导,但是这种辅导过多或是过少,都将影响绩效计划的顺利实施和绩效目标的顺利完成。适度的控制需要注意:第一,确定控制范围,把握全面辅导和重点辅导的关系。虽然管理者有可能想要做到面面俱到,但全面控制将造成控制人员多于作业人员。因此,管理者需要找对组织目标实现具有重大影响的关键绩效领域,进行重点控制。第二,控制成本。绩效辅导也是需要成本的,像管理者的时间、精力,实施纠偏措施所需的资源,以及员工转换行为期间由于不熟练等造成的隐性成本。因此,要使花费一定成本的纠偏能够得到足够的收益。第三,把握放权与集权的平衡。控制常给被控制者带来某种不愉快,但是领导者的完全放任又会造成组织活动的混乱,有效的绩效辅导应该既能满足对下属监督和纠偏的需要,又要防止干涉得过多,与下属产生冲突。

(三) 绩效辅导的步骤

绩效辅导一般包括以下几个步骤:(1) 收集信息。通过现场观察、员工反馈了解员工的行为和绩效,掌握绩效不良信息。(2) 诊断和分析。根据信息反映的情况,追根溯源,找到造成低绩效的根本原因。(3) 辅导和纠偏。领导者和员工一起寻找合适的方法措施,克服影响绩效的障碍。(4) 记录与固定。即在辅导完成后,要注意进行记录,绩效实施中出现的问题通常具有共性,良好的档案管理能够为今后的绩效辅导提供便利。

从上面的分析中我们看出,绩效辅导的过程中离不开持续的绩效沟通和绩效信息的收集和记录,采取合适的方式能让绩效辅导工作事半功倍。

二、持续绩效沟通

(一) 绩效沟通的作用

绩效沟通概括来讲,就是为了达到绩效管理的目的而进行的,在组织所有成员之间发生的,具有多种形式、内容、层次的交流活动。进行持续的绩效沟通,具体来说有以下几方面的作用:

(1) 给予管理者信息。管理人员在工作中需要及时掌握员工工作进展情况,以便根据现阶段信息作出下一步决策。另外,管理者需要以这些具体的信息作为绩效评价的依据,因此必须进行沟通收集信息。

(2) 给予员工反馈。人往往对于自己的行为无法作出全面客观的评价,需要从别人那里获取反馈。员工也希望能够及时得到关于自己绩效的反馈信息,以便不断地改进自己的绩效和提高自己的能力。

（3）一种重要的激励。社会心理学发现，被关注的人往往能够取得更好的绩效，因为人类都有社交和尊重的需要，沟通是一种良好的让员工感受到被重视、被关注的方式。因此，沟通本身就是一种激励、一种改善绩效的方式。

（4）及时实施绩效辅导。持续的沟通能够让管理者与被管理者保持一种密切的联系，保证信息的传递是即时的、有效的。这能够帮助管理者第一时间对员工发生偏差的行为进行纠正，指导其运用正确的工作方式和技巧。

（5）及时调整绩效计划。绩效结果出现偏差，绩效目标没有完成，有可能是因为员工行为的问题，但也有可能是绩效计划本身的问题，这也分为两种情况：一是原先制订的计划不科学，到了执行中才发现问题；二是计划在制订时是科学合理的，但是由于外界环境的变化，计划不再适应新形势的需要。不论是哪一种情况，都需要及时发现、及时调整，以免不利影响的扩散。

沟通是双方的交流，绩效沟通的内容也是由管理者与被管理者双方的需要决定的。在沟通进行之前，沟通双方应该思考自己希望通过沟通获得哪些信息，而自己又能够给对方提供哪些有助于组织目标达成的信息。具体的沟通内容根据组织阶段目标的不同而有所差别。

（二）绩效沟通的形式

进行沟通时，采取何种沟通方式在很大程度上决定着沟通的效率。沟通形式可以按照不同的标准分为书面沟通和语言沟通、定期沟通和随机沟通、单独沟通和团体沟通、正式沟通和非正式沟通等。[①]

1. 正式沟通

（1）书面报告。书面报告是指以书面文字或图表的形式向上级报告工作进展的情况，反映工作中存在的问题以及向上级提出请求和建议的沟通方式。书面沟通有定期和不定期之分，定期书面报告包括年报、季报、月报、周报和工作日志，不定期的书面报告主要是员工就工作中的一些重大问题及时向上级进行汇报。书面报告在组织中应用得十分普遍，因为它具有许多优点：可以在短期内全面、系统地收集信息；可以突破时间、空间的限制，实现双方的沟通；便于保存十分有用的档案文件等。但是，书面报告也有一些缺点：信息传递往往是单向的，员工难以及时得到反馈信息；填写书面报告会占用员工的时间，给员工带来负担；时间长了之后容易流于形式。

（2）单独面谈。管理者与被管理者单独面谈，也是组织中常用的沟通形式。由于面谈是直接地面对沟通对象，可以通过语言、表情、姿势等多种途径传达信息，效

---

① 参见王怀明：《绩效管理》，山东人民出版社2004年版，第159—167页。

果比较显著。另外,面谈的优点具体有:在私密的环境下,可以进行较深入的探讨,以及讨论一些较敏感的话题;面谈的形式容易拉近上下级的心理距离,建立融洽的人际关系;管理者可以针对每个员工的情况提供个性化的辅导和帮助。但是,一对一的面谈也容易给员工造成较大心理压力,而且会占用管理者大量的时间和精力。

(3) 团体会议。部门、团队、整个组织都可以进行定期或者不定期的会议,进行信息的上传下达。会议沟通采用面对面的形式能够弥补书面沟通的缺陷,同时团队成员之间能够通过会议增进了解,实现更好的协调和配合。但是,会议需要许多员工共同参加,对于会议组织者的要求较高,有些问题也不便在公开的场合讨论。因此,要想使会议沟通有效,必须掌握会议沟通的技巧。

2. 非正式沟通

在绩效实施的过程中,除了采用正式沟通的形式以外,还经常进行非正式沟通。相较于正式沟通,非正式沟通形式不拘一格,气氛轻松自然,不受时间、空间限制。因此,对于紧急问题,通过非正式沟通解决效率较高,而且非正式沟通是交流感情、拉近管理人员和员工之间距离的好方法。常用的非正式沟通有以下几种:

(1) 走动式管理,即在工作期间,管理者通过到员工的工作场所走动,了解员工工作进展情况。这种方式能够及时地了解到员工遇到的问题和困难,提供指导和帮助,即使没有困难,管理者也可以通过走动表达问候和关心,激励员工士气。

(2) 工作间歇的交流,即在工作之余,如在餐厅、咖啡馆聊天时进行的沟通。这种形式轻松自然,员工在聊天时可顺其自然地向上级报告工作进展,不仅简便易行节约时间,而且能够改善上级与下级的关系。

(3) 非正式会议,指举行茶话会、联欢会、生日晚会等各种非正式的团队活动。这些场合聚集了多数的工作人员,信息传递面广,气氛又轻松活泼,能够解决许多不便在正式场合讨论的问题。

在进行绩效沟通时,需要根据沟通内容选择合适的沟通方式。在组织中,通常综合地使用多种沟通方式,以达到更好的效果。

三、绩效信息的收集与记录

(一) 绩效信息收集的内容

绩效信息的收集与记录,是绩效实施与辅导阶段需要进行的另一项重要工作,它的主要目的是为绩效管理的下一个环节——绩效评估做好准备。收集绩效信息是为了分析绩效管理过程中的优点与不足。把这些信息记录下来,不仅能够在绩效评估中有充分的参考资料,而且能够在与员工的绩效反馈面谈时言之有据,避免空口无凭而使上下级因分歧而产生冲突。通过对组织历年的绩效记录资料进行分析,还可以积累大量的关键事件,发现绩效优劣背后的原因。

收集和记录绩效信息不等于将工作中所有的绩效表现都记录下来,这是不现实的,也是不必要的。实施绩效管理是为了使组织不断进步,因此在进行资料收集的过程中,应该选择与关键绩效指标密切相关的信息进行记录。这些信息主要包括:目标和标准达到或未达到的情况,员工因工作或其他行为受到表扬和批评的情况,证明工作绩效突出或低下所需要的具体证据,同员工进行绩效沟通的记录等。①

(二)绩效信息收集的方式

绩效信息收集的方式通常有:

(1)观察法。即管理人员在工作中直接观察员工表现,并对员工的行为进行记录的方法。观察法分为参与式观察和纯观察,参与式观察要求记录者与员工共同开展工作,并在工作中进行记录,这种方法占用时间较长,但是得到的资料详细、具体;纯观察法简单易行,但是得到的资料往往是有偏差的。

(2)工作日志法。即员工将每天从事的主要工作详细记录下来,交给直接主管审核签字,成为重要的存档资料。这种工作日志内容翔实,而且能够得到连续的信息,但对于员工和主管来说,都需要花费大量时间,占用大量精力,因此在实践中,通常不会采取一天一报的方式。

(3)查阅各种工作报表和记录。即可以从组织原有的、制度规定的报表中收集信息,如可以从人力资源部的工作报告中获取员工的出勤率。这种方式简单快捷,但是信息相对不完整。

(4)访谈法。员工的工作或者是生产产品,或者是提供服务,其生产产品或提供服务的对象可以作为管理者的访谈对象,成为获取员工绩效信息的重要途径。第三方的评价往往更加直观,更加具有说服力。

(5)问卷法。问卷法相较于访谈法而言,可以同时获得多人的反馈,也是一种有效的收集信息的方式。在实践中,提倡多种方法综合使用,取长补短,以获得更加全面、有效、有说服力的信息。

第四节 绩 效 评 估

在系统的绩效管理产生之前,就已经出现了各种绩效评估的技术。现在许多小型组织仍然用绩效评估代替绩效管理,但是绩效评估、绩效管理两者存在着根本的差别。绩效评估是绩效管理中的局部环节和手段,通过绩效评估能够获得改善组织绩效的基本资料,帮助组织提高绩效管理的水平和有效性。因此,绩效评估是绩效管理一个不可或缺的组成部分。绩效评估的基本要素包括评估标准、评估主

---

① 参见付亚和、许玉林主编:《绩效管理》(第三版),复旦大学出版社2014年版,第118页。

体和评估结果,做好绩效评估工作就是把好绩效管理的最后一关,对于组织绩效的改善至关重要。

一、绩效评估概述

(一) 概念及意义

绩效评估是绩效期间结束时,评估人员依据绩效计划对员工绩效目标完成情况进行评价,并将评定结果反馈给员工的过程。这是从字面上理解绩效评估,对于绩效评估的深层内涵,不同的人有不同的理解:一些人认为绩效评估就是对组织中成员的贡献进行排序;也有人认为评估是为了对员工现任职务的完成情况和担任更高一级职务的潜力进行客观的评价。随着绩效管理的发展,更多人将绩效评估当成实现组织战略不可或缺的手段,不仅具有人力资源管理上的意义,而且具有战略意义。[①]

(1) 绩效评估的战略意义。现代组织管理中已经将绩效管理作为战略管理的一部分。战略目标通过分解形成一系列绩效目标,经由绩效计划、绩效实施最终通过绩效评估来评判组织战略目标的完成情况,以及在此过程中员工的行为是否有利于目标的实现。实施绩效管理和进行科学的评估,能够提高组织的核心竞争力,确保组织的短期目标和长期目标相联系,确保组织在竞争的环境中生存和发展。例如,在组织采用平衡计分卡进行绩效管理时,可以将组织战略目标分别分解为顾客、内部流程、学习与发展、财务四个方面的绩效目标,再结合组织具体情况将每一部分的绩效目标细化,形成可量化或可考核的指标和标准,绩效评估能够给予员工有效的心理引导,保证战略目标的达成。

(2) 绩效评估人力资源管理方面的意义。绩效评估最初就是人力资源部门为了客观地评价员工而设计的,实际上绩效评估在人力资源管理中具有多种功能。从员工个人的角度来看,绩效评估为评价个人优缺点和发展潜能提供了一个反馈渠道。绩效评估运用科学的手段衡量员工的工作行为,并给予评价,不仅帮助上级全面了解员工,而且给员工一个客观认识自己的机会,能够提升其竞争意识和危机意识,同时帮助员工了解自身不足,指引员工进行专项培训。从组织管理的角度来看,绩效评估在人力资源多个模块中均有应用。例如,许多组织将员工报酬与绩效挂钩,甚至提升、调任或解雇等决策都需要依据绩效评估的结果。另外,绩效评估能够帮助组织根据员工的实际需求制订合理的培训计划。最后,当组织涉及人力资源方面的纠纷和诉讼时,绩效评估的结果能够提供原始的证据。

---

① 参见付亚和、许玉林主编:《绩效管理》(第三版),复旦大学出版社 2014 年版,第 134 页。

(二) 绩效评估的原则

良好的绩效评估需要遵循一些基本的原则,这是保证绩效评估有效的基本条件。首先,良好的绩效评估必须是公正、开放的。绩效评估要想顺利进行,评估标准与评估程序必须公开透明,得到员工的一致认可,取得认同的评估才能得到真实有效的信息。其次,绩效评估必须有反馈机制。没有反馈机制,被评估者无法了解自身状况,对于绩效改进没有任何帮助。因此,在评估完成后,需要通过各种反馈方式进行反馈,使评估结果得到利用。再次,良好的绩效评估需要制度化。绩效管理是一个不断循环的过程,发现提升绩效的方法并在下一次的循环过程中应用,之后再通过不断改进和完善,绩效管理才能真正地起到帮助组织实现战略目标的作用。偶尔一次的或者是间歇性的绩效评估对组织的意义不大。最后,绩效评估也要注重可行性。可行性包含两个层面的意思:一方面,评估指标和标准的设定要贴合组织的发展状况,既富有挑战性又是通过努力能够达到,一味地追逐高标准可能会挫伤员工的自信心和积极性。另一方面,绩效评估是需要成本的,评估者和被评估者都需要投入一定的时间、精力,组织需要耗费物力、财力保证评估的顺利进行,评估是为组织目标服务的。因此,在进行绩效评估之前,需要开展成本收益分析,确保评估活动的成本控制在组织的承受范围内,并且能够为组织带来收益和改善。

二、绩效评估标准的制定

(一) 指标与标准的含义

绩效评估的指标和标准是进行评估的依据,设立了评估的指标和标准,考核才是有意义的。指标与标准所指的含义不同,指标指明了从哪些方面对工作产出进行衡量或评估,而标准解决的是各个指标分别应该达到什么样的水平,即指标告诉我们评估什么,标准告诉我们被评估者做得怎么样。对于一项具体的指标,为它设立标准是相对容易的。对于可量化的绩效指标,绩效标准通常设定为一个范围,达到范围上限,说明被评估者创造了卓越绩效。相反,低于范围下限,说明被评估者绩效水平较差,需要改进。对于社会组织与慈善组织来说,所提供的服务往往是不能量化的,此时绩效指标往往是一些行为化的指标,设立绩效标准时需要考虑服务对象期望被评估者做到什么程度。

建立一套完整高效的绩效指标是一项复杂的工作,一些组织不具备绩效管理的专业人员或者不愿意费时费力建立自己的指标体系,会选择购买一些现成的绩效评估量表。这样做确实比较方便快捷,但是购买的量表一般是比较宽泛的,评估内容并不具有针对性,可能并不能反映出组织绩效管理的真实水平,更别说通过分析绩效结果寻找造成绩效优或劣的深层原因了。但是,如果组织内部自行开发绩效评估的量表,需要对组织全部的人员和全部产品进行调查,不仅耗时耗力,而且往往因为缺乏专业的绩效评估人员,导致设立的指标并不能很好地为完成组织目标服务。因此,比较通用的方式是先购买专业绩效评估公司的量表,再组织高层领导人员、人力资源管理专家和其他相关者对购买的量表进行讨论,根据组织的真实情况对评估量表进行删减和增加。

即使是使用现成的量表,对于评估指标也要有所选择。指标应该是与组织目标相联系的,并且要具有可评估的特征。指标首先应该根据组织愿景通过评估得到的信息而设定。绩效评估是绩效管理的一部分,评估的目的需要服从绩效管理的目的,而绩效管理又是为组织战略目标服务的,因此在制定绩效指标体系时,要注意将绩效指标与组织目标联系起来,让绩效指标具有导向性、激励性,保证每个员工绩效目标的完成指向组织目标的实现。

(二)指标与标准制定的原则

绩效指标需要有利于员工的成长。对于单个员工而言,组织期望通过绩效评估了解其工作能力、工作态度和业绩表现等方面的内容。现在许多组织也将对员工的潜力评价作为绩效评估的一部分内容,以便考察员工的晋升空间。对于工作团队来说,绩效评估除了评价团队整体的业绩表现,还要考察团队内部的运作,如合作与竞争的情况,有助于团队任务完成的因素和工作障碍的因素。

绩效指标需要有效地反映组织的绩效水平。对于营利性组织而言,员工的绩效最终都可以归结为组织的营利,绩效指标是容易设立的,并且是比较可靠的。但是,社会组织与慈善组织不同,它们追求的社会效益是无法完全用货币化指标衡量的,因此选择适当的指标是非常困难的。例如,对于志愿者来说,志愿服务的时长、服务对象的数量这些表面的信息是容易得到的,许多组织直接采用这些数据当作绩效评估的依据。但是,贡献时间越长的志愿者不一定提供高质量的服务,服务对象最多的志愿者也不一定得到服务对象的好评。对于提供无形服务的组织来说,绩效指标的确定工作更加困难。

在实践中,社会组织与慈善组织还需要继续探索,力争设计出更加科学有效的评估指标体系。

三、绩效评估的实施

虽然大多数组织已经认识到绩效评估的重要性,但在实际推行中,绩效评估仍然遭遇了重重困难。这是因为实施绩效评估需要专业的人员和技术,但更加普遍的原因是人们对绩效评估的抵触,这种抵触不仅仅来源于员工,也来源于组织的管理者。

(一)评估遭遇抵触的原因

对员工来说,其抵触评估的原因主要有以下几点:(1)心理压力。绩效评估意味着对员工的能力作出评价,人们往往不愿意被评价,因为这种评价中可能带有对自己不利的因素。(2)认为绩效评估无用。绩效评估需要占用员工正常的工作时间,耗费时间和精力,而绩效改进的过程是十分缓慢的,因此员工往往会认为绩效评估是无用的,也就不认真对待。(3)评估结果不明确。在绩效评估结束之前,谁也不知道结果是怎样的,而评估结果往往与奖金、晋升等利益相关联,当员工无法掌控结果时,对于可能会伤害自身利益的绩效评估也就无法抱有良好的态度。

对于管理人员——主要是指直线管理人员来说,以上几点原因也适用,因为他们也面临着自己的上级和组织压力,除了以上三点原因之外,管理人员讨厌绩效评估还因为:第一,担心与下属发生冲突。管理人员是员工的评估主体之一,直接上级的意见在评估中占据了重要的位置,但是在评价下属时不可避免地会出现不利于对方的言辞,这可能会造成上下级的冲突,关系不融洽将影响部门的整体绩效,这是管理人员不愿意看到的。第二,认为绩效评估挤占了资源。相对于员工来说,管理人员更不愿意看到本不充裕的人力、物力资源被评估活动占用,因此会想方设法阻碍评估实施。

(二)评估实施的准备工作

其实,员工产生这些抵触思想,大多是因为没有充分认识绩效评估的本质和作用。了解人们抵触绩效评估的原因,有助于实施者在开展绩效评估之前和评估过程中,时刻向员工解释和澄清,扭转绩效评估在员工心中的负面印象。因此,绩效评估前的准备工作是十分必要的。准备工作包括以下几项:

1. 选定评估者

在现代组织中,评价员工的绩效仅仅靠直属上级无法得到全面准确的结果,因此评估主体通常是多元的,包含了工作中涉及的所有利益相关者,如上级、下属、同事、客户及员工自己。对于社会组织与慈善组织员工来说,绩效评估的主体包括:领导、项目或小组队员、其他同事、服务对象,以及政府或第三方评估机构的评估者。社会组织与慈善组织不仅要对出资人负责,而且要接受政府和社会公众的监督,因此在绩效评估中涉及的评估主体更为广泛。

2. 培训评估者

除了从事绩效管理的专业人员外,其他的评估主体大多对绩效评估技术了解不深,而且人本身存在各种知觉偏差,如刻板效应、首因效应等,这些主观因素都会导致绩效评估的失败。因此,在进行评估前,必须对评估者进行培训,向其讲解评估过程中经常出现的一些非主观恶意的错误,尽量避免评估的偏差。

3. 评估前的宣传与沟通

评估前的宣传与沟通工作也是必不可少的。评估中遇到的许多阻碍都是因为员工对绩效评估工作的本质、重要性没有深刻理解,通过宣传和一对一的沟通能够有效地打消员工的疑虑,从而调动员工的积极性。

评估者一般都是通过填写一定的量表进行评估的量表上评价结果的形式有好几种,通常有评级、排名、比照目标和标准评价等。需要注意的是,评价结果一定要有事实依据,这就要求在整个过程中,评估者都需要运用观察、访谈、问卷等方式进行绩效信息的收集与记录。

四、绩效评估结果的反馈与应用

绩效评估结果出来之后,绩效管理流程并没有结束。对于绩效评估结果的应用是进行绩效评估的最终目的。绩效评估结果需要反馈给员工个人,以便员工明白自身的优点与差距,进一步提升绩效。另外,绩效评估结果在人力资源管理中也可以直接应用。

(一)绩效反馈面谈

绩效反馈的形式通常有书面反馈和当面反馈。书面反馈虽然简便,但是员工只是得到了一个结果,对于改进绩效作用不大,因此更多组织采用当面反馈即绩效反馈面谈的形式进行反馈。面谈主要是管理者就上一绩效周期中员工的表现和绩效结果与员工进行探讨的过程,其目的是让员工充分了解自身的优势与不足,以便在下一绩效周期采取措施进行绩效改进。

成功的绩效面谈需要具有面谈前的准备、面谈过程中的技巧和面谈结束后的跟进。

在进行面谈前,不仅管理者需要准备,参加面谈的员工也需要有所准备,因此管理者所做的第一项工作就是选择适当的时间和地点,给双方预留准备的时间。时间需要由管理者和员工双方协商决定,如果由管理者单方面决定,不仅让员工感觉不受到尊重,而且有可能会与员工自身的安排存在冲突,面谈的效果不能保证。面谈的地点通常是管理者的办公室、会议室或咖啡馆等,但是管理者的办公室可能会给员工一种压迫感,并且面谈有可能被电话和访客打断,因此不是理想的面谈地点。咖啡馆等场所比较轻松随意,如果管理者有意拉近与员工的关系,或者化解冲突分歧,咖啡馆会是一个好的选择,但是也有可能不够严肃,使员工对面谈重视度不够。会议室是一个比较私密、庄重的场所,比较适合作为绩效面谈的地点。

确定好时间、地点之后,双方就面谈中可能会涉及的资料进行准备,管理者需要熟悉面谈者的评估资料,员工也需要对本绩效周期内的行为表现进行回顾,做到心里有底。

在面谈过程中,管理者需要注意掌握一定的技巧,首先不能只批评不表扬。其次,在面谈中不仅仅是管理者说,而且要鼓励员工自己说,只有充分参与了面谈过程,员工才会对面谈感到满意。在面谈结束后要注意做好跟进工作,协助员工共同进行绩效改进。

(二) 绩效评估结果在人力资源管理中的应用

对于员工而言,绩效评估是检视自己,向组织证明自身能力和价值的好机会,也是发现自身不足的契机,因此评估者必须通过恰当的方式将绩效评估结果反馈给员工。另外,对于人力资源管理者来说,绩效评估结果需要与薪酬调整、职务晋升和岗位调配相挂钩,才能实现绩效评估的价值。对于组织而言,绩效评估结果显示了上一周期组织管理的成效,需要通过分析绩效评估的结果,诊断问题,然后制定绩效改进计划,开始新一轮的绩效管理循环,毕竟组织实施绩效管理的初因就是为了提升组织绩效。

绩效评估结果是人力资源管理中重要的一环,绩效计划为员工设立了目标激励,绩效实施过程中管理者提供了绩效辅导,绩效评估结束后管理者与员工进行绩效面谈以帮助员工改进绩效,而评估的结果则可以作为人力资源规划、培训计划、人事调整、薪酬调整的依据。

人力资源规划是指根据组织的发展战略,对组织未来一定时期内需要的人力资源数量和结构作出规划,以满足组织发展的需要。在进行规划时,需要先对组织现有的人力资源情况做好清查,再根据当前情况和战略发展的需要预计应该作出怎样的调整。绩效评估是在整个组织范围内进行的,基本上收集了全部人员的信息,经过对评估结果的分析,能够了解组织现有人力资源的结构和利用情况,帮助人力资源规划工作顺利进行。

绩效评估结果能够显示员工在哪些方面有所欠缺,组织可以根据结果制订合适的培训计划,更加有针对性地帮助员工弥补不足。将薪酬调整与绩效评估结果挂钩,不仅能够增加员工参与绩效管理的积极性,而且对于薪酬调整本身来说,也更加科学和有依据。另外,绩效评估显示了员工在当前岗位的胜任度和担任更高职务的潜能,因此可以作为人事调动的依据。

第五节 评 述

一、绩效管理的现状

绩效管理最早在私人组织开展,20 世纪 80 年代随着轰轰烈烈的"新公共管理运动",绩效评估、管理工具开始进入公共部门。英国政府的"雷纳评审"、美国政府的"再造政府运动",都期望运用企业中先进的管理理念和技术来提高公共部门的绩效。目前在社会组织与慈善组织①领域,绩效管理的重要性渐渐被人们认识,有关研究和实践日益增多。我国社会组织与慈善组织由于历史原因和管理体制的制约,整体发展与西方发达国家相差较大,但在绩效管理方面,也取得了一定的进展,具体表现如下:

(一)社会组织初步具备了绩效管理理念

随着社会组织数量的增多,组织领域内的竞争愈加激烈,部分组织已经意识到进行绩效管理是提升组织服务质量和改善组织竞争地位的关键举措,开始制定绩效考核制度,设立与绩效管理相适应的组织结构。例如,南都公益基金会、友成企业家扶贫基金会等都针对自身发展情况制定了绩效考核办法,《南都公益基金会绩效考核办法》②明确指出绩效考核办法是为了客观公正评价员工工作表现,进一步提高员工的工作绩效而制定的,对考核的准则、流程、方法、内容、等级标准及考核结果的应用均有较为完备的规定,可以看出社会组织对于绩效管理的理论和实践已经有了初步成果。

在组织结构上,一些社会组织建立了实施绩效管理的职能部门,如南都公益基金会专门设立了战略规划小组、评估小组等,这些小组职能独立,负责对基金会项目部、传播部、财务部和办公室进行指导和评估。③ 组织结构是组织运行的基础,开展绩效管理必须设立相应的组织结构。

从绩效评估的角度看,社会组织开始注重项目评估。公益项目是社会组织筹集资金,提供专项服务,增进社会福利,同时促进组织自身影响力发展的重要载体,对项目进行评估是判断社会组织是否实现项目目标,是否真正为利益相关者负责的重要手段。一些社会组织不仅组织内部人员对项目成果进行验收,而且邀请第三方独立机构对项目进行评估,并将评估结果公布,充分做到信息公开和运作透明。例如,2012年,中民慈善捐助信息中心作为独立第三方,对中国社会福利基金会芒果微基金管理委员会与湖南卫视联合发起《天声一队》"快乐校车"项目进行了监督评估,本次评估主要从社会效益、可持续性、社会影响力三个维度展开。④

(二)政策推动社会组织绩效管理的发展

目前,社会组织仍有相当一部分处于双重管理体制之下。虽然 2013 年四类社会组织放开实行登记制度,但政府与社会组织的关系仍然相当密切,因此政策对于社会组织的指导作用十分显著。

---

① 由于慈善组织与社会组织情况类似,这里仅就社会组织问题进行分析。
② 资料来源:http://www.naradafoundation.org/content/1145,2016 年 12 月 28 日访问。
③ 资料来源:http://www.naradafoundation.org/home/category/23,2016 年 12 月 28 日访问。
④ 参见《中民慈善发布"快乐校车"公益项目评估报告》,http://gongyi.sina.com.cn/gyzx/2012-08-16/141436731.html,2017 年 1 月 9 日访问。

首先,民政部进行的社会组织评估工作对于社会组织绩效评估起到了重要的指引作用。自2004年起,民政部开始提出探索建立民间组织评估机制;2007年,民政部发布了《推进民间组织评估工作的指导意见》和《全国性民间组织评估实施办法》;2013年3月1日起,《社会组织评估管理办法》开始施行,标志着社会组织评估进入规范化阶段。民政部发布的各类评估政策初步建立了各类社会组织的评估指标体系,如民办非企业单位评估指标中有4项一级指标,21项二级指标,52项三级指标,132项四级指标,指标总分为1000分,四项一级指标分别为基础条件、内部治理、工作绩效和社会评价。这些评估指标体系基本涵盖了社会组织运作的主要方面,对于社会组织建立内部的绩效评估指标体系有一定的参考意义。[1] 基本涵盖了社会组织评估的所有方面,对于社会组织建立内部的绩效评估指标体系有一定的参考意义。

其次,政府购买社会组织服务开展的绩效管理对于社会组织的促进作用。政府购买社会组织服务是为弥补政府不足,发挥社会组织优势而形成的公共服务供给制度。在此过程中,政府作为公共服务责任的代理人,同时作为公共服务生产的委托人,对于直接生产提供公共服务的社会组织有着监管的责任。政府可以通过建立信息公开平台,完善项目审计制度,建立项目绩效评估机制等来对社会组织进行监管和评估。社会组织作为监管客体,可以与监管主体合作,共同建立完善的绩效管理体系,达到双赢的结果。

另外,2016年6月14日,民政部发布了《关于加强和改进社会组织薪酬管理的指导意见》,明确提出社会组织"从业人员主要实行岗位绩效工资制,薪酬一般由基础工资、绩效工资、津贴和补贴等部分构成……绩效工资应与个人业绩紧密挂钩,科学评价不同岗位从业人员的贡献,合理拉开收入分配差距,切实做到收入能增能减和奖惩分明"。这些具体的规范性政策均有利于社会组织绩效管理体系的构建。

从整体上看,我国社会组织的绩效管理工作正处于不断进步之中,一部分规模较大、管理较为完善的社会组织已经引入了绩效管理,但是大多数社会组织的绩效管理机制还未建立,并且已经开展绩效管理工作的社会组织,由于社会组织自身的特性和能力不足,绩效管理工作也面临困境。

二、绩效管理中存在的问题

社会组织在绩效管理方面已经取得了长足进步,但是仍然存在一些不足,这主要表现在以下几个方面:

---

[1] 参见《民办非企业单位(2016)》,http://www.chinanpo.gov.cn/3988/99013/pgindex.htm,2017年7月29日访问。

(一)绩效管理主体意识不强

首先,社会组织自身缺乏绩效管理的动力。社会组织的资金主要来源于社会捐赠、政府补助和会员会费,只有一部分民办非企业单位通过生产产品和提供服务来获取资金。但是,社会组织即使开展营利性活动,其收入也不能进行分红,这就使社会组织缺少一个强有力的驱动机制,去推动组织追求高绩效水平。对于社会组织内部成员来说,由于缺乏适当的参与机制,普通成员无法在绩效目标的设置、绩效计划的制订中发表意见,这就大大削弱了成员参与绩效管理的积极性。

其次,服务对象缺乏绩效评价的诉求。社会组织的服务对象往往是特定的。比如,残疾人救助组织只针对某一地区内的残疾人提供服务,服务对象对于社会组织的服务质量有直接的感受,是其工作绩效评价的重要主体。但是,服务对象的评价往往是主观的,很少有服务对象会站在客观的立场上指出社会组织工作的不足。这是因为社会组织与慈善组织的服务对象基本是弱势群体,"弱势群体对于民间资助机构的期望值往往较低,甚至没有特别明确的期望值,哪怕得到非营利组织一点点的资助,其满意程度都偏高"[1]。

再次,社会公众参与不足。无论是否为社会组织提供资金,公众作为社会组织根本的产权所有者,对社会组织都有监督的权力。但是,由于普通公众无法直接参与社会组织的内部管理,多数公众对于社会组织绩效信息并不是非常在意,实施监督的意识和动力不足。

最后,政府监管不足。目前,我国社会组织没有形成有效的退出机制,政府的监管主要集中在保证社会组织合法合规,对于遵纪守法的社会组织,不论其绩效如何,有没有创造社会效益,都允许其存在,这样的制度安排尤其不利于社会组织树立正确的绩效观。[2]

(二)绩效管理体系不完善

首先,在绩效管理的流程上,显现出绩效计划、绩效辅导不足。目前,实施绩效管理的社会组织,重点基本都在绩效考核即绩效评估上,如南都公益基金会、友成企业家扶贫基金会、中国红十字会等都制定了绩效考核制度,但是对于绩效管理的计划和实施过程少有涉及。绩效计划是对组织使命、组织战略的具体化,计划的缺失造成一些社会组织绩效目标异化,绩效指标设置不当会极大地损害社会组织的自身建设。

其次,在绩效管理机制上,激励机制和评估机制不健全。良好的激励机制是绩效管理引导员工将个人目标与组织目标相结合的重要保障。社会组织的收入不能

---

[1] 邓国胜:《非营利组织"APC"评估理论》,载《中国行政管理》2004年第10期,第33—37页。
[2] 参见周俊:《社会组织管理》,中国人民大学出版社2015年版,第225页。

分配,这对于组织成员来说是一个预筛选机制,物质激励偏好的人会自发地远离社会组织,因此对于社会组织成员来说,激励措施以精神激励为主。但是,精神激励相比较于物质激励,更加难以把控和设定,对于产出难以量化的社会组织,就有了评估实施激励的绩效标准和确定激励的内容的双重困难。

最后,绩效指标和标准不完善。绩效指标标准是进行绩效评估的依据,民政部出台的社会组织分类评估指标对于社会组织整体来说,可以参考和借鉴,但是社会组织本身种类繁多,不同地域、不同领域、发展水平不同的社会组织也不能够用相同的指标体系进行评估。对于具体的社会组织而言,民政部门的指标针对性不强,不能体现组织自身的特征。但是,目前大多数社会组织都没有设置符合自身特征的绩效指标体系。

综上所述,社会组织绩效管理存在着绩效主体意识不强、服务对象和社会公众绩效监督不足、政府监管不力、绩效流程不顺、绩效机制不健全、绩效指标体系不完善等问题。提升社会组织绩效管理水平,不仅需要社会组织自身加强能力建设,也需要政府、社会多方主体助力。

三、完善绩效管理的建议

绩效管理的重要性已经在私营企业和政府部门得到证明,社会组织如何开展有效的绩效管理,利用绩效管理提升组织绩效水平,是社会组织面临的重要挑战。绩效管理也是社会组织完善能力建设,提升社会影响力的重要途径。同时,绩效管理的实施也需要社会组织自身和外部共同努力。

(一)加强绩效管理意识

态度决定命运,只有给予绩效管理应有的重视才能取得良好的成效。改革开放以来,我国社会组织蓬勃发展,在数量、质量上都有了长足的进步。一方面,社会组织参与社会治理的程度加深,提升了社会组织的地位;另一方面,造成了更加拥挤的市场,社会组织想要脱颖而出,必须依靠卓越的管理。信息技术的发展也要求社会组织进行高效的绩效管理。互联网给社会组织提供了一个募集资金的新平台,同时也对利用资金的水平提出了高要求。任何人都可以通过互联网了解社会组织的运行,在信息透明的时代,社会组织可以依靠高效的管理获得公众的信任,也会因为绩效不佳而名誉受损。因此,社会组织需要正确认识绩效管理的作用,充分认识绩效管理对组织发展的意义,并通过组织内部的宣传教育,加强成员的重视程度。

(二)绩效管理体系的构建

首先,建立适于绩效管理的组织架构。组织架构是组织中职能部门、工作岗位的集合,也是开展活动的基础。在私人组织中,绩效管理职能通常由战略规划组、人力资源管理部及其他利益相关者共同承担。社会组织可以借鉴私人组织的做法,设立相应的架构。社会组织也可以根据自身特点,设立绩效管理委员会,统筹负责绩效目标设置、绩效辅导与沟通、绩效评估等工作。

其次,理顺绩效管理流程。绩效计划、绩效实施、绩效评估是环环相扣的三个阶段,每一个阶段都不可或缺。绩效计划阶段需要管理者和员工共同参与、充分交流,确定绩效目标,完成绩效计划的制订。在绩效实施阶段,管理者需要给予绩效辅导,适时适度地对员工绩效行为进行控制,以保证绩效计划的实施。在绩效评估阶段,上级、员工自身、服务对象、第三方评估者等评估主体参照绩效指标和标准进行评估,其评估结果可用在绩效改进、薪酬调整、职位岗位调整等方面。

再次,更新绩效管理理念和方法。社会组织需要更新绩效理念,掌握适当的绩效管理方法。关于社会组织绩效评估的指标体系,目前国内外学者提出了多种看法,其中主要有"3E"评估、APC 理论、平衡计分卡等。"3E"评估,即以经济、效率、效益为评估标准,关注成本、行动和结果,因为政府和社会组织不仅要追求效率,更要注意社会价值,如平等、公益、民主等。后来"3E"逐渐调整为"4E"甚至"5E",分别增加了公平和环境两个指标,更加适合社会组织的绩效评估。另外,学者邓国胜结合传统的社会组织评估理论和我国的现实,提出了从问责(accountability)、绩效(performance)和组织能力(capacity)三个方面对社会组织进行评估的 APC 理论,认为绩效评估应该能够帮助促进组织能力的提高,促进组织达成使命。平衡计分卡从财务、内部流程、顾客、学习与成长四个角度评价绩效,弥补了仅从财务角度评价绩效的不足。社会组织可以从组织自身特点出发,选择适当的绩效评估方法。

最后,完善绩效管理机制。沟通机制、激励机制和评估机制是绩效管理成功不可或缺的三大机制。社会组织相较于企业、政府,组织结构更加扁平化,信息传递速度较快,信息损失率也较小,这是社会组织的优势,但是当前社会组织中经常出现"家长制管理""一言堂"等现象,不利于绩效管理的实施,应该建立会员或员工充分参与的组织机制,保证上下之间、成员之间沟通顺畅。绩效管理评估机制的构建需要确定绩效评估的多元主体,厘清各主体的责任,制定绩效评估指标和标准,选择绩效评估的方法以及应用评估的结果等过程。在实施绩效管理的过程中,需要重视各个主体的意见,可以聘请外部专业的评估机构帮助组织进行绩效评估,建立评估体系。对于社会组织的员工激励需要注意:注重精神激励,要善于将员工目标与组织目标相结合,多使用正面激励、团队激励等,保证激励的客观和公正。

(三)外部支持

社会组织的发展离不开外部环境的支持。在政府方面,完善社会组织相关评估和人事政策,为社会组织绩效管理提供指引和保障。社会公众可以通过各种方式对社会组织进行监督,促进社会组织绩效水平的提高。另外,学界对于社会组织绩效管理理论的研究也将对社会组织的实践产生巨大的效用。

本章小结

本章介绍了社会组织与慈善组织绩效管理的一般理论。社会组织与慈善组织的绩效管理具有绩效标准模糊、绩效激励手段特殊及评估主体多元等特点。从流程上看,社会组织与慈善组织的绩效管理一般分为绩效计划、绩效实施、绩效评估和反馈三个环节。绩效计划的准备工作包括绩效信息的准备和绩效计划的沟通。绩效实施过程中需要进行绩效辅导、持续的绩效沟通,绩效信息的收集和记录也十分重要。绩效评估包括评估标准的确定、评估的实施和评估结果的反馈及应用三个阶段。本章最后基于社会组织与慈善组织绩效管理的现状,分析了绩效管理中存在的绩效管理主体意识不强、绩效管理体系不完善两方面的问题,并针对问题简要地提出了改善建议。

思考题

1. 简述社会组织与慈善组织进行绩效管理的必要性。
2. 社会组织与慈善组织的绩效管理与营利组织和政府相比,有哪些相同点与不同点?
3. 社会组织与慈善组织开展绩效管理的困境有哪些?
4. 如何加强社会组织与慈善组织的绩效管理?

拓展阅读书目

1. 夏炜、叶金、蔡建峰、李正锋:《非营利组织绩效评估理论综述》,载《软科学》2010年第4期。
2. 卓越、赵蕾:《公共部门绩效管理:工具理性与价值理性的双导效应》,载《兰州大学学报(社会科学版)》2006年第5期。
3. 李林、肖牧、王永宁:《将平衡计分卡引入我国公共部门绩效管理的可行性分析》,载《中国科技论坛》2006年第4期。
4. 田青、周咏梅:《理事会特征与非营利组织财务绩效关系研究综述》,载《学会》2013年第9期。
5. 许一:《目标管理理论述评》,载《外国经济与管理》2006年第9期。
6. 杨润:《社会团体绩效管理机制创新分析》,载《人力资源管理》2014年第4期。
7. 叶萍:《社会组织绩效评估指标体系研究》,载《广西社会科学》2010年第

8期。

8. 仲伟周、曹永利、Shunfeng SONG:《我国非营利组织的绩效考核指标体系设计研究》,载《科研管理》2006年第3期。

9. 罗文标、吴冲:《我国非营利组织绩效评估的新思路》,载《商业现代化》2006年第12期。

10. 王锐兰、谭振亚、刘思峰:《我国非营利组织绩效评价与发展走向研究》,载《江海学刊》2005年第6期。

第十三章　社会组织与慈善组织的品牌管理

本章要点

1. 了解社会组织与慈善组织品牌管理的含义和相关理论。
2. 掌握社会组织与慈善组织内部品牌管理的内涵、分类和过程。
3. 掌握社会组织与慈善组织外部品牌管理的内涵、意义和措施。
4. 理解社会组织与慈善组织品牌管理面临的挑战和未来发展的趋势。

导语

在国家机构和职能改革的大背景下,社会组织的发展可以说又迎来了一个新的春天。据2010—2015年度《社会服务统计公报》调查结果显示,我国各类社会组织数量呈现持续快速增长的特点。然而,组织数量快速增长这种繁荣的景象背后,社会组织违规操作、组织腐败等负面事件频发使公众感到阵阵寒意。面对社会组织数量的不断增加和整体组织公信力水平持续下降的严峻现实,社会组织如何提高自身管理水平、塑造良好形象和重拾公众信心,已成为社会组织亟待解决的问题。作为一类商业化手段,"品牌"一词主要源于营利领域。随着社会组织市场导向的不断加强,品牌化手段也逐渐运用于非营利部门之中,并成为改善社会组织运作、提升组织声誉和促进组织可持续发展的重要工具。基于此,本章首先进行社会组织品牌管理概述;然后,根据品牌面向的对象,分析组织如何进行内部和外部品牌管理;最后,总结社会组织在品牌管理的实践过程中可能面临的挑战,并提出几点应对建议。

第一节　品牌管理概述

组织的异质化决定了社会组织[①]品牌与营利组织品牌存在着不同的内涵。本

[①] 在品牌管理方面,慈善组织与社会组织情况类似,本章主要就社会组织问题进行分析。

节主要基于营利组织品牌的理论,对社会组织品牌管理的兴起、社会组织品牌的内涵和价值、社会组织品牌管理的内涵和构成、社会组织品牌建构的模型和困境等方面进行介绍。

一、品牌管理的兴起

品牌管理研究在西方起步较早。宝洁公司在 20 世纪 30 年代推行的品牌经理制、美国广告设计师罗塞·瑞夫斯(Rosser Reeves)在 20 世纪 50 年代提出的 USP 理论以及后来的品牌形象论、品牌个性论、品牌资产论等,均为品牌管理理论的完善作出了贡献。[①] 20 世纪 90 年代,我国学者才开始真正地关注"品牌",并通过借鉴国外品牌管理研究的成果来探索本土组织品牌管理的模式、构建以及作用机制。然而,尽管品牌经营理念研究已经在营利领域快速发展,但在非营利领域却仍未引起国内外学界的充分重视。[②] 社会组织是一种以公益服务为导向的组织。然而,受传统社会管理体制约束以及组织自身能力的不足,我国社会组织在数量上快速发展的同时,面临着诸多管理上的问题,尤为突出的是组织声誉的流失,如 2007 年中国方便面行业协会发起的方便面集体涨价,2011 年中国红十字会的"郭美美事件"、中国慈善总会的"尚德诈骗门"等事件,都极大动摇了社会组织在公众心目中的形象。

品牌是组织维持和加强持续竞争优势的关键资源。作为以公益促进、志愿精神和民意表达等为核心特征的组织,社会组织往往被赋予比政府和企业更高的信用期望,品牌建构价值也更为突出。品牌能帮助社会组织实现与竞争对手的差异化,获得较高的社会尊重以及加强与目标顾客的联系。因此,创造与运作品牌不仅仅是一种战术性或功能性活动,而且应从组织战略性和整体性活动的视角来审视,社会组织尽管不以营利为目的,但仍需要进行品牌化建设。2013 年 4 月,国家民政部发布《关于开展民办非企业单位开展塑造品牌与服务社会活动的通知》,鼓励民办非企业单位(社会服务机构)开展塑造品牌活动,将塑造品牌贯穿于组织文化建设、人力资源建设等组织发展和运作的全过程,并将品牌管理视为组织的战略性管理而非战术性活动。可以说,在我国社会转型和服务性政府建设过程中,品牌构建已成为关乎未来我国社会组织竞争应对以及整个第三部门发展和培育的重要议题。

二、品牌的内涵与价值

(一)社会组织品牌的内涵

"品牌"一词来源于古斯堪的纳维亚语"brandr",意思是"燃烧",指的是生产者

---

① 参见李桂华、李晨曦、李楠:《中国大陆品牌管理研究现状及发展趋势——基于国内主要期刊论文的内容分析》,载《品牌研究》2016 年第 3 期,第 4 页。
② 参见张冉:《国外非营利组织品牌研究述评与展望》,载《外国经济与管理》2013 年第 11 期,第 60 页。

燃烧印章烙印到产品。人们用这种方式来标记需要与其他人相区别的私有财产。20世纪50年代，美国著名广告策划师大卫·奥格威（D. Ogilvy）第一次提出"品牌"的概念，即"品牌是一种错综复杂的象征，它是品牌属性、名称、包装、价格、历史声誉、广告形式的无形总和。品牌同时也是消费者对其使用的印象，以及自身的经验有所界定而有一定的差异性"。1960年，美国市场营销协会（AMA）认为，"品牌是一个名称、术语、标记、符号或设计，或是这些元素的组合，用于识别一个销售商或销售商群体的商品与服务，并且使它们与其竞争对手的商品与服务区分开来"。①此外，美国营销大师菲利普·科特勒（Philip Kotler）也对品牌进行了相关界定："品牌是一种名称、术语、标记、符号或设计，或者它们的组合运用，其目的是借以辨认某个销售者或某群销售者的产品或服务，并使之与竞争对手的产品或服务区别开来。"②

尽管人们关于品牌的理解有所差异，但学界基本上较为认同AMA的概念，后来许多核心文献都一直引用AMA的概念。因此，我们认为，品牌是一种错综复杂的象征，它是品牌属性、名称、包装、价格、历史、声誉、广告方式等有形和无形要素的总和。例如，戴维森（Davidson）提出了"品牌的冰山"理论，指出标识、名称等仅仅是品牌的可见特征，完整的品牌概念还包括价值观、智慧、文化等不可见的部分。其可见部分与不可见部分的关系可以用一个漂浮在水中的冰山来形容，如图13-1所示。其中，标识、名称等可见的部分约占品牌内涵的15%，而价值观、智慧、文化等不可见部分约占品牌内涵的85%。

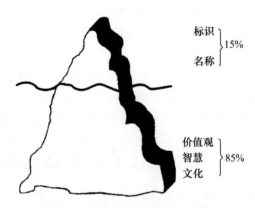

图 13-1　品牌的冰山（Davidson, 1997）
资料来源：李业主编：《品牌管理》，高等教育出版社2011年版。

---

① 参见王海涛等：《品牌竞争时代——开放市场下政府与企业的品牌营运》，中国言实出版社，1999年版，第36页。
② 〔美〕菲利普·科特勒：《营销管理》，梅汝和等译，上海人民出版社1999年版，第415页。

相比较于营利组织品牌较长的研究历史,学界只是在近 20 年才开始对社会组织品牌有所研究。布莱恩·雷(Brain Wary)通过文献研究发现,早在 19 世纪中叶西方慈善组织已开始尝试运用组织最宝贵的资产即组织品牌,他认为社会组织应该运用一些常规的企业品牌管理方法,面向市场进行品牌运作。① 社会组织品牌界定与营利组织并无实质性差异,然而,由于二者部门的异质性,社会组织品牌具有自己独特的内涵。从理论上看,社会组织品牌内涵可从三个方面来理解:

1. 品牌的信息

社会组织具有特殊的使命和目标(如公益促进),这使得社会组织品牌本身就能够传达出独特的信息。或者说,社会组织品牌除了具有身份识别的作用,更是公益性、非营利性等组织宗旨和价值观方面信息传播和交流的手段。通过品牌,社会组织向组织内外宣传组织存在的价值,即品牌是什么,这与社会组织的理念相关;品牌能够做什么,这与社会组织的事业相关。在营利部门,品牌是消费者需求的内容反应,体现的是消费者与企业之间的一种关系。在非营利部门,品牌则传达出一组综合性信息,不仅包含标识、名称等有形要素,也包含了以服务宗旨、价值观等为核心的无形要素。

2. 品牌的个性

如同富有生命的个体一样,社会组织品牌也具有个性,即品牌所呈现出来的一组人格品质,这意味着社会组织领导者可以通过培育和开发组织品牌的个性来实现社会组织在非营利领域的差异化,从而提升其竞争力和影响力。

萨金特(Sargeant)等基于对英国九个大型慈善组织个体捐赠者的调查研究,提出了社会组织品牌个性模型(见图 13-2)。②

(1) 组织个性模块。主要包括组织的绩效、所具有的情感以及对员工的激励。

(2) 事业个性模块。即组织营利事业的个性,包括服务、信念和等级。

(3) 部门个性模块。即组织善举和进步性。善举是指照顾他人、同情、支持、公平、伦理、诚实、值得信任和帮助等;进步性是指变革、探索、响应和参与等。

3. 品牌的资产

与企业一样,品牌被视为社会组织的一项核心资产,一项能够增加或减少社会组织所提供产品或服务价值的系列资产与负债。通过管理与构建,品牌资产可以让组织的需求和成本曲线分别向上和向下移动,这将有利于增加顾客获得的价值。由此看来,社会组织应该对其品牌进行经营,使其保值增值。社会组织品牌资产研

---

① R. B. Wray, Branding, Product Development and Positioning the Charity, Journal of Brand Management, 1994, 1(6): 363—370.

② See A. Sargeant, Conceptualizing Brand Values in the Charity Sector: The Relationship Between Sector, Cause and Organization, The Service Industries Journal, 2008, 28(5): 615—632.

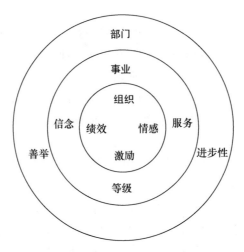

图 13-2　社会组织品牌个性模型

资料来源：张冉：《国外非营利组织品牌研究述评与展望》，载《外国经济与管理》2013 年第 11 期，第 60 页。

究的代表性学者费尔克洛思（Faircloth）从资源提供者出发构建了社会组织品牌资产概念模型，认为社会组织品牌资产由品牌个性（personality）、品牌形象（image）和品牌意识（awareness）构成。

（二）社会组织品牌的核心价值

品牌核心价值就是指品牌的内核，它让消费者明确、清晰记住并识别品牌个性，使顾客认同并喜爱品牌，从而组织可以通过品牌维护来建立并维持顾客的品牌忠诚感。随着市场发展，品牌的核心价值不仅仅在于是否向消费者传达物质层面的价值如标识、卖点等，更在于是否向消费者传达一种精神层面的价值认同，即通过品牌来向消费者表达自己的价值主张和个性。

与营利组织相比，社会组织面临更为复杂的外部环境，因此也具有更多的利益相关群体。品牌意味着社会组织在进行自我表达的同时，也影响着利益相关者对其的感知。品牌管理的功能之一就在于协调、监控和调整组织与其利益相关者之间的互动关系。从这一角度来看，社会组织品牌的核心价值就在于组织识别、组织促进、资源获取和管理优化。组织识别是指，借助品牌，社会组织的利益相关者可以有效、清晰地识别组织身份，包括组织的定位、功能、宗旨和价值观等；信任促进是指，一个有明确内涵和强品牌的社会组织能够帮助其在新的地区获得人们的了解和信任；资源获取是指，品牌有助于社会组织获取更多的外部资源，尤其是在金融资源和人力资源方面具有更大的吸引力；管理优化是指，品牌导向要求建立将品牌置于组织中心的价值观和管理风格，或者说品牌化能促进社会组织进行管理方式的变革和优化。

三、品牌管理的基本内涵

(一) 品牌管理的界定

品牌不仅仅是视觉图像,包括名称、标志以及图像设计,还是一种心理构建,这些构建即人脑所形成的品牌关联,对品牌的管理就是在管理上述心理关联。① 品牌管理是以组织战略为指导,以品牌资产为核心,运用各种资源和手段,增加品牌资产,打造强势品牌的一系列管理活动的统称。它涉及组织多方面的活动,需要各个部门、各个层级及全体员工的支持。

基于前文,社会组织品牌管理可以界定为:基于组织使命和价值观,借用市场化策略在利益相关者心中塑造差异化的组织识别,传达其价值观以吸引公益资源和保持竞争优势,并有效提升组织内部凝聚力和外部公信力的过程。因此,社会组织领导者应对品牌管理进行总体规划,将品牌嵌入到机构的使命之中。市场化策略是实现品牌管理的有效途径。鉴于组织资源多源于社会捐赠,并且需要吸引更多的志愿者参与到组织实施的社会公益服务之中,社会组织需要运用商业化的品牌营销策略。当然,在这一过程中社会组织管理者需要考虑到社会组织与企业的异质性,理性使用市场化工具。总之,社会组织品牌管理的最终目的是形成社会组织的相对竞争优势,使品牌在整个组织运营中起到良好的驱动作用,使组织和员工行为服从和体现出组织的核心价值和宗旨,并不断提升组织的生命力和影响力。

(二) 品牌管理的构成

在品牌研究较为成熟的营利组织领域,品牌内涵的理解大致有三类:一是组织名称、商标、图形、产品包装等外在表现的品牌实物说;二是表现组织理念、传达组织所具有的一种价值观、精神和文化的品牌抽象说;三是通过一系列物质或行动向消费者传达符合其心理预期的价值,是抽象的和物质的结合体。② 基于上述品牌的不同理解,组织也相应实施不同的品牌管理。然而,无论基于哪一种解释,品牌所面临的生存环境都可以分为内部和外部两大类,这在社会组织品牌理解和管理过程中同样适用。根据品牌管理面向的对象,社会组织品牌管理一般分为内部和外部品牌管理两个部分。

(1) 内部品牌管理。即面向组织内部顾客(通常为组织员工)进行的品牌管理。社会组织内部品牌管理的重要性主要来自于分权和参与的组织结构,以及社会组织员工的激励需求。以价值观为核心的品牌构建往往需要以咨询和相互协商的方

---

① 参见文军:《中国社会组织发展的角色困境及其出路》,载《江苏行政学院学报》2012 年第 1 期,第 57—61 页。

② 参见张锐、张炎炎、周敏:《论品牌的内涵与外延》,载《管理学报》2010 年第 1 期,第 147—150 页。

式进行,并需要充分考虑到包括员工、志愿者在内的利益相关者的复杂性。因此,组织必须承认和接受品牌所具有的强大内部角色并向内部受众宣传品牌,建立组织内部的品牌大使,强化内部利益相关者的品牌行为。其中,社会组织内部品牌管理的核心和基础在于构建与品牌价值相一致的价值观和组织文化。社会组织是一种使命驱动型的组织,品牌建设应从品牌有形层面的管理向无形层面的管理转变。组织文化和价值观是优秀社会组织内部品牌管理的重要构成和影响因素。清晰界定组织宗旨并将其投射到内部品牌管理之中,使品牌能够真实有效地传达组织的服务理念是社会组织品牌建构的基础。

(2) 外部品牌管理。即面向组织外部顾客(如消费者、捐赠者、合作者等)进行的品牌管理。社会组织比企业拥有更为广泛的外部利益相关者,所以其品牌建设也需要考虑外部利益相关者的期望与需求并采取相应的措施来鼓励外部利益相关者的参与。这意味着,社会组织的品牌化不仅仅停留在增加广告花费或者实施精心安排的营销交流活动,而且应该包括与外部利益相关者的互动,基于品牌协调和组织营销活动以及理解外部利益相关者对待品牌的态度。其中,与营利组织的合作也是社会组织品牌化的重要方式。例如,社会组织获得营利组织的捐赠来从事公益慈善事业,扩大组织声誉。虽然社会组织不以营利为目的,但为高效地实现外部品牌化,社会组织可以借鉴优秀的商业组织进行外部品牌管理的经验,通过视觉传播、媒体报道、慈善商店、印刷材料、网站、口号等工具来实现慈善品牌建设。①

(三) 内部品牌管理与外部品牌管理之间的关系

组织品牌内部和外部管理是两个相对独立的过程。品牌内部管理是把组织价值传递和渗透到可控的载体和媒介(如组织成员)上,借助它们再传递给外部顾客和公众。品牌外部管理是组织向外部利益相关者传递组织品牌价值的过程,主要指外部信息沟通活动。总体上,这两个过程既相互独立,又相互影响。

一方面,内部品牌管理和外部管理是相对独立的沟通过程。赋予品牌价值意义有两种方式:一种是来源于组织个性,被创建者、管理者和员工所影响,即内部化过程;另一种是来源于顾客感知,形成了组织形象的一部分,即外部化过程。内部化过程是有关品牌内涵的内部生成及传递渗透的过程,强调社会组织员工对品牌内涵(如服务于社会的价值观和宗旨)的理解和认同,并通过组织某些有形物质和员工活动来传递品牌价值。在这个过程中,品牌受众是社会组织的"内部顾客"即非营利从业人员如专职人员或兼职志愿者,而组织内部品牌管理良好的结果就是使非营利从业者认同和维护组织使命或宗旨。外部化过程是品牌内涵通过社会组织从业人员行为、外部利益相关者可视的组织有形物以及组织外部的信息传递和

---

① 参见张冉:《国外非营利组织品牌研究述评与展望》,载《外国经济与管理》2013年第11期,第66页。

沟通，形成外部主体眼中的组织品牌价值，这一过程涉及复杂多元的对象，包括组织内部工作人员以外的全部利益相关者，如捐赠者、竞争者、目标顾客、政府部门。因此，从面向的沟通对象以及品牌化的方向来看，社会组织内部品牌管理与外部品牌管理是相互独立的。

另一方面，内部品牌管理和外部品牌管理相互依赖和影响。通常，直接参与社会组织外部互动的内部成员（如一线服务人员）的行为和活动，会以多种方式影响外部利益相关者对该组织的看法。营利领域研究已经表明，公司形象始于公司内部利益相关者即员工，以及他们对公司的认知。员工行为影响了组织名声，特别是那些接触顾客的员工。外部利益相关者会基于对这些员工的认识和印象形成对组织的联想。服务性组织内员工和消费者往往同时参与生产和消费过程，因此，这些消费者和社会组织员工之间的边界变得模糊，消费者眼中关于社会组织的形象与其员工行为密不可分地联系到了一起。[1] 例如，社会组织工作人员在向一些消费者如残疾人、老年人等提供面对面的公益、非营利性服务时，这些消费者会根据非营利工作人员的行为来对这个社会组织形象进行判定。可见，品牌内部化是品牌外部化的前提和基础，品牌内部化的结果直接决定了品牌外部化的结果。因此，管理和实施好组织品牌内部化是社会组织品牌化管理活动的重中之重。与此同时，良好的外部品牌管理也会促进内部品牌管理的进程和效果。一般而言，良好的顾客口碑、积极热情的顾客参与、忠诚的目标顾客等会提高社会组织员工的荣誉感和工作热情。基于良好的组织品牌形象而形成的忠诚顾客群更会对非营利从业人员充满认同、感激和支持，这必然强化员工为组织所倡导的公益服务宗旨和目标的认同，提高组织归属感和非营利从业的成就感。综上所述，组织内部品牌管理和外部品牌管理相互依赖和影响，这对于社会组织也不例外。

总之，内部品牌管理和外部品牌管理的有机统一，是社会组织进行成功品牌管理的保证。内部化过程形成组织身份，外部化过程形成公司形象，两个过程互相依赖和影响。外部品牌管理，可以使组织了解各利益相关者对于组织的期望和态度，做好组织品牌定位和品牌营销；内部品牌管理，则有利于鼓励员工参与品牌构建，有效向员工传达组织宗旨和价值观，并促进员工对外呈现出组织期望的品牌行为，即通过员工与消费者或服务使用者的接触，传达组织使命和价值观，从而达到品牌的内外部一致性。当然，由于各种原因，内部品牌管理和外部品牌管理之间常存在差距，缩小两者差距，追求两者的一致性是组织品牌管理工作的最终目标。[2]

---

[1] 资料来源：http://www.managershare.com/wiki，2017年1月9日访问。
[2] 参见王红君、刘进平：《基于利益相关者价值承诺的企业品牌管理模式创新》，载《企业经济》2012年第5期，第11—14页。

四、品牌构建的理论模型[①]

(一)品牌流程化模型

该模型由学者阿兰·特普(Tapp)于1966年构建,他认为,打造一个优秀的慈善组织品牌是一个流程化的过程,由四项基本活动构成:理解利益相关者的品牌感受;创造独特的品牌身份;精选合适的品牌定位;向利益相关者宣传品牌定位。与此类似,莱德尔(Laidler-Kylander)等以国家非营利组织为对象构建了一个非营利组织品牌建设的流程理论框架,依次是由品牌身份的开发、激活、表达和保护组成。

(二)品牌导向模型

汉金森(Hankinson)于2001年构建了一个由品牌理解、品牌传播、品牌战略的使用和品牌管理4个维度23个指标构成的品牌导向模型。借助该模型,慈善组织可以自我评价品牌建设水平,或者考量组织接纳品牌化理念和实践的程度。

(三)品牌 PIA 模型

由于品牌被视为组织的一项重要资产,社会组织亦是如此,所以品牌构建过程也就是品牌资产管理过程。学者费尔克洛思(Faircloth)从捐赠者视角分析认为,社会组织品牌力资产由品牌个性(personality)、品牌形象(image)和品牌意识(awareness)构成。其中,品牌个性由品牌尊重和品牌差异构成,品牌形象由品牌特点和品牌等级构成,品牌意识则包括记忆唤起和组织熟悉度两方面。因此,社会组织品牌资产的构建主要通过以上三个维度来实施。

(四)品牌 CFTP 模型

莱德尔和西莫宁(Simonin)以国际社会组织为研究对象开展实证研究,构建了由一致性(consistency)、焦点(focus)、信任(trust)和合作(partnership)构成的社会组织品牌资产建设模型。其中,一致性包括内部、外部以及内外一致性;焦点主要指组织运作要明确且富有重点;信任被认为是组织各类关系构建的基石,需要通过与其他同类组织的差异和品牌可见度的提高等来提升;而合作则强调社会组织在品牌资产构建中与利益相关者的合作与联盟。

(五)品牌 IDEA 模型

2012年,学者纳萨莉(Nathalie)和克里斯托弗(Christopher)构建了IEDA模型,该模型是由品牌真实性(integrity)、民主性(democracy)、伦理性(ethics)和亲密性(affinity)构成的品牌建设理论框架。真实性要求组织内部身份与外部形象保持

[①] 参见张冉:《国外非营利组织品牌研究述评与展望》,载《外国经济与管理》2013年第11期,第65—66页。

一致,同时这两者与组织宗旨保持一致;民主性要求组织能够授权成员、员工、参与者和志愿者向外传播他们关于组织核心身份的理解并成为品牌倡导者;伦理性指品牌自身和相关部署方式能反映组织核心价值观;亲密性要求组织能够进行有效的团队合作,与其他组织的品牌共同运作、分享空间和信任并促进个体利益集体化。该模型是社会组织品牌建设领域最新理论研究成果,实现了品牌建设有形无形要素的统一,并将组织内外部利益相关者贯穿于品牌建设主线。

第二节　内部品牌管理

随着对品牌的认识不断加深,顾客对组织品牌的期望也越来越高。品牌承诺需要组织实际行动的支撑,顾客满意的品牌需要品牌外部传播与内部管理的契合。品牌的外部传播只是单纯提高顾客期望,只有从组织内部着手,将品牌价值深深植根于品牌管理之中,组织才能保证顾客体验与期望的一致性。内部品牌管理更多地关注组织品牌在顾客与组织之间的平衡,强调现有和潜在顾客在品牌战略中占有决定性地位。对于社会组织来说,组织更要确保组织使命、战略意图、内部特征与已有资源相呼应,将组织内部以及对消费者的品牌承诺转化为员工的实际行动,从而使顾客对于品牌的预期与感知达到一致,使内外部品牌管理达到平衡,谋求组织品牌的持久竞争优势。

一、内部品牌管理的基本内涵与分类

作为一个新兴的研究主题,学者们对于内部品牌管理提出了不同的概念表述,其中比较有代表性的提法有"内部品牌化"(internal branding)、"品牌内部建设"(internal brand building)、"内化品牌"(internalize brand)和"品牌内化"(brand internalization)。本书则使用"内部品牌管理"这一表述。

（一）"内化"的概念

为更好地理解内部品牌管理,这里首先简要地从社会学和心理学角度对"内化"进行解释。内化概念最早出现在社会学领域。法国社会学代表人物爱米尔·涂尔干(Émile Durkheim)指出,社会化是指社会意识向个体意识的转化,主要用来探讨人类发展的社会本质,即理解人的社会生活是在多大程度上由"社会建构"的,而非由天生的某种所谓基因特质塑造的。社会心理学家维果茨基(Vygotsky)进一步指出,人所特有的高级心理机能不是内部自发产生的,而是只能产生于社会交互作用中。社会学的内化立足于社会化过程,强调社会性是内化的来源和结果,个体借由社会互动过程内化社会意识和价值观。心理学中的内化是指外部的规范、价值观和目标转移至个体内部的过程,即依照外部环境进行个体认知图式的重新组合。

(二) 内部品牌管理的基本内涵

内部品牌管理的本质是让社会组织内部利益相关者即员工能够感受和认同品牌,并将品牌所强调的价值观融入日常工作中,使他们在与外部顾客接触过程中传播组织品牌。因此,这就需要通过向员工解释品牌,与员工分享品牌背后的设计和战略,对员工进行积极的品牌沟通,培训员工,强化员工的品牌行为,对支持品牌的员工活动进行奖励[1],从而使员工将品牌价值贯彻于自身行动中,理解品牌价值,达到品牌与工作行为的统一。正如马布纳特(L. Marbnert)和托雷斯(M. Torrers)指出的,品牌内化是一种"转化",品牌价值需要与组织结构、组织文化、员工意识以及行为等要素充分融合。关于内部品牌管理,我国学者白长虹、邱玮进行了专门研究。他们在对品牌内化研究进行综述的基础上,认为品牌内化包含三层含义:(1) 转化过程。这种转化过程包括"同化"和"顺应"两部分,同化是指企业的管理模式和内部资源与品牌的理念、价值相一致,并在此基础上进一步丰富和深化,而顺应是指企业的管理模式和内部资源与品牌的理念、价值相区别,需要重新调整达成一致。(2) 顾客导向,体现在内化过程来源于顾客,回归顾客。内部品牌管理主张内外平衡,通过提升内部品牌能力获得外部的品牌资产。一方面,内部品牌管理是由顾客驱动的,是将基于顾客的品牌定位转入企业内部;另一方面,内部品牌管理的最终目的是影响顾客,促进顾客偏好和顾客忠诚的形成。(3) 整合机制。内部品牌管理本质是让企业内所有利益相关者感受品牌、认同品牌,并付诸行动,从而使内部品牌价值链的每一个环节都得到增值。[2] 因此,内部品牌管理应实现跨功能的整合,使营销、生产、人力资源等各部门的工作按照品牌的要求达成协作一致。

(三) 内部品牌管理的分类

1. 基于组织的内部品牌管理

内部品牌管理要超越组织内部简单的宣传运动,要驱动真正的组织行为变革,通过组织文化的转变,使组织分享的价值观与品牌价值达成协同,为组织行为变革的成功提供保障。加普(Gapp)和梅里利斯(Merrilees)将组织品牌内化为三个层面:沟通、意识改变和管理系统的调整。其中,沟通是组织内部对于品牌价值的宣传和接受程度;意识是指组织内部对于员工角色认识的转变,即将所有员工视为顾客服务的提供者而非组织内部的贡献者;管理系统的调整是指企业内部价值链的调整。

2. 基于员工的内部品牌管理

员工品牌内化是员工理解并且传递品牌价值的过程,其中心内容是使员工获

---

[1] See L. L. Berry, Cultivating Service Brand Equity, Journal of the Academy of Marketing Science, 2000, 28(1): 128—138.

[2] 参见白长虹、邱玮:《品牌内化研究综述:基于员工和组织层面的主要观点》,载《管理世界》2008年第11期,第160页。

得相同的品牌解释。因此,社会组织需要与员工进行有效的品牌沟通,使员工了解品牌的价值及其与自己工作的关联性,并使员工成功地在每一项工作中传递出品牌精神。对于服务性质较强的社会组织来说,员工的优质服务是组织品牌强有力的基础,如果员工们乐于参与工作,积极服务并吸引顾客,在服务传递中具有较强的胜任力,那么组织品牌就会被社会更加尊重。在实践中,对新进从业人员进行的专门培训,如价值观、公益服务理念和能力等方面的培训,以传递出组织品牌的内涵,是社会组织对员工进行品牌沟通的常见手段。

二、内部品牌管理的过程

内部品牌管理分为组织的控制阶段和员工的理解阶段(如图 13-3 所示)。在组织控制阶段,内部品牌管理工作基于组织层面,组织要进行管理系统的调整和改进,组织内部各个部门都要提供相应的支持。在这一阶段,品牌需要被解码,并成为员工可以理解的形式;在员工理解阶段,内部品牌管理立足于员工层面,员工在消化吸收组织品牌价值的同时要将其与自身的工作紧密联系,从而使品牌与其工作行为达成一致。

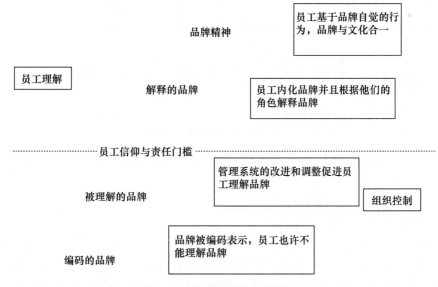

图 13-3 内部品牌管理两阶段图

资料来源:L. de Chernatony & S. Drury, Internal Factors Driving Successful Financial Services Brands, European Journal of Marketing, 2006, 40(516): 611—633.

可见,内部品牌管理首先需要进行科学合理的编码,然后对员工进行品牌培训,与员工进行充分沟通,使组织内部不同岗位的员工都能理解;其次,内部品牌管理需要组织内部领导的重视,这是因为领导对品牌的关注以及品牌内部沟通系统的建设能有效促进员工品牌激励,形成员工品牌行为;最后,内部品牌管理需要建立组织内部品牌管理结构,从而为员工品牌培训、沟通与激励提供组织保证。

三、基于组织的品牌内化

组织品牌内化强调整个组织系统为了实现品牌价值所进行的调整和变革,并将品牌内化视为组织内部管理系统之一。刘红霞、韩嫄在构建中国品牌竞争力指数模型中,将企业内部品牌管理作为一项重要指标。[①] 基于此观点,对于社会组织而言,基于内部品牌管理的核心问题有两个:在全局视角下主张品牌建设的内外部平衡,理清品牌内部与外部管理的关系;组织系统要素错综复杂,要提炼组织品牌内化的主导要素。

(一)品牌管理的内外部平衡

品牌管理实际是品牌价值管理,而品牌价值来源于两个渠道:外部消费者感知到的组织品牌形象(brand image)和组织品牌的内化部分,即组织内部对品牌的识别过程(brand identify)。品牌的内部源自对外部品牌形象的战略分析,通过了解社会对社会组织的期望,让组织内部成员感知和消化,并体现在工作行为中,从而使信条价值转化为行动价值,最后被消费者感知后形成固定的品牌形象,如图13-4所示,品牌的内外部管理类是一个循环交互的过程。

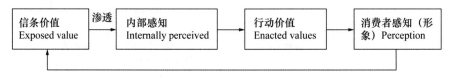

图 13-4 从品牌识别到品牌形象的转化过程

资料来源:L. de Chernatony, S. Drury & S. Segal-Horn, Identifying and Sustaining Service Brands' Values, Journal of Marketing Communications, 2004, 10(2): 73—93.

(二)组织品牌内化的驱动要素

1. 组织文化与品牌文化的协同

组织文化是内部品牌管理中不可缺少的要素,它能影响组织成员的感知、想法、解释、决策和行为,从而帮助品牌价值渗入到组织成员意识之中。因此,社会组织内部品牌管理要求组织文化与品牌价值的协同化。品牌与组织文化在价值层面上的联系最为显著,如果社会组织宣扬的价值观与品牌价值相契合,其产生的协同作用能够帮助组织成员接受、理解和巩固品牌价值。

---

① 参见刘红霞、韩嫄:《中国企业品牌指数构建及其调查数据分析》,载《江西财经大学学报》2009年第6期,第10—14页。

2. 建立品牌的内部识别系统，品牌编码清晰

为了使组织成员理解品牌内涵并将品牌价值体现于他们的工作行为之中，社会组织需要在组织内部建立组织成员学习和掌握的品牌口号、可视化品牌标识等，需要从组织内部品牌说明和指导的角度上提出"品牌真言"概念，并且这个概念能够简短、精要地说明品牌定位的要旨和精神，为组织活动、服务标准等各项工作提供指导。通常而言，有效的品牌真言标准主要有三个：沟通性，设定品牌的特点和边界；简约性，便于记忆、理解和使用；鼓舞性，使组织成员乐于投入到品牌工作中去。

3. 领导对品牌化的关注与支持

领导者的个人特质对于提升品牌的附加价值具有重要作用。在品牌化实践工作中，领导者需要引领品牌建设的内容，如品牌的核心价值、品牌的目标，而这将有利于提升员工对于现实与理想工作差距的紧张感，促进员工积极投入，减少差距。在社会组织内部的人际互动中，领导者对于品牌内部沟通具有积极作用。通过言语和非言语沟通，社会组织领导者可以向组织成员传达对于品牌建设的关心与支持，发自内心地理解品牌承诺，并相信员工的工作能力，这将极大地鼓励员工在思想上、情感上和行动上内化品牌。

4. 人事管理的契合性

为确保品牌导向型组织的建设，社会组织必须将品牌导向的定位、目标与路径贯穿于组织人力资源管理实践之中。例如，社会组织需要甄选和录用认同组织品牌所投射的价值观（如奉献于社会）的从业者，以此强化组织与员工间的心理契约；建构面向长期的绩效评估、培训开发与薪酬管理体系，以激励员工为组织品牌导向这种组织战略而长期服务。此外，社会组织需要通过有效的人力资源管理实践如管理参与、工作生活平衡等来促进与员工心理契约的建构和组织雇主品牌的打造，从而强化员工对整体品牌的责任感，使得员工参与组织品牌的塑造、传播和维护。

5. 品牌的内部沟通

品牌的内部沟通，主要是指组织成员分享品牌价值并将品牌价值与自身工作紧密联系起来的过程。布尔曼（Burmann）和赞贝林（Zeplin）提出了三种内部沟通的形式：中心沟通、垂直沟通和水平沟通。中心沟通中信息由组织中心部门散发；垂直沟通中信息起始于组织高层，依层依次传递；水平沟通是员工之间的信息沟通，它打破了层级和部门的界限，是三种沟通中最有效的沟通形式。社会组织层级较少，有利于水平沟通。另外，根据沟通渠道，品牌内部沟通又分为正式沟通和非正式沟通。其中，非正式沟通的典型方式如有形展示、环境风格、内部刊物等，都可以帮助促进品牌信息分享，并且能够在潜移默化中对员工进行熏陶，因此往往比正式沟通更易于被组织成员所接受。

案例 13-1　品牌内部沟通

"12355"上海青少年公共服务中心是共青团上海市委员会发起成立的为广大青少年提供个性化、专业化服务的公益服务平台,该组织追求的首要目标是树立权威、专业、公益的组织形象,以吸引更多青少年来获取服务。中心将所有的产品和服务都冠以"12355"作为品牌代称,并在所有宣传媒介上都尽可能突出"12355",以强化"12355"在受众心中的印象,树立权威、专业和活跃的形象。中心了解和掌握了大量青少年问题的素材,并对这些素材进行梳理和归纳,将其中一些共性的问题通过近 70 期工作简报、近 10 篇研究报告,通过品牌的内部宣传与沟通,进行内部资源整合和品牌管理。

资料来源:秦恒:《中国非营利组织品牌营销战略研究》,复旦大学出版社 2011 年版,第 37 页。

6. 建立跨功能内部品牌管理团队

一个完整的服务体验需要组织内部各个部门的合作。来自不同部门、背景和经历的人员必须针对品牌建设问题一起合作并建立起一个跨功能品牌管理团队,以协调各个部门工作,实现品牌的整合。此外,品牌管理团队设有品牌经理,以对品牌化进行领导和总指挥,并由各部门主管组成品牌执行委员会。该委员会将以常规会议的形式讨论品牌管理问题和解决办法。

四、基于员工的品牌内化

基于员工的社会组织品牌内化是指,社会组织致力于将品牌理念和品牌承诺植入到员工的意识里,让员工分享品牌理念、参与品牌培育,将组织的品牌承诺体现在每一个员工的工作中,最终在员工的意识和行为上表现出来的过程。员工品牌内化,主要体现在员工的品牌态度和品牌行为上。其中,品牌态度包括认知、情感和意向,而品牌行为主要体现在员工的顾客导向、履行品牌标准、对品牌的口碑和积极参与品牌建设等方面。下面将从员工品牌内化的表现和驱动要素两方面进行介绍。

(一) 员工品牌内化的表现

汤姆森(Thomson)等认为,员工品牌内化的表现主要体现为员工对品牌的内在认同,这种认同不仅仅是口头上的,而且是信仰、情感层面全方位的认同,它由两个维度构成:一是员工对品牌的理解,即智力资产;二是员工将智力资产运用到行为上的意愿,即情感资产。基于这两个维度,员工品牌内化的表现可分为四类:拥护者、低涉入者、旁观者和散漫执行者(如图 13-5)。

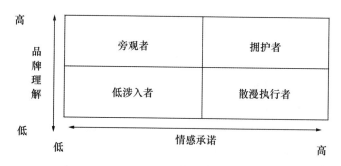

图 13-5　员工品牌内在认同分类图

资料来源:余可发:《组织品牌内化及员工品牌内化的整体概念模型研究》,载《当代财经》2013 年第 4 期,第 88 页。

布尔曼和赞贝林在员工品牌内化的框架下基于组织公民行为的概念,提出了"品牌公民行为"这一新的概念(如图 13-6),即与品牌有关的员工自主行为,或者是说为了强化和其他员工对于品牌的建设而作出的一系列职责以外的行为,这些行为是员工自愿作出的,与正式的奖励制度没有直接或清楚的联系,但能从整体上有效提高组织效能和品牌竞争力。

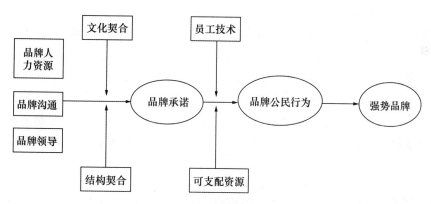

图 13-6　员工品牌公民行为

资料来源:余可发:《组织品牌内化及员工品牌内化的整体概念模型研究》,载《当代财经》2013 年第 4 期,第 88 页。

综上可知,员工品牌表现可从三个维度进行衡量:品牌认知、情感承诺和品牌行为。其中,品牌认知主要包括员工对品牌的知晓程度、专业技能的掌握程度以及对品牌提升的思考程度。员工情感承诺主要包括员工对品牌建设的关注和支持、品牌知识运用到工作中的意愿,以及工作外对品牌的推介和介绍等。员工品牌行为主要包括员工在工作中的努力程度和按规定办事的能力、顾客接触中的友好倾向和帮助倾向,以及反馈外部顾客信息的能力。

(二) 员工品牌内化的驱动要素

1. 品牌定位与品牌沟通

品牌定位主要是通过品牌内部沟通等来宣传品牌文化、理念、远景和战略。品牌沟通主要是向员工准确传播品牌信息,使他们确信组织品牌价值与他们的态度和行为密切相关;同时,相关部门所有业务都应同步传播相关品牌信息和树立品牌形象,并在组织内部的互动中提升员工的品牌知识和情感承诺。

2. 员工品牌培训

员工品牌培训,主要体现在培训意图、培训对象和培训方式上。培训利于增强员工品牌知识,提升智力资本。同时,品牌内化是员工个体社会化的过程,因此,品牌培训能够使员工成为组织人,促进员工个体识别与品牌识别的契合。在培训对象上,品牌培训除了对员工个体进行培训外,还需要特别关注对于跨功能团队的培训,这是因为品牌培训不仅是员工自我学习过程,而且还需要强化组织基于品牌的跨功能协调能力。在培训方式上,品牌培训需要更加个性化,讨论、提问和活动的方式更易于员工明确品牌承诺和传递品牌承诺的重要性。

3. 员工品牌激励与授权

在激励方面,增强员工投入组织品牌建设的自愿性和积极性,可以使员工参与品牌建设工作行为更为有效。激励可分为物质激励和非物质激励,社会组织从业人员往往公共服务动机较强,非物质激励的作用可能更为显著。因此,社会组织有必要在品牌开发建设过程中建立员工协商机制、决策参与机制,以培养员工对品牌导向的统一认知及战略价值的理解。一旦社会组织员工认同组织价值观和宗旨,那么他们将会更乐于投入组织品牌建设工作中。可以说,正是因为非物质激励满足了员工的心理需求,所以在一定程度上可以减弱对物质激励的需要,从而降低管理成本。

案例 13-2　上海世博会志愿者品牌激励

上海世博会期间,上海希望通过向市民和游客提供服务,彰显上海世博会志愿者的阳光、快乐和专业的形象。为实现这一目标,志愿者部制定了详细的激励机制,希望通过志愿者服务晋级以及评选"志愿者之星""优秀志愿者"等形式,最大程度调动志愿者的积极性;同时努力协调各方工作站、合作单位为志愿者提供防暑、遮雨等设备,尽力为志愿者解决后顾之忧,最终"世博志愿者"赢得了市民和游客的交口称赞,也正是他们的服务使"世博志愿者"这一品牌得到了丰满和发展。

资料来源:秦恒:《中国非营利组织品牌营销战略研究》,复旦大学出版社 2011 年版,第 23—35 页。

在授权方面,适当授权可以提高员工工作的灵活性。特别是对于社会组织的员工,他们要根据需要调整自己的行为,在服务过程中灵活应对突发事件,在服务失败等关键时刻做到及时补救,从而保证良好的品牌形象。授权蕴含着上级对下级的肯定和信心,而这将激励员工积极理解品牌和组织使命,并将之运用到具体的工作行为之中。

第三节 外部品牌管理

作为与外界公众直接互动的管理过程,社会组织外部品牌化的目的在于提升组织公信力,取得社会认可,以促进组织宗旨的实现。本节将对外部品牌管理的含义、价值和具体措施进行介绍。

一、外部品牌管理的界定

王新新指出,品牌分为内部品牌和外部品牌。其中,内部品牌体现为组织的凝聚力,是一种文化和信仰,而外部品牌是组织信誉的积累和竞争力的体现。在外部品牌传递上,组织要创造品牌名称、品牌标识、品牌承诺,便于顾客感知并建立品牌形象。内部品牌是外部品牌的基础,但需要通过外部品牌才能体现内部品牌的价值和存在的意义。外部品牌活动的效果有赖于内部成员是否能够凝聚共识、协调一致和持续努力。[①]

有学者在研究企业品牌外部化管理时提出:品牌外部化是指组织主动地向外部利益相关者传递品牌价值和重要信息,促进形成正面的积极的品牌形象认知,形成对潜在顾客和利益相关者的有效诱导。[②] 基于已有学者对企业外部品牌管理含义的研究,本书结合品牌管理的内在特征和社会组织的本质属性认为,社会组织外部品牌管理是指,社会组织旨在提升自身公信力,促进实现社会公益和组织使命,通过组织活动、品牌形象维护等措施向组织外部利益相关者传达组织价值观、文化和理念而获取组织外部主体的信任和支持,以实现组织可持续发展。

二、外部品牌管理的价值

(一)有助于提高组织公信力

将社会组织品牌建立成具有高识别度的风格,让消费者有心理上的认知与认

---

① 参见王新新等编著:《品牌符号论:后工业社会的品牌管理理论与实践》,长春出版社2011年版,第164页。
② 参见李晓青、周勇:《中外企业品牌管理研究综述》,载《商业研究》2005年第21期,第77—80页。

同感,可以提高他们参与组织活动的满意度。社会组织的公信力应是它在社会上被接受和信任的程度。一个优秀的社会组织品牌管理是能够处理好与内部和外部各利益相关者的关系,并始终能够按照组织的愿景和使命行动,保持其独立性和民间性。通过外部品牌推广活动,使公众通过品牌建设活动,了解该品牌,能够使得社会组织拥有良好的品牌形象,并帮助提升社会组织的公信力。

(二)有助于进行市场定位

市场细分是将庞大的潜在市场划分为不同的对象。市场定位是指组织设计自己的形象和价值,从而在目标顾客心中确定与众不同的地位,便于组织的消费者理解并欣赏该组织独特的理念。建立社会组织特点鲜明的品牌,能够使目标公众产生归属感,有助于他们对品牌产生认同,进而支持该品牌。

(三)有助于增加资金来源

为了服务公众,开展组织各项活动,实现组织目标,社会组织必须提供相应的产品或服务,需要丰富的资金作为支撑。当企业选择慈善组织作为捐赠对象时,很大程度上要从捐赠双方品牌契合度上考虑。社会组织进行品牌管理活动,可以向社会公众、政府和捐赠者展示良好的组织形象和组织能力,有助于赢得政府的资金支持,获得更多的社会支持和资金捐赠。

(四)有助于促进社会公益事业发展

建构社会组织品牌,有利于促进社会和谐和慈善事业的发展。社会组织品牌建构的过程是一个整体形象塑造的过程。社会组织的外部品牌构建活动,有利于调动起民众的慈善积极性,使他们在建设慈善事业的道路上找对方向,起到社会互助互济的作用,尽到社会保障体系"辅助演员"的责任。

三、外部品牌管理的措施

(一)品牌视觉形象设计

社会组织品牌形象,是指社会组织在向目标对象提供社会服务的过程中,在受众心目中逐渐形成并表现出的个性特征,是受众对于组织品牌的整体评价与认知。作为品牌特征的总体表现,社会组织的品牌形象需要向外界传达组织独特的公益使命和优秀的服务品质,主要内容包括组织的视觉形象、服务形象、活动环境形象、公益形象等。其中,服务形象是指工作人员和志愿者在组织活动过程中所表现出的风貌在受众心目中产生的印象与评定。[①] 社会组织的视觉形象是其品牌形象最直观的"外在"表现,它是受众和志愿者对组织的视觉形态及功能的综合评价。视觉设计能否恰如其分地传达组织的价值观,是否具有现代气息,直接影响到志愿者

---

① 参见黄光、叶慧玲、周延风等:《我国慈善组织品牌导向的维度构建研究》,载《管理学报》2016年第9期,第1301页。

的参与选择。当然,组织品牌形象视觉设计不可只注重独特新颖,更应该传达组织的品质和精神,体现一种为社会大众的公益承诺。社会组织的视觉形象是受众对社会组织专业服务的一种综合评定,它不仅代表社会组织品牌形象的外在,还体现其内在品质。品牌视觉形象设计应是思想性与艺术性的结合体,表达组织的情感,对社会大众具有号召力。①

案例 13-3　北京奥运会志愿者与世界自然基金会的标志

北京奥运会志愿者标志,采用心心相扣的图案,象征志愿者用心服务、奉献爱心的精神;世界自然基金会认识到,一个具有影响力的组织获得公众情感的赞同是十分重要的,于是选择动人的大熊猫作为该组织的象征,它温顺的形象、黑黑的大眼睛,仿佛在向人们呼吁"保护野生动物"。

资料来源:根据网络资料整理。

(二) 丰富品牌传播工具

社会组织向外界表达组织形象时需要借助一定的媒介。随着时代的发展,品牌传播媒介的种类不断地丰富,形式也在不断地变化,从以报纸、广播电视为代表的传统大众传媒向以互联网为载体的新媒体进化。因此,社会组织也应该紧跟时代步伐,采用新型的品牌传播工具。媒体作为公益传播的平台载体,扮演着举足轻重的角色,在社会组织进行公益传播方面起着舆论导向的作用。学界普遍认为的"新媒体"是除了传统的报纸、杂志、广播、电视之外的第五种媒体形式,它是在新的技术体系支撑下出现的,具体包括互联网、智能手机、网络电视、触摸媒体等。② 通

---

① 参见王炎磊:《公益组织的品牌视觉形象设计》,昆明理工大学 2013 年硕士论文,第 8—9 页。
② 参见张晓黎:《公益组织传播方式与传播效果研究》,上海外国语大学 2013 年硕士论文,第 41 页。

常,新媒体传播具有很多优势:扩大了传播效应,提升了品牌知名度;灵活自主搭建信息发布、监督互动平台助公益组织提升公信力;无时空限制的互动性与平民性有助于动员社会公众广泛参与;传播工具易得性,成本较低。因此,社会组织应充分利用社交网络、微博、微信等新兴媒体实现品牌外部传播。

(三) 引进品牌营销

谈及营销,似乎这是营利性组织的专属词汇。著名营销学大师科特勒(Kotler)曾经就营销和推销进行过精辟的表述,他认为推销是企业对已经存在的产品向目标群体进行销售的方式,而营销则高于推销,企业首先从市场中获取群众所需,并为之生产的方式才称为"营销"。营销体现的是一种换位思考,从而化被动为主动。① 科特勒在其《营销管理》一书中也对"市场营销"这一概念进行了最新的界定,即市场营销是一种社会过程,即个人和集体同他人一起通过创造、提供、自由交换有价值产品和服务的方式,获得自己的所需或所求。从企业市场营销的目的来看,其主要着眼于企业自身利润的最大化。②

社会的普遍认识是营销如果和慈善组织相遇,公益就会跑偏。然而,社会组织的营销有其自身的特点。例如,营销对象是社会环境中的利益相关者,营销内容是公益理念,营销目的是促进公益服务行为。社会组织应树立正确认识,善于利用营利领域的方式促进自身的发展,同时需要努力引导社会大众改变传统观念。

案例 13-4　农夫山泉的公益营销

在市场竞争日益激烈的今天,公益营销已经成为企业重要的营销方式之一。农夫山泉"一分钱"捐赠活动可谓其中的领先者。农夫山泉的"一分钱"活动承诺消费者每购买一瓶农夫山泉天然水,就会有一分钱被捐赠给慈善机构。活动一经推出,受到了消费者的广泛支持和社会各界人士的好评,负责任的企业形象为农夫山泉公司带来了名与利的双丰收。农夫山泉的"一分钱公益行动"无疑是中国最具特色也最值得争议的企业公益活动之一。"每买一瓶农夫山泉,你就为水源地的孩子捐了一分钱",2006 年的"一分钱"活动更是将贫困地区的孩子以真人、真事、真场景出现于农夫山泉的"一分钱"广告之中。

资料来源:孙绵绵、帅萍:《农夫山泉公益营销实证研究》,载《销售与市场(管理版)》2010 年第 5 期,第 28 页;吴超超:《公益与商业的平衡之术——农夫山泉公益营销的商业智慧》,载《广告人》2007 年第 8 期,第 21 页。

---

① 参见冯丽云、耿凯燕等编著:《品牌营销》,经济管理出版社 2006 年版,第 241 页。
② 参见马贵侠:《社会营销视角下公益组织服务项目的运作机理研究》,中国科学技术大学 2016 年博士论文,第 43 页。

社会组织管理者可以通过视觉传播、媒体报道、慈善商店、印刷材料、网站、口号等方式来实现慈善品牌建设。例如,由著名演艺人员王菲和李亚鹏创立的嫣然天使基金会,定期举办慈善募款晚会,邀请很多影视名人担任嘉宾,借助名人效应能够快速吸引大众眼球,提升组织知名度,增加公众的参与度。同样的例子还有功夫巨星李连杰创办的壹基金。可见,这些知名度较高的慈善组织从成立开始就有营销的烙印。

(四)外部利益相关者策略

在人际关系理论和关系营销理论的基础上,美国学者布莱克斯通(Blackston)提出了品牌关系的概念,即组织品牌管理实质上是对品牌关系的管理,或者说是对品牌关系主体之间的关系进行管理。品牌关系中的利益相关者是指能够受企业品牌决策和行动影响,同时也有力量对企业品牌构成影响的组织或个人,一般包括员工、股东、供应商、中间商、竞争者、最终顾客、金融机构、大众媒体、政府和社会公众等。[1]

社会组织具有比商业组织更广泛、多元的外部利益相关者谱系,这决定了其品牌建设也需要考虑外部利益相关者的期望与需求并采取相应措施鼓励外部利益相关者的参与。那波利(Napoli)研究发现,对于社会组织而言,品牌化不仅意味着增加广告花费或者实施精心安排的营销交流活动,而且还应包括与利益相关者互动、基于品牌协调和组织营销活动及理解利益相关者的品牌态度。

在社会组织品牌外部管理的过程中,与不同的利益相关者沟通互动的方式应有所区别,采用的策略也不尽相同。通常,影响社会组织外部品牌管理的主要利益相关者分为四类,分别是社会公众、政府部门、竞争者和媒体。对于社会公众,社会组织需要通过丰富的宣传途径强化公众对组织的认知程度,同时更要强化他们对于社会组织进行品牌化的认可度。组织需要不断地通过提供各种产品与服务等,给予公众持续的良好品牌体验,阶段性地强化其品牌情感,使得公众对社会组织的情感保持在一个比较稳定的较高水平上。对于政府部门,社会组织要自觉遵守相关的法律法规,自觉接受和配合政府的监督工作,履行好自身的信息公开职责和年检年报义务。从竞争者的角度出发,社会组织品牌化策略主要是深入发掘自身的发展特色,提供差异化服务。社会组织想在越来越具有竞争性的发展环境中寻求生存空间,就必须不断积累"差异性"资源,从而提升自己的竞争力。从媒体的角度出发,社会组织的品牌化策略是与媒体合作寻求外宣载体。组织应通过各类传统媒体、网络数字新媒体等载体对本组织的信息及相关政策等进行分享交流,利用媒体的优势,在较短的时间内达到较大的宣传效果。

---

[1] 参见侯立松:《品牌管理的实质——利益相关者关系管理》,载《求索》2010年第4期,第61—63页。

第四节 评 述

本章前三节已经详细介绍了社会组织品牌管理的基本概念,并且基于组织品牌化的对象,从内部和外部两个视角分析社会组织进行品牌管理可采取的行动和措施。毋庸置疑,社会组织进行品牌管理将在保护组织形象、提升组织声誉和增强组织竞争力等方面发挥重要作用。但是,来自于营利领域的"品牌化策略"对于非营利领域来说还是新兴事物,俗语有云"万事开头难",社会组织在进行品牌管理的过程中也必定不会一帆风顺。因此,本节主要总结了社会组织与慈善组织在品牌管理的实践中可能遇到的一些问题,并提出几点应对建议,最后对未来社会组织品牌管理研究进行相应展望。

一、社会组织与慈善组织品牌管理实践中可能面临的挑战

(一)组织品牌化意识不足

树立品牌意识是任何组织进行品牌管理的关键第一步,但是在实践过程中的诸多因素会使很多社会组织在开始的时候就面临挑战。社会组织品牌化意识不足直接表现为组织领导者和员工品牌意识的缺乏。首先,组织品牌化对于我国大部分的社会组织来说,还是一个相对陌生的概念,它们没有意识到也无法意识到品牌化能够给组织带来巨大益处;其次,社会组织对品牌管理会产生偏见和排斥,由于品牌管理源自于营利领域,组织担心它携带的商业色彩会淡化组织的价值使命,认为营利领域在品牌化过程中刻意美化粉饰商品或服务的行为有悖于社会组织真诚、包容、助人等慈善理念,组织品牌化是为了利润最大化;最后,我国社会组织长期依赖政府支持,缺乏较强的独立性和自主性,社会组织自身的公益或互益属性使其更易获得社会的信赖和支持,致使其缺乏品牌管理的内外动力。

(二)组织品牌化能力不足

当社会组织树立正确的品牌意识并愿意付诸实践时,组织是否具有进行品牌管理的能力就显得尤为重要,意识是前提,但实力是基础。从利益相关者的视角来看,社会组织主要需要面向政府、社会公众、竞争者和内部员工进行品牌建构。面向政府的品牌建构,主要是指社会组织提高在政府部门及其工作人员心目中的地位与形象,从而提升组织的政治话语权与参政议政能力;面向社会的品牌建构,是指组织通过品牌化取得社会公众和资金捐赠者等外部利益相关者的信任,以提升其社会资源获取能力和社会互动能力;面向竞争者的品牌建构,是指组织在竞争日益激烈的环境中实现品牌导向的差异化能力,组织必须针对服务对象的不同需求,通过创新实现产品的差异化;面向员工的品牌建构,主要是指社会组织人力资源市

场中提升雇主品牌形象,吸引和保留优秀人才的能力。面向不同对象需要不同的品牌建设能力要求和现实中社会组织品牌化能力不足的矛盾,成为社会组织品牌管理中的又一挑战。①

(三)组织品牌化人力不足

社会组织品牌化建设的成功与否,从根本上讲取决于其所拥有的人力资源数量和质量。员工对社会组织事务的参与度、员工与品牌相关的经历、员工个人的愿景及其对品牌气质的期望,以及组织领导者的能力与素质都是社会组织品牌化的重要影响因素。当前社会组织对于品牌管理的人力支持不足主要体现在三个方面,即结构不合理、稳定性不足和专业性不足。我国社会组织人力资源结构表现为青年人才比重低、学历水平低、职称水平低的特点,而组织品牌管理正需要善于接收和学习新事物的高素质青年人才的加入。由于社会组织天然具有的弱货币化激励属性,再加上缺乏适当的强精神激励措施,致使组织人员流动率较高。例如,2011年底成立的海布社工师事务所是上海市社会工作党委研究社会组织发展要素的样本,即使是这样一个样本型的优秀社会组织,每年全职员工的流动率仍然高达40%。该组织创使人马世婧坦言,不少员工有服务社会的热情,也拥有专业资质,但仍然不得不因为工资待遇过低而放弃社工这个职业。组织品牌化应保持长时间的连续性以提升效果,组织人员流动率高必然会使组织品牌管理出现断裂,耗费人力物力。社会组织品牌化是一个全新的领域,需要专业的人才进行科学合理的规划和实施,如何引进专业的品牌管理人才对于社会组织来说成为又一难题。

(四)组织品牌化资金不足

社会组织不能以产品的销售和利润的实现作为组织的目标,但是组织的日常运营、业务活动需要、品牌管理开展依赖充足的资金。作为竞争性公共产品的生产者,在捐赠市场相对稳定甚至萎缩的环境下,社会组织的资源竞争压力越来越大;社会组织能够获得政府的财政资助和民间捐赠减少,除少数政府重点扶持的社会组织外,大多数组织不能持续获得来自政府公共资金的支持。② 此外,对于社会组织与慈善组织活动支出和管理费的使用都有相应的规定和限制,这也使组织在品牌化过程中丧失了资金使用分配的自由。③ 再者,我们必须认识到社会组织品牌管

---

① 参见张冉编著:《行业协会能力建设》,上海交通大学出版社2013年版,第243—244页。
② 参见桂存慧:《竞争性视域下我国社会组织品牌管理的困境与路径探析》,载《安徽行政学院学报》2016年第1期,第102页。
③ 《慈善法》第60条第1款规定:"慈善组织中具有公开募捐资格的基金会开展慈善活动的年度支出,不得低于上一年总收入的百分之七或者前三年收入平均数额的百分之七十;年度管理费用不得超过当年总支出的百分之十。"2016年10月11日,民政部、财政部、国家税务总局联合印发了《关于慈善组织开展慈善活动年度支出和管理费用的规定》,其中第4条规定,慈善活动支出是指慈善组织基于慈善宗旨,在章程规定的业务范围内开展慈善活动,向受益人捐赠财产或提供无偿服务时发生的费用。慈善组织的业务活动成本包括慈善活动支出和其他业务活动成本。第5条规定,慈善组织的管理费用是指慈善组织按照财政部《民间非营利组织会计制度》规定,为保证组织正常运转发生的费用。

理并不只是设计一个logo,撰写一个宣传标语或者开展一次活动就结束了,品牌管理将具有投资回报周期漫长的特点,即使组织投入一定的资源,也不可能立马见效,赢得声誉资本,这使得很多社会组织怀疑品牌化的意义,从而无法持之以恒。

(五)组织品牌化社会认同不足

社会组织实行品牌管理的目的是为了在社会公众、员工等心目中树立起良好的组织形象,提高组织美誉度,强化组织的竞争力。然而,现实中社会组织身陷公信力危机的氛围中,如中国陶瓷工业协会存在不按照规定接受监督检查、违规举办第三届"中国陶瓷艺术大师"评审活动的违法行为;中华五千年动画文化工程促进会和中华伏羲文化研究会存在连续多年未按规定接受社会团体年度检查的违法行为;2016年3月15日央视曝光杭州伪造"月嫂证"的黑色产业链,曝光北京、杭州等多地存在黑心母婴服务协会高价办理"月嫂证",并且其中多数母婴协会早已被确认为山寨社团,并无合法资质。由此可见,社会组织品牌管理的声誉环境是不容乐观的。此外,社会公众易将社会组织品牌活动与私营企业的品牌活动画等号,从而对社会组织品牌管理产生抵触情绪,认为组织的品牌营销等活动违背慈善性和公益性。

二、社会组织与慈善组织应对品牌管理挑战的若干建议

品牌管理对社会组织与慈善组织来说是一项任重而道远的事业,在前行的过程中必然会遇到重重困难,但这都不应成为我们停止品牌化实践的理由。社会组织应积极采取相关措施以应对挑战。因此,本书对社会组织品牌管理实践中可能面临的挑战提出以下建议:

第一,组织自身应转变观念,正确认识品牌管理的价值。这里的"组织自身应转变观念"主要是指组织的主要成员,包括领导者和一般工作人员,应以开放心态接纳品牌管理,充分认识到品牌管理对社会组织的重要意义,组织品牌化与组织使命和价值观是相融合的,并不是互相背离的。特别是领导者,要起到榜样的作用,首先接收和学习与社会组织品牌化相关的理念和知识,并传达给组织中其他成员。组织可以通过开展以"品牌管理"为主题的讨论会,印制和分发品牌内部宣传手册,让所有成员都参与到组织品牌建设的讨论中来,强化大家对品牌化的正确认知。

第二,组织应针对不同对象,采取措施提高品牌化能力。从利益相关者的角度出发,为了提高组织品牌化能力,社会组织需要针对不同的对象采取不同的措施。社会组织应自觉接受民政部门和主管单位的管理和检查,配合政府相关部门的工作,发挥好提供公共服务的作用,赢得政府及其工作的信任,从而提升自身政治话语权和参政议政能力;社会组织应加强与社会公众的沟通和互动,欢迎社会提出建议,参与组织管理;社会组织应严于律己,洁身自好,防止危害声誉的事件发生,赢

得社会的理解和信任;社会组织应增强创新意识,提供更有针对性的产品和更加周到细心的服务,将组织品牌与组织中的人结合起来,组织每一个人都是组织的"品牌代言人",增强差异化竞争力;社会组织应充分尊重员工,增强员工对组织及组织品牌化的认同感。

第三,提高人力资源管理水平,保留和吸引组织人才。社会组织应将人力资源管理与组织品牌管理有机结合。例如,在人才招聘方面,社会组织需要采用外部招聘和内部选拔两种途径甄选人才,并在招聘阶段就将候选者是否具有品牌相关经历、员工价值观与组织价值观和品牌气质是否匹配作为选择标准之一。在人员激励方面,社会组织对于新老员工都要采取相关措施以强化他们对组织及组织品牌的认同感,例如,定期开展与品牌管理相关的培训活动,组织讨论会和工作汇报;强化精神激励,对工作年限较长的员工和对组织品牌管理有贡献的员工颁发奖状、提供外出培训的机会等奖励措施,增强员工的归属感和工作动力。此外,社会组织还可以与高校进行科研合作,借助外部专业人才的力量进行品牌建设。

第四,丰富资金来源途径,提高组织资金筹集能力。仅以政府扶持和社会捐赠为主要资金来源的方式已经严重不能适应社会组织生存发展的现实。社会组织应该开拓更多元化的资金筹集渠道。《"十三五"推进基本公共服务均等化规划》提出:"推进政府购买公共服务。能由政府购买服务提供的,政府不再直接承办,交由具备条件、信誉良好的社会组织、机构、事业单位和企业等承担。"与此同时,《2017年中央财政支持社会组织参与社会服务项目实施方案》中表明,接收资助的社会组织除了具备基本的组织要素外,还应"具有良好信誉"。社会组织应把握机会,树立良好形象,争取政府的资助项目。此外,社会组织要设计符合公众认可和支持的品牌项目,促进社会捐赠,比如"希望工程""母亲水窖"都是广为人知的公益项目。社会组织还可以寻求与企业的合作,企业借助社会组织的"善性"赢得公众好感,社会组织则借助企业品牌推广提升知名度并接受企业和社会的捐赠。

第五,提高组织透明度,加强与社会公众的沟通。社会组织缺乏和公众的沟通并由此带来的信息不对称,将导致社会公众对组织产生强烈的不信任感。社会组织理应在阳光下运行。为此,社会组织要定期向社会披露其有关财务状况、资金使用状况等信息,以提高组织社会声誉,争取到更多的资金支持。中民慈善捐助信息中心发布的《2010年度中国慈善透明报告》显示,完全不披露和仅少量披露此类信息的慈善组织比例高达75%,有42%的组织没有制定专门的信息披露办法,有37%的组织没有专人负责信息披露工作,有90%的社会公众表示对慈善组织的信息披露不接受。2015年3月15日上午,《2014年度中国民间公益透明榜单》在深圳发布,2014年度公益透明指数(China Grassroots Transparency Index,GTI)平均值为27.87%,较2013年度的27.23%提高了2.35个百分点,但仍然为"不及格"。社会组织应加强对外宣传,使大众了解"社会组织品牌管理"与"企业品牌管理"的区别,消除他们的顾虑和误解。

三、社会组织与慈善组织品牌管理未来研究的趋势

最早涉足社会组织与慈善组织品牌研究的是学者布莱恩·雷,随后社会组织与慈善组织品牌管理的关注度不断提升,学者们也取得一些新的研究成果。张冉基于对国外非营利组织的研究,对社会组织与慈善组织品牌管理未来的研究趋势进行了总结和梳理。①

(一)不同类型社会组织与慈善组织的品牌研究

尽管国外学者近20年来在社会组织方面已经作了积极探索并取得了不少研究成果,然而现有的研究对象仍较为单一,多为慈善组织。虽然国家社会管理体制差异可能会导致不同国家背景下对社会组织界定和分类的不同,但总体上所有的社会组织都可以分为公益类组织(如慈善组织、基金会)和互益类组织(如行业协会、商会、学术团体等)。然而,从现有文献可以看出,有关公益类组织中基金会的品牌研究较少,有关互益类组织的品牌研究几乎还是空白,而这些类型的组织在各国非营利部门中占有较大比重,并在社会和经济发展中发挥着积极作用。另外,现有研究文献多以英国、美国、加拿大等国为研究背景,而这些国家社会组织或慈善组织市场化程度较高,目前有关市场化程度较低或政社关系较为紧密的社会组织与慈善组织品牌的研究较为缺乏。因此,开展不同类型组织品牌研究并从中总结其组织品牌共性是未来研究的重要内容。

(二)社会组织与慈善组织品牌的非物质性内容研究

目前,学界关于社会组织与慈善组织品牌及其管理的研究多借用营利领域的观点。然而,部门异质性决定了社会组织与慈善组织品牌有着独特内涵。尽管一些社会组织已经从有形层面接受组织品牌化理念,如采用一个专门设计的标识,但从非物质层面如宗旨、使命等进行的品牌研究还较为缺乏,仅有的少数研究多为质性研究,并且多为管理策略分析,缺少从组织管理学、心理学、经济学等方面进行的基础性理论探索。同时,社会组织与慈善组织是一种价值观驱动型组织,因此价值观方面的品牌研究尤其重要,未来的研究需要在此方面有所加强。

(三)社会组织与慈善组织品牌影响因素及作用机制研究

关于社会组织与慈善组织品牌建构的影响因素,如组织治理结构、政社关系、组织外部环境等,现有研究严重不足。同时,虽然国外文献对社会组织品牌的价值作了相关理论研究,但是品牌化是通过怎样的机制对组织绩效产生作用的?在这

---

① 参见张冉:《国外非营利组织品牌研究述评与展望》,载《外国经济与管理》2013年第11期,第68页。

方面,仅有少量文献如品牌与组织捐赠关系相关文献作了探索性研究,而关于品牌对社会组织绩效其他重要方面如人力资源获取、员工凝聚力、财务绩效、社会声誉等的影响,现有研究几乎还是空白,尤其是缺乏实证和多案例研究。未来的研究有必要就社会组织与慈善组织品牌的影响因素和价值产生机制作进一步探讨。

(四)社会组织与慈善组织品牌化量表开发研究

已有研究主要从品牌个性和品牌资产两个视角理论性地考量社会组织与慈善组织品牌,而关于组织品牌化量表开发的研究较为缺乏。目前,学界关于营利组织品牌管理和评估的量表较为丰富,而涉及社会组织与慈善组织的研究仍主要是概念化的理论分析,实证研究多为基于西方非营利组织品牌管理实践的结构型分析。就社会组织品牌化测量而言,目前国内外学者尚未根据其组织特质开发出具有针对性的量表。因此,社会组织与慈善组织品牌化的概念化测量这一研究主题尚待未来的研究加以探讨。

(五)社会组织和慈善组织品牌本土化研究

相比西方国家,我国社会组织与慈善组织品牌研究极为缺乏。一方面,社会情境不同决定了我国社会组织品牌化与西方国家存在诸多差异,如政府在社会组织品牌建设中的角色,我国传统文化、社会体制与社会组织品牌化的关系,以及公众对社会组织品牌的认知等,均与西方国家存在差异;另一方面,2012年党的十八大提出要建设"现代社会组织体制",2013年《国务院机构改革和职能转变方案》也提出要改革我国社会组织管理制度,这些都说明了我国社会组织进行"模样再造"的必要性。基于上述背景,国内学者有必要开展社会组织与慈善组织品牌本土化及中外对比研究,以便为我国社会组织与慈善组织发展提供理论指导。

本章小结

本章主要介绍了社会组织与慈善组织品牌管理的兴起、核心价值、基本内涵等基础知识,同时介绍了品牌构建的理论模型与策略,并从内部品牌管理与外部品牌管理两个角度对社会组织与慈善组织的品牌化作了详细的介绍。

品牌管理兴起于20世纪30年代,而社会组织与慈善组织的品牌管理在近二三十年才得到重视,社会组织的品牌内涵与企业并无实质性差异,但由于社会组织与慈善组织的非逐利性,除了较为重要的品牌资产,其品牌内涵还主要体现在信息功能和品牌个性上。社会组织与慈善组织品牌构建的主要理论模型有品牌流程化模型、品牌导向、品牌PIA模型、品牌CFIP模型以及品牌IDEA模型等。

社会组织与慈善组织品牌的管理,主要是平衡组织内外部利益相关者之间的关系,通过外部品牌管理了解各利益相关者对于组织的期望,做好组织品牌定位和品牌营销;通过内部品牌管理鼓励员工参与品牌构建,向员工传达组织宗旨和价值观并使其外显为员工品牌行为,通过员工与顾客或使用者的接触,传达组织价值观和使命,从而达到内外部一致性。内部品牌管理可分为基于组织和基于员工的内部品牌管理。

社会组织与慈善组织外部品牌管理是指组织旨在提升自身公信力,实现社会公益和组织使命,通过组织活动、品牌形象维护等措施向外部利益相关者传递组织价值观和使命,获取外部主体的信任和支持,以实现可持续发展和公益社会的形成。外部品牌管理的措施主要包括品牌视觉形象设计、丰富品牌传播工具、引进企业品牌营销、外部相关者策略等。它与内部品牌管理尽管是两个相对独立的沟通过程,但二者相互依赖、相互影响。

思考题

1. 如何理解社会组织与慈善组织品牌的基本内涵?
2. 对比营利组织,社会组织与慈善组织的品牌内涵有何特点?
3. 社会组织与慈善组织品牌构建的主要理论模型有哪些?
4. 如何理解社会组织与慈善组织内部品牌管理?包括哪些内容?
5. 社会组织与慈善组织品牌管理的过程是什么?
6. 社会组织与慈善组织外部品牌管理主要包括哪些内容?如何理解它与内部品牌管理的关系?
7. 联系现实,谈谈我国社会组织与慈善组织品牌管理存在的困境。应如何进行品牌管理?

拓展阅读书目

1. 王淑翠:《零售企业公司品牌化战略研究》,人民邮电出版社2009年版。
2. 余明阳、姜炜编著:《品牌管理学》,复旦大学出版社2006年版。
3. 李光斗:《卓越品牌七项修炼》,浙江人民出版社2003年版。
4. 〔美〕艾伦·R.安德里亚森、菲利普·科特勒:《战略营销——非营利组织的视角》,王方华等译,机械工业出版社2010年版。

参 考 文 献

一、中文文献

1. 〔美〕爱德华·弗里曼:《战略管理——利益相关者方法》,王彦华、梁豪译,上海译文出版社 2006 年版。
2. 〔美〕奥利弗·哈特:《公司治理:理论与启示》,朱俊等译,载《经济学动态》1996 年第 6 期。
3. 白长虹、邱玮:《品牌内化研究综述:基于员工和组织层面的主要观点》,载《管理世界》2008 年第 11 期。
4. 北京志愿者协会编著:《志愿组织建设与管理》,中国国际广播出版社 2006 年版。
5. 毕素华、张萌:《联合劝募:慈善组织管理与运行的新机制研究》,载《南京师大学报(社会科学版)》2015 年第 6 期。
6. 陈昌龙主编:《财务管理》,清华大学出版社 2007 年版。
7. 陈德权:《社会中介组织管理概论》,东北大学出版社 2014 年版。
8. 陈华:《吸纳与合作:非政府组织与中国社会管理》,社会科学文献出版社 2011 年版。
9. 陈佳俊、杨逢银:《社会转型背景下枢纽型社会组织功能定位研究——以上海市静安区社会组织联合会为例》,载《中共杭州市委党校学报》2014 年第 1 期。
10. 陈家喜:《我国新社会组织党建:模式、困境与方向》,载《中共中央党校学报》2012 年第 2 期。
11. 陈金罗、刘培峰:《转型社会中的非营利组织监管》,社会科学文献出版社 2010 年版。
12. 陈俐帆:《公益创业:公共服务提供的新思路》,载《福建论坛·人文社会科学版》2011 年第 8 期。
13. 陈振明主编:《公共管理学》,中国人民大学出版社 2005 年版。
14. 程芳:《我国社会组织发展面临的主要问题及其对策》,载《陕西社会主义学院学报》2016 年第 1 期。
15. 程昔武:《非营利组织治理机制研究》,中国人民大学出版社 2008 年版。
16. 褚蓥:《新募捐的本质:新理念、新方法、新募捐》,知识产权出版社 2015 年版。
17. 崔玉开:《"枢纽型"社会组织:背景、概念与意义》,载《甘肃理论学刊》2010 年第 5 期。
18. 戴长征、黄金铮:《对比视野下中美慈善组织治理研究》,载《中国行政管理》2015 年第 2 期。
19. 邓国胜:《非营利组织"APC"评估理论》,载《中国行政管理》2004 年第 10 期。
20. 范金民:《明代地域商帮兴起的社会背景》,载《清华大学学报(哲学社会科学版)》2006 年第 5 期。

21. 方文进:《民办非企业单位治理结构问题探讨》,载《社团管理研究》2010 年第 11 期。
22. 方振邦、鲍春雷:《绩效管理工具的发展演变》,载《理论界》2010 年第 4 期。
23. 冯果、窦鹏娟:《公益慈善组织投资风险的法律控制》,载《政治与法律》2013 年第 3 期。
24. 〔日〕夫马进:《中国善会善堂史研究》,武跃等译,商务印书馆 2005 年版。
25. 付亚和、许玉林主编:《绩效管理》(第三版),复旦大学出版社 2014 年版。
26. 高丙中:《社会团体的合法性问题》,载《中国社会科学》2000 年第 2 期。
27. 〔英〕格里·斯托克:《作为理论的治理:五个论点》,载《国际社会科学杂志(中文版)》1999 年第 1 期。
28. 顾维民:《"枢纽型"社会组织参与社会管理的实践探索与发展思考——以上海市静安区社会组织联合会为例》,载《上海市社会主义学院学报》2012 年第 6 期。
29. 管恩琦:《试论非公有制企业党务工作者队伍建设》,载《广西社会主义学院学报》2011 年第 6 期。
30. 广州市社会组织管理局:《广州着力构建社会组织党建工作体系引领社会组织健康发展》,载《中国社会组织》2016 年第 2 期。
31. 郭大林:《我国慈善组织管理能力提升的障碍与突破》,载《天津大学学报(社会科学版)》2015 年第 2 期。
32. 郭建民、尹小满主编:《中国社团概论》,华文出版社 2002 年版。
33. 郭娇璐:《构建专业化、职业化社工队伍体系的对策与建议》,载《中国民政》2009 年第 6 期。
34. 〔德〕哈贝马斯:《公共领域的结构转型》,曹卫东等译,学林出版社 1999 年版。
35. 何增科主编:《公民社会与第三部门》,社会科学文献出版社 2000 年版。
36. 何增科:《公民社会与第三部门研究引论》,载《马克思主义与现实》2000 年第 1 期。
37. 何增科:《公民社会与民主治理》,中央编译出版社 2007 年版。
38. 侯江红、徐明祥、张侃侃:《基于网络的非营利组织募捐模式研究》,载《四川行政学院学报》2010 年第 6 期。
39. 侯立松:《品牌管理的实质——利益相关者关系管理》,载《求索》2010 年第 4 期。
40. 胡薇:《政府购买社会组织服务的理论逻辑与制度现实》,载《经济社会体制比较》2012 年第 6 期。
41. 胡馨:《什么是"Social Entrepreneurship"(公益创业)》,载《经济社会体制比较》2006 年 2 期。
42. 黄光、叶慧玲、周延风等:《我国慈善组织品牌导向的维度构建研究》,载《管理学报》2016 年第 9 期。
43. 黄恒学主编:《公共经济学》,北京大学出版社 2002 年版。
44. 黄晓勇主编:《中国民间组织报告(2009～2010)》,社会科学文献出版社 2009 年版。
45. 黄晓勇主编:《中国民间组织报告(2014)》,社会科学文献出版社 2014 年版。
46. 贾生华、陈宏辉:《利益相关者的界定方法述评》,载《外国经济与管理》2002 年第 5 期。
47. 姜明安:《行政法概论》,北京大学出版社 1986 年版。

48. 金锦萍、葛云松:《外国非营利组织法译汇》,北京大学出版社2006年版。
49. 康晓光:《创造希望——中国青少年发展基金会研究》,漓江出版社、广西师范大学出版社1997年版。
50. 〔美〕克雷格·L.皮尔斯、〔美〕约瑟夫·A.马洽列洛、〔日〕山胁秀城编著:《德鲁克的管理智慧》,顾洁、王茁译,清华大学出版社2012年版。
51. 〔美〕莱斯特·M.萨拉蒙等:《全球公民社会——非营利部门视角》,贾西津等译,社会科学文献出版社2002年版。
52. 李桂华、李晨曦、李楠:《中国大陆品牌管理研究现状及发展趋势——基于国内主要期刊论文的内容分析》,载《品牌研究》2016年第3期。
53. 李海平:《社团自治与宪法变迁》,载《当代法学》2010年第6期。
54. 李莉、宋蕾放:《中国慈善组织结构的"趋同性"分析及反思——基于制度学派的视角》,载《学会》2011年第11期。
55. 李龙、夏立安:《论结社自由权》,载《法学》1997年第12期。
56. 李维安主编:《非营利组织管理学》,高等教育出版社2005年版。
57. 李小云等:《非营利组织人力资源评价模式开发及应用》,载《中国行政管理》2006年第7期。
58. 李业主编:《品牌管理》,广东高等教育出版社2011年版。
59. 李勇主编:《中国社会组织年鉴2008》,中国社会出版社2008年版。
60. 李玉栓:《中国古代的社、结社与文人结社》,载《社会科学》2012年第3期。
61. 林尚立:《两种社会建构:中国共产党与非政府组织》,载《中国非营利评论》2007年第1期。
62. 林尚立:《中国共产党与国家建设》,天津人民出版社2009年版。
63. 刘春湘:《非营利组织治理结构研究》,中南大学出版社2007年版。
64. 刘红霞、韩嫄:《中国企业品牌指数构建及其调查数据分析》,载《江西财经大学学报》2009年第6期。
65. 刘培峰:《结社自由及其限制》,社会科学文献出版社2007年版。
66. 刘培峰:《论结社自由》,中国社会科学出版社2003年版。
67. 刘忠祥:《民间组织"双重负责"管理体制剖析》,载《中国民政》2006年第11期。
68. 卢磊、梁才林:《政府与非营利组织互动关系研究综述》,载《社会福利(理论版)》2014年第6期。
69. 陆明远:《培育与规制:中国政府的社会组织管理模式研究》,天津人民出版社2010年版。
70. 〔美〕罗伯特·D.帕特南:《使民主运转起来》,王列、赖海榕译,江西人民出版社2001年版。
71. 〔美〕罗伯特·T.戈伦比威斯基、杰里·G.史蒂文森:《非营利组织管理案例与应用》,邓国胜等译,中国人民大学出版社2004年版。
72. 罗峰:《社会组织的发展与执政党的组织嵌入:政党权威重塑的社会视角》,载《中共浙江省委党校学报》2009年第4期。

73. 罗豪才主编:《行政法论丛(第七卷)》,法律出版社 2004 年版。

74. 罗亮:《公民社会:一个概念的历史考察》,载《社会工作下半月(理论)》2009 年第 4 期。

75. 《马克思恩格斯全集》第 1 卷,人民出版社 1965 年版。

76. 马慧吉、刘强:《新社会组织党建:经验、难题及破解》,载《理论探索》2012 年第 6 期。

77. 马立群:《我国非营利组织财务管理问题研究》,载《探索》2012 年第 5 期。

78. 马庆钰:《社会组织发展面临的突出问题》,载《中国机构改革与管理》2015 年第 4 期。

79. 民政部直属机关党委、民政部民间组织服务中心党委:《广东省社会组织党建工作调研报告》,载《中国社会组织》2016 年第 1 期。

80. 潘立魁:《全面从严治党:基层党务工作者队伍建设存在的突出问题与对策思考》,载《学习论坛》2015 年第 12 期。

81. 庞承伟主编:《社会组织行政执法》,中国社会出版社 2011 年版。

82. 钱付良、陈肖、张群:《社会组织党建工作研究》,载《哈尔滨市委党校学报》2013 年第 6 期。

83. 曲广华、王富国:《试论五四时期社团繁荣的原因》,载《北方论丛》1998 年第 4 期。

84. 师曾志、金锦萍编著:《新媒介赋权 国家与社会的协同演进》,社会科学文献出版社 2013 年版。

85. 石国亮、廖鸿:《社会组织党建的现状、难题与对策——基于一项全国性调查的深入分析》,载《长白学刊》2012 年第 3 期。

86. 石晓天:《我国枢纽型社会组织的功能特征、建设现状及发展趋势——文献综述的视角》,载《理论导刊》2015 年第 5 期。

87. 宋亚伟、赵宏伟:《我国民间非营利组织财务管理存在的问题及对策研究》,载《财会管理》2013 年第 8 期。

88. 孙建强、赵鑫、王秀华:《非营利组织财务管理研究综述》,载《财会通讯·综合(下)》2009 年第 8 期。

89. 孙立平:《改革以来中国社会结构的变迁》,载《中国社会科学》1994 年第 2 期。

90. 孙伟林主编:《社会组织管理》,中国社会出版社 2009 年版。

91. 檀雪菲:《关于新社会组织党建研究的若干问题》,载《当代世界与社会主义》2007 年第 1 期。

92. 唐代盛、李敏、边慧敏:《中国社会组织人力资源管理的现实困境与制度策略》,载《中国行政管理》2015 年第 1 期。

93. 田凯:《西方非营利组织治理研究的主要理论述评》,载《经济社会体制比较》2012 年第 6 期。

94. 汪丹:《我国网络慈善事业的可持续发展研究》,载《社会工作》2014 年第 6 期。

95. 王菲:《我国非营利组织"公益产权"研究》,载《山东行政学院学报》2012 年第 4 期。

96. 王红君、刘进平:《基于利益相关者价值承诺的企业品牌管理模式创新》,载《企业经济》2012 年第 5 期。

97. 王怀明:《绩效管理》,山东人民出版社 2004 年版。

98. 王辉:《"两新"组织党建工作:困境及路径》,载《求实》2010 年第 6 期。

99. 王名、贾西津:《基金会的产权结构与治理》,载《经济界》2003年第1期。

100. 王名、刘求实:《中国非政府组织发展的制度分析》,载《中国非营利评论》2007年第1期。

101. 王名主编:《社会组织概论》,中国社会出版社2010年版。

102. 王名:《社会组织论纲》,社会科学文献出版社2013年版。

103. 王名主编:《中国民间组织30年:走向公民社会》,社会科学文献出版社2008年版。

104. 王世刚主编:《中国社团史》,安徽人民出版社1994年版。

105. 王想平、宗君:《加快完善现代社会组织法人治理结构的行动策略》,载《社会与公益》2013年第7期。

106. 王学泰:《江湖侠骨已无多——社会转型期间的游侠》,载《社会科学论坛》2010年第16期。

107. 王颖、折晓叶、孙炳耀:《社会中间层:改革与中国的社团组织》,中国发展出版社1993年版。

108. 〔加拿大〕维克·默里:《加拿大非营利组织管理的独特性及挑战》,潘鸿雁译,载《上海行政学院学报》2008年第9期。

109. 魏亚平主编:《财务报告分析》,厦门大学出版社2012年版。

110. 温乐平、艾刚:《冲突与制衡:秦汉民间力量与乡里政权的关系》,载《江汉论坛》2010年第8期。

111. 文军:《中国社会组织发展的角色困境及其出路》,载《江苏行政学院学报》2012年第1期。

112. 吴新叶:《走出科层制治理:服务型政党社会管理的路径——以上海社会组织党建为例》,载《理论与改革》2013年第2期。

113. 武汉市武昌区编办:《武昌区改革社会组织登记管理制度》,载《中国机构改革与管理》2015年第9期。

114. 萧新煌主编:《非营利部门:组织与运作》,巨流图书有限公司2004年版。

115. 谢德仁:《企业剩余索取权:分享安排与剩余计量》,上海人民出版社2001年版。

116. 谢晓霞主编:《民间非营利组织财务管理理论与实务》,经济管理出版社2013年版。

117. 谢玉峰:《加强社会组织党建工作推动社会组织健康发展》,载《中国社会组织》2016年第24期。

118. 徐春立主编:《财务分析》,天津大学出版社2006年版。

119. 徐家良:《新时期中国社会组织建设研究》,中国社会科学出版社2016年版。

120. 徐晞:《我国非营利组织治理问题研究》,知识产权出版社2009年版。

121. 徐振强:《党和政府推进社会组织党建工作的历史沿革初探(1927~2014)》,载《学会》2014年第12期。

122. 许德明主编:《"两新"组织党建概论》,上海人民出版社2007年版。

123. 许昀:《奏定商会简明章程——中国近代第一部关于商会的法律文件》,载《社团管理研究》2007年第12期。

124. 许昀:《行业协会的法人治理问题——基于法人行动理论的分析》,载《社团管理研究》

2008 年第 6 期。

125. 严宏:《近年新社会组织党建研究述评》,载《学习论坛》2009 年第 11 期。
126. 羊晓莹:《国外志愿者动机研究及其启示》,载《当代青年研究》2011 年第 1 期。
127. 杨丽:《"枢纽型"社会组织研究——以北京市为例》,载《学会》2012 年第 3 期。
128. 杨荣美主编:《财务审计》,中国税务出版社 2010 年版。
129. 杨团:《关于基金会研究的初步解析》,载《湖南社会科学》2010 年第 1 期。
130. 姚海放:《公益基金会投资行为治理研究》,载《政治与法律》2013 年第 10 期。
131. 游祥斌、刘江:《从双重管理到规范发展——中国社会组织发展的制度环境分析》,载《北京行政学院学报》2013 年第 4 期。
132. 俞可平:《论国家治理现代化(修订版)》,社会科学文献出版社 2015 年版。
133. 俞可平:《中国公民社会:概念、分类与制度环境》,载《中国社会科学》2006 年第 1 期。
134. 俞可平:《中国公民社会的兴起与治理的变迁》,载《中国社会科学季刊》1999 年第 27 期。
135. 俞可平:《中国公民社会研究的若干问题》,载《中共中央党校学报》2007 年第 6 期。
136. 俞可平:《中华人民共和国六十年政治发展的逻辑》,载《马克思主义与现实》2010 年第 1 期。
137. 郁建兴、刘大志:《治理理论的现代性与后现代性》,载《浙江大学学报(人文社会科学版)》2003 年第 2 期。
138. 〔英〕约翰·伊特韦尔等编:《新帕尔格雷夫经济学大辞典》,陈岱孙等译,经济科学出版社 1992 年版。
139. 曾韶华:《基于产权理论的非营利组织委托代理关系》,载《发展研究》2009 年第 3 期。
140. 詹成付、廖鸿主编:《2015 年中国社会组织理论研究文集》,中国社会出版社 2015 年版。
141. 〔美〕詹姆斯·N.罗西瑙主编:《没有政府的治理》,张胜军、刘小林等译,江西人民出版社 2001 年版。
142. 张彪:《非营利组织财务研究》,湖南人民出版社 2010 年版。
143. 张萃萍:《当前我国社会组织存在的问题及对策思考》,载《求实》2010 年第 3 期。
144. 张建俅:《中国红十字会经费问题浅析(1912—1937)》,载《近代史研究》2004 年第 3 期。
145. 张静:《民国初年的政党政治探析》,载《群文天地》2012 年第 3 期。
146. 张冉等:《非营利部门的非货币化激励体系建构》,载《甘肃社会科学》2013 年第 3 期。
147. 张冉等:《非营利部门员工从业动机研究:利他主义的反思》,载《浙江大学学报(人文社会科学版)》2011 年第 4 期。
148. 张冉:《非营利组织管理》,北京大学出版社 2014 年版。
149. 张冉:《国外非营利组织品牌研究述评与展望》,载《外国经济与管理》2013 年第 11 期。
150. 张冉:《相似还是不同?非营利部门与政府部门员工职业激励的跨部门比较》,载《管理评论》2013 年第 6 期。
151. 张冉:《行业协会能力建设》,上海交通大学出版社 2013 年版。
152. 张锐、张炎炎、周敏:《论品牌的内涵与外延》,载《管理学报》2010 年第 1 期。
153. 张霞、张智河、李恒光主编:《社会组织与慈善组织管理》,山东人民出版社 2005 年版。

154. 张晓黎:《公益组织传播方式与传播效果研究》,上海外国语大学出版社 2014 年版。

155. 张玉法主编:《民国初年的政党》,岳麓书社 2004 年版。

156. 张志宇、沙飞莲、刘俊杰:《我国非营利基金会治理结构问题探讨》,载《中国集体经济》2016 年第 1 期。

157. 赵焰:《徽商六讲》,安徽大学出版社 2014 年版。

158. 郑海麟:《鸦片战争时期广东以社学为中心的抗英斗争》,载《深圳大学学报(人文社会科学版)》1990 年第 3 期。

159. 中国社会组织年鉴编委会编:《中国社会组织年鉴 2011》,中国社会出版社 2012 年版。

160. 周俊:《社会组织管理》,中国人民大学出版社 2015 年版。

161. 周三多、陈传明、鲁明泓编著:《管理学》,复旦大学出版社 2013 年版。

162. 朱平辉主编:《投资风险管理》,厦门大学出版社 2007 年版。

163. 朱勤:《民政部社会组织管理局负责人就慈善组织登记、认定及管理等问题答记者问》,载《中国社会组织》2016 年第 18 期。

164. 竺乾威、朱春奎:《社会组织视角下的政府购买公共服务》,中国社会科学出版社 2016 年版。

二、英文文献

1. A. Ebrahim, Accountability in Practice: Mechanisms for Ngos, World Development, 2003, 31(5):813—829.

2. A. E. Preston, The Nonprofit Worker in a For-Profit World, Journal of Labor Economics, 1989,7(4):438—463.

3. A. L. Saltzstein, & G. H. Saltzstein, Work-Family Balance and Job Satisfaction: The Impact of Family-Friendly Policies on Attitudes of Federal Government Employees, Public Administration Review, 2001, 61(4):452—467.

4. A. Najam, The Four C's of Government Third Sector-Government Relations, Nonprofit Management and Leadership, 2000,10(4):375—396.

5. A. Sargeant, J. Hudson, & D. C. West, Conceptualizing Brand Values in the Charity Sector: The Relationship Between Sector, Cause and Organization, The Service Industries Journal, 2008,28(5):615—632.

6. B. A. Weisbrod, Toward a Theory of the Voluntary Nonprofit Sector in a Three-Sector Economy, in E. S. Phelps (ed.), Altruism, Morality and Economic Theory, Russell Sage Foundation, 1975.

7. D. Bouget & L. Prouteau, National and Supranational Government-NGO Relations: Anti-Discrimination Policy Formation in the European Union, Pubic Administration and Development, 2002,22(1):31—37.

8. D. R. Young, Alternative Models of Government-Nonprofit Sector Relations: Theoretical and International Perspectives, Nonprofit and Voluntary Sector Quarterly, 2000, 29(1): 149—172.

9. D. Yermack, Higher Market Valuation of Companies with a Small Board of Directors, Journal of Financial Economics, 1996, 40(2): 185—212.

10. E. F. Fama & M. C. Jensen, Separation of Ownership and Control, The Journal of Law and Economics, 1983, 26(2): 301—325.

11. Emma Parry, Clare Kelliber, Tim Mills, & Shaun Tyson, Comparing HRM in the Voluntary and Public Sectors, Personnel Review, 2005, 34(5): 588—602.

12. H. B. Hansmann, The Role of Nonprofit Enterprise, The Yale Law Journal, 1980, 89(5): 835—901.

13. I. Cunningham, Sweet Charity! Managing Employee Commitment in the UK Voluntary Sector, Employee Relations, 2001, 23(3): 226—240.

14. James E. Austin, Strategic Collaboration Between Nonprofits and Business, Nonprofit and Voluntary Sector Quarterly, 2000, 29(1): 69—97.

15. Jean L. Cohen & Andrew Arato, Civil Society and Political Theory, Cambridge: The MIT Press, 1994.

16. J. M. Coston, A Model and Typology of Government-NGO Relationships, Nonprofit and Voluntary Sector Quarterly, 1998, 27(3): 358—382.

17. John M. Bryson & André L. Delbecq, A Contingent Approach to Strategy and Tactics in Project Planning, Journal of the American Planning Association, 1979, 45(2): 167—179.

18. J. Onyx & M. Maclean, Careers in the Third Sector, Nonprofit Management and Leadership, 1996, 6(4): 331—345.

19. J. Pfeffer & G. R. Salancik, The External Control of Organizations: A Resource Dependence Perspective, New York: Harper & Row Publishers, 1978.

20. Kenneth Kernaghan, Partnership and Public Administration: Conceptual and Practical Considerations, Canadian Public Administration, 1993, 36(1): 57—76.

21. L. de Chernatony & S. Drury, Internal Factors Driving Successful Financial Services Brands, European Journal of Marketing, 2006, 40(516): 611—633.

22. L. de Chernatony, S. Drury, & S. Segal-Horn, Identifying and Sustaining Service Brands' Values, Journal of Marketing Communications, 2004, 10(2): 73—93.

23. L. Hems & A. Passey, The UK Voluntary Sector Almanac, Ncvo Publications, 1998.

24. L. L. Berry, Cultivating Service Brand Equity, Journal of the Academy of Marketing Science, 2000, 28(1): 128—138.

25. L. M. Salamon, Partners in Public Service: Government-Nonprofit Relations in the Modern Welfare State, Baltimore: John Hopkins University Press, 1995.

26. L. M. Salamon, Rethinking Public Management: Third-Party Government and the Changing Forms of Government Action, Public Policy, 1981, 29(3): 255—275.

27. M. C. Jensen & W. H. Meckling, Theory of the Firm: Managerial Behavior, Agency Costs, and Ownership Structure, Journal of Financial Economics, 1976, 3(4): 305—360.

28. R. A. W. Rhodes, The New Governance: Governing Without Government, Political

Studies,1996,44(4):652—667.

29. R. N. Mckean, The Unseen Hand in Government, The American Economic Review, 2007,55(3):496—506.

30. Robert Wuthnow, Between States and Markets: The Voluntary Sector in Comparative Perspective, Princeton:Princeton University Press,1991.

31. S. J. Piotrowski & D. H. Rosenbloom, Nonmission-Based Values in Results-Oriented Public Management: The Case of Freedom of Information,Public Administration Review,2002,62(6):643—657.

32. S. Kuhnle & P. Selle, Government and Voluntary Organizations: A Relational Perspective, Aldershot, UK: Avebury, 1992.

33. Walter W. Wymer Jr. DBA & Sridhar Samu, Dimensions of Business and Nonprofit Collaborative Relationships, Journal of Nonprofit & Public Sector Marketing, 2003, 11(1): 3—22.

后　　记

　　我于 2003 年开始从事社会组织研究,最初的研究主题是行业协会商会与政府的关系,随后拓展到社会组织的政策倡导、政府购买社会组织服务等领域。随着研究的逐渐深入,我开始全面关注社会组织发展问题,无论是外部制度环境还是内部组织治理,凡是与社会组织相关的研究文献、政策文件、实践案例,我都会加以搜集整理,希望有朝一日能够对社会组织发展进行系统而深入的分析。2015 年,拙著《社会组织管理》出版,对社会组织的登记管理制度改革、政府购买服务以及人事、绩效和项目管理等几个当时热门的话题进行了讨论,但未涉及事中事后监管、党建、财务管理、品牌管理等我同样非常关心、对社会组织而言也非常重要的话题,留下了诸多遗憾。

　　2016 年 9 月,《慈善法》颁布,慈善组织产生。这对社会组织管理产生了非常重要的影响。部分社会组织将获得慈善组织身份,并受《慈善法》规制。这意味着,社会组织如果要取得慈善组织身份,势必要进行管理变革,而拥有慈善组织身份的社会组织也会面临新的管理挑战。《慈善法》颁布后,我应邀参加了几次《慈善法》对社会组织影响的研讨会,发现在社会组织与慈善组织的关系、社会组织的新制度环境特征、社会组织的发展方向等问题上仍然存在着许多认知迷雾。于是,我萌发了以教材的形式对社会组织与慈善组织管理进行全面讨论的想法,我希望能够通过最浅显易懂的文字,让更多的人认识社会组织与慈善组织,了解社会组织和慈善组织管理的内外部环境和一般管理工具的应用,以达到帮助社会组织与慈善组织获得更好发展的目的。

　　我带着这一设想征求同样从事非营利组织、社会组织研究的张冉副教授和宋锦洲副教授的意见,他们非常赞同,并愿意鼎力相助,于是我们立即成立了三人写作小组,对教材大纲进行讨论,确定写作分工,随后进入到紧张的写作状态。到 2017 年 5 月,教材初稿终于完成。2017 年 7 月到 8 月,在与出版社的编辑们进行多次交流和修改书稿后,教材得以完稿。

　　除三位作者外,十位研究生参与了写作工作。赵晓翠参与了第一章、第三章和第四章的写作,毕荟荣参与了第二章的写作,胡特、徐阳、杨美玲分别参与了第五章、第六章和第七章的写作,赵晓乐参与了第八章的写作,李源嫒参与了第十章的写作,刘洛莹参与了第十一章和第十二章的写作,顾丽娟和熊紫媛参与了第十三章的写作。

本书是集体劳动的成果,写作中面临许多挑战和困难,我们需要不断地协调与沟通,以统一认识,但也是在这一过程中,我们收获了合作和追寻真理的乐趣。作为发起者和组织者,我要特别感谢两位合作者,他们为了保证书稿编写的顺利进行,放弃了许多休息时间,他们严谨的治学精神、精益求精的态度令我感动。我也要真诚地感谢参与写作的研究生们,他们在资料收集、文字整理等方面做了大量工作,他们的乐观向上、虚心好学给我留下了深刻的印象,希望这次的写作真正给他们带来了收获。

我要代表写作团队感谢北京大学出版社的编辑们,他们对本书倾注了大量心血,从选题到审稿,他们的细致和认真让我们受益匪浅。我要特别感谢朱梅全编辑,他在书稿写作和出版过程中给予了我们极大的帮助和支持。

我还要感谢我的工作单位华东师范大学,本书受"华东师范大学2016年度校精品教材建设专项基金"资助。书稿初稿在中期审核中收到了来自校内外专家提出的多项修改意见,在此,对这些专家一并表示感谢。

最后,本书难免存在纰漏和不足之处,我们三位作者对此负全责,并希望同行专家们不吝批评指正。

周　俊
2017年8月26日于美国布卢明顿